普通高等教育会计系列规划教材

国家级一流本科专业建设点

财务管理

汤琦瑾　孙杰　主编

东北财经大学出版社
Dongbei University of Finance & Economics Press

大　连

图书在版编目（CIP）数据

财务管理 / 汤琦瑾，孙杰主编 . —大连 ：东北财经大学出版社，2025.3 .
（普通高等教育会计系列规划教材）. —ISBN 978-7-5654-5578-0

Ⅰ. F275

中国国家版本馆 CIP 数据核字第 20255BL168 号

东北财经大学出版社出版

（大连市黑石礁尖山街 217 号　邮政编码　116025）

网　　　址：http://www.dufep.cn

读者信箱：dufep@dufe.edu.cn

大连天骄彩色印刷有限公司印刷　　东北财经大学出版社发行

幅面尺寸：185mm×260mm　　　　字数：456千字　　　　印张：20

2025 年 3 月第 1 版　　　　　　　2025 年 3 月第 1 次印刷

责任编辑：王　莹　赵宏洋　　　　　责任校对：赵　楠

封面设计：张智波　　　　　　　　　版式设计：原　皓

定价：52.00 元

　　随着市场经济特别是资本市场的不断发展，财务管理逐渐被视为企业管理的重点工作。本书以现代公司制企业为对象，在阐述财务管理基本原理的基础上，着重讲解了筹资、投资、资本运用和收益分配的财务管理理论和方法，还探讨了以"大智移云"为引领的数字经济时代下财务管理活动的拓展问题。

　　本书分三部分，共十章。第一部分是财务管理原理，包括财务管理导论、财务管理基本理论、货币时间价值、风险与收益；第二部分是财务管理运作，包括筹资管理、投资管理、营运资金管理、收入与分配管理、预算管理、成本管理、财务分析与评价；第三部分是财务管理创新，包括财务共享、区块链及其在财务管理中的应用。本书每一章都明确了学习目标，设计了思维导图，以帮助老师和学生们建立知识内容体系和学习框架。与此同时，为了贯彻落实习近平新时代中国特色社会主义思想和党的二十大精神，本书还增设了"学思践悟"栏目，为教师设计对应的思政方案提供参考。本书既可作为经济学和工商管理学科本科生学习财务管理课程的教科书，也可作为研究生学习研究的参考书，还可作为企业财务人员提高财务管理能力的补充读物。

　　本书由汤琦瑾、孙杰主编，编写提纲由汤琦瑾设计并经编写组讨论确定，具体分工如下：汤琦瑾（新疆财经大学）编写第一章；周婷（新疆财经大学）编写第二章；孙玲玲（新疆财经大学）编写第三章；陈佩佩（新疆财经大学）编写第四章；徐小惠（新疆财经大学）编写第五章；汪雪纯（新疆科技学院）编写第六章；赵婷婷（新疆科技学院）编写第七章；卢琳（新疆科技学院）编写第八章；赵东（新疆财经大学）编写第九章；孙杰（新疆财经大学）编写第十章。全书由汤琦瑾总纂、修改和定稿。

　　本书由新疆财经大学王海燕教授、姜锡明教授审稿，他们以严谨的治学态度提出了宝贵的修改意见，在此表示衷心的感谢。

　　由于时间仓促和编者水平有限，书中不足之处在所难免，恳请读者批评指正。

汤琦瑾

2025年1月

第一章

财务管理导论

学习目标

1. 了解企业组织形式。
2. 掌握财务活动的内容。
3. 掌握财务管理各种目标及其优缺点。
4. 掌握财务管理活动中各利益主体的冲突及协调。
5. 了解财务管理体制的模式及其选择。
6. 了解财务管理环境对财务管理活动的影响。

思维导图

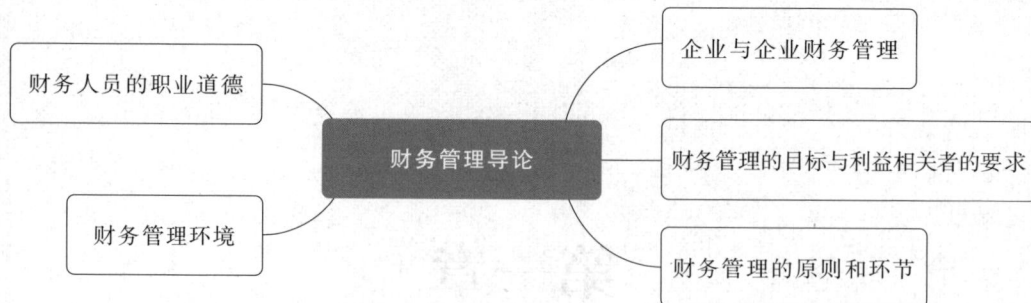

财务管理导论
- 财务人员的职业道德
- 财务管理环境
- 企业与企业财务管理
- 财务管理的目标与利益相关者的要求
- 财务管理的原则和环节

学思践悟

2022年10月16日，中国共产党第二十次全国代表大会在北京胜利召开。党的二十大报告不仅为我国未来5年的发展勾勒了蓝图，也为企业未来的前进方向提供了指引。报告指出，未来五年的主要目标之一是"经济高质量发展取得新突破"，而富有竞争力的企业是高质量发展的微观基础。

资金及其运动关乎企业的生存和发展。财务管理研究的对象正是资金及其运动，面对越来越复杂和不确定性的内外环境，企业的商业模式和经营状况充满了变数。当下，世界之变、时代之变、历史之变正以前所未有的方式展开，给人类提出了必须严肃对待的挑战。人类历史告诉我们，越是困难时刻，越要坚定信心。任何艰难曲折都不能阻挡历史前进的车轮。面对重重挑战，我们决不能丧失信心、犹疑退缩，而是要坚定信心、激流勇进。因此，为了提供高质量的有效供给，企业财务管理体系应具备敏捷响应前端业务变化的能力，能够及时获取第一手的业务端信息并及时捕捉到变化中的管理需求。财务管理的管理属性要求其能够帮助企业更好地平衡发展与风险、质量与效益、创新与韧性，更好地通过业财融合实现企业决策的科学性和准确性。

▶▶▶▶▶▶ 第一节　企业与企业财务管理

一、企业的内涵及功能

企业作为国民经济的细胞，是以营利为目的依法设立，运用土地、劳动力、资本和技术等生产要素向市场提供商品或服务，实行自主经营、自负盈亏、独立核算的法人或其他经济组织。企业的功能主要有：

1.企业是市场经济活动的主要参与者

价值创造是企业经营行为动机的内在要求，企业的生产状况和经济效益直接影响社会经济实力的增长和人民物质生活水平的提高。只有培育大量充满生机与活力的企业，社会才能稳定、和谐和健康地发展。因此，如果离开了企业的生产和销售，市场就成了无源之水、无本之木。

2.企业是社会生产和服务的主要承担者

企业组织社会生产，通过劳动者，将生产资料等作用于劳动对象，从而生产出商品；或者企业在社会上购买其他企业的商品，再把本企业的产品销售出去。社会经济活动的生产和服务过程大多是由企业来承担和完成的，离开了企业的生产和服务活动，社会经济活动就会中断或者停止。

3.企业是社会经济发展的重要推动力量

企业发展对整个社会的经济技术进步有不可替代的作用。企业为了在竞争中立于不败之地，就需要不断积极采用先进技术，这在客观上必将推动整个社会经济技术的进步。加快企业技术进步，加速科技成果产业化，培养发展创新型企业，是企业发展壮大的重要途径。

4.企业具有经济和社会双重目标

处于市场经济中的企业有着众多的相关利益主体。因此，企业在注重经济价值创造的同时，也必须兼顾和注重承担社会责任。企业一方面通过市场手段获得可持续收入，弥补成本并扩大规模，从而实现经济目标，另一方面通过环境的改善、提供就业机会等增进社会福祉，为提升社会整体福利做贡献，从而实现社会目标。

二、企业的社会责任

企业的社会责任是指企业所负有的维护和增进社会利益的义务。具体来说，企业社会责任主要包括以下内容：

1.对员工的责任

企业除了有向员工支付报酬的责任，还要有为员工提供安全工作环境、职业教育等保障员工利益的责任。

企业对员工承担的社会责任主要有：

（1）按时足额发放劳动报酬，并根据社会发展逐步提高工资水平。

（2）提供安全健康的工作环境，加强劳动保护，实现安全生产，积极预防职业病。

（3）建立公司职工的职业教育和岗位培训制度，不断提高职工的素质和能力。

（4）完善工会、职工董事和职工监事制度，培育良好的企业文化。

2.对债权人的责任

企业应依据合同的约定以及法律的规定对债权人承担相应的义务，保障债权人合法权益。这种义务既是企业的民事义务，也可视为企业应承担的社会责任。

企业对债权人承担的社会责任主要有：

（1）按照法律法规和公司章程的规定，真实、准确、完整、及时地披露公司信息。

（2）诚实守信，不滥用公司人格。

（3）主动偿债，不无故拖欠。

（4）确保交易安全，切实履行合法订立的合同。

3.对消费者的责任

企业对消费者承担的社会责任主要有：

（1）确保产品质量，保障消费安全。

（2）诚实守信，确保消费者的知情权。

（3）提供完善的售后服务，及时为消费者排忧解难。

4.对社会公益的责任

企业对社会公益的责任主要涉及慈善、社区等。企业对慈善事业的社会责任是指承担扶贫济困和发展慈善事业的责任，表现为企业对不确定的社会群体（尤指弱势群体）进行帮助。捐赠是其最主要的表现形式，受捐赠的对象主要有社会福利院、医疗服务机构、教育事业、贫困地区、特殊困难人群等。此外，企业社会责任还包括雇用残疾人、生活困难的人、缺乏就业竞争力的人到企业工作，以及举办与企业营业范围有关的各种公益性的社会教育宣传活动等。

5.对环境和资源的责任

企业对环境和资源的社会责任可以概括为两大方面：一是承担可持续发展与节约资源的责任；二是承担保护环境和维护自然和谐的责任。

此外，企业还有义务和责任遵从政府的管理、接受政府的监督。企业有在政府的指引下合法经营、自觉履行法律规定的义务，同时应尽可能地为政府献计献策、分担社会压力、支持政府的各项事业。

三、企业的组织形式

企业因节约交易费用而产生，成为与市场相对应的资源配置方式，随着社会生产的发展从手工作坊逐渐演化为现代的公司。其组织类型主要有三种：个人独资企业、合伙企业和公司制企业。

1.个人独资企业

个人独资企业，是指由一个自然人投资，财产为投资人个人所有，投资人以其个人财产对企业债务承担无限责任的经营实体。个人独资企业不具有法人资格。个人独资企业创立容易，经营管理灵活、固定成本低，不需要缴纳企业所得税。因此，作为最简单的企业形式，其数量多于其他形式的企业。但由于是一个人投资，往往难以从外部获得大量资金用于经营，所有权转移也比较困难，同时企业将随着业主的死亡而自动消亡，业主对企业的债务承担无限责任。

2.合伙企业

合伙企业，是指由两个或两个以上的自然人（有时也包括法人或其他组织）订立合伙协议，共同出资、共同经营、共享收益、共担风险的营利性组织，具体包括普通合伙企业和有限合伙企业。

普通合伙企业由普通合伙人组成，合伙人对合伙企业债务承担无限连带责任。有限合伙企业由普通合伙人和有限合伙人组成，普通合伙人对合伙企业债务承担无限连带责任，有限合伙人以其认缴的出资额为限对合伙企业债务承担责任。合伙企业一般无法人资格，不缴纳企业所得税，缴纳个人所得税。合伙企业的优点和缺点与个人独资企业类似。

3.公司制企业

公司（或称公司制企业）是指由两个以上投资人（自然人或法人）依法出资组建，有独立法人财产、自主经营、自负盈亏的法人企业。根据公司法，其形式分为有限责任公司和股份有限公司两种。

有限责任公司是指股东以其认缴的出资额为限对公司承担责任，公司以其全部财产为限对公司的债务承担责任的法人企业。

国有独资公司是有限责任公司的一种特殊形式，指国家单独出资、由国务院或者地方人民政府授权本级人民政府国有资产监督管理机构履行出资人职责的有限责任公司。国有独资公司的公司章程由国有资产监督管理机构制定，或者由董事会制定报国有资产监督管理机构批准。我国国有独资公司不设股东会，由国有资产监督管理机构行使股东会职权。

股份有限公司是指全部资本分为等额股份，股东以其认购的股份为限对公司承担责任，公司以其全部财产为限对公司的债务承担责任的法人企业。

公司制企业的优点：（1）容易转让所有权。公司的所有者权益被划分为若干股权份额，每个份额可以单独转让。（2）有限债务责任。公司债务是法人的债务，不是所有者的债务。所有者对公司承担的责任以其出资额为限。（3）公司制企业可以无限存续，公司在最初的所有者和经营者退出后仍然可以继续存在。（4）公司制企业融资渠道较多，更容易筹集所需资金。

公司制企业的缺点：（1）组建公司成本高，公司法对于设立公司的要求比设立独资或合伙企业复杂，并且需要提交一系列法律文件，花费时间较长。公司成立后，政府对其监管比较严格，需要定期提交各种报告。（2）存在代理问题。所有者和经营者分开以后，所有者成为委托人，经营者成为代理人，代理人可能会为自身利益而损害委托人利益。（3）双重课税。公司作为独立法人，其利润需要缴纳企业所得税，企业利润分配给股东后，股东还需要缴纳个人所得税。

四、财务管理的产生及发展

（一）财务管理的产生

15世纪末16世纪初，地中海沿岸的许多商业城市出现了由商人、王公、大臣和市民等公众入股的商业组织。商业股份经济的发展客观上要求企业合理预测资本需要量以及有效筹集资本，形成了财务管理的雏形，但这时财务管理仅仅附属于商业经营管理，还没有作为一项独立的职能从商业经营活动中分离出来。

19世纪末20世纪初，工业革命的成功促进了企业规模的不断扩大，股份公司逐渐成为占主导地位的企业组织形式。股份公司的发展不仅引起了资本需求量的增加，还使筹资的渠道和方式发生了重大变化，如何筹集资本扩大经营，成为大多数企业关注的焦点。于是，各公司纷纷建立财务管理部门，财务管理开始从企业管理中分离出来，成为一种独立的管理职业。

（二）财务管理的发展

财务管理自产生以来，经历了筹资财务管理、内部控制财务管理、投资财务管理、综合财务管理四个阶段，目前已经进入了智能财务管理阶段。

1.筹资财务管理阶段

20世纪初，西方国家的股份公司迅速发展，企业规模不断扩大，商品供不应求。公司普遍面临如何为扩大生产经营规模筹措资金的问题。为适应这一情况，各企业纷纷成立新的管理职能部门——财务管理部。独立的企业理财活动应运而生。当时公司财务管理的职能主要是预计资金需要量和筹措公司所需资金，融资成为当时公司财务管理理论研究的根本任务。因此，这一时期被称为融资财务管理时期或筹资财务管理时期。

这一时期的研究重点是筹资。主要财务研究成果有：1897年，美国财务学者格林（Green）出版了《公司财务》，详细阐述了公司资本的筹集问题。该书被认为是早期的财务著作之一。1910年，米德（Meade）出版了《公司财务》，主要研究企业如何最有效地筹集资本。该书为现代财务理论奠定了基础。

1929年爆发的经济危机和20世纪30年代西方经济的不景气，使得西方政府加强了证券市场的法治管理，对公司证券融资做出了严格的法律规定。此时财务管理面临的突出问题是如何遵循和适应金融市场制度与相关法律规定。1929年至1933年的经济危机，使得如何维持企业生存成为投资者和债权人关注的首要问题。此后，财务管理的重点从扩张性的外部融资向防御性的内部资金控制转移。

2.内部控制财务管理阶段

20世纪50年代后，随着西方资本主义国家经济的复苏、科学技术的迅速发展以及市场竞争的日益激烈，要维持企业的生存与发展，财务管理的重要职能不仅在于资本的筹集，更在于加强企业内部的财务管理与控制，管好、用好资本。为此，公司内部的财务决策上升为最重要的问题。各种计量模型逐渐应用于存货、应收账款、固定资产等管理上，财务计划、财务控制和财务分析的基本理论和方法逐渐形成，并在实践中得到了普遍应用。

美国学者洛弗（Lough）在《企业财务》一书中首先提出，企业财务人员除了筹措资本之外，还要对资本周转进行有效的管理。

3.投资财务管理阶段

20世纪60年代中期以后，随着企业经营环境的发展与变化，加上通货膨胀和市场竞争的日趋激烈，资金运用日趋复杂，投资风险也不断加大。资金运用效率和效益的提高，更多地依赖于投资决策的成功。现金、应收账款、存货和固定资产等资产项目引起了财务人员的重视。在投资决策方面，学者不仅建立了"投资项目提出—投资项目评价—投资项目决策—投资项目实施——投资项目再评价"科学的投资决策程序，投资决策指标体系也从传统的投资回收期、投资报酬率向考虑货币时间价值的贴现现金流量指标体系转变，还建立了系统的风险投资理论和方法，为正确进行风险投资决策提供了科学依据。

这一阶段的财务研究取得了许多重大突破，极大地促进了现代财务理论的发展。1951年，美国财务学家迪恩（Dean）出版了最早研究投资财务理论的著作《资本预算》，该书着重研究如何利用货币时间价值确定贴现现金流量，使投资项目的评价和选择建立在可比的基础之上，成为此后在这一领域众多论著共同的思想、理论源泉；马科维茨（Markowitz）于1952年提出了现代投资组合理论；1958年，米勒（Miller）和莫迪格莱尼（Modigliani）在《美国经济评论》上发表的《资本成本、公司财务和投资理论》一文中提出了著名的"MM"理论等。

4.综合财务管理阶段

20世纪80年代以后，随着市场经济特别是资本市场的不断发展，财务管理逐渐被视为企业管理的中心，资本运作被视为财务管理的中心，财务管理开始朝着综合性管理的方向发展。财务管理通过价值管理这个纽带，将企业管理的各项工作有机地协调起来，综合反映企业生产经营各个环节的情况。计量模型在财务管理中的运用变得越来越普遍，通货膨胀引起了通货膨胀财务问题，跨国经营引起了国际财务管理问题，企业并购浪潮引起了并购财务问题，新的财务管理领域不断出现。

20世纪70年代末和80年代初期，严重的通货膨胀给财务管理带来了一系列前所未有的考验，如何应对通货膨胀成为这一时期财务管理的主要任务。进出口贸易筹资、外汇风险管理、国际转移价格问题、国际投资分析、跨国公司财务业绩评估等的研究产生了一门新的财务学分支——国际财务管理。此外，国际金融市场动荡不安，企业面临的投融资环境呈现高度不确定性。企业在其财务决策中日益重视财务风险的评估和规避，进而使得效用理论、线性规划、对策论、概率分布、模拟技术等数量方法在财务管理工作中的应用与日俱增，财务风险问题与财务预测、决策数量化受到高度重视。随着数学方法、应用统计、优化理论与电子计算机等先进方法和手段在财务管理中的应用，财务分析向精确方向飞速发展，财务管理信息系统诞生。

5.智能财务管理阶段

随着大数据、人工智能、云计算、虚拟现实等新兴数字技术的出现和成熟，财务管理面临新的机会和挑战，使得财务从信息化向智能化方向转变。数据处理技术可以汇集更全面的数据，商业智能和专家系统能够综合不同专家的意见，移动计算可以帮助财务人员随时随地实现管理工作，财务机器人可以实现财务管理活动的自动化操作，现代系统集成技术可以消除业务、财务和税务等之间长期形成的信息和管理壁垒。因此，智能财务是推进产业数字化、数字产业化的逻辑选择，进一步发挥财务管理的核心效能，在更大范围、更高层次、更广空间上运用"大数据+财务"进行预决策，全面提升财务功能附加值，推动财务整体角色转型升级。

数字技术正以新理念、新业态、新模式全面融入人类经济、政治、文化、社会、生态文明建设备领域和全过程，给人类生产生活带来广泛而深刻的影响。我们必须顺应信息化、数字化、网络化、智能化发展趋势，抓住机遇，应对挑战。财务管理亦是如此，目前财务管理理论和实践逐步走向成熟，并开始向高层次发展。财务管理已经从财务的单项研究发展到财务管理的系统研究，从满足于外部分析到注重财务内部条件和外部环境的综合研究。

五、企业财务管理的对象

财务管理的对象是资金及其运动。企业的再生产过程就是一个从资金的货币形态开始，依次经过供应、生产和销售三个阶段，表现为固定资金、生产储备资金、未完工产品资金、产成品资金等不同资金形态，最终回到货币形态的资金循环过程。企业资金周而复始、不间断的循环过程，就是资金的周转。因此，资金的实质是生产经营过程中的价值运动。

每个企业都十分关注资金及资金运动问题，例如，如何以较小的代价取得企业所需要的资金；如何提高资金的使用效率；如何科学、合理地分配资金；如何实现企业的可持续增长等。这些问题的管理构成了财务管理活动的基本框架。

六、企业财务管理的内容

企业财务活动离不开人与人之间的经济利益关系，因此，财务管理，是组织企业财务活动、处理财务关系的一项经济管理工作。

（一）筹资活动

筹资，是指企业根据发展战略、生产经营、投资和资本结构等的需要，通过筹资渠道和资本市场，运用筹资方式，依法经济有效地筹集企业所需资金的财务活动。

无论是新企业的建立，还是现有企业的经营与发展，都需要筹措一定数量的资金。所以，筹资活动是企业财务活动的起点。没有资金，企业将难以生存，更谈不上发展。筹资管理需要解决的问题是如何取得企业所需要的资金，包括向谁、在什么时候、用什么方式及筹集多少资金。

企业可以从两个方面筹集并形成两种性质的资金来源：一是企业自有资金，二是企业债务资金。

常见的筹资渠道包括：

（1）国家财政资金，是国家对企业的直接投资或者税前减免各种税款形成的。

（2）银行信贷资金，是指银行对企业的各种贷款。

（3）非银行金融资金，是指证券公司、信托投资公司、保险公司等提供的各种金融服务。

（4）其他企业资金，是指企业间相互投资、商业信用形成的债券、债务资金。

（5）居民个人资金，是形成民间资金来源的渠道。

（6）企业自留资金，是指企业内部形成的资金，如公积金和未分配利润。

（7）外商资金：是指国外商人投资国内企业所引进的资金。

常见的筹资方式包括：吸收直接投资；发行股票；利用留存收益；向银行借款；利用商业信用；发行公司债券；融资租赁。

企业筹资方式和筹资渠道的变化与国家的金融发展密切相关，随着经济的发展和金融政策的完善，我国企业筹资方式和筹资渠道逐步呈现多元化趋势，出现了可转换债券、认证股权、商业票据融资、应收账款证券化、供应链融资等新的内容。

（二）投资活动

广义的投资是指企业将筹集的资金投入使用的过程，包括企业对内投资和对外投资两方面。企业的对内投资由固定资产投资、流动资产投资、无形资产投资等组成；对外投资指企业采用一定的方式以现金、实物或无形资产对其他单位进行的投资。

企业取得资金后，必须将其投入使用，以谋得更多的经济效益。投资管理需要解决的问题是投向谁、规模如何、何时收回现金、风险与报酬。

（三）营运资金活动

企业在正常的经营过程中，会发生一系列的资金的收支，如资金短缺时筹集所需资金、购买原材料支付款项、销售商品时收回资金等。由于企业的营运资金在全部资金中占有较大的比重，因此其对于价值创造具有重要的意义。

企业的营运资金，主要指为满足企业日常营业活动而垫支的资金，涉及流动资产和流动负债两方面。在一定时期内，流动资金周转越快，就可以利用相同数量的资金生产出更多的产品，取得更多的报酬，是企业财务管理工作的一项重要内容。营运资金管理需要解决的问题是如何制定营运资金的筹资政策，如何节约资金成本，如何加速资金周转，如何提高资金使用效率。

（四）成本管理

成本管理活动是企业日常经营管理的一项中心工作。开源和节流是企业保持竞争力的关键，如将本量利分析运用于经营决策；通过标准成本控制与分析达到有效经营条件下的目标成本；通过作业成本管理在价值链中的应用，为企业战略管理提供基础。因此，成本管理需要解决的问题是如何通过控制成本耗费增加企业的收益。

（五）分配活动

利润作为企业最终的经营成果，需要合理地在企业内外部各利益相关者之间进行有效的分配，反映企业经济利益的去向。按照规定的税率向国家缴纳所得税后形成企业的税后利润，可以作为投资收益分配给投资者，也可以暂时留存企业形成未分配利润，或者作为投资者的追加投资。广义的分配是指对企业各种收入进行分割和分派的过程，包括税收缴纳、利息支付、薪酬分配和利润分配等。狭义的分配仅仅指对利润尤其是对税后利润的分配。

不同投资者由于投资目的不同，对待分配利润和企业留存利润的态度是不同的。分配管理需要解决的问题是如何合理确定分配的规模和结构，确保企业取得最大的长期利益。

七、企业财务管理的基本逻辑

企业的五方面财务活动相互联系、相互依存。筹资是基础，企业离开生产经营所需的资金筹措就不能生存与发展。企业筹资的数量和质量制约企业投资行为，投资反过来又决定了企业筹资的时间和规模。筹资和投资在一定程度上决定了企业日常经营活动的特点和方式，但其成果需要依赖资金的营运才能实现，企业需要在日常活动中对营运资金进行合理的管理与控制，努力提高营运资金的使用效率与效果。成本管理贯穿于筹资、投资和营运活动的全过程，渗透在财务管理的每个环节中。分配影响着筹资、投资、营运和成本管理的各方面。因此，上述五个方面构成了完整的企业财务活动，是企业价值创造的必要环节。具体的基本逻辑包括以下层次：

第一层次，认清企业内部的资本结构。

第二层次，根据企业的资本结构和发展情况，寻找相匹配的最优筹资模式，在保障资金的充足性的同时使财务风险可控以及融资成本合理的最低化。

第三层次，根据企业的资本成本和预期的收益与风险，在风险可控的前提下寻找匹配的投资标的，优先支持企业的常规运营，其次为未来寻找可持续财富创造增长点，为企业创造价值。

第四层次，研究、剖析如何进行革新和改进，如在核算会计方面利用标准成本法、作业成本法，通过本量利分析、变动成本法等实现业财融合，进而实现企业增值、提升效益。

第五层次，根据企业创造的收益进行分配，确保企业的长期利益。

▶▶▶▶▶▶ 第二节　财务管理的目标与利益相关者的要求

一、财务关系

企业财务关系是指企业在组织财务活动过程中与有关各方面发生的经济利益关系。财务关系体现着财务活动的本质特征，并影响着财务活动的规模和速度。企业的筹资活动、投资活动、资金营运活动、成本管理活动和利润分配活动与企业内外部有着广泛的联系。财务活动表面上看是钱和物的增减流动，从更深层次看，钱与物的增减流动离不开企业与相关利益者之间的经济利益关系。

（一）企业与所有者（股东）

企业与所有者的关系，是指投资者向企业投入资金，企业向其支付投资报酬所形成的一种经济关系。企业所有者主要有四种类型：国家、法人单位、个人和外商。企业的所有者要按照投资合同、协议、章程的约定履行出资义务以便及时形成企业的资本。同时，其拥有参与或监督企业经营、参与企业剩余权益分配的权利，并承担一定的风险。企业与所有者之间的关系体现为经营权与所有权的关系。

（二）企业与被投资者

企业与被投资者的关系，是指企业将闲置资金以购买股票或直接投资的形式向其他企业投资形成的一种经济利益关系。企业向其他单位投资，应按约定履行出资义务，参与被投资单位的利润分配。企业与被投资者的关系体现为所有权性质的投资与受资的关系。

（三）企业与债权人

企业与债权人的关系，是指企业向债权人借入资金，并按借款合同的规定按时支付利息和归还本金所形成的一种经济关系。企业的经营活动除利用资本进行外，还要借入一定数量的资金，以便降低企业资金成本，扩大企业经营规模。企业的债权人主要有：债券持有人、贷款机构、商业信用提供者、其他出借资金给企业的单位或个人。企业与债权人之间的关系是建立在契约之上的债务债权关系。

（四）企业与债务人

企业与债务人的关系，是指企业将其资金以购买债券、提供借款或商业信用等形式出借给其他单位所形成的一种经济关系。企业将资金借出后，有权要求其债务人按约定的条件支付利息和归还本金。企业与债务人之间的关系也是债权债务关系。

（五）企业内部各单位

企业内部各单位的关系，是指企业内部各单位之间在生产经营各环节中相互提供产品或劳务所形成的一种经济利益关系。企业在内部的供、产、销各个部门以及各个生产单位之间，相互提供劳务和产品并计价结算，形成了内部的资金结算关系，体现了企业内部各单位之间的经济利益关系。

（六）企业与职工

企业与职工的关系，是指企业向职工支付劳动报酬过程中所形成的一种经济关系。企业根据经营者的职务能力和管理能力高低，根据一般职工业务能力和劳动业绩大小，用其收入向职工支付工薪、津贴和奖金，并按规定购买各种保险和提取相关的公积金等。企业与职工之间是以权、责、劳、绩为依据的在劳动成果上的分配关系。

（七）企业与税务机关

企业与税务机关的关系，是指国家以收缴各种税费的形式与企业之间产生一种财务关系。企业照章纳税，国家就能实现财政收入，这是一种强制性分配关系。及时、足额纳税是企业对国家的贡献，也是对社会应尽的义务。企业与税务机关之间反映的是依法纳税和依法征税的权利义务关系。

二、企业目标及对财务管理的要求

企业的目标可以具体细分为生存、发展和获利。

（一）生存目标对财务管理的要求

企业只有生存，才能获利。市场是企业赖以生存的"土壤"。企业在市场中生存下去有两个基本条件：

1.以收抵支

持续经营要求企业从市场上获得的货币不少于付出的货币，这是企业长期存续的基本条件。如果企业没有足够的货币从市场上换取必要的资源，企业就会萎缩甚至无法维持最低的运营条件而被迫终止运营。长期亏损是企业终止运营的内在原因。

2.到期偿债

企业为了扩大业务规模或满足经营周转的临时需要，可以对外借债。国家为了维持市场经济秩序，通过立法规定债务人必须"偿还到期债务"，必要时须"破产偿债"。企业如果不能到期偿还债务，就可能被债权人接管或被法院宣判破产。不能偿还到期债务是企业终止运营的直接原因。

保持以收抵支和偿还到期债务的能力，能降低破产的风险，使企业能够长期、稳定地生存下去，是对财务管理的第一个要求。

（二）发展目标对财务管理的要求

企业是在发展中求生存的。企业只有不断提高产品和劳务质量，不断扩大自己的市场份额，不断发展，才能在市场上立足；否则就会产生生存危机，有可能被其他企业排挤出市场。

企业发展主要表现为扩大收入。扩大收入的根本途径是提高产品的质量和销售的数量，这就要求企业投入更多、更好的物质资源、人力资源，并努力改进技术和管理。在市场经济中，各种资源的取得都需要付出货币，企业的发展更离不开资金。因此，及时足额筹集企业发展所需的资金，是对财务管理的第二个要求。

（三）获利目标对财务管理的要求

盈利不仅体现了企业的出发点和归宿，而且可以反映诸如改善劳动条件、减少环境污染等其他目标的实现程度，并有助于其他目标实现。

从财务角度来看，盈利主要是指使资产获得超过其投资的回报。资金的每项来源都有其成本，因而作为投资载体的资产，都要获得相应的报酬。财务管理人员必须使企业正常经营产生的和从外部获得的资金以产出最大的形式加以利用。因此，合理、有效地使用资金使企业获利，是对财务管理的第三个要求。

三、企业财务管理代表性的目标理论

企业财务管理作为企业整个运行链条中的重要一环，其目标应与企业经营管理目标一致，即为企业创造财务（或价值）服务。

企业财务管理目标有如下几种具有代表性的理论：

（一）利润最大化

利润最大化就是假定企业财务管理以实现利润最大化为目标。利润是企业在一定期间经营收入和经营费用的差额，反映了当前正常经营活动中投入与产出对比的结果。利润是企业生存与发展的先决条件，利润越大抵御风险的能力越强，只有每个企业最大限度地创造利润，整个社会的财务才可能实现最大化，从而带来社会的进步和发展。因此，利润是衡量企业经营和财务管理水平的标志，代表了企业新创造的财富。

利润最大化目标的主要优点是：（1）企业追求利润最大化就必须讲求经济核算，加强管理，改进技术，提高劳动生产率，降低产品成本。（2）有利于企业资源的合理分配。（3）有利于企业经济效益的提高。

但是，以利润最大化为财务管理目标存在以下缺点：（1）没有考虑利润实现的时间，没有考虑资金的时间价值。（2）没有考虑风险问题。不同行业具有不同的风险，同等利润值在不同行业中的意义也不相同，单纯追求利润最大化可能会使财务人员不顾风险的大小去追求更多的利润。（3）没有反映创造的利润与投入资本之间的关系。（4）可能导致企业短期行为倾向，影响企业的长远发展。

利润最大化的另一种表现方式是每股收益最大化。每股收益最大化的观点认为，应当把企业的利润和股东投入的资本联系起来考察，用每股收益反映企业的财务目标。除了反映创造利润与投入资本之间的关系外，每股收益最大化与利润最大化目标的缺陷基本相同。但如果假设风险相同、每股收益的时间相同，每股收益的最大化也是衡量公司业绩的一个重要指标。事实上，许多投资人都把每股收益作为评价公司业绩的重要指标。

（二）股东财富最大化

股东财富最大化是指企业财务管理以实现股东财富最大为目标。在上市公司，股东财富是由其所拥有的股票数量和股票市场价格两方面决定的。在股票数量一定时，股票价格达到最高，股东财富也就达到最大。

与利润最大化相比，股东财富最大化的主要优点是：（1）考虑了风险因素，因为通常股价会对风险做出较敏感的反应。（2）在一定程度上能避免企业短期行为，因为不仅目前的利润会影响股票价格，预期未来的利润同样会对股价产生重要影响。（3）对上市公司而言，股东财富最大化目标比较容易量化，便于考核和奖惩。

以股东财富最大化作为财务管理目标也存在以下缺点：（1）因为非上市公司无法像上市公司一样随时准确获得公司股价，所以该目标通常只适用于上市公司。（2）股价受众多因素影响，不能完全准确反映企业财务管理状况。（3）股东财富最大化更多强调股东利益，而对其他相关者的利益重视程度不够。

（三）企业价值最大化

企业价值最大化是指企业财务管理行为以实现企业的价值最大为目标。企业价值可以理解为企业所有者权益和债权人权益的市场价值，或者是企业所能创造的预计未来现金流量的现值。未来现金流量的预测包含了不确定性和风险因素，现金流量的现值是以资金的时间价值为基础对现金流量进行折现计算得出的。

企业价值最大化作为财务管理目标，具有以下优点：（1）考虑了取得收益的时间，并用时间价值的原理进行了计量。（2）考虑了风险与收益的关系。（3）将企业长期、稳定的发展和持续的获利能力放在首位，能克服企业在追求利润上的短期行为。（4）用价值代替价格，避免了过多外界市场因素的干扰，有效地规避了企业的短期行为。

但是，以企业价值最大化为财务管理目标过于理论化，不易操作。对于非上市公司而言，只有对企业进行专门的评估才能确定其价值，而在评估企业的资产时，由于受评估标准和评估方式的影响，很难做到客观和准确。

（四）相关者利益最大化

在市场经济中，企业的理财主体更加细化和多元化。股东作为企业所有者，在企业中拥有最多的权利，并承担着最大的义务和风险，与此同时，债权人、员工、企业经营者、客户、供应商和政府也为企业承担着风险。因此，企业的利益相关者不仅包括股东，还包括债权人、员工、企业经营者、客户、供应商、政府等。

相关者利益最大化目标的具体内容包括：（1）强调风险与收益的均衡，将风险限制在企业可以承受的范围内。（2）强调股东的首要地位，并强调企业与股东之间的协调关系。（3）强调对代理人即企业经营者的监督和控制，建立有效的激励机制，以使企业战略目标顺利实现。（4）关心本企业普通职工的利益，创造优美和谐的工作环境和提供合理恰当的福利待遇，培养职工长期努力为企业工作。（5）不断加强与债权人的关系，培养可靠的资金供应者。（6）关心客户的长期利益，以便保持销售收入的长期稳定增长。（7）加强与供应商的协作，共同面对市场竞争，并注重企业形象的宣传，遵守承诺，讲究信誉。（8）保持与政府部门的良好关系。

以相关者利益最大化为财务管理目标，具有以下优点：（1）有利于企业长期稳定发展。该目标注重企业在发展过程中考虑并满足各利益相关者的利益关系。在追求长期稳定发展过程中，站在企业的角度上进行投资研究，避免只站在股东的角度进行投资可能导致的一系列问题。（2）体现了合作共赢的价值理念，有利于实现企业经济效益和社会效益的统一。由于兼顾了企业、股东、政府、客户等的利益，企业就不仅仅是一个单纯营利的组织，还承担了一定的社会责任。（3）较好地兼顾了各利益主体的利益。该目标可使企业各利益主体相互作用、相互协调并在使企业利益、股东利益达到最大化的同时，使其他利益相关者利益达到最大化，是一个多元化、多层次的目标体系。（4）体现了前瞻性和现实性的统一。不同的利益相关者有各自的指标，只要合理合法、互利互惠、相互协调，就可以实现所有相关者利益最大化。

（五）各种财务管理目标之间的关系

上述各种财务管理目标，都以股东财富最大化为基础，因为企业是市场经济的主要参与者，企业的创立和发展都必须以股东的投入为基础，离开了股东的投入，企业就不复存在。况且，在企业的日常经营过程中，作为所有者的股东在企业中承担着最大的义务和风险，相应也享有最高的收益，即股东财富最大化，否则就难以为市场经济的持续发展提供动力。

当然，企业以股东财富最大化为核心和基础，同时还应该考虑利益相关者的利益。各国公司法都规定，股东权益是剩余权益，满足了其他方面的利益之后才是股东的利益。可见，其他利益相关者的要求先于股东被满足，当然这种满足必须是有限度的。如果对其他利益相关者的要求不加限制，股东就不会有"剩余"了。没有股东财富最大化的目标，利润最大化、企业价值最大化以及相关者利益最大化的目标也就无法实现。因此，在强调公司承担应尽的社会责任的前提下，应当允许企业以股东财富最大化为目标。

企业财富来源主要包括两个方面：一是常规运营带来的利润；二是企业理财，即资产负债表的运营和管理带来的财富。所以，企业必须同时注重常规的企业运营和资本运营，即财富的"两条腿"。

（六）影响财务管理目标实现的因素

投资报酬率、风险、投资项目、资本结构和股利政策是影响企业价值的基本因素。财务管理正是通过投资决策、筹资决策和股利决策来提高报酬率、降低风险，以此实现其目标。

1.投资报酬率

在风险相同的情况下，提高投资报酬率可以提升企业价值。企业价值的大小要看投资报酬率，而不是盈利总额。

2.风险

任何决策都是面向未来的，并且会有或多或少的风险，风险与期望得到的额外报酬相称时，方案才可取。

3.投资项目

投资项目是决定报酬率和风险的首要因素。一般来说，被企业采纳的投资项目应该能够增加报酬，否则企业就没必要为它投资。与此同时，任何项目都有风险，其区别在于风险大小不同。

4.资本结构

资本结构是所有者权益与负债的比例关系。一般情况下，当借债的利息率低于其投资的预期报酬率时，企业可以通过借债提高预期每股盈余，但同时也会扩大每股盈余的风险。资本结构安排不当是公司破产的一个重要原因。

5.股利政策

股利政策是指企业赚得的盈余中，有多少作为股利发放给股东，有多少保留下来以备再投资之用，以便使未来的盈余源泉得以维持。股东既希望分红，又希望每股盈余不断增长。两者有矛盾，前者是当前利益，后者是长远利益。

四、财务管理目标的协调

（一）所有者和经营者的利益冲突与协调

在现代企业中，经营者一般不拥有占支配地位的股权，只是所有者的代理人。所有者期望经营者代表他们的利益工作，实现所有者财富最大化，而经营者则有其自身的利益考虑，二者的目标经常会不一致。通常而言，所有者支付给经营者报酬的多少，取决于经营者能够为所有者创造多少财富。经营者和所有者的主要利益冲突是经营者希望在创造财富的同时，能够获取更多的报酬、更多的享受，并避免各种风险；而所有者则希望以较小的代价（支付较少报酬）实现更多的财富。因此道德风险和逆向选择是经营者背离股东目标的主要表现。

为了协调这一利益冲突，通常可采取以下方式解决：

1.解聘

这是一种通过所有者约束经营者的办法。所有者对经营者予以监督，如果经营者绩效不佳，就解聘经营者；经营者为了避免被解聘就需要努力工作，为实现财务管理目标服务。

2.接收

这是一种通过市场约束经营者的办法。如果经营者决策失误、经营不力、绩效不佳，该企业就可能被其他企业强行接收或吞并，相应经营者也会被解聘。经营者为了避免这种接收，就必须努力实现财务管理目标。

3.激励

激励就是将经营者的报酬与其绩效直接挂钩，以使经营者自觉采取能提高所有者财富的措施。激励通常有两种方式：

（1）股票期权。它是允许经营者以预先确定的条件购买本企业一定数量股份的权利，当股票的市场价格高于约定价格，经营者就会因此获取收益。经营者为了获得更大的股票涨价益处，就必然主动采取能够提高股价的行动，从而增加所有者财富。

（2）绩效股。它是企业运用每股收益、资产收益率等指标来评价经营者绩效，并视其绩效大小给予经营者数量不等的股票作为报酬。如果经营者绩效未能达到规定目标，经营者将丧失原先持有的部分绩效股。这种方式使经营者不仅为了多得绩效股而不断采取措施提高经营绩效，而且为了使每股市价最大化，也会采取各种措施使股票市价稳定上升，从而增加所有者财富。即使由于客观原因股价并未提高，经营者也会因为获取绩效股而获利。

（二）所有者和债权人的利益冲突与协调

当企业向债权人借入资金后，两者之间形成了一种委托代理关系。所有者的目标可能与债权人期望实现的目标发生矛盾。首先，所有者可能要求经营者改变举债资金的原定用途，将其用于风险更高的项目，这会增大偿债风险，债权人的负债价值也必然会降低，造成债权人风险与收益的不对称。其次，所有者可能在未征得现有债权人同意的情况下，要求经营者举借新债，偿债风险相应增大，导致原有债权的价值降低。

所有者与债权人的上述利益冲突，可以通过以下方式解决：

1.限制性借债

债权人通过事先规定借债用途限制、借债担保条款和借债信用条件，使所有者不能通过以上两种方式削弱债权人的债权价值。

2.收回借款或停止借款

当债权人发现企业有侵蚀其债权价值的意图时，采取收回债权或不再给予新的借款，从而保护自身权益。

（三）企业目标与社会责任

企业目标与社会目标在许多方面是一致的。企业在追求自己的目标时自然会使社会受益。例如，企业为了生存，必须生产出符合顾客需要的产品，满足社会的需求；企业为了发展，要扩大规模，自然会增加职工人数，解决社会就业问题；企业为了获利，必须提高劳动生产率，改进产品质量，改善服务，从而提高社会生产效率和公众的生活质量。

然而，企业目标与社会目标也有矛盾的一面。企业履行社会责任，会导致企业在一定时期内经营成本增加，减少企业当期的盈利，削弱企业的竞争能力，如履行环境保护的要求会产生环境投资，增加员工福利也会增加企业成本。正因如此，从股东的角度考虑，成本的增加减少了股东享有的剩余收益。为降低成本，企业可能会采取逃避社会责任的行为。

为了协调这一利益冲突，通常可采取以下方式解决：

1.法律规范

国家颁布一系列保护公众利益的法律，如《中华人民共和国公司法》《中华人民共和国反不正当竞争法》《中华人民共和国环境保护法》《中华人民共和国民法典》《中华人民共和国消费者权益保护法》《中华人民共和国产品质量法》等，通过这些法律调节股东和社会公众之间的利益冲突。

2.商业道德约束

将诚信等商业道德贯穿到企业的经营过程，可以在一定程度上约束企业在追逐利润过程中的经济行为，形成良好的市场氛围，实现企业的可持续发展。

3.社会监督

通过立法机关、行政机关、司法机关、社会团体、新闻舆论等多种政治力量和社会力量规范企业的行为符合社会伦理和价值规范，营造良好的企业精神。

▶▶▶▶▶▶ 第三节　财务管理的原则和环节

一、财务管理的原则

财务管理的原则是企业组织财务活动、选择财务行为的准则，它是由市场经济的内在要求决定的，是从企业财务管理实践中抽象出来并在实践中被证明正确的行为规范。

（一）货币时间价值原则

货币时间价值是指货币经历一段时间的投资和再投资所增加的价值。从经济学的角度看，即使在没有风险和通货膨胀的情况下，一定数量的货币资金在不同时点上也具有不同的价值。因此在数量上，货币的时间价值相当于没有风险和通货膨胀条件下的社会平均资本利润率。货币时间价值原则在财务管理实践中得到广泛的运用。如长期投资决策中的净现值法、现值指数法和内含报酬率法等，都要运用到货币时间价值原则。

（二）资金合理配置原则

资金合理配置是指企业在组织和使用资金的过程中，应当使各种资金保持合理的结构和比例关系，保证企业生产经营活动的正常进行，使资金得到充分有效的运用，并从整体上取得最大的经济效益。资金的配置从筹资的角度看表现为资本结构，具体表现为负债资金和所有者权益资金的构成比例、长期负债和流动负债的构成比例，以及内部各具体项目的构成比例。从投资或资金的使用角度看，企业的资金表现为各种形态的资产，各形态资产之间应当保持合理的结构比例关系，包括对内投资和对外投资的构成比例，以及各种资产内部的结构比例。上述这些资金构成比例的确定，都应遵循资金合理配置原则。

（三）成本−效益原则

成本−效益原则就是要对企业生产经营活动中的花费与所得进行对比，使效益大于成本，产生"净增效益"。成本−效益原则贯穿于企业的全部财务活动中。企业在筹资决策中，应将所发生的资本成本与所取得的投资利润率进行比较；在投资决策中，应将与投资项目相关的现金流出与现金流入进行比较；在生产经营活动中，应将所发生的生产经营成本与其所取得的经营收入进行比较；在不同备选方案之间进行选择时，应将所放弃的备选方案预期产生的潜在收益视为所采纳方案的机会成本，与所取得的收益进行比较。

（四）风险−报酬均衡原则

风险−报酬均衡原则是指决策者在进行财务决策时，必须对风险和报酬做出科学的权衡，使所冒的风险与所取得的报酬相匹配，达到趋利避害的目的。在筹资决策中，负债资金成本低，财务风险大；权益资金成本高，财务风险小。企业在确定资本结构时，应在资金成本与财务风险之间进行权衡。任何投资项目都有一定的风险，在进行投资决策时必须认真分析影响投资决策的各种可能因素，科学地进行投资项目的可行性分析，同时考虑投资报酬和投资风险。

（五）收支平衡原则

收支平衡原则一方面要求企业积极组织收入，确保生产经营和对内、对外投资对资金的正常合理需要；另一方面要求企业节约成本费用，压缩不合理开支，避免盲目决策。保持企业一定时期资金总供给和总需求动态平衡与每一时点资金供需的静态平衡，做到企业资金收支平衡。在企业内部，要增收节支，缩短生产经营周期，生产适销对路的优质产品，扩大销售收入，合理调度资金，提高资金利用率；在企业外部，要保持同资本市场的密切联系，加强企业的筹资能力。

（六）利益关系协调原则

利益关系协调原则要求企业协调、处理好与所有者、经营者、债权人、债务人、国家税务机关、消费者、企业内部各部门和职工等各利益集团的关系，切实维护各方的合法权益，将多种分配要素有机结合起来。只有这样，企业才能营造一个内外和谐、协调的发展环境，充分调动各有关利益集团的积极性，最终实现企业价值最大化的财务管理目标。

二、财务管理的环节

财务管理环节是企业财务管理的工作步骤与一般工作程序。一般而言，企业财务管理包括以下几个环节：

（一）计划与预算

1.财务预测

财务预测是根据企业财务活动的历史资料，考虑现实的要求和条件，对企业未来的财务活动做出较为具体的预计和测算的过程。财务预测包括测算各项生产经营方案的经济效益、预计财务收支的发展变化情况、测算各项定额和标准等，为决策、经营等提供依据和服务。

财务预测的方法主要有定性预测法和定量预测法两种。定性预测法主要是利用直观材料，依靠个人的主观判断和综合分析能力，对事物未来的状况和趋势做出预测的一种方法；定量预测法主要是根据变量之间存在的数量关系建立数学模型来进行预测的方法。

2.财务计划

财务计划是根据企业整体战略目标和规划，结合财务预测的结果，对财务活动进行规划，并以指标形式落实到每一计划期间的过程。财务计划主要通过指标和表格，以货币形式反映在一定的计划期内企业生产经营活动所需要的资金及其来源、财务收入和支出、财务成果及其分配的情况。

确定财务计划指标的方法一般有平衡法、因素法、比例法和定额法等。

3.财务预算

财务预算是根据财务战略、财务计划和各种预测信息，确定预算期内各种预算指标的过程。它是财务战略的具体化，是财务计划的分解和落实。

财务预算的编制方法通常包括固定预算法、弹性预算法、增量预算法、零基预算法、定期预算法和滚动预算法等。

（二）决策与控制

1.财务决策

财务决策是指按照财务战略目标的总体要求，利用专门的方法对各种备选方案进行比较和分析，从中选出最佳方案的过程。财务决策是财务管理的核心，决策的成功与否直接关系到企业的兴衰成败。

财务决策的方法主要有两类：一类是经验判断法，是根据决策者的经验来判断选择，常用的方法有淘汰法、排队法、归类法等；另一类是定量分析方法，常用的方法有优选对比法、数学微分法、线性规划法、概率决策法等。

2.财务控制

财务控制是指利用有关信息和特定手段，对企业的财务活动施加影响或调节，以便实现计划所规定的财务目标的过程。实行财务控制是落实预算任务、保证预算实现的有效方式。

财务控制的方法通常有前馈控制、过程控制、反馈控制等。财务控制措施一般包括：预算控制、运营分析控制和绩效考评控制等。

（三）分析与考核

1.财务分析

财务分析是指根据企业财务报表等信息资料，采用专门方法，系统分析和评价企业财务状况、经营成果以及未来趋势的过程。财务分析的目的是帮助企业及其利益相关者了解企业过去、评价企业现状、预测企业未来，在此基础上改善企业管理水平，提高经济效益。

财务分析的方法通常有比较分析法、比率分析法和因素分析法等。

2.财务考核

财务考核是指将报告期实际完成数与规定的考核指标进行对比，确定有关责任单位和个人完成任务的过程。财务考核与奖惩紧密联系，是贯彻责任制原则的要求，也是构建激励与约束机制的关键环节。

财务考核的形式多种多样，可以用绝对指标、相对指标、完成百分比考核，也可以采用多种财务指标进行综合评价考核。

▶▶▶▶▶▶ 第四节　财务管理环境

环境对企业财务管理的影响不容小觑，如果不能适应周围的环境，企业就无法生存与发展。财务管理环境是对企业财务活动和财务管理产生影响作用的企业内外各种条件的统称。其中，外部环境主要包括技术环境、经济环境、金融环境、法律环境等。内部环境主要包括企业组织形式、企业组织结构、企业人员素质等，而企业组织结构中的财务管理体制是最为重要的财务管理内部环境。

一、技术环境

财务管理的技术环境，是指财务管理得以实现的技术手段和技术条件，决定财务管理的效率和效果。会计信息系统是财务管理技术环境中的一项重要内容。在企业内部，会计信息主要是提供给管理层决策使用，而在企业外部，会计信息则主要是为企业的投资者、债权人等提供服务。随着数据科学、机器人流程自动化等机器智能技术不断应用到财务管理领域，财务管理的技术环境更容易实现数出一门、资源共享，便于不同信息使用者获取、分析和利用，进行投资和做出相关决策。

二、经济环境

在影响财务管理的各种外部环境中，经济环境是最为重要的。

经济环境内容十分广泛，包括经济体制、经济周期、经济发展水平、宏观经济政策及通货膨胀水平等。

（一）经济体制

经济体制规定了国家与企业、企业与企业、企业与各经济部门之间的关系，并通过一定的管理手段和方法来调控或影响社会经济流动的范围、内容和方式。在计划经济体制下，国家统筹企业资本、统一投资、统负盈亏，企业利润统一上缴、亏损全部由国家补贴，企业虽然是一个独立的核算单位但无独立的理财权利。财务管理活动的内容比较单一，财务管理方法比较简单。在市场经济体制下，企业成为"自主经营、自负盈亏"的经济实体，有独立的经营权，同时也有独立的理财权。企业可以从其财务管理自身需要出发，合理确定资本需要量，然后到市场上筹集资本，再把筹集到的资本用到高效益的项目上获取更大的收益，最后将收益根据需要和可能进行分配，保证企业自始至终根据自身条件和外部环境做出各种财务管理决策并组织实施。

（二）经济周期

市场经济条件下，经济发展与运行带有一定的波动性。大体上经历复苏、繁荣、衰退和萧条几个阶段的循环，这种循环叫作经济周期。在经济周期的不同阶段，企业应采用不同的财务管理战略。如在经济复苏期，企业可以采取增加厂房设备、实行长期租赁、建立存货储备、增加劳动力和开发新产品等财务管理战略；在经济繁荣期，企业可采取扩充厂房设备、扩大存货储备、提高产品价格、增加劳动力和开展营销规划等财务管理战略；在经济衰退期，企业可以采取停止扩张、出售多余设备、停止长期采购、削减存货和停止扩招雇员等财务管理战略；在经济萧条期，企业可以采取保持市场份额、压缩管理费用、削减存货和裁减雇员等财务管理战略。

（三）经济发展水平

财务管理和经济发展水平密切相关，经济发展水平越高，财务管理水平也越高。财务管理水平的提高，将推动企业降低成本、改进效率、提高效益，从而促进经济发展水平的提高；而经济发展水平的提高，将改变企业的财务战略、财务理念、财务管理模式和财务管理的方法手段，从而促进企业财务管理水平的提高。财务管理应当以经济发展水平为基础，以宏观经济发展目标为导向，从业务工作角度保证企业经营目标和经营战略的实现。

（四）宏观经济政策

社会主义市场经济的完善需要不断进行财税体制、金融体制、外汇体制、价格体制、社会保障体制等的改革。这些改革措施，不仅深刻影响我国的经济生活，也深刻影响我国企业的发展和财务活动。不同的宏观经济政策，对企业财务管理影响不同。金融政策中的货币发行量、信贷规模会影响企业投资的资金来源和投资的预期收益；财税政策会影响企业的资金结构和投资项目的选择等；价格政策会影响资金的投向和投资的回收期及预期收益；会计制度的改革会影响会计要素的确认和计量，进而对企业财务活动的事前预测、决策及事后的评价产生影响等。

（五）通货膨胀水平

通货膨胀对企业财务活动的影响是多方面的，如可以引起资金占用的大量增加，从而增加企业的资金需求；引起企业利润虚增，造成企业资金由于利润分配而流失；引起利率上升，增加企业筹资成本；引起证券价格下降，增加企业的筹资难度等。

为了减轻通货膨胀对企业造成的不利影响，企业应当采取措施予以防范。在通货膨胀初期，货币面临贬值的风险，这时企业进行投资可以避免风险，实现资本保值；与客户应签订长期购货合同，以减少物价上涨造成的损失；取得长期负债，保持资本成本的稳定。在通货膨胀持续期，企业可以采用比较严格的信用条件，减少企业债权；调整财务政策，防止和减少企业资本流失等。

三、金融环境

（一）金融机构

金融机构主要是指银行和非银行金融机构。银行是指经营存款、放款、汇兑、储蓄等金融业务，承担信用中介的金融机构，包括各种商业银行和政策性银行。非银行金融机构主要包括保险公司、信托投资公司、证券公司、财务公司、金融资产管理公司、金融租赁公司等。

（二）金融工具

金融工具是指形成一方的金融资产和其他方的金融负债或权益工具的合同，具有流动性、风险性和收益性的特征。借助金融工具，资金从供给方转移到需求方。金融工具分为基本金融工具和衍生金融工具两大类。常见的基本金融工具有企业持有的现金、从其他方收取现金或其他金融资产的合同权利、向其他方交付现金或其他金融资产的合同义务等；衍生金融工具又称派生金融工具，是在基本金融工具的基础上通过特定技术设计形成的新的金融工具，常见的衍生金融工具包括远期合同、期货合同、互换合同和期权合同等，种类繁多，具有高风险、高杠杆效应的特点。

（三）金融市场

金融市场是指资金供应者和资金需求者双方通过一定的金融工具进行交易进而融通资金的场所。金融市场的构成要素包括资金供应者（或称资金剩余者）和资金需求者（或称资金不足者）、金融工具、交易价格、组织方式等。金融市场的主要功能就是把社会中单位和个人的剩余资金有条件地转让给社会中缺乏资金的单位和个人，使财尽其用，促进社会发展。在金融市场上，资金的转移方式有两种：

（1）直接转移。它是需要资金的企业或其他资金不足者直接将股票或债券出售给资金供应者，从而实现资金转移的一种方式。

（2）间接转移。它是需要资金的企业或其他资金不足者，通过金融中介机构，将股票或债券出售给资金供应者；或者以其自身所发行的证券来交换资金供应者手中的资金，再将资金转移到各种股票或债券的发行者（即资金需求者）手中，从而实现资金转移的一种方式。金融市场不仅为企业融资和投资提供了场所，而且还可以帮助企业实现长短期资金转换、引导资本流动，提高资金转移效率。

（四）货币市场

货币市场的主要功能是短期资金融通，主要包括拆借市场、票据市场、大额定期存单市场和短期债券市场等。其主要特点是：（1）期限短。一般为3~6个月，最长不超过1年。（2）交易目的是解决短期资金周转。其资金来源主要是资金所有者暂时闲置的资金，融通资金的用途一般是弥补短期资金的不足。（3）货币市场上的金融工具有较强的"货币性"，具有流动性强、价格平稳、风险较小等特性。

（五）资本市场

资本市场的主要功能是实现长期资本融通，主要包括债券市场、股票市场、期货市场和融资租赁市场等。其主要特点是：（1）融资期限长，1年以上，最长可达10年甚至10年以上。（2）融资的目的是解决长期投资性资本的需要，用于补充长期资本，扩大生产能力。（3）资本借贷量大。（4）收益较高但风险也较大。

四、法律环境

法律环境是指企业与外部发生经济关系时应遵守的有关法律法规和规章（简称法规），主要包括《中华人民共和国公司法》（简称《公司法》）、《中华人民共和国证券法》（简称《证券法》）、《中华人民共和国民法典》（简称《民法典》）、税法、《企业财务通则》、《企业内部控制基本规范》、《管理会计基本指引》等。市场经济是法治经济，企业的经济活动总是在一定法律规范内进行的。法律既约束企业的非法经济行为，也为企业从事各种合法经济活动提供保护。国家相关法律法规按照对财务管理内容的影响情况可以分以下几类：（1）影响企业筹资的各种法规，包括《公司法》《证券法》《民法典》等。（2）影响企业投资的各种法规，包括《证券法》《公司法》《企业财务通则》等。（3）影响企业收益分配的各种法规，包括税法、《公司法》、《企业财务通则》等。

法律环境对企业的影响范围包括企业组织形式、公司治理结构、投融资活动、日常经营、收益分配等。比如《公司法》规定，企业可以采用独资、合伙、公司制等企业组织形式。企业组织形式不同，业主（股东）权利责任、企业投融资、收益分配、纳税、信息披露等就不同，公司治理结构也不同。

五、财务管理体制

财务管理体制是明确企业各财务层级财务权限、责任和利益的制度，其核心问题是配置财务管理权限，企业财务管理体制决定着企业财务管理的运行机制和实施模式。企业财务管理体制可分为三种类型：

1.集权型财务管理体制

集权型财务管理体制是指企业对各所属单位的所有财务管理决策都进行集中统一，各所属单位没有财务决策权，企业总部财务部门不但参与决策和执行决策，在特定情况下还直接参与各所属单位的执行过程。集权型财务管理体制下企业内部的主要管理权限集中于企业总部，各所属单位执行企业总部的各项指令。

2.分权型财务管理体制

分权型财务管理体制是指企业将财务决策权与管理权完全下放到各所属单位，各所属单位只需对一些决策结果报请企业总部备案即可。分权型财务管理体制下企业内部的管理权限分散于各所属单位，各所属单位在人、财、物、供、产、销等方面有决定权。

3.集权与分权相结合型财务管理体制

集权与分权相结合型财务管理体制，其实质就是集权下的分权，企业对各所属单位在所有重大问题的决策与处理上实行高度集权，各所属单位则对日常经营活动具有较大的自主权。集权与分权相结合型财务管理体制意在以企业发展战略和经营目标为核心，将企业内重大决策权集中于企业总部，并赋予各所属单位自主经营权。

企业生命周期、企业战略、企业所处市场环境、企业规模、企业管理层素质，以及信息网络系统都会影响企业财务管理体制的选择。

▶▶▶▶▶▶ 第五节 财务人员的职业道德

财务，首先是道德的财务。随着市场竞争日趋激烈，企业面临越来越多的难题，而财务管理就是通过调度和使用资金来满足生产经营的需要，提高企业经济效益，如果没有很好的职业道德操守规范员工的行为，不道德的行为操守会给企业带来重创，已经有很多这样的实际案例让企业蒙受巨大损失。因此，职业道德操守被越来越多的企业高度重视。

一、爱岗敬业，勤奋工作

爱岗敬业，勤奋工作要求财务人员在工作中正确认识职业要求，遵守职业道德，树立良好的职业品质、严谨的工作作风，严守工作纪律，忠于职守，尽职尽责，切实对单位、对社会公众、对国家负责。爱岗敬业是财务人员做好本职工作的前提，是应具备的基本职业道德品质。

二、诚实守信，操守为重

诚实守信，操守为重要求财务人员保守本单位的商业秘密，做老实人，说老实话，办老实事，不为利益所诱惑，除法律规定和单位领导人同意外，不能私自向外界提供或者泄露单位的财务信息，同时保证所提供的财务管理信息真实、准确、完整。市场经济是"信用经济""契约经济"，诚实守信是财务人员职业道德的重要内容。

三、廉洁自律，遵纪守法

廉洁自律，遵纪守法要求财务人员树立正确的人生观和价值观，自觉抵制享乐主义、个人主义、拜金主义；公私分明、不贪不占；遵纪守法、克己奉公、清正廉洁，自觉抵制行业不正之风。同时，相关部门也要积极主动宣传财经法规和制度，使相关人员了解和自觉遵守。

四、客观公正，如实反映

客观公正，如实反映要求财务人员端正态度，依法办事，实事求是，忠实履行职责，不偏不倚，保持应有的独立性，避免个人偏见、利益冲突或不当影响凌驾于职业或商业判断之上，保证财务工作及各项经济活动健康进行。

五、坚持准则，公私分明

坚持准则，公私分明要求财务人员严格遵守国家财经法律、法规、规章和国家统一的会计制度，按照会计法律、法规和国家统一会计制度规定的程序和要求进行财务工作。在处理业务工作中，财务人员应做到一视同仁，不讲亲疏，秉公办事，不搞虚假，保证所提供的财务信息合法、真实、准确、及时、完整，为自己所服务的单位理好财，维护单位的合法利益。

六、提高技能，内外协调

提高技能，内外协调要求财务人员增强提高专业技能的自觉性和紧迫感，努力钻研业务，不断进行知识更新，根据使用的技术和专业标准，努力获得胜任的能力，适应所从事工作的要求。此外，财务人员应根据所掌握的资料信息采用科学的分析方法做出是非判断，协调各方利益，协调职业技术性与职业社会性的关系。

七、参与管理，业财融合

参与管理，业财融合要求会财务人员在做好本职工作的同时，努力钻研相关业务，全面熟悉本单位生产经营和业务管理情况，主动提出合理化建议，协助领导决策。通过事前预测、预算、事中控制、检查以及事后分析、考核等，向经营管理的各领域和环节渗透，实现业财融合，做好参谋。

八、强化服务，讲究效益

强化服务，讲究效益要求财务人员热爱本职工作，同时树立服务意识，戒懒、戒惰、戒拖，在工作中无论对内对外都以诚相待、细致周到、不怕麻烦，努力提高工作效率和工作质量，为改善单位内部管理、提高经济效益服务。

思考与案例

1.什么是财务管理？其主要内容包括哪些？
2.如何处理财务关系？股东、经营者和债权人之间存在哪些矛盾？如何协调？

3.财务管理目标有哪些？各自的优缺点是什么？

4.举例说明你对财务管理原则的理解。

5.财务管理的环境有哪些？如何对财务管理活动产生影响？

6.作为一名财务管理人员，必须具备哪些基本素养？

7.会计学专业学生小张在学校里学习了财务管理课程，放假回家，到叔叔的公司参观。叔叔告诉他，他的公司出现了一些问题，主要体现在：（1）公司是生产纺织品的企业，由于出口下降，生产开工不足。（2）许多客户虽然采购了公司的产品，但迟迟不支付货款。（3）工厂的生产设备老化，但由于没有足够的资金更新设备，经常停工。（4）产品积压，资金周转困难，而供应商又在催讨货款。（5）公司的股东提出现金分红建议，但公司目前资金短缺。叔叔认为小张学过财务管理，能为他提供解决方案。

请思考：如果你是小张，你认为公司出现的这些问题，哪些属于财务管理问题？这些财务管理问题具体属于哪些方面的财务问题？应如何解决？

（资料来源：翟其红.财务管理［M］.北京：北京大学出版社，2011）

8.成立于1984年的联想集团经过40多年的发展，其核心业务的全球市场份额均已处于领先地位，成为全球第三大个人电脑厂商，2021年《财富》杂志公布的世界500强排行榜中，联想集团位列第159位。然而，2021年10月8日晚间，击败惠普、戴尔、华硕、宏碁等竞争对手，成为在科技领域细分市场领头羊的联想，在科创板IPO获受理仅1个工作日就撤回的消息迅速登上财经新闻头条。这不仅引起了大众对联想的关注，而且其社会形象也遭受重创。联想由于坚持走"贸工技"之路，近几年的研发投入占比仅3%左右。从联想的营业收入构成看，近八成来自个人电脑业务，但是该核心业务并不具备关键核心技术，已沦为一家电脑"组装工厂"。资料显示，联想每组装一台电脑，只能获得2%左右的利润。当时，公司30个高管工资占联想利润的近1/3；资产负债率不仅超过90%，而且主要依赖于外部融资偿债；存货计提跌价比例也偏高。

请思考：联想集团未来如何应对财务压力？

第二章

财务管理基础

学习目标

1. 理解财务管理的概念、理论研究的逻辑起点。
2. 掌握财务管理理论结构的概念和基本框架。
3. 理解货币时间价值在财务价值管理中的意义。
4. 掌握复利、终值、现值、年金的概念及其等值运算假设。
5. 理解名义利率和实际利率。
6. 理解风险收益均衡原理，掌握证券资产风险与收益的衡量。
7. 掌握资本资产定价模型与证券市场线。
8. 理解套利定价模型。
9. 掌握有效市场假说。

思维导图

学思践悟

  国家助学贷款是党中央、国务院在社会主义市场经济条件下，利用金融手段完善我国普通高校资助政策体系，加大对普通高校贫困家庭学生资助力度所采取的一项重大措施。

  借款学生通过学校向银行申请贷款，用于弥补在校学习期间学费、住宿费和生活费的不足，毕业后分期偿还。贷款额度原则上全日制本专科生每人每学年最高不超过 12 000 元，全日制研究生每人每学年最高不超过 16 000 元。贷款期限最长不得超过 10 年。贷款利率执行中国人民银行规定的同期限贷款基准利率，不上浮。这一系列政策多年实施下来，取得了积极成效。2020 年，全国各项高等教育学生资助政策共资助学生 3 678 万人次，资助资金 1 244 亿元。切实做到了家庭困难学生应助就助，一个都不能少。不仅如此，家庭经济困难学生入学前可以申请高校绿色通道、新生入学资助等，入学时可以申请国家助学贷款，入学后可以享受国家助学金，参与勤工助学等，成绩优秀的还可以获得国家奖学金或励志奖学金，实现了全链条无缝帮扶。

  2022 年 5 月 11 日，国务院常务会议决定阶段性免除经济困难高校毕业生国家助学贷款利息。2022 年 5 月，财政部、教育部、人民银行、银保监会发布《关于做好 2022 年国家助学贷款免息及本金延期偿还工作的通知》。国家助学政策帮助成千上万寒门学子圆了大学梦，大国彰显制度优势。

  要求：请结合以上内容，思考国家助学金相关政策中，我们可以利用学到的哪些财务管理知识进行解读。

一、财务管理假设

(一) 财务管理假设的概念

财务管理假设，是人们利用自己的知识，根据财务活动的内在规律和理财环境的要求所提出的，具有一定事实依据的假定或设想，是进一步研究财务管理理论和实践问题的基本前提。

(二) 财务管理假设的分类

根据作用不同，财务管理假设可以分为以下三种。

1.财务管理基本假设

财务管理基本假设是研究整个财务管理理论体系的假定或设想，是财务管理实践活动和理论研究的基本前提。财务管理基本假设在构建财务管理理论体系中具有重要意义。

2.财务管理派生假设

财务管理派生假设是根据财务管理基本假设引申和发展出来的一些假定和设想。财务管理派生假设与基本假设互相作用，派生假设是对基本假设的进一步说明和阐述，在构建财务管理理论体系中起着重要作用。

3.财务管理具体假设

财务管理具体假设是指为研究某一具体问题而提出的假定和设想。它是以财务管理基本假设为基础，根据研究某一具体问题的目的而提出的，是构建某理论或创建某一具体方法的前提。例如，财务管理中著名的 MM 理论、资本资产定价理论、本量利分析方法等都是在一系列假设的基础上构建的。

(三) 财务管理假设的意义

1.财务管理假设是建立财务管理理论体系的基本前提

一般来说，理论体系的建立，多数要通过假设、推理、实证等过程实现。因此，要形成理论，需要先提出假设。恩格斯曾说过，"只要自然科学在思维着，它的发展形式就是假说"。

2.财务管理假设是企业财务管理实践活动的出发点

人类做出任何决策都需要一定的假设，财务管理也不例外。例如，当一个企业进行长期债券投资时，必然假定自己的企业和被投资的企业均是持续经营的企业；当我们说把钱存入银行不如投资股票的报酬高时，实际上是假设风险与报酬同增。

(四) 财务管理假设的具体构成

1.理财主体假设

理财主体假设是指企业的财务管理工作不是漫无边际的，而应限制在每个经济上和经营上具有独立性的组织之内。它明确了财务管理工作的空间范围。

理财主体应具备以下特点：（1）理财主体必须有独立的经济利益；（2）理财主体必须有独立的经营权和财权；（3）理财主体一定是法律实体，但法律实体不一定是理财主体。

一个组织只有具备这三个特点，才能真正成为理财主体，显然，与会计上的会计主体相比，理财主体的要求更严格。如果某个主体虽然有独立的经济利益，但不是法律实体，则该主体虽然是会计主体，但不是理财主体，如一个企业的分厂。如果某主体虽然是法律实体，但没有独立的经营权和财权，则其也不是理财主体。当然，实际工作中，为了满足管理上的要求，会人为地确定理财主体。一个真正的理财主体必须具备上述三个条件。一个相对的理财主体，条件可适当放宽，可以根据实际工作的具体情况和单位权、责、利的大小，确定特定层次的理财主体。在财务管理理论研究中所说的理财主体，一般是指真正意义上的理财主体。

2.持续经营假设

持续经营假设是指理财主体是持续存在的并且能执行其预计的经济活动。它明确了财务管理工作的时间范围。

在设定企业作为理财主体以后，就面临一个问题，即这个企业能存在多久。企业可能是持续经营的，也可能会由于某种原因发生变更甚至终止营业。绝大多数企业都能持续经营下去，破产、关闭的毕竟是少数，即使可能发生破产，也难以预计发生的时间。因此，在财务管理上，除非有证据表明企业将破产、关闭，否则，通常假定企业在可以预见的将来将持续经营下去。

持续经营假设是财务管理中一个重要的前提，在确定筹资方式时，要注意合理安排短期资金和长期资金的关系；在进行投资时，要合理确定短期投资和长期投资的关系；在进行收益分配时，要正确处理各个利益集团短期利益和长期利益的关系，这些都是建立在此项假设基础之上的。

3.有效市场假设

有效市场假设是指财务管理所依据的资金市场是健全和有效的。只有在有效市场上，财务管理才能正常进行，财务管理理论体系才能建立。最初提出有效市场假设的是美国财务管理学者法玛（Fama）。法玛在1965年和1970年各发表了一篇文章，将有效市场划分为三类：

（1）弱式有效市场。当前的证券价格完全反映了蕴含在证券历史价格中的全部信息。其含义是，任何投资者仅仅根据历史的信息进行交易，不会获得额外盈利。

（2）次强式有效市场。证券价格完全反映了所有公开的可用信息。根据一切公开的信息，如公司的年度报告、投资咨询报告、董事会公告等不能获得额外盈利。

（3）强式有效市场。证券价格完全反映了一切公开和非公开的信息。投资者即使掌握内幕信息也无法获得额外盈利。实证研究表明，美国等发达国家的证券市场均已达到次强式有效。我国有些学者认为，中国股票市场已达到弱式有效，但尚未实现次强式有效。即使是发达国家的股票市场，也不是在所有时间和所有情况下都有效，会出现例外，所以称为假设。

4.资金增值假设

资金增值假设是指通过财务管理人员的合理营运，企业资金的价值可以不断增加。这一假设实际上指明了财务管理存在的现实意义。财务管理是对企业的资金进行规划和控制的一项管理活动，如果在资金运筹过程中不能实现资金的增值，财务管理也就没有存在的必要了。

资金的增值是在不断运动中产生的，即只有通过资金的合理运筹才能产生价值的增加。在商品经济条件下，从整个社会来看，资金的增值是一种规律，而且这种增值只能来源于生产过程。但从个别企业来考察，资金的增值并不是一种规律，也不一定来源于生产过程。例如，一家企业投资于股票，一年以后卖出，可能实现资金的增值，也可能会出现亏损，因此，从个别企业进行考察，资金增值只是一种假设，而不是一个规律。在财务管理中，在进行某种投资时，一定假定这笔投资是增值的，如果假定出现亏损，这笔投资就不会发生了。

5.理性理财假设

理性理财假设是指从事财务管理工作的人都是理性的，因而他们的理财行为也是理性的。他们会在众多的方案中选择最有利的方案。

理性理财的第一个表现就是理财是一种有目的的行为，即企业的理财活动都有一定的目标。当然，在不同的时期和不同的理财环境中，对理性理财行为的看法是不同的。理性理财假设中的理性是相对的，是相对具体理财环境而言的。

理性理财的第二个表现是理财人员会在众多方案中选择一个最佳方案。表现为财务管理人员要通过比较、判断和分析等手段，从若干方案中选择一个有利于财务管理目标实现的最佳方案。

理性理财的第三个表现是当理财人员发现正在执行的方案是错误的方案时，会及时采取措施进行纠正，以使损失降至最低。

理性理财的第四个表现是财务管理人员能汲取以往工作的教训，总结以往工作的经验，不断学习新理论，合理应用新方法，使理财行为由不理性变为理性，由理性变得更加理性。

尽管上述四个方面为理性理财假设提供了理论依据，但在实际工作中，仍有个别理财行为不是理性行为。另外，即使所有的理财行为都是理性行为，也不一定完全导致理性的结果。因此，理性理财只是一种假设，而不是事实。

理性理财假设是确立财务管理目标、建立财务管理原则、优化财务管理方法的理论前提。财务管理的优化原则，财务管理的决策、计划和控制方法等都与此项假设有直接联系。

二、财务管理理论研究的逻辑起点

理论研究的深度是衡量一门学科成熟与否的标志；首尾一贯的理论，则是评估实务正确与否的指南。财务管理实务已有较长历史，但财务管理理论的出现则较晚。根据现有资料，社会主义制度下的财务管理学，是20世纪40年代苏联科学院院士费·吉亚琴科教授倡导与创建的。在西方，直到20世纪50年代，才形成比较规范的财务管理理论。中国的财务管理理论研究是从20世纪60年代才开始的。改革开放以来，中国的财务管理实践发生了重大变化，亟须理论上的规范与指导，以使今后的财务管理实务得到更好的发展和进步。

（一）财务管理理论的概念

《韦氏国际词典》（Webster's New International Dictionary）（第三版）将"理论"解释为：理论是某一研究领域前后一致的假设、概念和实用原则所构成的系统。

我国的《辞海》对理论的解释是：理论是概念、原理的体系，是系统化了的理性认识。

我国《现代汉语词典》对理论的解释是：理论是人们由实践概括出来的关于自然界和社会的知识的有系统的结论。

理论与实践的关系总是非常密切并相辅相成。它们互为对方提供支持和帮助，每一方都有助于纠正对方的缺陷，使其变得更加完善。理论的职能是扩大经验的范围，并深化其含义。财务管理理论是根据财务管理假设进行科学推理或对财务管理实践进行科学总结而建立的概念体系，其目的是解释、评价、指导、完善和开拓财务管理实践。

（二）财务管理理论研究的起点

1.关于现有财务管理理论研究起点的主要观点

财务管理理论研究的起点，长期以来是一个有争议的问题，主要观点有以下几种：

（1）财务本质起点论。长期以来，我国财务管理的理论研究以"财务的本质"为起点，从这一起点出发，逐渐阐述财务管理的概念、对象、原则、任务、方法等一系列理论问题。我国著名财务学家郭复初教授认为，这种观点形成于20世纪80年代，当时对财务的存废问题存在很大争议，财务管理理论工作者在形成财务独立论的过程中，从财务的本质研究出发，奠定了财务理论的基石。进入20世纪90年代，我国有些学者对其进行了系统论证，指出："财务的规定性决定了财务的独立性，财务的种种独特性态，乃是奠定财务独立存在的客观基础。"

（2）假设起点论。这种观点是近年来在借鉴会计理论研究方法的基础上形成的。持这种观点的人认为："任何一门独立学科的形成和发展，都是以假设为逻辑起点的，然而，在财务学中，却忽略了这一点。"并指出："假设对任何学科都是非常重要的，因为它为本学科的理论和实务提供了出发点或奠定了基础。"财务管理假设是财务管理理论结构中一个非常重要的问题，必须认真研究。但以财务管理假设作为财务管理理论研究的起点还存在一些问题，这是因为：第一，财务管理假设不是凭空捏造的，也不是天生就有的，而是根据财务管理环境和财务管理的内在规律概括出来的，显然，环境决定假设，而不是相反。第二，即使是过去一直以假设为理论起点的会计学，进入20世纪70年代，也逐渐放弃了这种观点，改用其他范畴作为会计理论研究的起点。可见，并不是任何学科、任何时候都以假设作为理论研究的起点。

（3）本金起点论。这是我国著名财务管理学家郭复初教授提出的一种观点。他认为："本金是指为进行商品生产和流通活动而垫支的货币性资金，具有流动性与增值性等特点。"他进一步指出："经济组织的本金，按其构成可以分为实收资本、内部积累和负债等几大组成部分。"同时强调，本金起点论符合逻辑起点的基本标准，弥补了其他起点理论的种种不足。本金作为财务资金的代名词已成为财务理论的核心概念，是财务理论概念体系中的组成部分。

（4）目标起点论。进入20世纪90年代以后，我国有些学者提出了以财务管理目标为财务管理理论研究起点的看法。这种观点认为，任何管理都是有目的的行为，财务管理也不例外。只有确立合理的目标，才能实现高效的管理。适应市场经济发展要求的财务管理理论结构应该以财务管理目标为出发点。其同时认为，财务管理目标是在考虑风险和报酬两个重要因素的基础上实现企业价值的最大化。

2.以财务管理环境为起点来构建财务管理的理论结构

财务管理环境是对财务管理有影响的一切因素的总和。它既包括宏观的理财环境，也包括微观的理财环境。其中宏观环境主要是指企业理财所面临的政治、经济、法律和社会文化环境；微观环境主要是指企业的组织形式，企业的生产、销售和采购方式等。

20世纪是财务管理大发展的世纪，在这100年的时间里，财务管理经历了五次飞跃性的变化，我们称之为财务管理的五次发展浪潮。

（1）第一次浪潮——筹资管理理财阶段。这一阶段又称"传统财务管理阶段"，在这一阶段，财务管理的主要职能是预测公司资金的需要量和筹集公司所需要的资金。20世纪初，由于西方国家经济的持续繁荣和股份公司的迅速发展，各类企业都面临着如何筹集扩大生产经营所需资金的问题。那时，市场竞争不是十分激烈，各国经济迅速发展，只要筹集到足够的资金，一般都能取得较好的效益。然而，当时的资金市场还不甚成熟，金融机构也不十分发达，因而如何筹集资金便成为财务管理的最主要问题。在这一阶段，筹资理论和方法得到迅速发展，为现代财务管理理论的产生和完善奠定了基础。

（2）第二次浪潮——资产管理理财阶段。这一阶段又称"内部控制财务管理阶段"。筹资管理理财阶段的财务管理只着重研究资本筹集，却忽视了企业日常的资金周转和内部控制。第二次世界大战以后，随着科学技术的迅速发展，市场竞争日益激烈，西方财务管理人员逐渐认识到，在残酷的竞争中要维持企业的生存和发展，财务管理的主要问题不仅在于筹集资金，更在于有效的内部控制，管好用好资金。在此阶段，资产负债表中的资产科目，如货币资金、应收账款、存货、固定资产等引起财务管理人员的高度重视。在这一时期，公司内部的财务决策被认为是财务管理的最主要问题，而与资金筹集有关的事项已退居第二位。

（3）第三次浪潮——投资管理理财阶段。20世纪60年代中期以后，随着企业经营的不断变化和发展，资金运用日趋复杂，市场竞争更加激烈，投资风险不断加大，投资管理受到空前重视。主要表现在：①确定了比较合理的投资决策程序；②建立了科学的投资决策指标；③建立了科学的投资决策方法；④创立了投资组合理论和资本资产定价理论。对投资财务管理理论做出重要贡献的学者有迪安（Joel Dean）、马科维茨和夏普（William F. Sharpe）。

（4）第四次浪潮——通货膨胀理财阶段。20世纪70年代末期和80年代早期，伴随石油价格的上涨，西方国家出现严重的通货膨胀，持续的通货膨胀给财务管理带来许多问题，在通货膨胀条件下如何有效地进行财务管理便成为主要矛盾。为此，西方财务管理学者提出了许多对付通货膨胀的方法，企业筹资决策、投资决策、资金日常调度决策、股利分配决策，都根据通货膨胀的状况进行了相应的调整。

（5）第五次浪潮——国际经营理财阶段。20世纪80年代中后期，由于运输和通信技术的发展，市场竞争加剧，企业跨国经营发展迅速，国际企业财务管理越来越重要。80年代中期以来，国际财务管理的理论和方法迅速发展，并在财务管理实务中得到广泛应用，成为财务管理发展过程中的又一个高潮。

从20世纪财务管理的发展过程可以看出，财务管理目标、财务管理内容、财务管理方法的变化，都是理财环境综合作用的结果。实际上，财务管理总是依赖于其生存发展的环境。在任何时候，财务管理问题的研究，都应以客观环境为立足点和出发点，这样才有价值。脱离了环境来研究财务管理理论，就等于无源之水、无本之木。所以，将财务管理环境确定为财务管理理论结构的起点是一种合理的选择。

三、财务管理理论结构的概念和基本框架

（一）财务管理理论结构的概念

一般而言，结构应包括以下两个方面的含义：一是构成系统或物质的基本要素或元素；二是这些要素或元素在整体中的作用及其排列组合，即要素之间的联结关系。

借用结构的基本定义，可以将财务管理的理论结构定义为：财务管理理论各组成部分（或要素）以及这些部分之间的排列关系。本书所建立的是以财务管理环境为起点，财务管理假设为前提，财务管理目标为导向的由财务管理的基本理论、应用理论构成的理论结构。

（二）财务管理理论结构的基本框架

1.我国学者关于财务管理理论体系的主要观点简介

明确了财务管理理论结构的起点以后，再来构建财务管理的理论结构就容易得多，因为良好的开端是成功的一半。从现有文献来看，我国关于财务管理理论结构的文章并不多，但关于财务管理理论体系的文章有一些，现对有关观点简介如下：

我国著名财务管理学家王庆成教授认为，财务管理理论体系中的基本概念是资金运动，它的基本规律是资金运动规律，它的基本程序和方法是资金运动规律性的运用。由此展开，财务管理理论体系的构成要素可以概括为以下几个方面：财务管理对象、财务管理职能、财务管理主体、财务管理环境；财务管理目标、财务管理原则、财务管理体制；财务管理环节、财务管理方法。

我国著名财务管理学家李相国教授，遵循理论与实践辩证关系的原理，认为财务管理基本理论体系可按认识的不同层次划分为以下五个组成部分：（1）财务管理及其基本特征、目标的理论；（2）财务管理的主体、客体和理财环境的理论；（3）财务管理职能、研究财务管理运行机制的理论；（4）研究财务管理规范的理论；（5）关于财务管理方法原理的理论。

我国著名财务管理学家刘恩禄教授等认为，财务管理理论体系由基本理论和应用理论两大部分构成。其中基本理论包括以下几个方面：经济效益理论、资金时间价值理论、资金保值理论、财务控制理论、财务分析理论、财务公共关系理论、资金运动规律理论、资金成本理论、财务系统理论、财务信息理论、财务机制理论。应用理论分别按环节划分和按工作对象划分。按环节分主要包括：财务预测理论、财务决策理论、财务计划理论、财

务调控理论、财务分析诊断理论；按工作对象分主要包括：资金筹措理论、资金投资理论、资金日常管理理论和资金分配理论。

我国著名财务管理学家郭复初教授等认为，财务理论体系由财务基本理论、财务规范理论和财务行为理论三部分构成。财务基本理论包括：财务本金理论、财务对象理论、财务职能理论、财务假设理论和财务发展史；财务规范理论包括：财务法规理论、财务政策理论、财务管理体制、财务人员管理和财务组织管理；财务行为理论包括：财务管理的目标、筹资理论与方法、投资理论与方法、资金耗费理论与方法、收益理论与方法和分配理论与方法。

2.财务管理理论结构的基本框架

根据上述各种观点，结合当前和未来一段时间我国财务管理环境的现状和发展，我们将财务管理理论结构总结如下：

（1）财务管理理论的起点、前提与导向。财务管理环境是财务管理理论研究的逻辑起点。财务管理中的一切理论问题都是由此展开的，并在此基础上层层深入，形成合理的逻辑层次关系。财务管理假设是财务管理理论研究的前提。财务管理假设是人们利用自己的知识，根据财务活动的内在规律和理财环境的要求所提出的，具有一定事实依据的假定或设想。因此，要形成理论，需要先根据环境和特定学科的规律性提出假设。

（2）财务管理基本理论。财务管理的基本理论是指由财务管理内容、财务管理原则、财务管理方法构成的概念体系。

财务管理的基本内容是企业财务活动，而财务活动又分为企业筹资引起的财务活动、企业投资引起的财务活动、企业日常经营引起的财务活动和企业分配引起的财务活动等。因此，财务管理的内容包括企业筹资管理、企业投资管理、营运资金管理和企业分配管理四个方面。

财务管理原则是财务管理工作必须遵循的基本准则，是从财务管理实践中概括出来的体现财务活动规律性的行为规范。财务管理原则在财务管理理论结构中居于承上启下的位置，它是根据财务管理环境、财务管理目标、财务管理内容的要求建立起来的，但它又对财务管理方法体系的建立起指导作用。

财务管理方法是财务管理人员为了实现财务管理目标、完成财务管理任务，在进行理财活动时所采取的各种技术和手段。

（3）财务管理通用业务理论。财务管理的通用业务是指各类企业都有的财务管理业务。从财务管理的基本理论中我们知道，财务管理的基本内容包括企业筹资管理、企业投资管理、营运资金管理和企业分配管理等。但企业营运资金管理更多涉及操作方法问题。

（4）财务管理特殊业务理论，财务管理的特殊业务是指只在特定企业或某一企业的特定时期才有的财务管理业务。这类业务有很多，如企业破产清算的财务管理、企业并购的财务管理、企业集团的财务管理、小企业财务管理、通货膨胀财务管理、国际企业财务管理等。

（5）财务管理理论的其他领域。分析完上述四个方面，财务管理的理论结构的主要问题都有了相应的安排，但尚有一些问题没有讨论，主要有：财务管理的发展理论（财务管理史问题)、财务管理的比较理论(比较财务管理问题)、财务管理的教育理论。我们把这些问题统一归入财务管理理论的其他领域进行研究。

▶▶▶▶▶▶ 第二节　货币时间价值

本节讨论的主要问题是货币时间价值的本质与现金流量的计量及等值运算方法。同样金额的现金流量在不同时点价值不同的原因就是货币时间价值的存在,对现金流量进行计量的方式主要有现值、终值及年金等形式,计算现金流量在不同时点价值的方法是等值运算,即运用现值和终值公式计算现金流量在其收付时点与任何另一时点之间的等值价值转换。

一、货币时间价值的含义

货币时间价值是指货币随着时间的推移而发生的增值,是货币经过一定时间的投资和再投资所增加的价值,也称为资金的时间价值。

货币时间价值有两种表现形式:一种用绝对数值表示,即资金在生产经营过程中带来的真实增值额,是一定数额的资金与时间价值率的乘积;另一种用相对数值来表示,即没有风险和没有通货膨胀条件下的社会平均资金利润率。

二、终值与现值

货币时间价值的表现形式,主要有终值和现值两种。其中,终值是指现在投入的资金在未来某个时点的价值,而现值则表示未来某个时点的价值折算到现在时点上相当于多少现在投入的资金量。现值与终值是相对的,现值可以由终值扣除货币时间价值的因素后求得,这种由终值求得现值的方法称为贴现(或折现)。

终值和现值的计量有两种模式:单利模式和复利模式。

单利是指只对借入(贷出)的原始金额或本金支付(收取)利息,而不将以前计息期产生的利息累加到本金中再次计算利息的一种计息方法,即利息不再生息的一种计量模式。

复利则是不仅借入(贷出)的本金需要支付(收取)利息,而且本金所产生的利息也要在后续各期计息,即通常所说的"利滚利"。在进行财务决策时,有必要考虑复利的概念。

下面对复利模式下的终值和现值计算进行介绍。

(一)复利终值计算

复利终值是指现在的一笔资金按复利计算的未来价值,其计算公式为:

$$F = P(1 + i)^n$$

式中,F 为终值;P 为现值;i 为利率;n 为期数(若按年利率计算,n 代表年数;若按月利率计算，n代表月数）。

其中，$(1 + i)^n$ 称为复利终值系数，可用符号 $(F/P, i, n)$ 表示。对于复利终值系数，可通过"复利终值系数表"（见书后附录）得到。

该公式的推导过程如下：

第1年：$F = P(1 + i)$

第2年：$F = P(1 + i)(1 + i) = P(1 + i)^2$

第n年：$F = P(1 + i)(1 + i)....(1 + i) = P(1 + i)^n$

"复利终值系数表"的第一行是利率i，第一列是计息期数n，相应 $(1 + i)^n$ 的值在其纵横相交处。

例2-1 ⸪⸪⸪

假设现将1 000元存入银行，存款按复利利率8%计息，9年后共可以得到多少钱？

根据上述已知现值求终值的计算公式，计算如下：

$F = P \times (F/P, 8\%, 9) = 1\ 000 \times 1.999 = 1\ 999(元)$

（二）复利现值计算

复利现值是复利终值的对应概念，是未来一定期间的一笔资金按复利计算的现在价值。

由复利终值的计算公式 $F = P(1 + i)^n$ 可得：

$$P = \frac{F}{(1 + i)^n} = F(1 + i)^{-n}$$

式中，$(1 + i)^{-n}$ 是把终值折算为现值的系数，称为复利现值系数，用符号 $(P/F, i, n)$ 表示，该系数可通过"复利现值系数表"（见书后附录）取得。

例2-2 ⸪⸪⸪

假设想在9年后得到本息合计1 000元，存款按复利利率8%计息，则现在应存入银行多少钱？

根据上述已知终值求现值的计算公式，可得：

$P = F \times (P/F, 8\%, 9) = 1\ 000 \times 0.5002 = 500.2(元)$

三、年金

在一定期限内一系列相等金额的收付款项叫作年金。年金在日常生活中十分常见，如分期偿还贷款、分期付款赊购、发放养老金等，都是年金现金流量的形式。年金现金流量具有四个特征：等额，即现金流量大小相等；定期，即现金流量时间间隔相同；同向，即现金流量方向相同；利率相同，即现金流量持续期内利率保持不变。只有这四个特点同时具备，才能称其为年金。

按照现金流量发生的时间起点的不同，年金可分为普通年金、先付年金和递延年金。如果一种年金是永续发生的，则又称为永续年金的基础形式，普通年金以外的各种形式的年金都可以看作它的转化形式。

（一）普通年金

普通年金，是指在每期期末发生的等额收付现金流量，又称为后付年金。假设年金为A，计息期数为n，则普通年金的形式如图2-1所示。

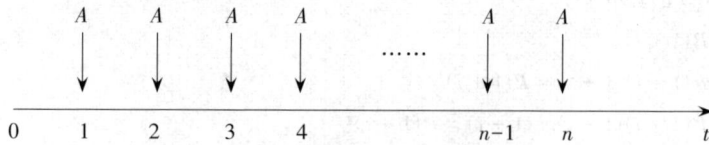

图2-1　普通年金示意图

1.普通年金终值的计算

普通年金终值，是指一定时期内每期期末等额收付现金流量的复利终值之和，如图2-2所示

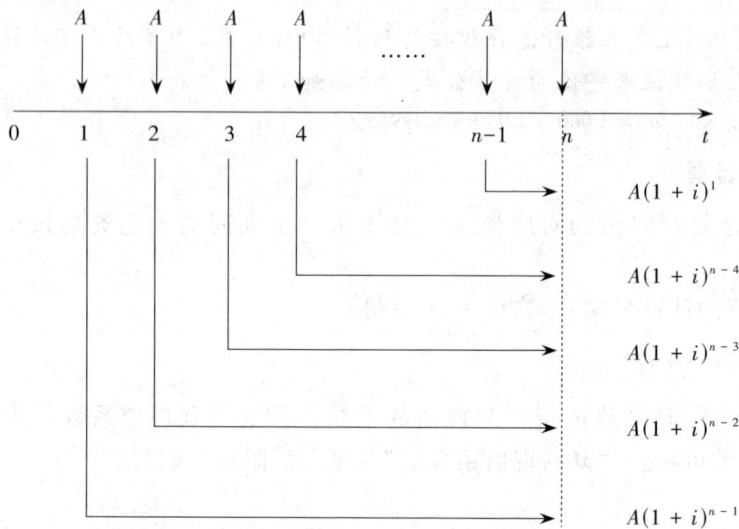

图2-2　普通年金终值示意图

从图2-2可知，普通年金现金流量的终值就是各期等额现金流量的复利终值之和，n期年金终值为：

$$F = A + A(1 + i) + A(1 + i)^2 + \cdots + A(1 + i)^{n-1} \tag{1}$$

（1）式两边同时乘以（1+i），可得：

$$(1 + i)F = A(1 + i) + A(1 + i)^2 + A(1 + i)^3 + \cdots + A(1 + i)^n \tag{2}$$

（2）式-（1）式，得：

$$(1 + i)F - F = A(1 + i)^n - A$$

$$F = A\frac{(1 + i)^n - 1}{i}$$

$\dfrac{(1 + i)^n - 1}{i}$是普通年金现金流量为1元、利率为i、持续期为n的年金终值，又称年金终值系数，可以用符号（F/A，i，n）表示，该系数可通过"年金终值系数表"（见书后附录）取得。

例2-3 ⦂⦂⦂⦂⦂

假设每年年末等额存入银行10 000元，存款按复利利率8%计息，6年后得到本息之和多少？

根据已知年金求终值的计算公式，得

$$F = A \times (F/A, 8\%, 6) = 10\,000 \times 7.3359 = 73\,359(元)$$

2.偿债基金的计算（普通年金终值的逆运算）

偿债基金是指为使年金终值达到给定金额，每年年末应支付或收到的等额数值，即已知终值反算年金。根据普通年金终值的计算公式 $F = A \dfrac{(1 + i)^n - 1}{i}$ 推导可知：

$$A = F \frac{i}{(1 + i)^n - 1}$$

式中，$\dfrac{i}{(1 + i)^n - 1}$ 为年金终值系数的倒数，称为"偿债基金系数"，记作 $(A/F, i, n)$，它可以把普通年金终值折算为每年需要支付的金额。偿债基金系数可以通过"年金终值系数表"中数值的倒数得到。

例2-4 ·:·:·:·

某企业5年后有一笔数额为100万元的到期借款，为此设置偿债基金，假设利率为8%，企业每年年末需要存入银行多少钱，才能到期用本利之和偿清借款？

根据已知终值求年金的计算公式，得：

$$A = F \times (A/F, 8\%, 5) = 100 \times (1/5.8666) = 17.05 （万元）$$

因此在复利利率为8%时，每年需存入17.05万元，5年后才可以还清借款。

3.普通年金现值的计算

普通年金现值是指将发生在未来每期期末等额现金流量折算到现在时点的价值，如图2-3所示。

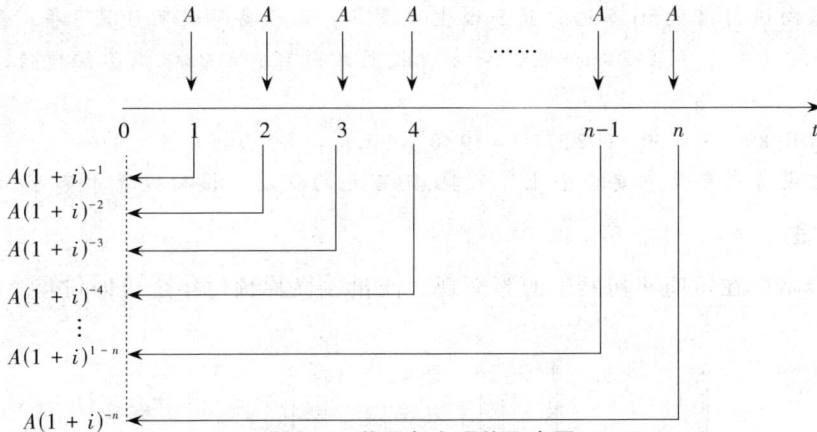

图2-3 普通年金现值示意图

计算普通年金现值计算的一般公式如下：

$$P = A(1 + i)^{-1} + A(1 + i)^{-2} + \cdots + A(1 + i)^{-n} \tag{3}$$

式（3）两边同时乘以（1+i）得：

$$P(1 + i) = A + A(1 + i)^{-1} + \cdots + A(1 + i)^{-(n-1)} \tag{4}$$

式（4）−式（3）可得：

$$P(1 + i) - P = A - A(1 + i)^{-n}$$

整理得：

$$P = A \frac{1 - (1 + i)^{-n}}{i}$$

其中，$\frac{1 - (1 + i)^{-n}}{i}$ 为年金现值系数，记作 $(P/A, i, n)$，可以通过"年金现值系数表"（见书后附录）得到。

例2-5 :::::::

假设今后3年每年年末需要支付1 000元，按复利利率8%计算，则相当于现在一次性支付多少钱？

根据已知年金求现值的计算公式，得：

$P = A \times (P/A, 8\%, 3) = 1\ 000 \times 2.5771 = 2\ 577.1$（元）

4.投资回收系数的计算（普通年金现值的逆运算）。

投资回收系数是指为使累计年金达到现在的既定金额，每年年末应收付的年金数额，即已知现值反算年金

根据普通年金现值的计算公式 $P = A \frac{1 - (1 + i)^{-n}}{i}$ 推导可知：

$$A = P \frac{i}{1 - (1 + i)^{-n}}$$

式中，$\frac{i}{1 - (1 + i)^{-n}}$ 是普通年金现值系数的倒数，称为投资回收系数，记作 $(A/P, i, n)$，其数值可以通过"年金现值系数表"中数值的倒数得到。

例2-6 :::::::

某企业欲向银行借款50万元购置一台生产设备，该设备预计可使用3年，假设复利利率为8%，则该设备每年至少给企业带来多少收益才是可行的？根据已知现值求年金的计算公式，得：

$A = P \times (A/P, 8\%, 3) = 50 \times (1/2.5771) = 19.40$（万元）

因此，该设备每年至少要给企业带来19.40万元的收益，该项投资才是可行的。

（二）先付年金

先付年金是指在每期期初发生的等额现金流量，又称预付年金或即付年金，如图2-4所示。

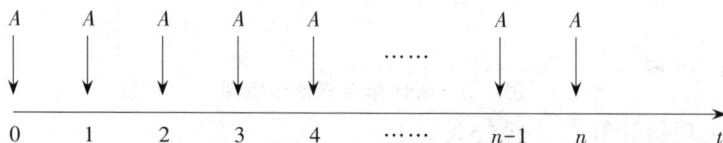

图2-4　先付年金示意图

由于先付年金现金流量发生在期初，实际上只是比普通年金提前了一期，因此计算其终值和现值较为简单。

1.先付年金终值的计算

由于先付年金与普通年金相比只是将各期期末发生的现金流量提前到各期期初，因此计算其终值只要比普通年金终值多计算一个期间的利息即可。

例2-7 ••••••

假设每年年初等额存入银行10 000元，存款按复利利率8%计息，6年后得到本息之和是多少？

普通年金的终值为73 359元，则先付年金的终值为：

$F = 普通年金的终值 \times (1 + i) = 73\,359 \times 1.08 = 79\,228$（元）

或者，根据先付年金已知年金求现值的计算公式，得：

$F = A \times [(F/A, i, n + 1) - 1] = 10\,000 \times [(F/A, 8\%, 7) - 1]$

$= 10\,000 \times (8.9228 - 1) = 10\,000 \times 7.9228$

$= 79\,228$(元)

2.先付年金现值计算

先付年金比普通年金提前一期发生，即在各期期初发生，因此计算其现值只要比普通年金现值少计算一个期间即可，即将普通年金的现值乘以（1+i），相当于减少了1个期间的贴现期。

例2-8 ••••••

假设今后3年每年年初需要支付1 000元，按复利利率8%计算，则相当于现在一次性支付多少钱？

普通年金的现值为2 577.1元，则先付年金的现值为：

$F = 普通年金的现值 \times (1 + i) = 2\,577.1 \times 1.08\% = 2\,783.3$(元)

或者，根据先付年金已知年金求终值的计算公式，得：

$F = A \times [(P/A, i, n - 1) + 1] = 1\,000 \times [P/A, 8\%, 2 + 1]$

$= 1\,000 \times (1.7833 + 1) = 1\,000 \times 2.7833 = 2\,783.3$(元)

（三）递延年金

递延年金是指距现在若干期以后发生的每期期末等额现金流量，递延年金的形式如图2-5所示。一般用m表示递延期数，n表示实际发生年金的期数。

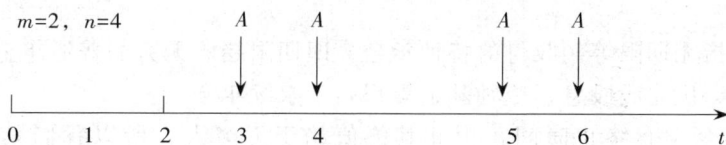

图2-5　递延年金示意图

1.递延年金终值的计算

递延年金的终值计算方法和普通年金终值类似：

$$F = A \cdot \frac{(1 + i)^n - 1}{i}$$

式中，n为实际发生年金的期数。

2.递延年金现值的计算

常用的递延年金现值的计算方法有两种。

方法一：把递延年金视为普通年金，求出递延期期初的现值，然后将此现值再次贴现到期初，如图2-6所示。

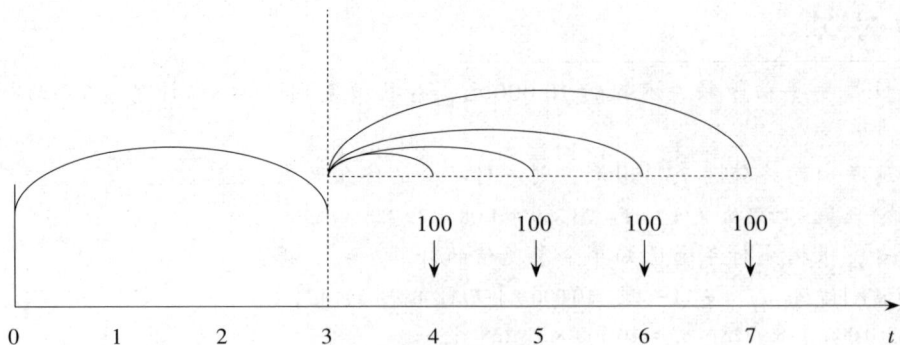

图2-6 递延年金现值示意图

$P_3 = A \times (P/A, i, n) = 100 \times (P/A, 8\%, 4) = 100 \times 3.3121 = 331.21$

$P_0 = P_3 \times (P/F, i, m) = 331.21 \times (P/F, 8\%, 3) = 331.21 \times 0.7938 = 262.91$

即：

$P = A \times (P/A, i, n) \times (P/F, i, m)$

方法二：假设递延期中也进行支付，先求出（$m+n$）期的年金现值，然后，扣除实际并未进行支付的递延期（m）的年金现值，即可得出最终结果，如图2-7所示。

$m=3, n=4, i=8\%$

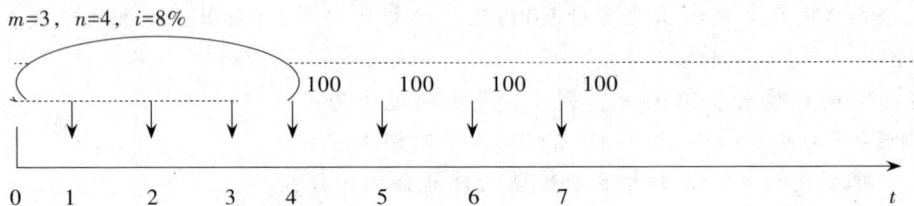

图2-7 递延年金现值示意图

即：

$P = A \times [P/A, i, (m+n)] - A \times (P/A, i, m)$

除了上述两种计算方法，也可以求出递延年金期末的终值，然后再将此终值贴现到第一期期初。但是无论采用哪种方法，计算结果是一致的。

（四）永续年金

永续年金是指无期限等额收付的特种年金，即期限趋于无穷的普通年金。在实际生活中，无期限债券、优先股股息、奖励基金等都属于永续年金。

由于永续年金没有终止时间，因此其终值趋于无穷大，所以我们只需要计算其现值。永续年金现值可以通过普通年金现值的计算公式导出，普通年金现值计算公式如下：

$P = A \dfrac{1 - (1+i)^{-n}}{i}$

当 $n \to \infty$ 时，$(1+i)^{-n}$ 的极限为0，故上式可以写为：

$P = \dfrac{A}{i}$

任何决策都有风险，风险观念在财务学中具有普遍意义。因此，有人说"时间价值和风险价值是财务管理中两个最重要的原则"。风险管理的目的不是完全消除风险，而是在控制风险的前提下获得最大收益。换言之，财务活动中的风险是客观存在的，投资者在承担风险时都期望获得与风险对等的额外收益，这种风险与收益的对称关系被称为风险与收益的均衡。需要注意的是，这里的收益是指投资者在投资决策前的期望收益，而不是最终实现的收益。从单项投资行为来看，投资者期望获得很高的收益，但实际获得的收益可能很高，也可能很低，甚至可能血本无归。但从社会总资本角度来看，在长期持有资产的条件下，高风险的投资对应的收益较高，低风险的投资对应的收益较低，风险与收益之间总是存在一种均衡关系。

本节在阐述风险与收益相关概念的基础上，引入风险与收益的基本知识及两者权衡的思想，旨在解决的主要问题是：如何理解风险管理与风险规避的基本思想，如何区分日常生活的风险概念与财务管理中的风险概念。第一部分，介绍单项投资的风险与收益的测度方法，旨在解决的主要问题是：如何比较单项资产的风险与收益，进而做出投资决策。第二部分，阐述资产的系统风险与非系统风险，在市场均衡的基础上推导资本资产定价模型，并介绍套利定价模型及有效市场假说，旨在解决的主要问题是：如何在资产组合的基础上对组合中的单项资产定价，给出风险与期望收益之间的关系式，从而为投资者决策提供依据。

一、风险和收益的定义

（一）风险的定义

风险是一定条件下、一定时期内可能发生的各种结果的变动程度。在财务学中，风险指未来投资收益的不确定性。一项资产未来收益的不确定程度越高，其风险越大。风险具有客观性，对于特定投资，风险大小是客观的，不能更改，而是否愿意承担风险以及承担多大风险是可以选择的，由投资者主观决定。

需要注意，不能按照日常生活的概念来理解风险的定义，将风险视为发生损失的可能性。对于一个未发生的事件，其结果可能是好的，也可能是不好的。因此风险不仅包括负面效应的不确定性，还包括正面效应的不确定性。它既可能带来超出预期的损失，也可能带来超出预期的收益。

（二）风险溢价

经济学中假设，所有投资者都厌恶风险，并力求回避风险。既然如此，为何还有大量的投资者进行风险型投资呢？这是因为承担风险可以获得额外收益，即风险溢价。

风险溢价是指投资者由于承担风险而获得的超过货币时间价值的额外收益。在市场经济条件下，已知未来投资结果的确定性投资是很少的。实践中，几乎所有的投资决策都面临风险，投资结果都具有不确定性。

风险溢价是对投资者承担投资风险的一种价值补偿。风险与收益是均衡的，在整个资本市场层面上，等量风险会带来等量收益。这种均衡是如何形成的呢？如前所述，各投资项目风险大小不同，在期望收益相同的情况下，投资者都会选择风险小的投资项目。结果，竞争使其风险增加，收益下降。最终，高风险的项目必然有高收益，否则就没有人投资；而低收益的项目必须风险很低，否则也没有人投资。风险与收益的期望收益这种均衡关系，是市场竞争的结果。

假定没有通货膨胀的影响，期望收益由两个组成部分：一部分是货币时间价值，即无风险收益；另一部分是风险溢价，即承担风险而获得的额外收益。其计算公式为：

期望收益=无风险收益+风险溢价

以上原理也可以形象地表示，如图2-8所示。

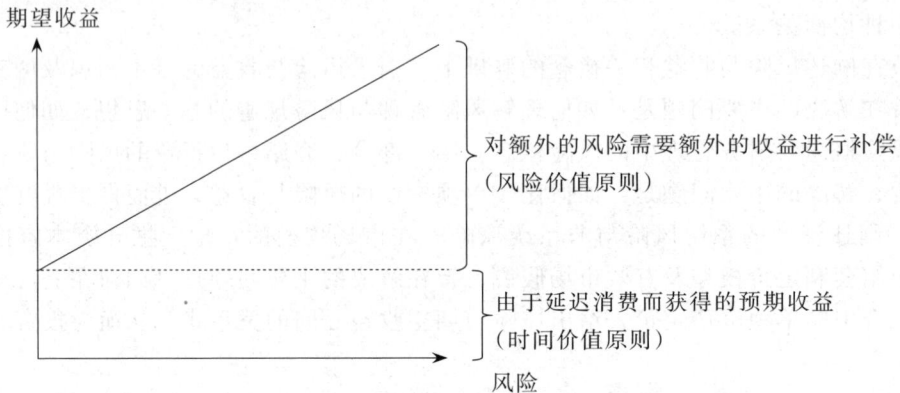

图2-8　风险与期望收益的关系

（三）收益的定义

在财务管理学中，收益率的定义是：每一单位的投资得到了多少单位的回报。其计算公式如下：

$$R = \frac{W_1 - W_0}{W_0}$$

式中，R 为投资于某项资产所获得的收益率；W_0 为该项资产的期初价值；W_1 为该项资产的期末价值。

例如，期初投资于某项资产 A，初始投资金额为 W_0，期末由于这笔投资而获得的金额为 W_1，则 $W_1 - W_0$ 就是这段时期内投资于资产 A 的收益额，再除以 W_0，便得到从期初到期末这段时间内的收益率。根据选取时间段的不同，收益率可以是年收益率、月收益率、周收益率或者日收益率等。

二、单项资产的期望收益

（一）概率分布

概率是指随机事件各项结果发生的可能性。通常情况下，投资活动可能产生的各种收益情况并不确定，其出现或发生的可能性，可以用相应的概率描述。

概率分布分为离散型分布和连续型分布两种。离散型分布，是指可能出现的收益状况是有限的，每种可能结果的概率是已知的。例如对下一年宏观经济情况的预测分为悲观、中等、乐观三种情况，概率依次为25%、50%、25%，这就是离散型分布。而连续型分布是指可能出现的收益状况是无限多的，并且概率密度函数是连续的（对概率密度函数积分可得概率）。离散型分布与连续型分布如图2-9所示。

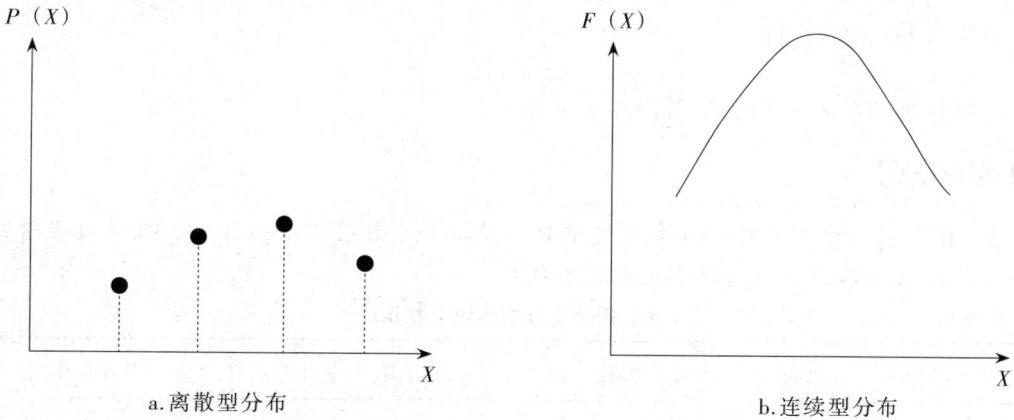

图2-9　离散型分布与连续型分布示意图

（二）收益的期望值

由于投资结果不确定，未来的投资会出现多种可能。投资收益的期望值是由各种可能的收益率按其概率加权平均得到的，它反映的是一种集中趋势。其计算公式如下：

$$E(R_i) = \sum_{i=1}^{n} R_i P_i$$

式中，$E(R_i)$为期望收益；R_i为第i种情况下可能获得的收益；P_i为第i种情况出现的概率。

例2-9

某投资方案的收益率及概率分布情况如表2-1所示。

表2-1　　　　　　　　　　　　某投资方案的收益状况

经济状况	发生概率	收益率
悲观	25%	10%
中等	50%	20%
乐观	25%	30%

根据表2-1，该方案的期望收益为：

$$E(R_i) = \sum_{i=1}^{n} R_i P_i = 25\% \times 10\% + 50\% \times 20\% + 25\% \times 30\% = 20\%$$

（三）单项资产的风险

实际生活中存在着各种各样的投资机会，它们的期望收益可能相同，也可能不同，同时，其实际收益率也可能存在着很大的不确定性，这就是投资风险。对于期望收益相同的投资项目，比较其风险大小通常用方差和标准差；而对于期望收益不同的投资项目，比较其风险大小则用变异系数。

1.方差与标准差

方差和标准差是描述各种可能结果相对于期望值离散程度的常用指标。方差通常用 σ^2 表示，标准差常用 σ^2 表示，标准差是方差的算术平方根。当各种可能结果的概率可以准确估计时，其计算公式如下：

总体方差：$\sigma_R^2 = \sum_{i=1}^{n} \left[R_i - E(R_i) \right]^2 \times P_i$

总体标准差：$\sigma_R = \sqrt{\sigma_R^2} = \sqrt{\sum_{i=1}^{n} \left[R_i - E(R_i) \right]^2 \times P_i}$

例2-10 ••••••

A、B 两个投资项目的收益率及概率分布情况如表2-2所示，作为理性的投资者，在权衡风险与收益后，应该选择哪一个投资项目？

表2-2   A、B投资方案的收益状况

经济状况	发生概率	A收益率	B收益率
悲观	25%	10%	12%
中等	50%	20%	20%
乐观	25%	30%	28%

解：两个项目的期望收益分别为：

A项目的期望收益 $E(R_a) = 25\% \times 10\% + 50\% \times 20\% + 25\% \times 30\% = 20\%$

B项目的期望收益 $E(R_b) = 25\% \times 12\% + 50\% \times 20\% + 25\% \times 28\% = 20\%$

两项目的方差、标准差分别为：

两项目的方差、标准差分别为：

$\sigma_R^2(A) = \sum_{i=1}^{n} \left[R_i - E(R_i) \right]^2 \times P_i = (10\% - 20\%)^2 \times 25\% + (20\% - 20\%)^2 \times 50\% + (30\% - 20\%)^2 \times 25\%$

$= 0.005$

$\sigma_R^2(B) = \sum_{i=1}^{n} \left[R_i - E(R_i) \right]^2 \times P_i = (12\% - 20\%)^2 \times 25\% + (20\% - 20\%)^2 \times 50\% + (28\% - 20\%)^2 \times 25\%$

$= 0.0032$

$\sigma_R(A) = \sqrt{\sigma_R^2(A)} = \sqrt{0.005} = 7.07\%$

$\sigma_R(B) = \sqrt{\sigma_R^2(B)} = \sqrt{0.0032} = 5.66\%$

由于两个项目的期望收益相同，而B项目的标准差（或方差）小于A项目，即B项目的风险小于A项目，所以应当选择B项目。

2.变异系数（标准离差率）

在两种期望收益相同而标准差不同的投资方案之间进行选择时，投资者会选择标准差较小的方案，以使风险较低；在两种标准差相同而期望收益不同的投资方案之间进行选择时投资者会选择期望收益较高的方案。因为大部分投资者都认为收益总是"有益的"，而风险总是"有害的"，所以投资者都想获得更多的收益而尽量减少风险。

然而，如果投资项目的规模不同，期望收益不同，在比较其风险时，就不能使用方差或标准差来判断了。例如存在两个投资机会 A 和 B，其收益的正态分布特征如表 2-3 所示。

表2-3 A、B投资方案的收益特征

	A方案	B方案
期望收益	8%	24%
标准差	6%	8%

从表 2-3 中能否直接得出结论：因为方案 B 的标准差大于方案 A，所以方案 B 的风险大于方案 A？

如果仅以标准差作为衡量风险的标准，则会得出这一结论。然而，考虑期望收益的取值之后，则会发现方案 A 的变动性更大。这类似于亿万富翁的年收入标准差 1 万元所面临的风险实际上远远小于普通人的年收入标准差 8 000 元所面临的风险。

因此，在比较期望收益不同的项目的风险时，应该采用变异系数（coefficient of variation，CV），它表示单位期望收益对应的标准差大小，或单位收益面临的风险大小。变异系数在标准差的基础上除以期望收益，从而调节了投资的规模或范围，其计算公式如下：

$$CV = \frac{\sigma_R}{R}$$

式中，CV 为某资产收益率的变异系数；σ_R 为该资产收益率的标准差；R 为该资产的期望收益。

例2-11 ⁘⁘⁘

现有 A、B 两个投资方案，其收益的概率分布如图 2-11 所示。在两个投资方案中，哪一个方案的风险较小

解：从图 2-10 所示的概率分布图中可以很直观地看出，A、B 方案的投资收益均服从正态分布。其中方案 A 的期望收益为 6%，方案 B 的期望收益为 20%。

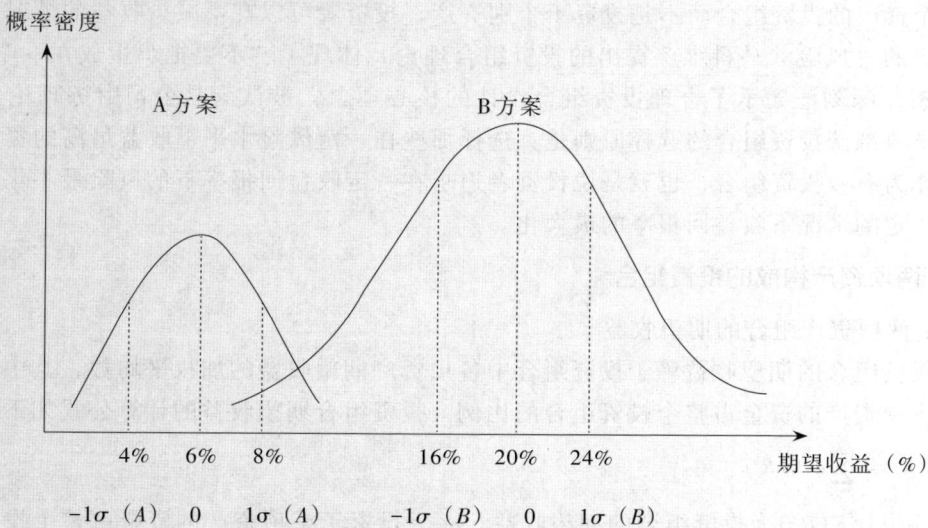

图2-10 A、B方案收益的概率分布

同时，从概率分布图中可以算出：

$\sigma(A) = 8\% - 6\% = 2\%$

$\sigma(B) = 24\% - 20\% = 4\%$

两方案的期望收益不同，因此应计算变异系数来衡量风险：

$$CV_A = \frac{\sigma_A}{R_A} = \frac{2\%}{6\%} = 0.33$$

$$CV_B = \frac{\sigma_B}{R_B} = \frac{4\%}{20\%} = 0.20$$

通过以上计算和分析可以得出，虽然方案 A 的标准差（2%）小于方案 B（4%），但两个方案的标准差比较接近。而方案 A 的期望收益只有 6%，方案 B 的期望收益却有 20%，相差很大。因此，当剔除规模的影响，用标准差除以期望收益计算变异系数时，方案 A 的变异系数要远远大于方案 B。当期望收益变动同样百分比时，方案 A 的波动程度要远大于方案 B。这就是方案 A 的风险比方案 B 大的原因。

三、投资组合的风险与收益

实际上，很少有投资者只选取一项资产进行投资，为了降低投资风险，他们往往将不同的资产组合在一起。这种将不同的资产组合在一起构成的总投资，称为投资组合。投资者的目的是获得一个有效的投资组合，在确定的风险水平下追求期望收益最大化，或者是在确定的收益水平下追求风险最小化。

本节将重点介绍资产组合理论的基本内容，论证分散投资的重要意义。在对资产组合的研究中，最为重要的是马科维茨于 1952 年提出的现代投资组合理论，这一理论具有里程碑意义，被认为是现代资产组合理论的开端，成为金融投资和金融市场理论体系中最重要的内容之一。马科维茨从投资者如何通过多样化的投资组合降低风险的角度提出，当增加投资组合中的资产数量时，投资组合的风险（用总收益的方差或标准差表示）将随之下降，而投资组合的期望收益率则可以是所有个别资产期望收益率的加权平均值。这说明通过多个资产的投资组合而不是投资于个别资产，投资者可以在不减少收益的情况下降低投资组合的总风险。马科维茨提出的投资组合理论，体现了"不要把鸡蛋放在一个篮子里"的思想，深刻地揭示了合理投资组合设计的核心理念，被认为是公司财务理论发展的开端。马科维茨投资组合的选择原则是：选择那些在一定风险水平下收益最高的资产，然后将其作为有效投资组合，也就是说投资者追求在一定收益回报率下的风险最小化，或者在风险一定的情况下收益回报率的最大化。

（一）两项资产构成的投资组合

1.两项资产组合的期望收益

投资组合的期望收益等于投资组合中各项资产期望收益的加权平均数，其中权重是投资于各项资产的资金占整个投资组合的比例。投资组合期望收益的计算公式如下：

$$E(R_p) = \sum_{i=1}^{m} \omega_i E(R_i)$$

式中，$E(R_p)$ 为投资组合的期望收益；ω_i 为投资于某项资产的资金占整个投资组合的比例；$E(R_i)$ 为组合中各项资产的期望收益。

投资组合的收益和风险在两项资产投资组合下很好理解。假设投资者只选择两项资产 A 和 B，w_a 表示在投资组合中资产 A 所占的比重，w_b（这里 $w_b = 1 - w_a$）表示资产 B 所占的比重。则投资组合的期望收益 $E(R_p)$ 计算如下：

$$E(R_p) = \sum_{i=1}^{m} \omega_i E(R_i) = w_a E(R_a) + w_b E(R_b)$$

例2-12 ∷∷∷∷

某投资者共拥有 1 000 000 元人民币，其中 400 000 元投资于 A 公司股票，600 000 投资于 B 公司股票，两公司股票收益受宏观经济形势影响的概率分布如表2-4所示。

表2-4　　　　　　　　　　A、B公司股票的收益状况

经济状况	发生概率	A收益率	B收益率
悲观	25%	10%	8%
中等	50%	20%	10%
乐观	25%	30%	16%

求该投资者持有这一投资组合的期望收益。

解：由于三种经济形势下 A、B 股票的收益不同，所以要先计算出 A、B 股票的期望收益，再根据 A、B 股票占投资组合的比重，最终计算出投资组合的期望收益。

A、B 股票的期望收益分别为：

$E(R_a)$=25%×10%+50%×20%+25%×30%=20%

$E(R_b)$=25%×8%+50%×10%+25%×16%=11%

A、B 股票占投资额的比重分别为：

W_a=400 000/1 000 000=0.4

W_b=600 000/1 000 000=0.6

投资组合的期望收益为：

$E(R_p)=wE(R_a)+wE(R_b)$=0.4×20%+0.6×11%=14.6%

2.两项资产组合的风险

（1）方差和协方差

投资组合的期望收益是各项资产期望收益的平均值。然而投资组合的方差并不存在这种线性特征，这点是极其重要的。

两项资产组合的方差计算公式如下：

$$Var(R_p) = \omega_i^2 \sigma_i^2 + 2\omega_i \omega_j Cov(R_i, R_j) + \omega_j^2 \sigma_j^2$$

式中，R_i、R_j 分别为资产 i、资产 j 在某种情况下的收益率；ω_i、ω_j 分别为组合中资产 i、资产 j 所占的比重；σ_i、σ_j 分别为资产 i、资产 j 收益率的标准差；$Cov(R_i, R_j)$ 为资产 i、资产 j 收益率的协方差。

从上述计算公式可以看出，两项资产组合的方差主要由三项内容构成：①资产 i 的方差 σ_i^2；②资产 j 的方差 σ_j^2；③资产 i 和资产 j 的协方差 $Cov(R_i, R_j)$。也就是说，投资组合的方差取决于组合中各种资产的方差，以及资产之间的协方差。各项资产的方差度量每种资产收益率自身的波动程度，协方差则度量两项资产之间的相互关系。

协方差是两个随机变量同时移动的倾向性的数理表示，具有正协方差的两个变量

倾向于同时同向移动，而具有负协方差的两个变量则倾向于同时反向移动。在每项资产方差给定的情况下，如果两项资产收益率之间越倾向于同向变动，即两项资产收益率的协方差越大，投资组合的方差越大，风险越高；反之，如果两项资产收益率之间越倾向于反向变动，即两项资产收益率的协方差越小，投资组合方差越小，分散风险的能力越强。

（2）相关系数

协方差给出的是两个变量相对运动的绝对值。有时候，投资者更需要了解这种运动的相对值，即相关系数（ρ）。两个变量间的相关系数，通过协方差除以两个变量的标准差之积求得，它的值总是位于-1到+1之间。通过下式可将协方差转化为相关系数ρ。

$$\rho_{ij} = \frac{Cov(R_i R_j)}{\sigma_i \sigma_j}$$

两项资产收益率的三种典型相关状况如图2-11所示。其中，相关系数为+1时，两项资产收益率是完全正相关的，它们同时以相同的比例同向移动；相关系数为-1时，两项资产收益率是完全负相关的，它们同时以相同的比例反向移动；相关系数为0时，这两项资产在同一时期的收益是不相关的。在投资组合方差中引入相关系数后，最终能获得一个更容易理解的投资组合方差表达式：

$$Var(R_p) = \omega_i^2 \sigma_i^2 + 2\omega_i \omega_j \rho_{ij} \sigma_i \sigma_j + \omega_j^2 \sigma_j^2$$

相应地，组合的标准差σ_p就等于方差开平方。

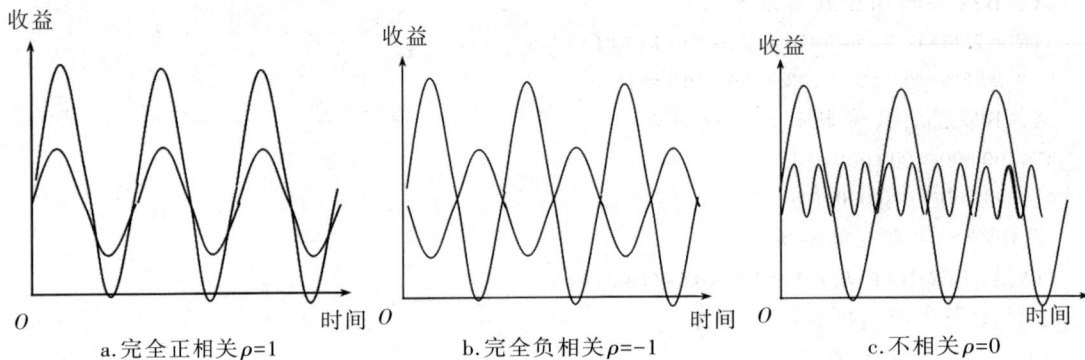

图2-11　三种典型相关状况

例2-13

假设A证券的期望收益为10%，标准差是12%，B证券的期望收益为18%，标准差是20%。假设等比例投资于两项证券，即各占50%，则有：

①组合的期望收益为：

$R_p = 10\% \times 50\% + 18\% \times 50 = 14\%$

②组合的风险根据两项证券相关系数的不同而不同，举例分析如下：

当$\rho = 1$时，两项证券的收益完全正相关，没有任何抵消作用。

$$\sigma_p = \sqrt{\omega_A^2 \sigma_A^2 + 2\omega_A \omega_B \rho_{AB} \sigma_A \sigma_B + \omega_B^2 \sigma_B^2}$$

$$= \sqrt{0.5^2 \times (12\%)^2 + 2 \times 0.5 \times 0.5 \times 1 \times 12\% \times 20\% + 0.5^2 \times (20\%)^2} = 16\%$$

当$\rho = 0.2$时，两项证券的收益正相关。

$$\sigma_p = \sqrt{\omega_A^2\sigma_A^2 + 2\omega_A\omega_B\rho_{AB}\sigma_A\sigma_B + \omega_B^2\sigma_B^2}$$

$$= \sqrt{0.5^2 \times (12\%)^2 + 2 \times 0.5 \times 0.5 \times 0.2 \times 12\% \times 20\% + 0.5^2 \times (20\%)^2} = 12.65\%$$

当 $\rho = 0$ 时，两项证券的收益完全不相关。

$$\sigma_p = \sqrt{\omega_A^2\sigma_A^2 + 2\omega_A\omega_B\rho_{AB}\sigma_A\sigma_B + \omega_B^2\sigma_B^2} = \sqrt{0.5^2 \times (12\%)^2 + 0.5^2 \times (20\%)^2} = 11.66\%$$

当 $p = -0.2$ 时，两项证券的收益负相关。

$$\sigma_p = \sqrt{\omega_A^2\sigma_A^2 + 2\omega_A\omega_B\rho_{AB}\sigma_A\sigma_B + \omega_B^2\sigma_B^2}$$

$$= \sqrt{0.5^2 \times (12\%)^2 - 2 \times 0.5 \times 0.5 \times 0.2 \times 12\% \times 20\% + 0.5^2 \times (20\%)^2} = 10.58\%$$

当 $\rho = -1$ 时，两项证券的收益完全负相关，抵消作用达到最大。

$$\sigma_p = \sqrt{\omega_A^2\sigma_A^2 + 2\omega_A\omega_B\rho_{AB}\sigma_A\sigma_B + \omega_B^2\sigma_B^2}\,t$$

$$= \sqrt{0.5^2 \times (12\%)^2 - 2 \times 0.5 \times 0.5 \times 1 \times 12\% \times 20\% + 0.5^2 \times (20\%)^2} = 4\%$$

以上计算过程蕴含着非常重要的原理：当两项资产的相关系数等于 1 时，投资组合的标准差达到最大，等于组合中各资产标准差的加权平均数；只要两项资产之间的相关系数小于 1，投资组合的标准差就小于各资产标准差的加权平均数；而当两项资产的相关系数等于 -1 时，投资组合的标准差达到最小。

四、资本资产定价模型

资本资产定价模型（capital asset pricing model，CAPM）由美国著名经济学家夏普于1964年提出，该模型是一种阐述风险资产均衡价格决定模式的模型，主要用来解释风险资产均衡价格的形成机制，即当市场达到均衡时，风险资产如何表现其合理价格。模型以投资者都按照马科维茨资产组合理论进行投资管理为前提，在一系列严格的假设条件下，用一个简单的线性关系定性描述了资产的期望收益与风险之间的关系。其进步之处在于以 β 系数作为度量资产风险的指标，这不仅大大简化了马科维茨模型中关于风险值的计算工作，而且可以对过去难以估价的证券资产进行定价。同时，他在模型中将马科维茨理论中的资产风险进一步分为"系统风险"和"非系统风险"两部分，提出投资的分散化只能消除非系统风险，而不能消除系统风险。作为一种阐述风险资产均衡价格决定的理论，资本资产定价模型是现代资产定价理论的奠基石，它的出现使得证券投资理论从以往的定性分析转入定量分析，从规范性转入实证性，对证券投资的理论研究和实际操作都产生了巨大的影响。鉴于资本资产定价模型简洁的数学表示和缜密的逻辑推理，它在理论研究和实际生活中受到广泛关注和应用，模型的主要提出者夏普也因此获得 1990 年度诺贝尔经济学奖。

（一）系统风险与非系统风险

前面几节介绍了如何构建投资组合并衡量组合的风险与收益，却没有深入分析单项资产或资产组合的实际收益与期望收益之间为何会存在差异，本节深入解释为何会存在这些差异。弄明白这一点，会对后面资产风险与收益关系的理解带来很大益处。

在投资者所获得的实际收益中，由于市场波动中的意外部分而造成的非期望收益，是任何投资的真正风险。毕竟，如果投资者总是能获得与期望收益相同的实际收益，这项投资就是确定的，无风险的。投资一项资产的风险主要来源于投资者未曾预料到的那些意外消息的公布。

尽管如此，这些风险来源也存在着非常重要的区别。回顾本小节第一部分中的信息公示，其中一部分与所投资的公司直接相关，如公司的研发和销售信息的公布，而另一部分更加普遍，如GDP和利率的上升。哪种类型对该公司的影响更特殊呢？

显然，GDP和利率的信息对所有公司的影响都是非常重要的，而具体公司的研发和销售信息只对该公司造成特殊影响。本部分将区分这两种类型的意外消息，因为正如我们所看到的，它们所造成的影响是非常不同的。第一类意外消息影响绝大多数的资产，我们将它们归结为系统风险；而第二类意外消息只影响具体的一项或很小的一组资产，我们将它们归结为非系统风险。

至此，可以将资产组合的总风险细分为两个部分。

资产组合的总风险=系统风险+非系统风险

同时，也可以把本小节第一部分提到的投资者所获得的实际收益进行进一步的细分：

实际收益=期望收益+非期望收益

=期望收益+市场波动中的意外部分所带来的收益

=期望收益+系统风险带来的收益+非系统风险带来的收益

1.系统风险与非系统风险的含义

系统风险，又称市场风险，是由整个经济系统的运行状况决定的，是经济系统中各项资产相互影响、共同运动的总体结果，无法通过多项资产的组合来分散。

我国上海证券市场上市公司股票投资1993—1998年系统风险占总风险比例如表2-5所示。

表2-5　　　　上海证券市场1993—1998年间系统风险占总风险比例（年度平均值）

1993	1994	1995	1996	1997	1998
0.7024	0.6927	0.6280	0.5203	0.4147	0.2751

非系统风险，又称为分散风险或个别风险，是指那些通过资产组合的风险分散效应可以消除掉的风险。非系统风险只与个别企业或少数企业相联系，是由每个企业自身的经营状况和财务状况所决定的，并不对大多数企业产生影响。非系统风险取决于投资者与公司特定相关的事项，如罢工、诉讼、监管、关键人员损失等。

非系统风险由经营风险和财务风险组成。经营风险是指某个企业或企业的某些投资项目的经营条件发生变化，而对企业的盈利能力和资产价值产生的影响。按照风险来源，可以将经营风险产生原因分解为内部原因和外部原因。内部原因是指由于企业本身经营管理不善造成的盈利波动，如决策失误、管理不善造成产品成本上升、质量下降等。外部原因是指由于企业外部的某些因素发生变化对企业经营收益的影响，如政府产业政策调整、竞争对手壮大、顾客购买偏好转移等。

2.分散化的作用

在多项资产组合方差中，随着资产数目的增加，单项资产方差的重要性逐渐降低。当某个资产加入一个极其分散的投资组合中，同该资产的方差一样，该资产与任何单项资产的协方差对整体投资组合方差所起的作用是非常小的。只有该资产同所有其他资产的协方差之和才会对投资组合方差有一定影响，因此，在评估单项资产对投资组合整体风险的影响时，投资者只会对这一资产同投资组合之间的协方差感兴趣。

通过增加投资组合中资产的个数、调整不同资产的投资比例来减弱和消除资产的非系统风险对投资组合收益的影响，称为风险分散。风险分散的根本原因在于，资产价格不是完全同步变动的。当一只股票的价格上涨时，投资组合中其他股票的价格可能会下跌。相反地，当一只股票的价格下跌时，投资组合中其他股票的价格可能会上涨。不同股票的涨跌相互抵消，能够有效地降低整体资产收益率的变动幅度。正如人们常说的，不要将鸡蛋放在同一个篮子中，与之十分相似的是，在证券投资中选择多项资产构建投资组合，也是一种行之有效的分散风险的方式。风险不可能完全消除（系统风险存在）的根本原因在于，股票价格往往会与指数资产同步变动，牛市时多数股票都能获得正收益，熊市时股票又常常同时下跌。归根到底，投资组合价值是市场经济环境状况的反映，而未来经济形势又难以准确预料，因此这一风险是难以规避的。

图2-12以投资组合收益率的方差来衡量投资组合的总风险，描绘了随着更多的资产（横轴表示）加入投资组合，可分散风险、不可分散风险和总风险（纵轴表示）的变化。随着资产的加入，分散化作用使投资组合的总风险逐渐降低直至一个极限，即所有的非系统风险全部被分散掉，剩下的只是投资组合对系统风险的敏感程度。这一过程也被称为充分分散化。

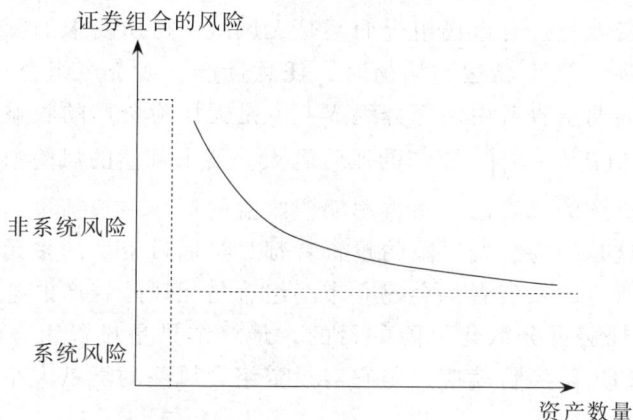

图2-12 系统风险与非系统风险

（二）资本资产定价模型的基本假设与表述形式

在金融市场中，几乎所有的金融资产都是风险资产。理性的投资者总是追求投资者效用的最大化，即在同等风险水平下的收益最大化，或是在同等收益水平下的风险最小化。资本资产定价模型所要研究的正是风险资产的均衡市场价格。

任何经济模型都是对复杂经济问题的有意简化，CAPM模型也不例外。简单形式的资本资产定价模型有若干基本假定，它们的核心假设是尽量使个人相同化，尽管这些人本来有着不同的初始财富和风险厌恶程度。由于资本资产定价模型是在马科维茨均值—方差模型的基础上发展而来的，因此其继承了投资组合理论的假设。

1.CAPM模型的基本假设

（1）市场中存在大量投资者，每个投资者的财富相对于所有投资者的财富总和来说是微不足道的。

（2）所有投资者都在同一证券持有期计划自己的投资行为。

（3）投资者的投资范围仅限于公开金融市场上交易的资产，如股票、债券等。

（4）不存在证券交易费用（佣金和服务费用）及赋税。实际生活中，不同的税收级别直接影响投资者对投资资产的选择。

（5）所有投资者均是理性的，在确定的期望收益下，追求投资资产组合的方差最小化，这意味着他们都采用了马科维茨的资产组合选择模型。

（6）所有投资者对证券的评价以及对经济局势的看法均一致。

显然，这是非常严格的假设条件，在真实的资本市场中并不能完全实现。然而，即使违背一个或多个（但不是所有的）假设条件，资本资产定价模型的基本预测仍然适用。不管怎样，对一个理论的真正检验，在于检验它能否较好地解释客观现实以及能否被实践所证实，而不是要检验其假设条件是否真实可信。

2.资本资产定价模型的表述形式

$$E(R_i) = R_f + \beta_i \left[E(R_m) - R_f \right]$$

式中，$E(R_i)$为资产i的期望收益；R_f为无风险收益率；$E(R_m)$为市场投资组合的期望收益；β_i为资产i的贝塔系数。

这一公式，就是资本资产定价模型的一般表达形式，其中$E(R_m) - R_f$被称为市场风险溢价，它表明投资者为持有市场组合而不是无风险资产所要求的额外补偿。资本资产定价模型的公式表明，当市场达到均衡时，任意资产（或资产组合）i（无论有效组合还是非有效组合）的期望收益由两部分组成：一是无风险资产的收益率，二是因存在风险而提供的补偿$\beta_i \left[E(R_m) - R_f \right]$。资产的风险越大，要求补偿的风险溢价就越多。需要注意的是，在这里，资产的风险已经不再用期望收益的标准差来衡量，而是用该项资产的贝塔系数来衡量。这是因为规避风险的投资者都尽量通过资产的多元化来降低风险，当市场达到均衡时，所有的投资者都会建立市场组合与无风险资产的某种比例的组合，从而最大限度地实现规避可分散化风险的目的，最终结果是投资组合的非系统风险等于零，自然单个资产的风险溢价就应该与它对投资组合风险的贡献大小而不是单项证券的总风险成比例。

资本资产定价模型如图2-13所示，其中期望收益$E(R_i)$位于Y轴，贝塔系数（而不是标准差）位于X轴。从R_f点右侧开始并向上延伸经过市场组合M的直线称为证券市场线（SML），所有的证券都根据相应的风险收益特征分布在该证券市场线上。证券市场线的截距是无风险收益率，而证券市场线的斜率则等于市场风险溢价$E(R_m) - R_f$。在我国证券市场中，受到发行规模因素的限制，投资者难以按需购入国债、国库券资产，因此，无风险收益通常可以取一年期整存整取银行存款利率。

市场风险溢价是投资于证券市场投资组合获得的期望收益与同期无风险收益之间的差额。通常情况下，投资者购入证券资产时要求的收益率难以可靠度量，因而，研究人员通过考察投资者在过去从相同或相似的投资中的平均收益率，并且假设在未来他们将要求同

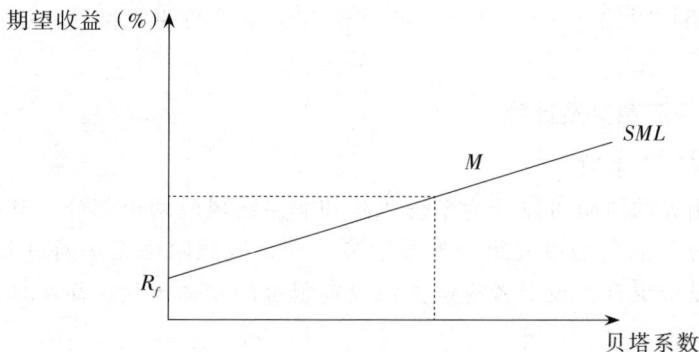

期望收益（%）

R_f

M

SML

贝塔系数

图2-13 资本资产定价模型

样的收益率，以此作为投资者期望收益的估计值。特别地，对于市场风险溢价，可用证券市场的历史平均收益率与同期无风险收益率来估计其真实期望收益。证券市场线的斜率（即市场风险溢价）与市场投资风险和投资者风险厌恶程度的平均水平密切相关。

例2-14 ∷∷∷

假设我国市场中的无风险利率是2.25%，股票市场的风险溢价为8.19%，深万科A（000002）的贝塔系数为1.05，中国联通（600050）的贝塔系数为0.90。则投资者投资于深万科A和中国联通的期望收益各是多少？

解：根据资本资产定价模型，股票市场的风险溢价为8.19%，则：

$E(R_m) - R_f = 8.19\%$

所以深万科A的期望收益为：

$E(R_{深万科}) = R_f + \beta_{深万科}\left[E(R_m) - R_f\right] = 2.25\% + 1.05 \times 8.19\% = 10.85\%$

中国联通的期望收益为：

$E(R_{中国联通}) = R_f + \beta_{中国联通}\left[E(R_m) - R_f\right] = 2.25\% + 0.90 \times 8.19\% = 9.62\%$

通过上例可以看到，利用资本资产定价模型，可以根据已测出的贝塔系数来估计某股票的期望收益。反过来，如果已知某证券的期望收益，同时又可以测出无风险收益率及市场风险溢价，那么就可以估算出该证券的贝塔系数。

例2-15 ∷∷∷

假设在【例2-14】中，两只股票的贝塔系数未知，但已知深万科A（000002）的期望收益为10.85%，中国联通（600050）的期望收益为9.62%，则两只股票的β系数各是多少？

解：将已知数据代入资本资产定价模型可得：

$E(R_{深万科}) = R_f + \beta_{深万科}\left[E(R_m) - R_f\right] = 2.25\% + \beta_{深万科} \times 8.19\% = 10.85\%$

$E(R_{中国联通}) = R_f + \beta_{中国联通}\left[E(R_m) - R_f\right] = 2.25\% + \beta_{中国联通} \times 8.19\% = 9.62\%$

从而解得$\beta_{深万科} = 1.05$，$\beta_{中国联通} = 0.90$

【例2-14】和【例2-15】反映了资本资产定价模型在实际中两种非常重要的应用。在实际操作中，研究人员通过估计证券资产的贝塔系数，并依据无风险收益率及市场风险溢价数据，就可以计算得出这一资产的期望收益，从而确定公司的权益资本成本（有关权益资本成本的介绍详见第9章）。反之，如果知道了股票的期望收益，就可以倒推股票的贝塔系数。

（三）贝塔系数的经济意义及计算

1.系统风险与贝塔系数

与一项资产相关的风险可以分为系统风险和非系统风险两个部分。其中，非系统风险可以通过构建充分分散化的投资组合来分散掉，而系统风险则无法通过分散化投资消除。因此，对于一个投资组合，投资者应该关注投资组合的整体风险，而不是组合中每一项资产的单独风险。

每一项资产对充分分散化的资产组合总风险（非系统风险已被完全分散掉，所以只有系统风险）的贡献，可以用贝塔系数来衡量。贝塔系数的定义为某个资产的收益率同市场组合收益率之间的相关性，它反映了个别资产收益率的变化与市场上全部资产平均收益率变化的关联程度，即相对于市场全部资产平均风险水平来说，一项资产所包含的系统风险的大小。即：

$$\beta = \frac{个别资产对市场组合系数风险的贡献}{市场组合的系统风险水平}$$

2.资产组合的贝塔系数

资产组合的贝塔系数是由构成这一组合的各单项资产的风险共同形成的。因此，其贝塔系数是由各单项资产的贝塔系数按其占整个资产组合的比重加权平均而得。

$$\beta_p = \sum_{i=1}^{n} \omega_i \beta_i$$

式中，β_p 为资产组合 P 的贝塔系数；ω_i 为资产 i 占整个资产组合 P 的比例；β_i 为资产 i 的贝塔系数。

例2-16 ⁘⁘⁘⁘

某投资者持有一个由四项资产构成的资产组合，每项资产占整个资产组合的权重均为25%，贝塔系数依次为0.8、0.9、1.1和1.2，求：

（1）整个资产组合的贝塔系数是多少？

（2）若将组合中 $\beta=1.3$ 的一项资产换为 $\beta=0.7$ 的一项资产，各资产权重不变，则整个资产组合的贝塔系数是多少？

解：

（1）$\beta_p = (0.8 + 0.9 + 1.2 + 1.3)/4 = 1.05$

（2）$\beta_p = (0.8 + 0.9 + 1.2 + 0.7)/4 = 0.9$

由此可见，可以通过改变投资组合中的资产来改变整个投资组合的风险。

思考与案例

1.小王现在想要购买一套商品房，有三种付款方式。A：每年年初支付购房款80 000元，连续支付8年。B：从第三年开始，在每年的年末支付房款132 000元，连续支付5年。C：现在支付房款100 000元，以后在每年年末支付房款90 000元，连续支付6年。

在市场资金收益率为14%的条件下，应该选择何种付款方式？

2.国内一家新能源企业拟以100万元进行股票投资，现有A和B两只股票可供选择，见表2-6。

表2-6   备选股票情况

经济情况	概率	A股票预期收益率	B股票预期收益率
繁荣	0.2	100%	80%
复苏	0.3	30%	20%
一般	0.4	10%	12.5%
衰退	0.1	−60%	−20%

（1）请分别计算A、B股票预期收益率的期望值、标准差和标准离差率，并比较其风险的大小。

（2）请思考，在资本资产定价模型的应用中，无风险利率应该如何选取。

（3）如果无风险报酬率为6%，风险价值系数为10%。请分别计算A、B股票的总投资收益率。

（4）假设投资者将全部资金按照70%和30%的比例分别投资于A、B股票构成投资组合，A、B股票预期收益率的相关系数为0.6，请计算组合的期望收益率和组合的标准差。

（5）假设投资者将全部资金按照70%和30%的比例分别投资于A、B股票构成投资组合，A、B股票系数分别为1.2和1.5，市场组合的收益率为12%，无风险收益率为4%。请计算组合的贝塔系数和组合的必要收益率。

第三章

筹资管理

学习目标

1. 掌握企业筹资的渠道和方式。
2. 了解各种筹资方式的法律限制和金融限制。
3. 了解各种筹资方式的资本成本及其对企业资本结构的影响。

思维导图

个别资本成本
平均资本成本
边际资本成本
→ 资本成本

经营杠杆效应
财务杠杆效应
总杠杆效应
→ 杠杆效应

资本结构理论
资本结构优化
→ 资本结构

→ **筹资管理**

筹资管理概述

资金需要量预测
→ 销售百分比法
因素分析法
资金习性预测法

筹资方式选择和评价
→ 债务筹资
股权筹资
衍生工具筹资

学思践悟

我国资本市场 2019 年开始推行注册制，以科创板为试验田，为全面推行注册制获取经验。注册制的实施提高了股票融资效率，2020 年中小板实施注册制，2022 年提出"全面实行股票发行注册制，建立常态化退市机制"。你了解注册制吗？你认为注册制从微观上对股权融资资本成本、融资风险有什么影响？从宏观上对于我国防范金融市场风险以及加强宏观经济调控有什么意义？

▶▶▶▶▶▶ 第一节　筹资管理概述

一、筹资管理的内容

筹资活动是企业资金流转运动的起点，筹资管理要求解决企业为什么要筹资、需要筹集多少资金、从什么渠道以什么方式筹集，以及如何协调财务风险和资本成本，合理安排资本结构等问题。

（一）科学预计资金需要量

资金是企业的血液，是企业设立、生存和发展的财务保障，是企业开展生产经营业务活动的基本前提。任何一个企业，为了形成生产经营能力、保证生产经营正常运行，必须持有一定数量的资金。在正常情况下，企业资金的需求，来源于两个基本目的：满足经营运转的资金需要，满足投资发展的资金需要。企业创立时，要按照规划的生产经营规模，核定长期资本需要量和流动资金需要量；企业正常营运时，要根据年度经营计划和资金周转水平，核定维持营业活动的日常资金需求量；企业扩张发展时，要根据扩张规模或对外投资对大额资金的需求，安排专项资金。

（二）合理安排筹资渠道、选择筹资方式

有了资金需求后，企业要解决的问题是资金从哪里来并以什么方式取得，这就是筹资渠道的安排和筹资方式的选择问题。筹资渠道，是指企业筹集资金的来源方向与通道。一般来说，企业最基本的筹资渠道有两条：直接筹资和间接筹资。直接筹资，是企业与投资者协议或通过发行股票、债券等方式直接从社会取得资金；间接筹资，是企业通过银行等金融机构以信贷关系间接从社会取得资金。

（三）降低资本成本、控制财务风险

资本成本是企业筹集和使用资金所付出的代价，包括资金筹集费用和使用费用。在资金筹集过程中，要发生股票发行费、借款手续费、证券印刷费、公证费、律师费等费用，这些属于资金筹集费用。在企业生产经营和对外投资活动中，要发生利息支出、股利支出、融资租赁的资金利息等费用，这些属于资金使用费用。按不同方式取得的资金，其资本成本是不同的。

二、筹资方式

筹资方式，是指企业筹集资金所采取的具体形式，它受到法律环境、经济体制、融资市场等筹资环境的制约，特别是受国家对金融市场和融资行为方面的法律法规制约。一般来说，企业最基本的筹资方式有两种：股权筹资和债务筹资。

（一）吸收直接投资

吸收直接投资，是指企业以投资合同、协议等形式定向地吸收国家、法人单位、自然人等投资主体资金的筹资方式。这种筹资方式不以股票这种融资工具为载体，通过签订投资合同或投资协议规定双方的权利和义务，主要适用于非股份制公司筹集股权资本。吸收直接投资，是一种股权筹资方式。

（二）发行股票

发行股票，是指企业以发售股票的方式取得资金的筹资方式，只有股份有限公司才能发行股票。股票是股份有限公司发行的，表明股东按其持有的股份享有权益和承担义务的可转让的书面投资凭证。股票的发售对象，可以是社会公众，也可以是定向的特定投资主体。这种筹资方式只适用于股份有限公司，而且必须以股票作为载体。发行股票，是一种股权筹资方式。

（三）发行债券

发行债券，是指企业以发售公司债券的方式取得资金的筹资方式。按照中国证券监督管理委员会颁布的《公司债券发行与交易管理办法》，除了地方政府融资平台公司以外，所有公司制法人，均可以发行公司债券。公司债券是公司依照法定程序发行、约定还本付息期限、标明债权债务关系的有价证券。发行公司债券，适用于向法人单位和自然人两种渠道筹资。发行债券，是一种债务筹资方式。

（四）向金融机构借款

向金融机构借款，是指企业根据借款合同从银行或非银行金融机构取得资金的筹资方式。这种筹资方式广泛适用于各类企业，它既可以筹集长期资金，也可以用于短期融通资金，具有灵活、方便的特点。向金融机构借款，是一种债务筹资方式。

（五）融资租赁

融资租赁，也称为资本租赁或财务租赁，是指企业与租赁公司签订租赁合同，从租赁公司取得租赁物资产，通过对租赁物的占有、使用取得资金的筹资方式。融资租赁方式不直接取得货币性资金，通过租赁信用关系，直接取得实物资产，快速形成生产经营能力，然后通过向出租人分期交付租金方式偿还资产的价款。融资租赁，是一种债务筹资方式。

（六）留存收益

留存收益，是指企业从税后净利润中提取的盈余公积金以及从企业可供分配利润中留存的未分配利润。留存收益是企业将当年利润转化为股东对企业追加投资的过程，是一种股权筹资方式。

▶▶▶▶▶▶ 第二节　资金需要量预测

筹资预测的基本目的是保证筹集的资金既能满足生产经营的需要，又不会因资金多余而闲置。

一、销售百分比法

销售百分比法，是根据销售增长与资产增长之间的关系，预测未来资金需要量的方法。假设前提为某些资产、负债与销售收入之间存在稳定的比例关系。

【提示】经营性资产（亦称为敏感资产）项目包括现金、应收账款、存货等项目；而经营性负债（亦称为敏感负债）项目包括应付票据、应付账款等项目，不包括短期借款、短期融资券、长期负债等筹资性负债。

外部融资需求量的计算公式

外部融资需求量=增加的资产−增加的经营负债−增加的留存收益

（1）增加的资产=增量收入×基期敏感资产占基期销售额的百分比+非敏感资产的增加数

或　　　　　=基期敏感资产×预计销售收入增长率+非敏感资产的增加数

（2）增加的经营负债=增量收入×基期敏感负债占基期销售额的百分比

或　　　　　=基期敏感负债×预计销售收入增长率

（3）增加的留存收益=预计销售收入×销售净利率×利润留存率

例3-1 ••••••

A公司20×3年12月31日的简要资产负债及相关信息如表3-1所示。假定A公司20×3年销售额为20 000万元，销售净利率为10%，利润留存率为40%。20×4年销售额预计增长20%，公司有足够的生产能力，无须追加固定资产投资。要求：

（1）确定企业增加的资金需要量；

（2）确定企业外部融资需求量。

表3-1　　　　　　　　**A公司资产负债及相关信息表（20×3年12月31日）**　　　　金额单位：万元

资产	余额	与销售收入的关系（%）	负债与所有者权益	余额	与销售收入的关系（%）
现金	1 000	5	短期借款	2 500	N
应收账款	3 000	15	应付账款	3 000	15
存货	6 000	30	公司债券	1 000	N
固定资产	3 000	N	实收资本	2 000	N
			留存收益	1 000	N
合计	13 000	50	合计	9 500	15

（1）增加的资金需要量=增加的资产−增加的经营负债

增加的资产=20 000×20%×50%=2 000（万元）

或　　　　=10 000×20%=2 000（万元）

增加的经营负债=20 000×20%×15%=600（万元）

或　　　　=3 000×20%=600（万元）

增加的资金需要量=2000−600=1 400（万元）

（2）外部融资需要量

1 400-20 000×（1+20%）×10%×40%=440（万元）

二、因素分析法

因素分析法又称分析调整法，是以有关项目基期年度的平均资金需要量为基础，根据预测年度的生产经营任务和资金周转加速的要求，进行分析调整，来预测资金需要量的一种方法。因素分析法的计算公式如下：

$$\text{资金需要量} = \left(\text{基期资金平均占用额} - \text{不合理资金占用额}\right) \times \left(1 + \text{预测期销售增长率}\right) \times \left(1 - \text{预测期资金周转速度增长率}\right)$$

▶▶▶▶▶▶ 第三节　筹资方式选择和评价

筹资方式是取得资本的具体形式和手段，企业在筹资时也要对筹资方式进行分析，了解各种筹资方式的法律限制和金融限制、各种筹资方式的资本成本及其对企业资本结构的影响，以便选择正确的筹资方式并进行筹资组合。

一、债务筹资

债务筹资形成企业的债务资金，债务资金是企业通过银行借款、向社会发行公司债券、融资租赁等方式筹集和取得的资金。银行借款、发行公司债券和融资租赁，是债务筹资的三种基本形式。

（一）银行借款

银行借款就是由企业根据借款合同从有关银行和非银行金融机构，如信托投资公司、保险公司、租赁公司、证券公司、企业集团所属的财务公司等借入所需资金的一种筹资方式，又称银行借款筹资。

银行借款筹资的优点：筹资速度快；筹资成本低；借款弹性好。

银行借款筹资的缺点：财务风险较大；限制条款较多；筹资数额有限。

（二）发行公司债券

1.债券的含义

债券是发行人以借入资金为目的，依照法律程序发行，承诺按约定的利率和日期支付利息，并在特定日期偿还本金的书面债务凭证。公司债券是企业或公司为筹措资金而公开负担的一种债务契约，即以债券为书面承诺，答应在未来的特定日期，偿还本金并按照事先规定的利率付给利息。

2.公司债券筹资的特点

（1）一次筹资数额大

发行公司债券筹资，能够筹集大额资金，满足公司大规模筹资的需要。

（2）募集资金的使用限制条件少

与银行借款相比，发行债券募集的资金在使用上具有相对灵活性和自主性。特别是发行债券所筹集的大额资金，能够用于流动性较差的公司长期资产。从资金使用的性质来看，银行借款一般期限短、额度小，主要用途为增加适量存货或增加小型设备等。公司债券期限较长、额度较大，可用于满足公司扩展、增加大型固定资产和基本建设投资的需求。

（3）资本成本负担较高

相对于银行借款筹资，发行债券的利息负担和筹资费用都比较高，而且债券不能像银行借款一样进行债务展期，加上大额的本金和较高的利息，在固定的到期日，将会对公司现金流量产生巨大的财务压力。

（4）提高公司的社会声誉

公司债券的发行主体，有严格的资格限制。发行公司债券，往往是股份有限公司和有实力的有限责任公司所为。发行公司债券，一方面筹集了大量资金，另一方面也提高了公司的社会影响力。

（三）融资租赁

1.融资租赁形式

（1）直接租赁

直接租赁是融资租赁的主要形式，承租方提出租赁申请时，出租方按照承租方的要求选购设备，然后再出租给承租方。

（2）售后回租

售后回租是指承租方由于急需资金等各种原因，将自己的资产售给出租方，然后以租赁的形式从出租方原封不动地租回资产。

（3）杠杆租赁

杠杆租赁是指涉及承租人、出租人和资金出借人三方的融资租赁业务。一般来说，当所涉及的资产价值昂贵时，出租方自己只投入部分资金，通常为资产价值的20%~40%，其余资金则通过将该资产抵押担保的方式，向第三方（通常为银行）申请贷款解决。出租人将购进的设备出租给承租方，用收取的租金偿还贷款，该资产的所有权属于出租方。出租人既是债权人也是债务人，既要收取租金又要支付债务。

2.融资租赁的租金计算

（1）租金的构成

融资租赁每期租金的多少，取决于以下几项因素：①设备原价及预计残值，即设备买价、运输费、安装调试费、保险费等，以及设备租赁期满后出售可得的收入。②利息，指租赁公司为承租企业购置设备垫付资金所应支付的利息。③租赁手续费，指租赁公司承办租赁设备所发生的业务费用和必要的利润。

（2）租金的计算

我国融资租赁实务中，租金的计算大多采用等额年金法。等额年金法下，通常要根据利率和租赁手续费率确定一个租费率，作为折现率。

例 3-2 ∴∵∴∵

某企业于 20×1 年 1 月 1 日从租赁公司租入一套设备，价值 50 万元，租期 6 年，租赁期满时预计残值 5 万元，归租赁公司。年利率 8%，租赁手续费率每年 2%。租金每年年末支付一次，$(P/F, 10\%, 6) = 0.5645$，$(P/A, 10\%, 6) = 4.3553$，则：

每年租金 $= [500\,000 - 50\,000 \times (P/F, 10\%, 6)] / (P/A, 10\%, 6) = 108\,322$（元）

为了便于有计划地安排租金的支付，承租企业可编制租金摊销计划表。根据本例的有关资料编制租金摊销计划表如表 3-2 所示。

表 3-2 　　　　　　　　　　　　　　　　**租金摊销计划表** 　　　　　　　　　　　　单位：元

年份	期初本金 （1）	支付租金 （2）	应计租赁 （3）=（1）*10%	本金偿还额 （4）=（2）-（3）	本金余额 （5）=（1）-（4）
20×1	500 000	108 322	50 000	58 322	441 678
20×2	441 678	108 322	44 168	64 154	377 524
20×3	377 524	108 322	37 752	70 570	306 954
20×4	306 954	108 322	30 695	77 627	229 327
20×5	229 327	108 322	22 933	85 389	143 938
20×6	143 938	108 322	14 394	93 928	50 010
合计		649 932	199 942	449 990	50 010[*]

注：50 010[*]即为到期残值，尾数 10 系中间计算过程四舍五入的误差导致。

（四）债务筹资的优缺点

债务筹资的优缺点见表 3-3。

表 3-3 　　　　　　　　　　　　　　　**债务筹资的优缺点**

	内容	阐释
优点	筹资速度快	不需要复杂的审批手续和证券发行程序，如银行借款和融资租赁等，即可获得资金
	筹资弹性大	可以根据企业经营情况和财务状况，灵活商定债务条件，控制筹资数量，安排资金取得时间
	资本成本负担轻	筹资费用低，利息和租金等用资费用比股权资本低，利息等资本成本可以在税前支付
	可以利用财务杠杆	债权人只能获得固定利息或租金，不参与公司剩余收益分配。当资本报酬率高于债务利率时，会增加每股收益
	能稳定公司控制权	债务筹资不会改变和降低股东控制权
缺点	不能形成稳定的资本基础	有固定的还本付息的时间
	财务风险大	有固定的到期日和固定的利息负担。抵押和质押取得的债务，资本使用上可能会有特别限制
	筹资数额有限	除发行债券外，一般很难筹集大笔资金，无法满足公司大规模筹集资金的需要

二、股权筹资

股权筹资形成企业股权资金，是企业最基本的筹资方式。吸收直接投资、发行普通股股票和利用留存收益，是股权筹资的三种基本形式。

（一）吸收直接投资

吸收直接投资，是指企业以投资合同、协议等形式定向地吸收国家、法人单位、自然人等投资主体资金的筹资方式。该筹资方式主要适用于非股份制企业筹集股权资本。吸收直接投资的特点有：

1.能够尽快形成生产能力

吸收直接投资不仅可以取得一部分货币资金，而且能够直接获得所需的先进设备和技术，能尽快形成生产经营能力。

2.易于进行信息沟通

吸收直接投资的投资者比较单一，股权没有社会化、分散化，投资者甚至直接担任公司管理层职务，公司与投资者易于沟通。

3.资本成本较高

相对于股票筹资方式来说，吸收直接投资的资本成本较高。当企业经营较好、盈利较多时，投资者往往要求将大部分盈余作为红利分配，因为向投资者支付的报酬是按其出资数额和企业实现利润的比率来计算的。不过，吸收直接投资的手续相对比较简便，筹资费用较低。

4.公司控制权集中，不利于公司治理

采用吸收直接投资方式筹资，投资者一般都要求获得与投资数额相适应的经营管理权。如果某个投资者的投资额比例较大，则该投资者对企业的经营管理就会有相当大的控制权，容易损害其他投资者的利益。

5.不易进行产权交易

吸收投入资本由于没有证券为媒介，不利于产权交易，难以进行产权转让。

（二）发行普通股股票

普通股是随着企业利润变动而变动的一种股份，是股份公司资本构成中最普遍、最基本的股份，是股份企业资金的基础部分。发行普通股股票的筹资特点如下：

1.两权分离，有利于公司自主经营管理

公司通过对外发行股票筹资，公司的所有权与经营权相分离，分散了公司控制权，有利于公司自主管理、自主经营。普通股筹资的股东众多，公司日常经营管理事务主要由公司的董事会和经理层负责。但公司的控制权分散，公司也容易被经理人控制。

2.资本成本较高

由于股票投资的风险较大，收益具有不确定性，投资者就会要求较高的风险补偿。因此，股票筹资的资本成本较高。

3.能增强公司的社会声誉，促进股权流通和转让

普通股筹资，实现了股东的大众化，为公司带来了广泛的社会影响。特别是上市公司，其股票的流通性强，有利于市场确认公司的价值。普通股筹资以股票作为媒介，便于

股权的流通和转让，便于吸收新的投资者。但是，流通性强的股票交易，也容易在资本市场上被恶意收购。

4.不易及时形成生产能力

普通股筹资吸收的一般都是货币资金，还需要通过购置和建造形成生产经营能力，相对吸收直接投资方式来说，不易及时形成生产能力。

（三）利用留存收益

留存收益，是指企业从税后净利润中提取的盈余公积金以及从可供分配利润中留存的未分配利润。留存收益是企业将当年利润转化为股东对企业追加投资的过程。

1.留存收益的筹资途径

（1）提取盈余公积金

盈余公积金，是指有指定用途的留存净利润，其提取基数是抵减年初累计亏损后的本年度净利润。盈余公积金主要用于企业未来的经营发展，经投资者审议后也可以用于转增股本（实收资本）和弥补以前年度经营亏损。盈余公积金不得用于以后年度的对外利润分配。

（2）未分配利润

未分配利润，是指未限定用途的留存净利润。未分配利润有两层含义：第一，这部分净利润本年没有分配给公司的股东投资者；第二，这部分净利润未指定用途，可以用于企业未来经营发展、转增股本（实收资本）、弥补以前年度经营亏损、以后年度利润分配。

2.利用留存收益的筹资特点

（1）不用发生筹资费用

企业从外界筹集长期资本，与普通股筹资相比较，留存收益筹资不需要发生筹资费用，资本成本较低。

（2）维持公司的控制权分布

利用留存收益筹资，不用对外发行新股或吸收新投资者，由此增加的权益资本不会改变公司的股权结构，不会稀释原有股东的控制权。

（3）筹资数额有限

当期留存收益的最大数额是当期的净利润，不如外部筹资一次性可以筹资大量资金。如果企业发生亏损，当年就没有利润留存。另外，股东和投资者从自身期望出发，往往希望企业每年发放一定股利，保持一定的利润分配比例。

（四）股权筹资的优缺点

股权筹资的优缺点如表3-4所示。

表3-4 　　　　　　　　　　股权筹资的优缺点（与债务筹资相比）

	内容	阐释
优点	形成稳定资本基础	没有到期日，无须归还，是企业永久性资本
	提升企业信誉	代表公司的资本实力，是企业进行业务活动的信誉基础和信誉保障
	企业财务风险小	正常营运期内不用归还，没有财务压力

内容		阐释
缺点	资本成本负担重	投资者承担的风险高，要求的报酬率就高；股利与红利从税后利润支付，没有抵税作用
	控制权变更会影响企业长期稳定发展	引进新投资者或出售新股票，可能导致控制权结构改变
	信息沟通和披露成本较高	公司股东只能通过公司公开的信息披露了解公司状况，甚至公司需要设置专门部门进行公司信息的披露和投资者关系管理

三、衍生工具筹资

衍生工具筹资，包括兼具股权和债务性质的混合融资和其他衍生工具融资。我国上市公司目前最常见的混合融资方式是可转换债券融资，最常见的其他衍生工具融资是认股权证融资。

（一）可转换债券

可转换债券是一种混合型证券，是公司普通债券与证券期权的组合体。可转换债券的持有人在一定期限内，可以按照事先规定的价格或者转换比例，自由地选择是否转换为公司普通股。可转换债券的筹资特点如下：

1.筹资灵活性较高

可转换债券将传统的债务筹资功能和股票筹资功能结合起来，筹资性质和时间上具有灵活性。债券发行企业先以债务方式取得资金，到了债券转换期，如果股票市价较高，债券持有人将会按约定的价格转换为股票，避免了企业还本付息的负担。如果公司股票长期低迷，投资者不愿意将债券转换为股票，企业及时还本付息清偿债务，也能避免未来长期的股东资本成本负担。

2.资本成本较低

可转换债券的利率低于同一条件下普通债券的利率，降低了公司的筹资成本；此外，在可转换债券转换为普通股时，公司无须另外支付筹资费用，又节约了股票的筹资成本。

3.筹资效率高

可转换债券在发行时，规定的转换价格往往高于当时本公司的股票价格。如果这些债券将来都转换成了股权，这相当于在债券发行之际，就以高于当时股票市价的价格新发行了股票，以较少的股份代价筹集了更多的股份资金。因此在公司发行新股时机不佳时，可以先发行可转换债券。

4.存在一定的财务压力

可转换债券存在不转换的财务压力。如果在转换期内公司股价低迷，持券者到期不会转股，会造成公司因集中兑付债券本金而带来的财务压力。可转换债券还存在回售的财务压力。若可转换债券发行后，公司股价长期低迷，在设计有回售条款的情况下，投资者集中在一段时间内将债券回售给发行公司，将加大公司的财务支付压力。

（二）认股权证

认股权证是一种由上市公司发行的证明文件，持有人有权在一定时间内以约定价格认购该公司发行的一定数量的股票。认股权证的筹资特点如下：

1.认股权证是一种融资促进工具

认股权证的发行人是发行标的股票的上市公司，认股权证通过以约定价格认购公司股票的契约方式，保证公司在规定的期限内完成股票发行计划，顺利实现融资。

2.有助于改善上市公司的治理结构

采用认股权证进行融资，融资的实现是缓慢分批实现的。上市公司及其大股东的利益，与投资者是否在到期之前执行认股权证密切相关。因此，在认股权证有效期间，上市公司管理层及其大股东任何有损公司价值的行为，都可能降低上市公司的股价，从而降低投资者执行认股权证的可能性，这将损害上市公司管理层及其大股东的利益。所以，认股权证能够约束上市公司的败德行为，并激励他们更加努力地提升上市公司的市场价值。

3.有利于推进上市公司的股权激励机制

认股权证是常用的员工激励工具，通过给予管理者和重要员工一定的认股权证，可以把管理者和员工的利益与企业价值成长紧密联系在一起，建立一个管理者与员工通过提升企业价值实现自身财富增值的利益驱动机制。

（三）优先股

优先股是指股份有限公司发行的具有优先权利、相对优先于普通种类股份的股份种类。在利润分配及剩余财产清偿分配的权利方面，优先股持有人优先于普通股股东；但在参与公司决策管理等方面，优先股的权利受到限制。

优先股也是一种没有期限的有权凭证，具有如下特点：

（1）优先股股东不参加公司的红利分配，无表决权和公司经营管理权。

（2）优先股有固定的股息，不受公司业绩好坏影响，并可以先于普通股股东领取股息。

（3）当公司破产进行财产清算时，优先股股东对公司剩余财产有先于普通股股东的要求权。

▶▶▶▶▶▶ 第四节　资本成本

一、资本成本的含义

资本成本是指企业为筹集和使用资本而付出的代价，包括筹资费和占用费。筹资费是指企业在资本筹措过程中为获得资本而付出的代价，占用费是指企业在资本使用过程中因占用资本而付出的代价。

二、个别资本成本的计算

个别资本成本是指单一融资方式本身的资本成本，包括银行借款资本成本、公司债券资本成本、融资租赁资本成本、优先股资本成本、普通股资本成本和留存收益成本等，其中前三类是债券资本成本，后三类是权益资本成本。

（一）个别资本成本的计算模式

一般模式：

为了便于分析比较，资本成本通常用不考虑货币时间价值的一般通用模型计算。计算时，将初期的筹资费用作为筹资额的一项扣除，扣除筹资费用后的筹资额称为筹资净额，一般模式通用的计算公式为：

$$资本成本率 = \frac{年资金占用费}{筹资总额 - 筹资费用} = \frac{年资金占用费}{筹资总额 \times (1 - 筹资费用率)}$$

贴现模式：

对于金额大、时间超过1年的长期资本，更为准确一些的资本成本计算方式是贴现模式，即将债务未来还本付息或股权未来股利分红的贴现值与目前筹资净额相等时的贴现率作为资本成本率。即：

由：筹资净额现值－未来资本清偿额现金流量现值 = 0

得：资本成本率 = 所采用的贴现率

（二）银行借款的资本成本率

银行借款的资本成本包括借款利息和借款手续费用，手续费用是筹资费用的具体表现。利息费用在税前支付，可以起抵税作用，一般计算税后资本成本率，以便与权益资本成本率具有可比性。银行借款的资本成本率按一般模式计算为：

$$资本成本率 = \frac{年利息 \times (1 - 所得税税率)}{筹资总额 \times (1 - 筹资费用率)}$$

例3-3 ∷∷∷∷

某企业取得5年期长期借款200万元，年利率10%，每年付息一次，到期一次还本，借款费用率为0.2%，企业所得税税率为20%。该项借款的资本成本率为：

$$资本成本率 = \frac{200 \times 10\% \times (1 - 20\%)}{200 \times (1 - 0.2\%)} = 8.02\%$$

（三）公司债券的资本成本率

公司债券的资本成本，包括债券利息和债券发行费用。债券可以溢价发行，也可以折价发行，其资本成本率按一般模式计算为：

$$资本成本率 = \frac{年利息 \times (1 - 所得税税率)}{筹资总额 \times (1 - 筹资费用率)}$$

例3-4 ∷∷∷∷

某企业以1 100元的价格，溢价发行面值为1 000元、期限5年、票面利率为7%的公司债券一批。每年付息一次，到期一次还本，发行费用率为3%，企业所得税税率为20%。该项批债券的资本成本率为：

$$资本成本率 = \frac{1\,000 \times 7\% \times (1 - 20\%)}{1\,100 \times (1 - 3\%)} = 5.25\%$$

（四）优先股的资本成本率

优先股的资本成本主要是向优先股东支付的各期股利。对于固定股息率优先股而言，如果各期股利是相等的，优先股的资本成本率按一般模式计算为：

$$K_P = \frac{D}{P_p(1 - f)}$$

式中，K_p表示优先股资本成本率；D表示优先股年固定股息；P_p表示优先股发行价格；f表示筹资费用率。

例3-5 ⦂⦂⦂⦂⦂

某上市公司发行面值100元的优先股，年股息率为10%，发行价格为110元，发行时筹资费用率为发行价的2%。则该优先股的资本成本率为：

$$K_P = \frac{100 \times 10\%}{110 \times (1 - 2\%)} = 9.28\%$$

由本例可见，该优先股票面股息率为10%，但实际资本成本率只有9.28%，主要原因是该优先股溢价1.1倍发行。

（五）普通股的资本成本率

普通股资本成本主要是向股东支付的各期股利。由于各期股利不一定固定，随企业各期收益波动，因此普通股的资本成本只能按贴现模式计算，并假定各期股利的变化呈一定规律性。如果是上市公司普通股，其资本成本还可以根据该公司股票收益率与市场收益率的相关性，按资本资产定价模型估计。

1.股利增长模型法

假定资本市场有效，股票市场价格与价值相等。某股票本期支付的股利为D_0，未来各期股利按g的年增长率永续增长。目前股票市场价格为P_0，则普通股资本成本率为：

$$K_P = \frac{D_0(1 + g)}{P_0(1 - f)} + g = \frac{D_1}{P_0(1 + f)} + g$$

例3-6 ⦂⦂⦂⦂⦂

某公司普通股市价30元，筹资费用率3%，本年发放现金股利每股0.5元，预期股利年增长率为10%。则：

$$K_S = \frac{0.5 \times (1 + 10\%)}{30 \times (1 - 3\%)} + 10\% = 11.89\%$$

2.资本资产定价模型法

假定资本市场有效，股票市场价格与价值相等，无风险收益率为R_f，市场平均收益率为R_m，某股票贝塔系数为β，则普通股资本成本率为：

$$K_S = R_S = R_F + \beta(R_m - R_f)$$

（六）留存收益的资本成本率

留存收益的资本成本率，表现为股东追加投资要求的收益率，其计算与普通股成本相同，也分为股利增长模型法和资本资产定价模型法，不同点在于不考虑筹资费用。

三、平均资本成本的计算

由于受多种因素的制约，企业不可能只使用某种单一的筹资方式，往往需要通过多种方式筹集资金。为进行筹资决策，就要计算确定企业全部长期资金的总成本——平均资本成本。企业平均资本成本一般以各项个别资本在企业总资本中的比重为权数，对各项个别资本成本率进行加权平均而得到总资本成本率。计算公式为：

$$K_W = \sum_{j=1}^{n} K_j W_j$$

式中，K_w 表示平均资本成本，K_j 表示第 j 种个别资本成本率，W_j 表示第 j 种个别资本在全部资本中的比重。

例3-7 ❖❖❖❖❖

万达公司本年年末长期资本账面总额为 1 000 万元，其中：银行长期借款 300 万元，占 30%；长期债券 200 万元，占 20%；普通 500 万元（共 200 万股，每股面值 1 元，市价 8 元），占 50%。个别资本成本分别为 5%、6%、9%。则该公司的平均资本成本为：

按账面价值计算：

$$K_W = 5\% \times 30\% + 6\% \times 20\% + 9\% \times 50\% = 7.2\%$$

按市场价值计算：

$$K_W = \frac{5\% \times 300 + 6\% \times 200 + 9\% \times 1\,600}{300 + 200 + 1\,600} = 8.14\%$$

▶▶▶▶▶▶ 第五节 杠杆效应

一、经营杠杆效应

（一）经营杠杆

经营杠杆，是指由于固定性经营成本的存在，而使得企业的资产收益（息税前利润）变动率大于业务量变动率的现象。经营杠杆反映了资产收益的波动性，用以评价企业的经营风险。用息税前利润（EBIT）表示资产总收益，则：

$$EBIT = S - V - F = (P - V_c)Q - F = M - F$$

式中，EBIT 表示息税前利润；S 表示销售额；V 表示变动性经营成本；F 表示固定性经营成本；Q 表示产销业务量；P 表示销售单价；Vc 表示单位变动成本；M 表示边际贡献。

（二）经营杠杆系数

只要企业存在固定性经营成本，就存在经营杠杆效应。但以不同产销业务量为基础，其经营杠杆效应的大小程度是不一致的。测算经营杠杆效应程度，常用指标为经营杠杆系数。经营杠杆系数（DOL），是息税前利润变动率与产销业务量变动率的比值，计算公式为：

$$DOL = \frac{\Delta EBIT}{EBIT} / \frac{\Delta Q}{Q_0} = \frac{\text{息税前利润变动率}}{\text{产销业务量变动率}}$$

式中，DOL 表示经营杠杆系数；$\Delta EBIT$ 表示息税前利润变动率。ΔQ 表示产销业务量变动值。

上式经整理，经营杠杆系数的计算也可以简化为：

$$DOL = \frac{M_0}{M_0 - F_0} = \frac{EBIT_0 + F_0}{EBIT_0} = \frac{\text{基期边际贡献}}{\text{基期息税前利润}}$$

例3-8 ⦂⦂⦂⦂⦂

A公司产销某种服装，固定成本500万元，变动成本率70%。年产销额5 000万元时，变动成本3 500万元，固定成本500万元，息税前利润1 000万元；年产销额7 000万元时，变动成本为4 900万元，固定成本仍为500万元，息税前利润为1 600万元。可以看出，该公司产销量增长了40%，息税前利润增长了60%，产生了1.5倍的经营杠杆效应。

$$DOL = \frac{\Delta EBIT}{EBIT_0} / \frac{\Delta Q}{Q_0} = \frac{600}{1\ 000} / \frac{2\ 000}{5\ 000} = 1.5$$

$$DOL = \frac{M_0}{EBIT_0} = \frac{5\ 000 \times 30\%}{1\ 000} = 1.5$$

（三）经营杠杆与经营风险

经营风险是指企业由于生产经营上的原因而导致的资产收益波动的风险。引发企业经营风险的主要原因是市场需求和生产成本等因素的不确定性，经营杠杆本身并不是资产收益不确定的根源，只是资产收益波动的表现。但是，经营杠杆放大了市场和生产等因素变化对利润波动的影响。经营杠杆系数越高，表明息税前利润受产销量变动的影响程度越大，经营风险也就越大。根据经营杠杆系数的计算公式，有：

$$DOL = \frac{EBIT_0 + F_0}{EBIT_0} = 1 + \frac{\text{基期固定成本}}{\text{基期息税前利润}}$$

上式表明，在息税前利润为正的前提下，经营杠杆系数最低为1，不会为负数；只要有固定性经营成本存在，经营杠杆系数总是大于1。

例3-9 ⦂⦂⦂⦂⦂

B企业生产甲产品，固定成本200万元，变动成本率60%，当销售额分别为2 000万元、1 000万元、500万元时，经营杠杆系数分别为：

$$DOL_{2000} = \frac{2\ 000 - 2\ 000 \times 60\%}{2\ 000 - 2\ 000 \times 60\% - 200} = 1.33$$

$$DOL_{1000} = \frac{1\ 000 - 1\ 000 \times 60\%}{1\ 000 - 1\ 000 \times 60\% - 200} = 2$$

$$DOL_{500} = \frac{500 - 500 \times 60\%}{500 - 500 \times 60\% - 200} \rightarrow \infty$$

上例计算结果表明：在其他因素不变的情况下，销售额越小，经营杠杆系数越大，经营风险也就越大，反之则相反。如销售额为 2 000 万元，*DOL* 为 1.33，销售额为 1 000 万元，*DOL* 为 2，显然后者的不稳定性大于前者，经营风险也大于前者。在销售额处于盈亏临界点 500 万元时，经营杠杆系数趋于无穷大，此时企业营销额稍有减少便会导致更大的亏损。

二、财务杠杆效应

（一）财务杠杆

财务杠杆是指由于固定性资本成本的存在，而使得企业的普通股收益（或每股收益）变动率大于息税前利润变动率的现象。财务杠杆反映了权益资本收益的波动性，用以评价企业的财务风险。用普通股收益或每股收益表示普通股权益资本收益，则：

$$TE = (EBIT - I)(1 - T) - D$$
$$EPS = [(EBIT - I)(1 - T) - D]/N$$

式中，*TE* 表示普通股收益；*EPS* 表示每股收益；*I* 表示债务资金利息；*D* 表示优先股股利；*T* 表示所得税税率；*N* 表示普通股股数。

（二）财务杠杆系数

只要企业融资方式中存在固定性资本成本，就存在财务杠杆效应。测算财务杠杆效应程度，常用指标为财务杠杆系数。财务杠杆系数（*DFL*），是普通股收益变动率与息税前利润变动率的比值，计算公式为：

$$DFL = \frac{普通股收益变动率}{息税前利润变动率} = \frac{EPS变动率}{EBIT变动率}$$

在不存在优先股股息的情况下，上式经整理，财务杠杆系数的计算也可以简化为：

$$DFL = \frac{基期息税前利润}{基期利润总额} = \frac{EBIT_0}{EBIT_0 - I_0}$$

如果企业既存在固定利息的债务，也存在固定股息的优先股，则财务杠杆系数的计算进一步调整为：

$$DFL = \frac{EBIT_0}{EBIT_0 - I_0 - \dfrac{D_p}{1 - T}}$$

式中，D_p 表示优先股股利；*T* 表示所得税税率。

例 3-10 ∵∵∵∵

有 A、B、C 三家公司，资本总额均为 5 000 万元，所得税税率均为 25%，每股面值均为 1 元。甲公司资本全部由普通股组成，乙公司债务资金 2 000 万元（利率 10%），普通股 3 000 万元；丙公司债务资金 2 500 万元（利率 10.8%），普通股 2 500 万元。三家公司 2023 年 *EBIT* 均为 1 000 万元。2024 年 *EBIT* 均为 1 500 万元，*EBIT* 增长了 50%。有关财务指标如表 3-5 所示。

表 3-5　　　　　　　　　普通股收益及财务杠杆的计算

利润项目		甲公司	乙公司	丙公司
普通股股数（万股）		5 000	3 000	2 500
利润总额	2023 年（万元）	1 000	800	730
	2024 年（万元）	1 500	1 300	1 230
	增长率（%）	50	62.5	68.49
净利润	2023 年（万元）	750	600	547.5
	2024 年（万元）	1 125	975	922.5
	增长率（%）	50	62.5	68.49
普通股收益	2023 年（万元）	750	600	547.5
	2024 年（万元）	1 125	975	922.5
	增长率（%）	50	62.5	68.49
每股收益	2023 年（万元）	0.15	0.2	0.219
	2024 年（万元）	0.225	0.325	0.369
	增长率（%）	50	62.5	68.49
财务杠杆系数（2024）		1	1.25	1.37

$$DFL = \frac{普通股收益变动率}{息税前利润变动率}$$

则：

A 公司财务杠杆系数 = 50.00%/50.00% = 1.00

B 公司财务杠杆系数 = 62.50%/50.00% = 1.25

C 公司财务杠杆系数 = 68.49%/50.00% = 1.37

可见，有固定资本成本的资本所占比重越高，财务杠杆系数就越大。A 公司由于不存在有固定资本成本的资本，没有财务杠杆效应；B 公司存在债务资本，其普通股收益增长幅度是息税前利润增长幅度的 1.25 倍；C 公司不仅存在债务资本，而且债务资本的比重比 B 公司高，其普通股收益增长幅度是息税前利润增长幅度的 1.37 倍。

（三）财务杠杆与财务风险

财务风险是指企业由于筹资原因产生的资本成本负担而导致的普通股收益波动的风险。引起企业财务风险的主要原因是资产收益的不利变化和资本成本的固定负担。由于财务杠杆的作用，当企业的息税前利润下降时，企业仍然需要支付固定的资本成本，导致普通股剩余收益以更快的速度下降。

财务杠杆放大了资产收益变化对普通股收益的影响，财务杠杆系数越高，表明普通股收益的波动程度越大，财务风险也就越大。在不存在优先股股息的情况下，根据财务杠杆系数的计算公式，有：

$$DFL = 1 + \frac{基期利息}{基期息税前利润 - 基期利息}$$

上面公式中，分子是企业筹资产生的固定性资本成本负担，分母是归属于股东的收益。上式表明，在企业有正的税后利润的前提下，财务杠杆系数最低为 1，不会为负数；

只要有固定性资本成本存在，财务杠杆系数总是大于1。

从上式可知，影响财务杠杆的因素包括：企业资本结构中债务资金比重；普通股收益水平；所得税税率水平。其中，普通股收益水平又受息税前利润、固定性资本成本高低的影响。债务成本比重越高、固定的资本成本支付额越高、息税前利润水平越低，财务杠杆效应越大，反之则相反。

例3-11 ······

在【例3-10】中，三家公司2024年的财务杠杆系数分别为A公司1.00，B公司1.25，C公司1.37。这意味着，如果EBIT下降，A公司的EPS与之同步下降，而B公司和C公司EPS会以更大的幅度下降。导致各公司EPS不为负数的EBIT最大降幅如表3-6所示。

表3-6　　　　　导致各公司*EPS*不为负数的*EBIT*最大降幅

公司	财务杠杆系数（DFL）	每股收益（EPS）	息税前利润（EBIT）
A	1	100	100
B	1.25	100	80
C	1.37	100	72.9

上述结果表明，*EBIT*只要降低72.99%，C公司普通股收益会小于零；*EBIT*降低80.00%，B公司普通股收益会小于零；*EBIT*降低100%，A公司普通股收益会小于零。显然，丙公司不能支付利息、不能满足普通股股利要求的财务风险远高于其他公司。

三、总杠杆效应

（一）总杠杆

经营杠杆和财务杠杆可以独自发挥作用，也可以综合发挥作用，总杠杆是用来反映二者之间共同作用结果的，即权益资本收益与产销业务量之间的变动关系。固定性经营成本引发经营杠杆效应，导致产销业务量变动对息税前利润变动有放大作用；同样，固定性资本成本引发财务杠杆效应，导致息税前利润变动对普通股每股收益变动有放大作用。两种杠杆共同作用，将导致产销业务量稍有变动，就会引起普通股每股收益更大的变动。因此，总杠杆是指由于固定经营成本和固定资本成本的存在，导致普通股每股收益变动率大于产销业务量的变动率的现象。

（二）总杠杆系数

只要企业同时存在固定性经营成本和固定性资本成本，就存在总杠杆效应。产销量变动通过息税前利润的变动，传导至普通股收益，使得每股收益发生更大的变动。用总杠杆系数（DTL）表示总杠杆效应程度，可见，总杠杆系数是经营杠杆系数和财务杠杆系数的乘积，是普通股收益变动率与产销量变动率的倍数，计算公式为：

$$DTL = \frac{普通股收益变动率}{产销量变动率}$$

在不存在优先股股息的情况下，上式经整理，总杠杆系数的计算也可以简化为：

$$DTL = DOL \times DFL$$

$$= \frac{\text{基期边际贡献}}{\text{基期利润总额}} = \frac{\text{基期税后边际贡献}}{\text{基期税后利润}}$$

例 3-12 ··:·:·:·:

A公司有关资料如表3-7所示，分别计算其经营杠杆系数、财务杠杆系数和总杠杆系数。

表3-7 　　　　　　　　　　　　A公司有关资料

项目	2019年（万元）	2020年（万元）	变动率（%）
销售额（售价10元）	5 000	6 000	20
边际贡献（每单位4元）	2 000	2 400	20
固定成本	1 000	1 000	—
息税前利润（EBIT）	1 000	1 400	40
利息	250	250	—
利润总额	750	1 150	53.33
净利润（税率25%）	562.5	862.5	53.33
每股收益（1 000万股，元）	0.5625	0.8625	53.33

A公司经营杠杆系数 $= \dfrac{40\%}{20\%} = 2$

A公司财务杠杆系数 $= \dfrac{53.33\%}{40\%} = 1.33$

A公司总杠杆系数 $= 2 \times 1.33 = 2.66$

（三）总杠杆与公司风险

公司风险包括企业的经营风险和财务风险，反映了企业的整体风险。总杠杆系数反映了经营杠杆和财务杠杆之间的关系，用以评价企业的整体风险水平。在总杠杆系数一定的情况下，经营杠杆系数与财务杠杆系数此消彼长。总杠杆效应的意义在于：第一，能够说明产销业务量变动对普通股收益的影响，据以预测未来的每股收益水平；第二，揭示了财务管理的风险管理策略，即要保持一定的风险状况水平，需要维持一定的总杠杆系数，经营杠杆和财务杠杆可以有不同的组合。

一般来说，固定资产比重较大的资本密集型企业，经营杠杆系数高，经营风险大，企业筹资主要依靠权益资本，以保持较小的财务杠杆系数和财务风险；变动成本比重较大的劳动密集型企业，经营杠杆系数低，经营风险小，企业筹资可以主要依靠债务资金，保持较大的财务杠杆系数和财务风险。

一般来说，在企业初创阶段，产品市场占有率低，产销业务量小，经营杠杆系数大，此时企业筹资主要依靠权益资本，在较低程度上使用财务杠杆；在企业扩张成熟期，产品市场占有率高，产销业务量大，经营杠杆系数小，此时，企业资本结构中可扩大债务资本比重，在较高程度上使用财务杠杆。

►►►►►► 第六节 资本结构

资本结构及其管理是企业筹资管理的核心问题。如果企业现有资本结构不合理，应通过筹资活动优化调整资本结构，使其趋于科学合理。资本结构优化，要求企业权衡负债的低资本成本和高财务风险的关系，确定合理的资本结构。资本结构优化的目标，是降低平均资本成本率或提高企业价值。

（一）每股收益分析法

可以用每股收益的变化来判断资本结构是否合理，即能够提高普通股每股收益的资本结构，就是合理的资本结构。

所谓每股收益无差别点，是指不同筹资方式下每股收益都相等时的息税前利润或业务量水平。根据每股收益无差别点，可以分析判断在什么样的息税前利润水平或产销业务量水平前提下，适于采用何种筹资组合方式，进而确定企业的资本结构安排。

在每股收益无差别点上，无论是采用债务或股权筹资方案，每股收益都是相等的。当预期息税前利润或业务量水平大于每股收益无差别点时，应当选择债务筹资方案，反之选择股权筹资方案。在每股收益无差别点时，不同筹资方案的每股收益是相等的，用公式表示如下：

$$\frac{(\overline{EBIT} - I_1)(1 - T) - DP_1}{N_1} = \frac{(\overline{EBIT} - I_2)(1 - T) - DP_2}{N_2}$$

式中，$\overline{EBIT}$ 表示息税前利润平衡点，即每股收益无差别点；I_1、I_2 表示两种筹资方式下的债务利息；DP_1、DP_2 表示两种筹资方式下的优先股股利；N_1、N_2 表示两种筹资方式下普通股股数；T 表示所得税税率。

例3-13 ·:·:·:·:

甲公司目前有债务资金2 000万元（年利息200万元），普通股股数3 000万股。该公司由于有一个较好的新投资项目，需要追加筹资1 500万元，有两种筹资方案：

A方案：增发普通股300万股，每股发行价5元。

B方案：向银行取得长期借款2 000万元，利息率10%。

根据财务人员测算，追加筹资后销售额可望达到6 000万元，变动成本率60%，固定成本为1 000万元，企业所得税税率为20%，不考虑筹资费用因素。

要求：

（1）计算长期债务和普通股筹资方式的每股收益无差别点，并根据每股收益分析法确定甲公司应该选择的方案。

（2）其他条件不变，若追加投资后预期销售额为9 000万元，企业应该选择哪种方案。

解析：

（1）根据上述数据，代入每股收益无差别点状态式：

$$\frac{(\overline{EBIT} - 200) \times (1 - 20\%)}{3\,000 + 300} = \frac{(\overline{EBIT} - 200 - 150) \times (1 - 20\%)}{3\,000}$$

$\overline{EBIT} = 1\,850$（万元）

两个筹资方案的每股收益无差别点为1 850万元。在此点上，两个方案的每股收益相等，均为0.38元。企业追加筹资后预期的$EBIT=6\ 000×（1-60\%）-1\ 000=1\ 400$（万元），低于无差别点1 850万元，因此，企业应该选择A方案。在6 000万元销售额水平上，A方案的EPS为0.29元，B方案的EPS为0.28元。

（2）若追加投资后甲公司预期销售额为9 000万元，这种情况下：

$EBIT=9\ 000×（1-60\%）-1\ 000=2\ 600$（万元），大于每股收益无差异点1 850万元，因此，企业应该选择B方案。在9 000万元销售额水平上，A方案的EPS为0.58元，B方案的EPS为0.6元。

（二）公司价值分析法

以上两种方法都是从账面价值的角度进行资本结构优化分析，没有考虑市场反应，即没有考虑风险因素。公司价值分析法，是在考虑市场风险的基础上，以公司市场价值为标准，进行资本结构优化。这种方法主要用于对现有资本结构进行调整，适用于资本规模较大的上市公司资本结构优化分析。同时，在公司价值最大的资本结构下，公司的平均资本成本率也是最低的。

设：V代表公司价值，B表示债务资金价值，S表示权益资本价值。公司价值应该等于资本的市场价值，即：$V=S+B$。

为简化分析，假设公司各期的EBIT保持不变，债务资金的市场价值等于其面值，权益资本的市场价值可通过下式计算：

$$S=\frac{(EBIT-I)(1-T)}{K_s}$$

且：$K_s=R_f+\beta(R_m-R_f)$

此时，

$$K_W=K_b×\frac{B}{V}+K_s×\frac{S}{V}$$

例3-14 ⫶⫶⫶

某公司息税前利润为400万元，资本总额账面价值为2 000万元。假设无风险收益率为6%，证券市场平均收益率为10%，所得税税率为25%。债券市场价值等于面值，据测算，不同债券水平下的权益资本成本率和税前债务利息率（假设税前债券利息率等于税前债务资本成本）如表3-8所示。

表3-8　　　　　　　　税前债务利息率和权益资本成本率资料表

债务市场价值（万元）	税前债务利息率（%）	股票贝塔系数	权益资本成本率（%）
0		1.5	12
200	8	1.55	12.2
400	8.5	1.65	12.6
600	9	1.8	13.2
800	10	2	14

根据表3-8资料，可计算出不同资本结构下的公司总价值和平均资本成本率，如表3-9所示。

表3-9 公司价值和平均资本成本率

债务市场价值 （万元）	股票市场价值 （万元）	公司总价值 （万元）	税后债务资本成本率 （%）	普通股资本成本率 （%）	平均资本成本率 （%）
0	2 500	2 500		12	12
200	2 361	2 561	6	12.2	11.72
400	2 179	2 579	6.38	12.6	11.64
600	1 966	2 566	6.75	13.2	11.69
800	1 714	2 514	7.5	14	11.93

可以看出，在没有债务资本的情况下，公司的总价值等于股票的账面价值。当公司增加一部分债务时，财务杠杆开始发挥作用，公司总价值上升，平均资本成本率下降。在债务资本达到400万元时，公司总价值最高，平均资本成本率最低。债务资本超过400万元后，随着利息率的不断上升，财务杠杆作用逐步减弱甚至显现负作用，公司总价值下降，平均资本成本率上升。因此，债务资本为400万元时的资本结构是该公司的最优资本结构。

思考与案例

盾安控股集团有限公司（以下简称：盾安集团）创办于1987年，以900元起家，已有25年的历史。目前集团涉及制冷配件、中央空调、阀门、食品等领域，是中国制冷配件的龙头企业，是跨行业、跨地区，集科、工、贸于一体的现代企业集团。目前以装备制造、民爆化工为基础，铜贸易和房地产业务为辅，并逐步涉足新材料、新能源领域，业务极其多元化。2018年5月3日，盾安集团被媒体爆出出现流动性困难，各项有息负债超过450亿元，震惊资本市场，随后盾安集团信用等级被评级机构大公从AA⁺下调至AA⁻。从盾安集团发债披露的年报数据来看，2018年一季度资产负债率为63.93%，有息负债高达441亿元，远高于净资产223亿元，对子公司担保83.6亿元。在盾安危机爆发之前，很多研究员和投资者可能对下列重要数据视而不见：盾安集团主营业务盈利能力较弱，2015年、2016年实现营收516亿元、525亿元，营业利润分别为14亿元和13.3亿元，但主要来源于投资收益和房地产公允价值变动，实际经营利润仅为2.27亿元和2.16亿元，实际经营毛利率不足0.4%。盾安集团部分财务数据见表3-10。

表3-10 盾安集团部分财务数据

项目	2018年	2017年	2016年	2015年	2014年	2013年	2012年	2011年	2010年
	一季报	年报	年报	年报	年报	年报	年报	年报	年报
营业收入（亿元）	133.89	586.15	525.69	516.4	503.19	436.32	389.5	338.31	203.53
毛利率（%）	8.15	9.43	7.87	7.87	7.72	8.82	10.18	9.06	12.04
净利润（亿元）	1.03	14.06	12.31	11.37	12.47	12.81	20.07	12.79	9.57
净利率（%）	0.77	2.40	2.34	2.20	2.48	2.94	5.15	3.78	4.70

2018年一季度毛利率仅有8.15%，而盾安集团2018年3月30日发行的9个月超短期债的债券年利率为7.3%，毛利率差点覆盖不了利息成本。

结合本章所学知识讨论：

（1）盾安集团为何会陷入财务困境？

（2）盾安集团的案例有何启示？

第四章

投资管理

学习目标

1. 理解企业投资管理的特点、企业投资的分类及投资管理的原则。
2. 掌握投资项目现金流量的概念、构成及其确定方法。
3. 掌握投资项目评价指标的含义、决策规则、优缺点、使用时需注意的重要问题以及应用实例。
4. 掌握独立投资方案、互斥投资方案的决策。
5. 理解证券资产的特点以及债券、股票投资价值及投资收益率的计算。

思维导图

```
┌──────────────┐                    ┌──────────────────┐
│  投资管理概述  │               │  投资项目的评价指标  │
└──────────────┘                    └──────────────────┘
                  ┌──────────┐
                  │  投资管理  │
                  └──────────┘
┌──────────────┐                    ┌──────────────────┐
│  项目投资管理  │               │    证券投资管理    │
└──────────────┘                    └──────────────────┘
```

学思践悟

党的二十大报告指出，高质量发展是全面建设社会主义现代化国家的首要任务。过去的"黄金十年"，我国经济实现高速增长，固定资产投资持续保持高增长，经济社会发生了翻天覆地的变化，如今，我国经济已进入高质量发展阶段，更加需要持续稳定的固定资产投资。

多年来，我国固定资产投资总量持续扩张、结构日益优化，在促进经济社会发展方面取得了令人瞩目的成就。新时代新征程新目标对固定资产的投资效率以及投资项目的管理提出了更高的要求，也为持续稳定固定资产投资增长增加了难度。在这一背景下，正确认识固定资产投资对我国经济高质量发展的推动作用，高度重视投资持续高增长非常重要。

要求：请结合以上两段文字，思考固定资产投资如何拉动我国经济的高质量发展；高质量资产与可持续发展的关系是什么？

▶▶▶▶▶▶ 第一节　投资管理概述

投资，广义地讲，是指特定经济主体（包括政府、企业和个人）以本金回收并获利为基本目的，将货币、实物资产等作为资本投放于某一个具体对象，以在未来期间内获取预期经济利益的经济行为。企业投资，简言之，是企业为获取未来收益而向一定对象投放资金的经济行为。例如，购建厂房设备，兴建电站，购买股票、债券、基金等经济行为，均属于投资行为。

一、企业投资的意义

企业需要通过投资配置资产，才能形成生产能力，取得未来的经济利益。

（一）投资是企业生存与发展的基本前提

企业的生产经营，就是企业资产的运用和资产形态的转换过程。投资是一种资本性支出行为，通过投资支出，企业购建流动资产和长期资产，形成生产条件和生产能力。实际上，不论是新建一个企业，还是建造一条生产流水线，都是一种投资行为。投资能确立企业的经营方向，配置企业的各类资产，并将它们有机地结合起来，形成企业的综合生产经营能力。企业想要进军一个新兴行业，或者开发一种新产品，都需要先进行投资。因此，投资决策的正确与否，直接关系到企业的兴衰成败。

（二）投资是企业获取利润的基本前提

企业投资的目的，是要通过支付一定数量的货币或实物形态的资本，购建和配置形成企业的各类资产，从事某类经营活动，获取未来的经济利益。通过投资形成生产经营能力，企业才能开展具体的经营活动，获取经营利润。那些以购买股票、债券等有价证券方式对其他单位的投资，可以通过取得股利或债息来获取投资收益，也可以通过转让证券来获取资本利得，除购买股票债券外，企业也可通过购买基金的方式获得基金收益。

（三）投资是企业风险控制的重要手段

企业经营面临着各种风险，有来自市场竞争的风险，有资金周转的风险，还有原材料涨价、费用居高不下等成本风险。投资，是企业风险控制的重要手段。通过投资，可以将资金投向企业生产经营的薄弱环节，使企业的生产经营能力配套、平衡、协调。通过投资，可以实现多元化经营，将资金投放于经营相关程度较低的不同产品或不同行业，分散风险，稳定收益来源，降低资产的流动性风险、变现风险，增强资产的安全性。

二、企业投资管理的特点

企业的投资活动与经营活动是不同的，投资活动对企业经济利益有长期影响。企业投资涉及的资金多、经历的时间长，对企业未来的财务状况和经营活动都有较大的影响。与日常经营活动相比，企业投资的主要特点表现在：

（一）属于企业的战略性决策

企业的投资活动一般涉及企业未来的经营发展方向、生产能力与规模等问题，如厂房设备的新建与更新、新产品的研制与开发、对其他企业的股权控制等。

劳动力、劳动资料和劳动对象，是企业的生产要素，是企业进行经营活动的前提条件。企业投资主要涉及劳动资料要素方面，包括生产经营所需的固定资产的购建、无形资产的获取等。企业投资的对象也可能是生产要素综合体，即对另一个企业股权的取得和控制。这些投资活动，直接影响本企业未来的经营发展规模和方向，是企业简单再生产得以顺利进行并实现扩大再生产的前提条件。企业的投资活动先于经营活动，这些投资活动往往需要一次性地投入大量的资金，并在一段较长的时期内发生作用，对企业经营活动的方向产生重大影响。

（二）属于企业的非程序化管理

企业有些经济活动是日常重复性进行的，如原材料的购买、人工的雇佣、产品的生产制造、产成品的销售等，称为日常例行性活动。这类活动经常性地重复发生，有一定规律，可以按既定程序和步骤进行。对这类重复性日常经营活动进行的管理，称为程序化管理。企业有些经济活动不会经常性地重复出现，如新产品开发、设备更新、企业兼并等，称为非例行性活动。非例行性活动只能针对具体问题，按特定的影响因素、相关条件和具体要求来进行审查和抉择。对这类非重复性特定经济活动进行的管理，称为非程序化管理。

企业的投资项目涉及资金数额较大。这些项目的管理，不仅是投资问题，也涉及资金筹集问题。特别是设备和生产能力的购建、对其他关联企业的并购等，需要大量资金。对于产品制造或商品流通的实体型企业来说，这种筹资和投资不会经常发生。

企业的投资项目影响的时间较长。这些投资项目实施后，将形成企业的生产条件和生产能力，这些生产条件和生产能力的使用期限长，将在企业多个经营周期内直接发挥作用，也将间接影响日常经营活动中流动资产的配置与分布。

企业的投资活动涉及企业的未来经营发展方向和规模等重大问题，是不经常发生的。投资经济活动具有一次性和独特性的特点，投资管理属于非程序化管理。每一次投资的背景、特点、要求等可能都不一样，无明显的规律可遵循，管理时更需要周密思考，慎重考虑。

（三）投资价值的波动性大

投资项目的价值，是由投资标的物资产内在获利能力决定的。这些标的物资产的形态是不断转换的，未来收益的获得具有较强的不确定性，其价值也具有较强的波动性。同时，各种外部因素，如市场利率、物价等的变化，也时刻影响着投资标的物的资产价值。因此，企业确定投资管理决策时，要充分考虑投资项目的时间价值和风险价值。

企业投资项目的变现能力是不强的，因为其投资标的物大多是机器设备等变现能力较差的长期资产，持有这些资产的目的也不是变现，并不准备在一年或超过一年的一个营业周期内变现。因此，投资项目的价值也是不易确定的。

三、企业投资的分类

将企业投资进行科学分类，有利于分清投资的性质，按不同的特点和要求进行投资决策，加强投资管理。

（一）直接投资和间接投资

按投资活动与企业本身生产经营活动的关系，企业投资可以划分为直接投资和间接投资。

直接投资，是指将资金直接投放于形成生产经营能力的实体性资产，直接谋取经营利润的企业投资。通过直接投资，购买并配置劳动力、劳动资料和劳动对象等具体生产要素，开展生产经营活动。

间接投资，是指将资金投放于股票、债券等资产的企业投资。之所以称其为间接投资，是因为股票、债券的发行方，在筹集到资金后，再把这些资金投放于形成生产经营能力的实体性资产，获取经营利润。而间接投资方不直接介入具体生产经营过程，通过股票、债券上所约定的收益分配权利，获取股利或利息收入，分享直接投资的经营利润。基金投资也是一种间接投资，通过投资于股票、债券等的投资组合获取收益。

（二）项目投资与证券投资

按投资对象的存在形态和性质，企业投资可以划分为项目投资和证券投资。

企业可以通过投资，购买具有实质内涵的经营资产，包括有形资产和无形资产，形成具体的生产经营能力，开展实质性的生产经营活动，谋取经营利润。这类投资，称为项目投资。项目投资的目的在于改善生产条件、扩大生产能力，以获取更多的经营利润。项目投资属于直接投资。

企业可以通过投资，购买证券资产，通过证券资产上所赋予的权利，间接控制被投资企业的生产经营活动，获取投资收益。这类投资称为证券投资，即购买属于综合生产要素的权益性权利资产的企业投资。

证券，是一种金融资产，即以经济合同契约为基本内容、以凭证票据等书面文件为存在形式的权利性资产。如债券代表的是未来按契约规定收取债息和收回本金的权利，根据是否有明确的到期日，债券投资分为普通债券投资和永续债投资。股票代表的是对发行股票企业的经营控制权、财务控制权、收益分配权、剩余财产追索权等股东权利，根据股东权利和义务的不同，股票投资可分为普通股票投资和优先股票投资。基金则代表一种信托关系，是一种收益权。证券投资的目的，在于通过持有证券，获取投资收益，或控制其他企业的财务或经营政策，并不直接参与具体生产经营过程。因此，证券投资属于间接投资。

直接投资与间接投资、项目投资与证券投资,两种投资分类方式的内涵和范围是一致的,只是分类角度不同。直接投资与间接投资强调的是投资的方式性,项目投资与证券投资强调的是投资的对象性。

(三)发展性投资与维持性投资

按投资活动对企业未来生产经营前景的影响,企业投资可以划分为发展性投资和维持性投资。

发展性投资是指对企业未来的生产经营发展全局有重大影响的企业投资。发展性投资也可以称为战略性投资,如企业间兼并合并的投资、转换新行业和开发新产品投资、大幅度扩大生产规模的投资等。发展性投资项目实施后,往往可以改变企业的经营方向和经营领域,或者明显地扩大企业的生产经营能力,或者实现企业的战略重组。

维持性投资是为了维持企业现有的生产经营正常顺利进行,不会改变企业未来生产经营发展全局的企业投资。维持性投资也可以称为战术性投资,如更新替换旧设备的投资、配套流动资金投资等。维持性投资项目所需要的资金不多,对企业生产经营的前景影响不大,投资风险相对也较小。

(四)对内投资与对外投资

按投资活动资金投出的方向,企业投资可以划分为对内投资和对外投资。

对内投资是指在本企业范围内部的资金投放,用于购买和配置各种生产经营所需的经营性资产。

对外投资是指向本企业范围以外的其他单位的资金投放。对外投资多以现金、有形资产、无形资产等资产形式,通过联合投资、合作经营、换取股权、购买证券资产等投资方式,向企业外部其他单位投放资金。

对内投资都是直接投资;对外投资主要是间接投资,也可能是直接投资。

(五)独立投资与互斥投资

按投资项目之间的相互关联关系,企业投资可以划分为独立投资和互斥投资。

独立投资是相容性投资,各个投资项目之间互不关联、互不影响,可以同时存在。例如,建造一个饮料厂和建造一个纺织厂,它们之间并不冲突,可以同时进行。对于一个独立投资项目而言,其他投资项目是否被采纳,对本项目的决策并无显著影响。因此,独立投资项目决策考虑的是方案本身是否满足某种决策标准。例如,可以规定凡提交决策的投资方案,其预期投资收益率都要达到20%才能被采纳。这里,预期投资收益率达到20%,就是一种预期的决策标准。

互斥投资是非相容性投资,各个投资项目之间相互关联、相互替代,不能同时存在。如对企业现有设备进行更新,购买新设备就必须处置旧设备,它们之间是互斥的。对于一个互斥投资项目而言,其他投资项目是否被采纳或放弃,直接影响本项目的决策,其他项目被采纳,本项目就不能被采纳。因此,互斥投资项目决策考虑的是各方案之间的排斥性,也许每个方案都是可行方案,但互斥决策需要从中选择最优方案。

四、投资管理的原则

投资管理程序包括投资计划制订、可行性分析、实施过程控制、投资后评价等。为了适应投资项目的特点和要求，实现投资管理的目标，做出合理的投资决策，需要制定投资管理的基本原则，据以保证投资活动的顺利进行。

（一）可行性分析原则

投资项目的金额大，资金占用时间长，投资后具有不可逆转性，对企业的财务状况和经营前景影响重大。因此，企业必须建立严密的投资决策程序，进行科学的可行性分析。

投资项目可行性分析是投资管理的重要组成部分，其主要任务是对投资项目实施的可行性进行科学的论证，主要包括环境可行性、技术可行性、市场可行性、财务可行性等方面。项目可行性分析将对项目实施后未来的运行和发展前景进行预测，通过定性分析和定量分析比较项目的优劣，为投资决策提供参考。

环境可行性，要求投资项目对环境的不利影响最小，并能带来有利影响，包括对自然环境、社会环境和生态环境的影响。技术可行性，要求投资项目形成的生产经营能力，具有技术上的适应性和先进性，包括工艺、装备、地质等。市场可行性，要求投资项目形成的产品能够被市场所接受，具有市场占有率，进而才能带来财务上的可行性。财务可行性，要求投资项目在经济上具有效益性，这种效益性是明显的和长期的。财务可行性是在相关的环境、技术、市场可行性完成的前提下，着重围绕技术可行性和市场可行性而开展的专门经济性评价。同时，一般也包含资金筹集的可行性。

财务可行性分析是投资项目可行性分析的主要内容，因为投资项目的根本目的是获取经济效益，市场和技术可行性的落脚点也是经济上的效益性，项目实施后的业绩绝大部分表现在价值化的财务指标上。

财务可行性分析的主要内容包括：收入、费用和利润等经营成果指标的分析；资产、负债、所有者权益等财务状况指标的分析；资金筹集和配置的分析；资金流转和回收等资金运行过程的分析；项目现金流量、净现值、内含收益率等项目经济性效益指标的分析；项目收益与风险关系的分析等。

（二）结构平衡原则

由于投资往往是一个综合性的项目，不仅涉及固定资产等生产能力和生产条件的购建，还涉及使生产能力和生产条件正常发挥作用所需要的流动资产的配置。同时，由于受资金来源的限制，投资也常常会遇到资金需求超过资金供应的矛盾。如何合理配置资源，使有限的资金发挥最大的效用，是投资管理中资金投放所面临的重要问题。

可以说，投资项目的管理是综合管理。资金既要投放于主要生产设备，又要投放于辅助设备；既要满足长期资产的需要，又要满足流动资产的需要。投资项目在资金投放时，要遵循结构平衡原则，合理分配资金，具体包括固定资金与流动资金的配套关系、生产能力与经营规模的平衡关系、资金来源与资金运用的匹配关系、投资进度和资金供应的协调关系、流动资产内部的资产结构关系、发展性投资与维持性投资的配合关系、对内投资与对外投资的顺序关系、直接投资与间接投资的分布关系等。

投资项目在实施后，资金就较长期地固化在具体项目上，退出和转向都不太容易。只有遵循结构平衡原则，投资项目实施后才能正常顺利地运行，才能避免资源的闲置和浪费。

（三）动态监控原则

投资的动态监控，是指对投资项目实施过程中的进程控制。特别是对于那些工程量大、工期长的建造项目来说，有一个具体的投资过程，需要按工程预算实施有效的动态投资控制。

投资项目的工程预算，是对总投资中各工程项目以及所包含的分步工程和单位工程造价规划的财务计划。建设性投资项目应当按工程进度，对分项工程、分步工程、单位工程的完成情况，逐步进行资金拨付和资金结算，控制工程的资金耗费，防止资金浪费。在项目建设完工后，通过工程决算，全面清点所建造的资产数额和种类，分析工程造价的合理性，合理确定工程资产的账面价值。

对于间接投资而言，投资前首先要认真分析投资对象的投资价值，根据风险与收益均衡原则合理选择投资对象。在持有金融资产过程中，要广泛收集投资对象和资本市场的相关信息，全面了解被投资单位的财务状况和经营成果，保护自身的投资权益。有价证券类金融资产投资，其投资价值不仅由被投资对象的经营业绩决定，还受资本市场制约。这就需要分析资本市场上资本的供求关系状况，预计市场利率的波动和变化趋势，动态地估算投资价值，寻找转让证券资产和收回投资的最佳时机。

▶▶▶▶▶▶ 第二节　投资项目的评价指标

投资决策，是对各个可行方案进行分析和评价，并从中选择最优方案的过程。投资项目决策的分析评价，需要采用一些专门的评价指标和方法。常用的财务可行性评价指标有净现值、年金净流量、现值指数、内含收益率和回收期等，围绕这些指标进行投资项目财务评价就产生了净现值法、内含收益率法、回收期法等评价方法。同时，按照是否考虑了货币时间价值来分类，这些评价指标可以分为静态评价指标和动态评价指标。考虑了货币时间价值因素的称为动态评价指标，没有考虑货币时间价值因素的称为静态评价指标。

一、项目现金流量

现金流量是投资项目财务可行性分析的主要分析对象，净现值、内含收益率、回收期等财务评价指标，均是以现金流量为对象进行可行性评价的。利润只是期间财务报告的结果，对于投资方案财务可行性，项目的现金流量状况比会计期间盈亏状况更为重要。一个投资项目能否顺利进行，有无经济效益，不一定取决于有无会计期间利润，而在于能否带来正现金流量，即整个项目能否获得超过项目投资的现金回收。

由一项长期投资方案所引起的在未来一定期间所发生的现金收支，叫作现金流量

（cash flow）。其中，现金收入称为现金流入量，现金支出称为现金流出量，现金流入量与现金流出量相抵后的余额，称为现金净流量（net cash flow，NCF）。

在一般情况下，投资决策中的现金流量通常指现金净流量（NCF）。这里，所谓的现金既指库存现金、银行存款等货币性资产，也可以指相关非货币性资产（如原材料、设备等）的变现价值。

投资项目从整个经济寿命周期来看，大致可以分为三个阶段：投资期、营业期、终结期，现金流量的各个项目也可归属于各个阶段之中。

（一）投资期

投资阶段的现金流量主要是现金流出量，即在该投资项目上的原始投资，包括在长期资产上的投资和垫支的营运资金。如果该项目的筹建费较高，也可作为初始阶段的现金流出量计入递延资产。在一般情况下，初始阶段中固定资产的原始投资通常在年内一次性投入（如购买设备），如果原始投资不是一次性投入（如工程建造），则应把投资归属于不同投入年份之中。

1.长期资产投资

长期资产投资包括在固定资产、无形资产、递延资产等长期资产上的购入、建造、运输、安装、试运行等方面所需的现金支出，如购置成本、运输费、安装费等。对于投资实施后导致固定资产性能改进而发生的改良支出，属于固定资产的后期投资。

2.营运资金垫支

营运资金垫支是指投资项目形成了生产能力，需要在流动资产上追加的投资。由于扩大了企业生产能力，原材料、在产品、产成品等流动资产规模也随之扩大，需要追加投入日常营运资金。同时，企业营业规模扩充后，应付账款等结算性流动负债也随之增加，自动补充了一部分日常营运资金的需要。因此，为该投资垫支的营运资金是追加的流动资产扩大量与结算性流动负债扩大量的净差额。为简化计算，垫支的营运资金在营业期的流入流出过程可忽略不计，只考虑投资期投入与终结期收回对现金流量的影响。

（二）营业期

营业阶段是投资项目的主要阶段，该阶段既有现金流入量，也有现金流出量。现金流入量主要是营运各年的营业收入，现金流出量主要是营运各年的付现营运成本。

另外，营业期内某一年发生的大修理支出，如果会计处理在本年内一次性作为损益性支出，则直接作为该年付现成本；如果跨年摊销处理，则本年作为投资性的现金流出量，摊销年份以非付现成本形式处理。营业期内某一年发生的改良支出是一种投资，应作为该年的现金流出量，以后年份通过折旧收回。

在正常营业阶段，由于营运各年的营业收入和付现营运成本数额比较稳定，如不考虑所得税因素，营业阶段各年现金净流量一般为：

营业现金净流量（NCF）＝营业收入 – 付现成本

或 ＝营业利润 + 非付现成本

式中，非付现成本主要是固定资产年折旧费用、长期资产摊销费用、资产减值损失等。其中，长期资产摊销费用主要有跨年的大修理摊销费用、改良工程折旧摊销费用、筹建费摊销费用等。

所得税是投资项目的现金支出，即现金流出量。考虑所得税对投资项目现金流量的影响，投资项目正常营业阶段所获得的营业现金净流量，可按下列公式进行测算：

营业现金净流量(NCF) = 营业收入 − 付现成本 − 所得税

或　　　　　　= 税后营业利润 + 非付现成本

或　　　　　　= 收入 × (1 − 所得税税率) − 付现成本 × (1 − 所得税税率) + 非付现成本 × 所得税税率

（三）终结期

终结阶段的现金流量主要是现金流入量，包括固定资产变价净收入、固定资产变现净损益和垫支营运资金的收回。

1.固定资产变价净收入

投资项目在终结阶段，原有固定资产将退出生产经营，企业对固定资产进行清理处置。固定资产变价净收入，是指固定资产出售或报废时的出售价款或残值收入扣除清理费用后的净额。

2.固定资产变现净损益

固定资产变现净损益对现金净流量的影响用公式表示如下：

固定资产变现净损益对现金净流量的影响 = （账面价值−变价净收入）× 所得税税率

如果（账面价值−变价净收入）>0，则意味着发生了变现净损失，可以抵税，减少现金流出，增加现金净流量。如果（账面价值−变价净收入）<0，则意味着实现了变现净收益，应该纳税，增加现金流出，减少现金净流量。

变现时固定资产账面价值指的是固定资产账面原值与变现时按照税法规定计提的累计折旧的差额。如果变现时，按照税法的规定，折旧已经全部计提，则变现时固定资产账面价值等于税法规定的净残值；如果变现时，按照税法的规定，折旧没有全部计提，则变现时固定资产账面价值等于税法规定的净残值与剩余的未计提折旧之和。

3.垫支营运资金的收回

伴随着固定资产的出售或报废，投资项目的经济寿命结束，企业将与该项目相关的存货出售，应收账款收回，应付账款也随之偿付。营运资金恢复到原有水平，项目开始时垫支的营运资金在项目结束时得到回收。

在实务中，对某一投资项目在不同时点上现金流量数额的测算，通常通过编制"投资项目现金流量表"进行。通过该表，投资者能测算出投资项目相关现金流量的时间和数额，以便进一步进行投资项目可行性分析。

例4−1 ∵∵∵

某投资项目需要3年建成，每年初投入建设资金90万元，共投入270万元。建成投产之时，需投入营运资金140万元，以满足日常经营活动需要。项目投产后，估计每年可获税后营业利润60万元。固定资产使用年限为7年，使用后第5年预计进行一次改良，估计改良支出为80万元，分两年平均摊销。资产使用期满后，估计有残值净收入11万元，采用年限平均法折旧。项目期满时，垫支营运资金全额收回。

根据以上资料，编制投资项目现金流量表如表4−1所示。

表 4-1

投资项目现金流量表

单位：万元

项目	第0年	第1年	第2年	第3年	第4年	第5年	第6年	第7年	第8年	第9年	第10年	总计
固定资产价值	(90)	(90)	(90)									(270)
固定资产折旧					37	37	37	37	37	37	37	259
改良支出									(80)			(80)
改良支出摊销										40	40	80
税后营业利润					60	60	60	60	60	60	60	420
残值净收入											11	11
营运资金				(140)							140	0
总计	(90)	(90)	(90)	(140)	97	97	97	97	17	137	288	420

注：带有括号的为现金流出量，表示负值；没有带括号的为现金流入量，表示正值，全章同。

在投资项目管理的实践中，由于所得税的影响，营业阶段现金流量的测算比较复杂，需要在所得税基础上考虑税后收入、税后付现成本，以及非付现成本抵税对营业现金流量的影响。

例4-2 ∵∴∵∴

某公司计划增添一条生产流水线，以扩充生产能力。现有甲、乙两个方案可供选择。甲方案需要投资 500 000 元，乙方案需要投资 750 000 元。两方案的预计使用寿命均为 5 年，均采用直线法折旧，甲方案预计净残值为 20 000 元，乙方案预计净残值为 30 000 元。甲方案预计年销售收入为 1 000 000 元，第 1 年付现成本为 660 000 元，以后在此基础上每年增加维修费 10 000 元。乙方案预计年销售收入为 1 400 000 元，年付现成本为 1 050 000 元。项目投入营运时，甲方案需要垫支营运资金 200 000 元，乙方案需要垫支营运资金 250 000 元。企业所得税税率为 25%。

根据上述资料，两方案的现金流量计算表如表 4-2 和表 4-3 所示。表 4-2 列示的是甲方案营业期间现金流量的具体测算，乙方案营业期间的现金流量比较规则，其现金流量的测算可以用公式直接计算。表 4-3 列示的是甲、乙两方案投资项目每年的现金流量。

表 4-2

营业期现金流量计算表

单位：元

项目	第1年	第2年	第3年	第4年	第5年
甲方案：					
销售收入（1）	1 000 000	1 000 000	1 000 000	1 000 000	1 000 000
付现成本（2）	660 000	670 000	680 000	690 000	700 000
折旧（3）	96 000	96 000	96 000	96 000	96 000
营业利润（4）=（1）-（2）-（3）	244 000	234 000	224 000	214 000	204 000
所得税（5）=（4）×25%	61 000	58 500	56 000	53 500	51 000
税后营业利润（6）=（4）-（5）	183 000	175 500	168 000	160 500	153 000
营业现金净流量（7）=（3）+（6）	279 000	271 500	264 000	256 500	249 000

表4-3　　　　　　　　　　投资项目现金流量计算表　　　　　　　　　　单位：元

项目	第0年	第1年	第2年	第3年	第4年	第5年
甲方案：						
固定资产投资	（500 000）					
营运资金垫支	（200 000）					
营业现金流量		279 000	271 500	264 000	256 500	249 000
固定资产残值						20 000
营运资金回收						200 000
现金流量合计	（700 000）	279 000	271 500	264 000	256 500	469 000
乙方案：						
固定资产投资	（750 000）					
营运资金垫支	（250 000）					
营业现金流量		298 500	298 500	298 500	298 500	298 500
固定资产残值						30 000
营运资金回收						250 000
现金流量合计	（1 000 000）	298 500	298 500	298 500	298 500	578 500

乙方案非付现成本＝乙方案年折旧额

　　　　　　　　　　＝（750 000－30 000）÷5＝144 000（元）

乙方案营业现金流量＝税后营业利润+非付现成本

　　　　　　　　　　＝（1 400 000－1 050 000－144 000）×（1－25%）+144 000＝298 500（元）

或

　　　　　　　　　　＝收入×（1－所得税税率）－付现成本×（1－所得税税率）+非付现成本×所得税税率

　　　　　　　　　　＝1 400 000×75%－1050 000×75%+144 000×25%

　　　　　　　　　　＝298 500（元）

二、净现值

（一）基本原理

　　一个投资项目，其未来现金净流量现值与原始投资额现值之间的差额，称为净现值（net present value，NPV）。计算公式为：

　　净现值（NPV）＝未来现金净流量现值－原始投资额现值

　　计算净现值时，要按预定的贴现率对投资项目的未来现金流量和原始投资额进行贴现。预定贴现率是投资者所期望的最低投资收益率。净现值为正，方案可行，说明方案的实际收益率高于所要求的收益率；净现值为负，方案不可取，说明方案的实际投资收益率低于所要求的收益率。

　　当净现值为零时，说明方案的投资收益刚好达到所要求的投资收益，方案也可行。所以，净现值的经济含义是投资方案收益超过基本收益后的剩余收益。其他条件相同时，净现值越大，方案越好。采用净现值法来评价投资方案，一般有以下步骤：

第一步，测定投资方案各年的现金流量，包括现金流出量和现金流入量。

第二步，设定投资方案采用的贴现率。可以选择以下方法确定贴现率：（1）以市场利率为标准。资本市场的市场利率是整个社会投资收益率的最低水平，可以视为一般最低收益率要求。（2）以投资者希望获得的预期最低投资收益率为标准。这就考虑了投资项目的风险补偿因素以及通货膨胀因素。（3）以企业平均资本成本率为标准。企业投资所需要的资金，都或多或少地具有资本成本，企业筹资承担的资本成本率水平，给投资项目提出了最低收益率要求。

第三步，按设定的贴现率，分别将各年的现金流出量和现金流入量折算为现值。

第四步，将未来的现金净流量现值与投资额现值进行比较，若前者大于或等于后者，方案可行；若前者小于后者，方案不可行，说明方案的实际收益率达不到投资者所要求的收益率。

例4-3

沿用【例4-2】的资料，假设折现率为10%，则：

甲方案的净现值=469 000×（P/F，10%，5）+256 500×（P/F，10%，4）+264 000×（P/F，10%，3）+
     271 500×（P/F，10%，2）+279 000×（P/F，10%，1）-700 000

  =469 000×0.6209+256 500×0.6830+264 000×0.7513+271 500×0.8264+279 000×0.9091-700 000

  =44 2741.30（元）

由于甲方案的净现值大于0，所以，甲方案可行。

乙方案的净现值=578 500×（P/F，10%，5）+298 500×（P/A，10%，4）-1 000 000

  =578 500×0.6209+298 500×3.1699-1 000 000

  =305 405.80（元）

由于乙方案的净现值大于0，所以，乙方案也可行。

（二）对净现值法的评价

1.主要优点

净现值法简便易行，其主要优点在于：

（1）适用性强，能基本满足项目年限相同的互斥投资方案决策需求。如有A、B两个项目，资本成本率为10%，A项目投资50 000元可获净现值10 000元，B项目投资20 000元可获净现值8 000元。尽管A项目投资额大，但在计算净现值时已经考虑了实施该项目所承担的还本付息负担，因此净现值大的A项目优于B项目。

（2）能灵活地考虑投资风险。净现值法所设定的贴现率包含投资风险收益率要求，能有效地考虑投资风险。例如，某投资项目期限15年，资本成本率18%，由于投资项目时间长，风险也较大，所以投资者认定，在投资项目的有效使用期限15年中第一个五年期内以18%折现，第二个五年期内以20%折现，第三个五年期内以25%折现，以此来体现投资风险。

2.主要缺点

净现值法也具有明显的缺陷，主要表现在：

（1）所采用的贴现率不易确定。如果两方案采用不同的贴现率贴现，采用净现值法不能够得出正确结论。同一方案中，如果要考虑投资风险，要求的风险收益率不易确定。

（2）不适用于独立投资方案的比较决策。如果各方案的原始投资额现值不相等，有时无法做出正确决策。独立投资方案，是指两个以上投资项目互不依赖，可以同时并存。如对外投资购买甲股票或购买乙股票，它们之间并不冲突。在独立投资方案比较中，尽管某项目净现值大于其他项目，但所需投资额大，获利能力可能低于其他项目，而该项目与其他项目又是非互斥的，因此仅凭净现值大小无法决策。

（3）不能直接用于对寿命期不同的互斥投资方案进行决策。某项目尽管净现值小，但其寿命期短；另一项目尽管净现值大，但它是在较长的寿命期内取得的。两项目由于寿命期不同，因而净现值是不可比的。要采用净现值法对寿命期不同的投资方案进行决策，需要将各方案转化为相等寿命期进行比较。

三、年金净流量

投资项目的未来现金净流量与原始投资额的差额，构成该项目的现金净流量总额。项目期间内全部现金净流量总额的总现值或总终值折算为等额年金的平均现金净流量，称为年金净流量（ANCF）。年金净流量的计算公式为：

$$年金净流量 = \frac{现金净流量总现值}{年金现值系数}$$

式中，现金净流量总现值即为NPV。与净现值指标一样，年金净流量指标大于零，说明每年平均的现金流入能抵补现金流出，投资项目的净现值（或净终值）大于零，方案的收益率大于所要求的收益率，方案可行。在进行两个以上寿命期不同的投资方案比较时，年金净流量越大，方案越好。

例4-4 ·:·:·:·:

甲、乙两个投资方案，甲方案需一次性投资10 000元，可用8年，残值2 000元，每年取得税后营业利润3 500元；乙方案需一次性投资10 000元，可用5年，无残值，第1年获利3 000元，以后每年递增10%。如果资本成本率为10%，应采用哪种方案？

两项目使用年限不同，净现值是不可比的，应考虑它们的年金净流量。由于：

甲方案营业期每年NCF=3 500+（10 000-2 000）/8=4 500（元）

乙方案营业期各年NCF：

第1年=3 000+10 000/5=5 000（元）

第2年=3 000×（1+10%）+10 000/5=5 300（元）

第3年=3 000×（1+10%）^{2}+10 000/5=5 630（元）

第4年=3 000×（1+10%）^{3}+10 000/5=5 993（元）

第5年=3 000×（1+10%）^{4}+10 000/5=6 392.30（元）

甲方案净现值=4 500×5.335+2 000×0.467-10 000=14 941.50（元）

乙方案净现值=5 000×0.909+5 300×0.826+5 630×0.751+5 993×0.683+6 392.30×0.621-10 000

＝11 213.77（元）

甲方案年金净流量=14 941.50/（P/A，10%，8）=2 801（元）

乙方案年金净流量=11 213.77/（P/A，10%，5）=2 958（元）

尽管甲方案净现值大于乙方案，但它是8年内取得的。而乙方案年金净流量高于甲方案，如果按8年计算可取得15 780.93元（2 958×5.335）的净现值，高于甲方案。因此，乙方案优于甲方案。本例中，用终值进行计算也可得出同样的结果。

从投资收益的角度来看，甲方案投资额为10 000元，扣除残值现值934元（2 000×0.467），按8年年金现值系数5.335计算，每年应回收1 699元（9 066/5.335）。这样，每年现金流量4 500元中，扣除投资回收1 699元，投资收益为2 801元。按同样方法计算，乙方案年投资收益为2 958元。所以，年金净流量的本质是各年现金流量中的超额投资收益额。

年金净流量法是净现值法的辅助方法，在各方案寿命期相同时，实质上就是净现值法。因此它适用于期限不同的投资方案决策。但同时，它也具有与净现值法同样的缺点，即不便于对原始投资额不相等的独立投资方案进行决策。

四、现值指数

现值指数（present value index，PVI）是投资项目未来现金净流量现值与原始投资额现值之比。计算公式为：

$$现值指数 = \frac{未来现金净流量现值}{原始投资额现值}$$

从现值指数的计算公式可见，现值指数的计算结果有三种：大于1，等于1，小于1。若现值指数大于或等于1，方案可行，说明方案实施后的投资收益率高于或等于必要收益率；若现值指数小于1，方案不可行，说明方案实施后的投资收益率低于必要收益率。现值指数越大，方案越好。

例4-5

有两个独立投资方案，有关资料如表4-4所示。

表4-4 净现值计算表 单位：元

项目	方案A	方案B
原始投资额现值	30 000	3 000
未来现金净流量现值	31 500	4 200
净现值	1 500	1 200

从净现值的绝对数来看，方案A大于方案B，似乎应采用方案A；但从投资额来看，方案A的原始投资额现值大大超过了方案B。所以，在这种情况下，如果仅用净现值来判断方案的优劣，就难以做出正确的比较和评价。按现值指数法计算：

A方案现值指数=31 500÷30 000=1.05

B方案现值指数=4 200÷3 000=1.40

计算结果表明，方案B的现值指数大于方案A，应当选择方案B。

现值指数法也是净现值法的辅助方法，在各方案原始投资额现值相同时，实质上就是净现值法。由于现值指数是未来现金净流量现值与所需投资额现值之比，是一个相对数指标，反映了投资效率，所以，用现值指数指标来评价独立投资方案，可以克服净现值指标不便于对原始投资额现值不同的独立投资方案进行比较和评价的缺点，从而对方案的分析评价更加合理、客观。

五、内含收益率

（一）基本原理

内含收益率（internal rate of return，IRR），是指对投资方案未来的每年现金净流量进行贴现，使所得的现值恰好与原始投资额现值相等，从而使净现值等于零时的贴现率。

内含收益率法的基本原理是：在计算方案的净现值时，以必要投资收益率作为贴现率计算，净现值的结果往往是大于零或小于零，这就说明方案实际可能达到的投资收益率大于或小于必要投资收益率；而当净现值为零时，说明两种收益率相等。根据这个原理，内含收益率法就是要计算出使净现值等于零时的贴现率，这个贴现率就是投资方案实际可能达到的投资收益率。

1.未来每年现金净流量相等时

每年现金净流量相等是一种年金形式，通过查年金现值系数表，可计算出未来现金净流量现值，并令其净现值为零，有：

未来每年现金净流量×年金现值系数-原始投资额现值=0

计算出净现值为零时的年金现值系数后，通过查年金现值系数表，利用插值法即可计算出相应的贴现率i，该贴现率就是方案的内含收益率。

例4-6 ∶∶∶∶∶

B化工厂拟购入一台新型设备，购价为160万元，使用年限10年，无残值。该方案的最低投资收益率要求为12%（以此作为贴现率）。使用新设备后，估计每年产生现金净流量30万元。

要求：用内含收益率指标评价该方案是否可行？

令：300 000×年金现值系数-1 600 000=0

得：年金现值系数=5.3333

现已知方案的使用年限为10年，查年金现值系数表，可查得：时期10，系数5.3333所对应的贴现率在12%~14%。采用插值法求得该方案的内含收益率为13.46%，高于最低投资收益率要求12%，方案可行。

2.未来每年现金净流量不相等时

如果投资方案的未来每年现金净流量不相等，各年现金净流量的分布就不是年金形式，不能采用直接查年金现值系数表的方法来计算内含收益率，而需要采用逐次测试法。

逐次测试法的具体做法是：根据已知的有关资料，先估计一次贴现率，来试算未来现金净流量的现值，并将这个现值与原始投资额现值相比较，如净现值大于零，为正数，表示估计的贴现率低于方案实际可能达到的投资收益率，需要重估一个较高的贴现率进行试算；如果净现值小于零，为负数，表示估计的贴现率高于方案实际可能达到的投资收益率，需要重估一个较低的贴现率进行试算。如此反复试算，直到净现值等于零或基本接近于零，这时所估计的贴现率就是希望求得的内含收益率。

例4-7 :::::

C公司有一投资方案，需一次性投资120 000元，使用年限为4年，每年现金净流量分别为30 000元、40 000元、50 000元、35 000元。

要求：计算该投资方案的内含收益率，并据以评价该方案是否可行。

由于该方案每年的现金净流量不相同，需要逐次测试计算方案的内含收益率。测算过程如表4-5所示。

表4-5 　　　　　　　　　　　　　净现值的逐次测试 　　　　　　　　　　　单位：元

年限	每年现金净流量	第一次测算8%		第二次测算12%		第三次测算10%	
1	30 000	0.926	27 780	0.893	26 790	0.909	27 270
2	40 000	0.857	34 280	0.797	31 880	0.826	33 040
3	50 000	0.794	39 700	0.712	35 600	0.751	37 550
4	35 000	0.735	25 725	0.636	22 260	0.683	23 905
未来现金净流量现值合计		127 485		116 530		121 765	
减：原始投资额现值		120 000		120 000		120 000	
净现值		7 485		(3 470)		1 765	

第一次测算，采用折现率8%，净现值为正数，说明方案的内含收益率高于8%。第二次测算，采用折现率12%，净现值为负数，说明方案的内含收益率低于12%。第三次测算，采用折现率10%，净现值仍为正数，但已接近于零。因而可以估算，方案的内含收益率在10%~12%。进一步运用插值法，得出方案的内含收益率为10.67%。

（二）对内含收益率法的评价

1.主要优点

（1）内含收益率反映了投资项目可能达到的收益率，易于被高层决策人员所理解。

（2）对于独立投资方案的比较决策，如果各方案原始投资额现值不同，可以通过计算各方案的内含收益率，反映各独立投资方案的获利水平。

2.主要缺点

（1）计算复杂，不易直接衡量投资风险的大小。

（2）在互斥投资方案决策时，如果各方案的原始投资额现值不相等，有时无法做出正确的决策。某一方案原始投资额低，净现值小，但内含收益率可能较高；而另一方案原始投资额高、净现值大，但内含收益率可能较低。

六、回收期

回收期（payback period，PP），是指投资项目的未来现金净流量与原始投资额相等时所经历的时间，即原始投资额通过未来现金流量回收所需要的时间。

投资者希望投入的资本能以某种方式尽快地收回来，收回的时间越长，所担风险就越大。因而，投资方案回收期的长短是投资者十分关心的问题，也是评价方案优劣的标准之一。用回收期指标评价方案时，回收期越短越好。

（一）静态回收期

静态回收期没有考虑货币时间价值，直接用未来现金净流量等于原始投资数额所经历的时间计算。

1. 未来每年现金净流量相等时

这种情况是一种年金形式，因此：

$$静态投资回收期 = \frac{原始投资额}{每年现金净流量}$$

例 4-8 ⦂⦂⦂⦂⦂

大威矿山机械厂准备从甲、乙两种机床中选购一种。甲机床购价为 35 000 元，投入使用后，每年现金净流量为 7 000 元；乙机床购价为 36 000 元，投入使用后，每年现金流量为 8 000 元。

要求：用回收期指标决策该厂应选购哪种机床？

甲机床回收期 = 35 000÷7 000 = 5（年）

乙机床回收期 = 36 000÷8 000 = 4.5（年）

计算结果表明，乙机床的回收期比甲机床短，该工厂应选择乙机床。

2. 未来每年现金净流量不相等时

在这种情况下，应把未来每年的现金净流量逐年加总，根据累计现金流量来确定回收期。可依据如下公式进行计算（设 M 是收回原始投资额的前一年）：

静态回收期 = M + 第 M 年的尚未收回额 / 第（M+1）年的现金净流量

例 4-9 ⦂⦂⦂⦂⦂

D 公司有一投资项目，需投资 150 000 元，使用年限为 5 年，每年的现金流量不相等，资本成本率为 5%，有关资料如表 4-6 所示。

表 4-6   **项目现金流量**   单位：元

年限	现金净流量	累计净流量	净流量现值	累计现值
1	30 000	30 000	28 560	28 560
2	35 000	65 000	31 745	60 305
3	60 000	125 000	51 840	112 145
4	50 000	175 000	41 150	153 295
5	40 000	215 000	31 360	184 655

从表 4-6 的累计现金净流量栏中可见，该投资项目的回收期在第 3 年与第 4 年之间。为了计算较为准确的回收期，采用以下方法计算：

$$项目回收期 = 3 + \frac{150\ 000 - 125\ 000}{50\ 000} = 3.5(年)$$

（二）动态回收期

动态回收期需要将投资引起的未来现金净流量进行贴现，以未来现金净流量的现值等于原始投资额现值时所经历的时间为动态回收期。

1. 未来每年现金净流量相等时

在这种年金形式下，假定动态回收期为n年，则：

$$年金现值系数(P/A，i，n) = \frac{原始投资额现值}{每年现金净流量}$$

计算年金现值系数后，通过查年金现值系数表，利用插值法，即可推算出动态回收期n。

前述【例4-8】中，假定资本成本率为9%，查表得知当i=9%时，第6年年金现值系数为4.486，第7年年金现值系数为5.033。这样，由于甲机床的年金现值系数为5，乙机床的年金现值系数为4.5，相应的回收期运用插值法计算，得出甲机床动态回收期n=6.94年，乙机床动态回收期n=6.03年。

2. 未来每年现金净流量不相等时

在这种情况下，应把每年的现金净流量逐一贴现并加总，根据累计现金流量现值来确定回收期。可依据如下公式进行计算（设M是收回原始投资额现值的前一年）：

动态回收期=M+第M年的尚未收回额的现值/第（M+1）年的现金净流量现值

前述［例4-9］中，D公司投资项目的动态回收期为：

$$项目回收期 = 3 + \frac{150\,000 - 112\,145}{41\,150} = 3.92（年）$$

回收期法的优点是计算简便，易于理解。这种方法以回收期的长短来衡量方案的优劣，收回投资所需的时间越短，所冒的风险就越小。可见，回收期法是一种较为保守的方法。

回收期法中静态回收期的不足之处是没有考虑货币的时间价值。

例4-10 ·:·:·:·

A、B两个投资方案的相关资料如表4-7所示。

表4-7　　　　　　　　　　项目现金流量　　　　　　　　　金额单位：元

项目	年限	A方案	B方案
原始投资额	0	（1 000）	（1 000）
现金净流量	1	100	600
	2	300	300
	3	600	100
静态回收期（年）	—	3	3

从表4-7中的资料看，A、B两个投资方案的原始投资额相同，静态回收期也相同，以静态回收期来评价两个方案，似乎并无优劣之分。但如果考虑货币的时间价值，用动态回收期分析，则B方案显然要好得多。

静态回收期和动态回收期还有一个共同局限，就是它们计算回收期时只考虑了未来现金净流量（或现值）总和中等于原始投资额（或现值）的部分，没有考虑超过原始投资额（或现值）的部分。显然，回收期长的项目，其超过原始投资额（或现值）的现金流量并不一定比回收期短的项目少。

▶▶▶▶▶▶ 第三节 项目投资管理

项目投资，是指将资金直接投放于生产经营实体性资产，以形成生产能力，如购置设备、建造工厂、修建设施等。项目投资一般是企业的对内投资，也包括以实物性资产投资于其他企业的对外投资。

一、独立投资方案的决策

独立投资方案，是指两个或两个以上项目互不依赖，可以同时存在，各方案的决策也是独立的。独立投资方案的决策属于筛分决策，评价各方案本身是否可行，即方案本身是否达到某种要求的可行性标准。独立投资方案之间进行比较时，要解决的问题是如何确定各种可行方案的投资顺序，即各独立方案之间的优先次序。排序分析时，以各独立方案的获利程度作为评价标准，一般采用内含收益率法进行比较决策。

例4-11 ∘∙∙∙∙∙

某企业有足够的资金准备投资于三个独立投资项目。A项目原始投资额10 000元，期限5年；B项目原始投资额18 000元，期限5年；C项目原始投资额18 000元，期限8年。贴现率为10%，其他有关资料如表4-8所示。问：如何安排投资顺序？

表4-8 独立投资方案的可行性指标 金额单位：元

项目	A项目	B项目	C项目
原始投资额	（10 000）	（18 000）	（18 000）
每年NCF	4 000	6 500	5 000
期限（年）	5	5	8
净现值（NPV）	5 164	6 642	8 675
现值指数（PVI）	1.52	1.37	1.48
内含收益率（IRR）（%）	28.68	23.61	22.28
年金净流量（ANCF）	1 362	1 752	1 626

将上述三个方案的各种决策指标加以对比，见表4-9。从两表数据可以看出：

（1）A项目与B项目比较：两项目原始投资额不同但期限相同，尽管B项目净现值和年金净流量均大于A项目，但B项目原始投资额高，获利程度低。因此，应优先安排内含收益率和现值指数较高的A项目。

（2）B项目与C项目比较：两项目原始投资额相等但期限不同，尽管C项目净现值和现值指数高，但它需要经历8年才能获得。B项目5年后结束，所收回的投资可以进一步投资于其他后续项目。因此，应该优先安排内含收益率和年金净流量较高的B项目。

（3）A项目与C项目比较：两项目的原始投资额和期限都不相同，A项目内含收益率较高，但净现值和年金净流量都较低。C项目净现值高，但期限长；C项目年金净流量也较高，但它是依靠较大的投资额取得的。因此，从获利程度的角度来看，A项目是优先方案。

表4-9 独立投资方案的比较决策

净现值（NPV）	C>B>A
现值指数（PVI）	A>C>B
内含收益率（IRR）	A>B>C
年金净流量（ANCF）	B>C>A

综上所述，在独立投资方案比较性决策时，内含收益率指标综合反映了各方案的获利程度，在各种情况下的决策结论都是正确的。本例中，投资顺序应该为A、B、C。现值指数指标也反映了方案的获利程度，除了期限不同的情况外，其结论也是正确的。但在项目的原始投资额相同而期限不同的情况下（如B项目和C项目的比较），现值指数实质上就是净现值的表达形式。至于净现值指标和年金净流量指标，它们反映的是各方案的获利数额，要结合内含收益率指标进行决策。

二、互斥投资方案的决策

互斥投资方案，方案之间互相排斥，不能并存，因此决策的实质在于选择最优方案，属于选择决策。选择决策要解决的问题是应该淘汰哪个方案，即选择最优方案。从选定经济效益最大的要求出发，互斥决策以方案的获利数额作为评价标准。因此，一般采用净现值法和年金净流量法进行选优决策。但由于净现值指标受投资项目寿命期的影响，因而年金净流量法是互斥方案最恰当的决策方法。

（一）项目的寿命期相等时

从［例4-11］可知，A、B两项目寿命期相同，而原始投资额不等；B、C两项目原始投资额相等而寿命期不同。如果［例4-11］这三个项目是互斥投资方案，可以按以下思路对寿命期相同的A、B项目进行决策：

A项目与B项目比较，两项目原始投资额不等。尽管A项目的内含收益率和现值指数都较高，但互斥方案应考虑获利数额，因此净现值高的B项目是最优方案。两项目的期限是相同的，年金净流量指标的决策结论与净现值指标的决策结论是一致的。

B项目比A项目投资额多8 000元，按10%的贴现率水平要求，分5年按年金形式回收，每年应回收2 110元（8 000/3.7908）。B项目每年现金净流量比A项目多2 500元，扣除增加的回收额2 110元后，每年还可以多获得投资收益390元。这个差额，正是两项目年金净流量的差额（1 752-1 362）。所以，在原始投资额不等、寿命期相同的情况下，净现值与年金净流量指标的决策结论一致，应采用年金净流量较大的B项目。

事实上，互斥方案的选优决策，各方案本身都是可行的，均有正的净现值，表明各方案均收回了原始投资，并有超额收益。进一步在互斥方案中选优，方案的获利数额成为选优的评价标准。在项目的寿命期相等时，不论方案的原始投资额大小如何，能够获得更大的获利数额即净现值的，为最优方案。所以，在项目寿命期相等的互斥投资方案的选优决策中，原始投资额的大小并不影响决策的结论，无须考虑原始投资额的大小。

（二）项目的寿命期不相等时

如果［例4-11］是互斥投资方案决策，B项目与C项目比较，寿命期不等。尽管C项目净现值较大，但它是8年内取得的。按平均每年获利数额来看，B项目的年金净流量（1752元）高于C项目（1626元），如果B项目5年寿命期届满后，所收回的投资重新投入原有方案，达到与C项目同样的投资年限，取得的经济效益也高于C项目。

在两个寿命期不等的互斥投资项目比较时，可采用以下方法：

方法一，共同年限法。按照持续经营假设，寿命期短的项目，收回的投资将重新进行投资。针对各项目寿命期不等的情况，可以找出各项目寿命期的最小公倍数，作为共同的有效寿命期。原理为假设投资项目在终止时进行重置，通过重置使两个项目达到相等的年限，然后应用项目寿命期相等时的决策方法进行比较，即比较两者的净现值大小。

方法二，年金净流量法。该方案用净现值除以对应的年金现值系数，当两项目资本成本相同时，优先选取年金净流量较大者；当两项目资本成本不同时，还需要进一步计算永续净现值，即用年金净流量除以各自对应的资本成本。

例4-12 ❖❖❖❖❖

现有甲、乙两个机床购置方案，所要求的最低投资收益率为10%。甲机床投资额10 000元，可用2年，无残值，每年产生8 000元现金净流量。乙机床投资额20 000元，可用3年，无残值，每年产生10 000元现金净流量。问：两方案何者为优？

将两方案的期限调整为最小公倍数6年，即甲机床6年内周转3次，乙机床6年内周转2次。未调整之前，两方案的相关评价指标如表4-10所示。

表4-10 互斥投资方案的选优决策 金额单位：元

项目	甲机床	乙机床
净现值（NPV）	3 888	4 870
年金净流量（ANCF）	2 238	1 958
内含收益率（IRR）（%）	38	23.39

尽管甲方案净现值低于乙方案，但年金净流量和内含收益率均高于乙方案。

方法一：共同年限法。

按两方案期限的最小公倍数测算，甲方案经历了3次投资循环，乙方案经历了2次投资循环。各方案的相关评价指标为：

（1）甲方案。

净现值=8 000×4.3553-10 000×0.6830-10 000×0.8264-10 000=9 748.4（元）

（2）乙方案。

净现值=10 000×4.3553-20 000×0.7513-20 000=8 527（元）

上述计算说明，延长寿命期后，两方案投资期限相等，甲方案的净现值9 748元高于乙方案的净现值8 527元，故甲方案优于乙方案。

方法二：年金净流量法。

（1）甲方案。

年金净流量=2 238元

（2）乙方案。

年金净流量=1 958元

从表4-10中数据可得甲方案的年金净流量2 238元高于乙方案1 958元，因此甲方案优于乙方案。

至于内含收益率指标，可以测算出：当i=38%时，甲方案净现值=0；当1=23.39%时，乙方案净现值=0。这说明，只要方案的现金流量状态不变，按公倍数年限延长寿命后，方案的内含收益率并不会变化。

同样，只要方案的现金流量状态不变，按最小公倍数年限延长寿命后，方案的年金净流量指标也不会改变。甲方案仍为2 238元（9 748/4.3553），乙方案仍为1 958元（8 527/4.3553）。由于寿命期不同的项目，换算为最小公倍数年限比较麻烦，而按各方案本身期限计算的年金净流量与换算最小公倍数期限后的结果一致。因此，实务中对于期限不等的互斥方案比较，一般直接按原始期限的年金净流量指标决策。

综上所述，互斥投资方案的选优决策中，年金净流量全面反映了各方案的获利数额，是最佳的决策指标。净现值指标在寿命期不同的情况下，需要按各方案最小公倍数期限调整计算，在其余情况下的决策结论也是正确的。因此，在互斥方案决策的方法选择上，项目寿命期相同时可采用净现值法，项目寿命期不同时主要采用年金净流量法。

三、固定资产更新决策

固定资产反映了企业的生产经营能力，固定资产更新决策是项目投资决策的重要组成部分。从决策性质上看，固定资产更新决策属于互斥投资方案的决策类型。因此，固定资产更新决策所采用的决策方法是净现值法和年金净流量法，一般不采用内含收益率法。

（一）寿命期相同的设备重置决策

一般来说，用新设备来替换旧设备如果不改变企业的生产能力，就不会增加企业的营业收入，即使有少量的残值变价收入，也不是实质性收入增加。因此，大部分以旧换新进行的设备重置都属于替换重置。在替换重置方案中，所发生的现金流量主要是现金流出。如果购入的新设备性能提高，提高了企业的生产能力，这种设备重置属于扩建重置。

例4-13 ◆◇◆◇◆◇

A公司现有一台旧机床是3年前购进的，目前准备用一新机床替换。该公司所得税税率为25%，资本成本率为10%，其余资料如表4-11所示。

表4-11   新旧设备资料   金额单位：元

项目	旧设备	新设备
原价	84 000	76 500
税法残值	4 000	4 500
税法使用年限（年）	8	6
已使用年限（年）	3	0
尚可使用年限（年）	6	6
垫支营运资金	10 000	11 000
大修理支出	18 000（第2年末）	9 000（第4年末）
每年折旧费（直线法）	10 000	12 000
每年营运成本	13 000	7 000
目前变现价值	40 000	76 500
最终报废残值	5 500	6 000

本例中，两机床的使用年限均为6年，可采用净现值法决策，分析表见表4-12和表4-13。

表4-12   保留旧机床方案   金额单位：元

项目	现金流量	年数	现值系数	现值
每年营运成本	13 000×（1-25%）=（9 750）	1-6	4.355	（42 461.25）
每年折旧抵税	10 000×25%=2 500	1-5	3.791	9 477.50
大修理费	18 000×（1-25%）=（13 500）	2	0.826	（11 151）
残值变价收入	5 500	6	0.565	3 107.50
残值净收益纳税	（5 500-4 000）×25%=（375）	6	0.565	（211.88）
营运资金收回	10 000	6	0.565	5 650
目前变价收入	（40 000）	0	1	（40 000）
变现净损失减税	（54 000-40 000）×25%=（3 500）	0	1	（3 500）
垫支营运资金	（10 000）	0	1	（10 000）
净现值	—	—	—	（89 089.13）

表4-12和表4-13的结果说明：在两方案营业收入一致的情况下，新设备现金流出总现值为92 515.88元，旧设备现金流出总现值为89 089.13元。因此，继续使用旧设备比较经济。本例中有几个特殊问题应注意：

（1）两机床使用年限相等，均为6年。如果年限不等，不能用净现值法决策。另外，新机床购入后，并未提高企业营业收入。

表4-13　　　　　　　　　　　购买新机床方案　　　　　　　　　金额单位：元

项目	现金流量	年数	现值系数	现值
设备投资	（76 500）	0	1	（76 500）
垫支营运资金	（11 000）	0	1	（11 000）
每年营运成本	7 000×（1-25%）=（5 250）	1-6	4.355	（22 863.75）
每年折旧抵税	12 000×25%=3 000	1-6	4.355	13 065
大修理费	9 000×（1-25%）=（6 750）	4	0.683	（4 610.25）
残值变价收入	6 000	6	0.565	3 390
残值净收益纳税	（6 000-4 500）×25%=（375）	6	0.565	（211.88）
营运资金收回	11 000	6	0.565	6 215
净现值	—	—	—	（92 515.88）

（2）垫支营运资金时，尽管是现金流出，但不是本期成本费用，不存在纳税调整问题。营运资金收回时，按存货等资产账面价值出售，无出售净收益，也不存在纳税调整问题。如果营运资金收回时，存货等资产变价收入与账面价值不一致，需要进行纳税调整。

（3）本题中大修理支出是确保固定资产正常工作状态的支出，在发生时计入当期损益，不影响固定资产后续期间账面价值。如果涉及固定资产的改扩建支出等需要资本化的支出，则需要考虑对固定资产价值的影响以及后续期间折旧抵税额等相关现金流量的变化。

例4-14 ▪▪▪▪▪▪

某城市二环路已无法满足交通需要，市政府决定加以改造。现有两种方案可供选择：A方案是在现有基础上拓宽，需一次性投资3 000万元，以后每年投入维护费60万元，每5年年末翻新路面一次，投资300万元，永久使用；B方案是全部重建，需一次性投资7 000万元，以后每年投入维护费70万元，每8年年末翻新路面一次，投资420万元，永久使用，原有旧路面设施残料收入2 500万元。问：在贴现率为14%时，哪种方案为优？

这是一种永久性方案，可按永续年金形式进行决策。由于永续年金现值为：

永续年金现值$P = A/i$

因此，两方案现金流出总值为：

$$A方案P_A = 3\,000 + \frac{60}{14\%} + \frac{300/(F/A,\,14\%,\,5)}{14\%} = 3\,752.76(万元)$$

$$B方案P_b = (7\,000 - 2\,500) + \frac{70}{14\%} + \frac{420/(F/A,\,14\%,\,8)}{14\%} = 5\,226.71(万元)$$

显然，A方案P_A＜B方案P_b，拓宽方案为优。

（二）寿命期不同的设备重置决策

寿命期不同的设备重置方案，用净现值指标可能无法得出正确的结果，应当采用年金净流量法决策。寿命期不同的设备重置方案，在决策时有如下特点：

第一，扩建重置的设备更新后会引起营业现金流入与流出的变动，应考虑年金净流量最大的方案。替换重置的设备更新一般不改变生产能力，营业现金流入不会增加，只需比较各方案的年金流出量即可，年金流出量最小的方案最优。

第二，如果不考虑各方案的营业现金流入量变动，只比较各方案的现金流出量，我们把按年金净流量原理计算的等额年金流出量称为年金成本。替换重置方案的决策标准是年金成本最低。扩建重置方案所增加或减少的营业现金流入也可以作为现金流出量的抵减，并据此比较各方案的年金成本。

第三，设备重置方案运用年金成本方式决策时，应考虑的现金流量主要有：①新旧设备目前市场价值。对于新设备而言，目前市场价格就是新设备的购价，即原始投资额；对于旧设备而言，目前市场价值就是旧设备的重置成本或变现价值。②新旧设备残值变价收入。残值变价收入应作为现金流出的抵减。原始投资额与残值变价收入现值的差额，称为投资净额。③新旧设备的年营运成本，即年付现成本。如果考虑每年的营业现金流入，应作为每年营运成本的抵减。

第四，年金成本可在特定条件下（无所得税因素），按如下公式计算：

$$年金成本 = \frac{\sum(各项目现金净流出现值)}{年金现值系数}$$

$$= \frac{原始投资额 - 残值收入 \times 复利现值系数 + \sum(年营运成本现值)}{年金现值系数}$$

$$= \frac{原始投资额 - 残值收入}{年金现值系数} + 残值收入 \times 贴现率 + \frac{\sum(年营运成本现值)}{年金现值系数}$$

例4-15 ••••••••

某安保公司现有旧设备一台，由于节能减排的需要，准备予以更新。当期贴现率为15%，假设不考虑所得税因素的影响，其他有关资料如表4-14所示。

表4-14　　　　　　　　　　　　**安保公司新旧设备资料**　　　　　　　　　　金额单位：元

项目	旧设备	新设备
原价	35 000	36 000
预计使用年限（年）	10	10
已经使用年限（年）	4	0
税法残值	5 000	4 000
最终报废残值	3 500	4 200
目前变现价值	10 000	36 000
每年折旧费（直线法）	3 000	3 200
每年营运成本	10 500	8 000

由于两设备的尚可使用年限不同，因此比较各方案的年金成本。

$$旧设备年金成本 = \frac{10\,000 - 3\,500 \times I(P/F,\ 15\%,\ 6)}{(P/A,\ 15\%,\ 6)} + 10\,500$$

或 $$= \frac{10\,000 - 3\,500}{(P/A,\ 15\%,\ 6)} + 3\,500 \times 15\% + 10\,500$$

$$= 12\,742.76(\text{元})$$

新设备年金成本 $$= \frac{36\,000 - 4\,200 \times /(P/F,\ 15\%,\ 10)}{(P/A,\ 15\%,\ 10)} + 8\,000$$

或 $$= \frac{36\,000 - 4\,200}{(P/A,\ 15\%,\ 10)} + 4\,200 \times 15\% + 8\,000$$

$$= 14\,965.92(\text{元})$$

上述计算表明，继续使用旧设备的年金成本为 12 742.76 元，低于购买新设备的年金成本 14 965.92 元，每年可以节约 2 223.16 元，应当继续使用旧设备。

例4-16 ∷∷∷∷∷

上述例 [4-15] 中，假定企业所得税税率为25%，则应考虑所得税对现金流量的影响。

（1）新设备。

每年折旧费为3 200元，每年营运成本为8 000元，因此：

每年折旧抵税=3 200×25%=800（元）

每年税后营运成本=8 000×（1-25%）=6 000（元）

新设备的购价为36 000元，报废时残值收入为4 200元，报废时账面残值为4 000元，因此：

税后残值收入=4 200-（4 200-4 000）×25%=4 150（元）

每年税后投资净额=（36 000-4 150）/（P/A，15%，10）+4 150×15%

=31 850/5.018+622.5

=6 969.65（元）

综上可得：

新设备年金成本=6 969.65+6 000-800=12 169.65（元）

（2）旧设备。

每年折旧费为3 000元，每年营运成本为10 500元，因此：

每年折旧抵税=3 000×25%=750（元）

每年税后营运成本=10 500×（1-25%）=7 875（元）

旧设备目前变现价值为10 000元，目前账面净值为23 000元（35 000-3 000×4），资产报废损失为13 000元，可抵税3 250元（13 000×25%）。同样，旧设备最终报废时残值收入为3 500元，账面残值为5 000元，报废损失1 500元可抵税375元（1 500×25%）。因此：

旧设备投资额=10 000+（23 000-10 000）×25%=13 250（元）

旧设备税后残值收入=3 500+（5 000-3 500）×25%=3 875（元）

每年税后投资净额=（13 250-3 875）/（P/A，15%，6）+3 875×15%

=9 375/3.784+581.25

=3 058.79（元）

综上可得：

旧设备年金成本=3 058.79+7 875-750=10 183.79（元）

上述计算表明，继续使用旧设备的年金成本为 10 183.79 元，低于购买新设备的年金成本 12 169.65元，应继续使用旧设备。

例4-17 ◆◆◆◆◆

格力公司目前有一台在用设备A，重置成本为3 000元，还可以使用5年。现计划更新设备，有两个方案可供选择：方案一，5年后A设备报废时购进B设备替代A设备，B设备可用10年；方案二，目前由C设备立即替代A设备，假定A设备报废无残值，C设备可用12年。贴现率为10%，有关资料如表4-15所示。

表4-15 　　　　　　　　　　　　格力公司设备更换相关资料　　　　　　　　　　金额单位：元

项目	A设备	B设备	C设备
购价	3 000	11 270	10 000
年使用费	1 200	900	1 000
最终残值	0	0	500
可使用年限（年）	5	10	12

根据上述资料，两个方案的年金成本分别为：

方案一的年金成本＝［3 000＋1 200×（P/A，10%，5）＋11 270×（P/F，10%，5）＋900×（P/A，10%，10）×（P/F，10%，5）］／（P/A，10%，15）

＝（3 000＋1 200×3.7908＋11 270×0.6209＋900×6.1446×0.6209）／7.6061

＝2 363.91（元）

方案二的年金成本＝［10 000＋1 0 00×（P/A，10%，12）－500×（P/F，10%，12）］／（P/A，10%，12）

＝（10 000＋1 000×6.8137－500×0.3186）／6.8137＝2 444.25（元）

由于方案一的年金成本低于方案二，所以，应该继续使用A设备。

▶▶▶▶▶▶▶ **第四节　证券投资管理**

证券资产是企业进行金融投资所形成的资产。证券投资不同于项目投资，项目投资的对象是实体性经营资产，经营资产是直接为企业生产经营服务的资产，如固定资产、无形资产等，它们往往是一种服务能力递减的消耗性资产。证券投资的对象是金融资产，金融资产是一种以凭证、票据或者合同合约形式存在的权利性资产，如股票、债券、基金及其衍生证券等。

一、证券资产的特点

（一）价值虚拟性

证券资产不能脱离实体资产而完全独立存在，但证券资产的价值不完全由实体资本的现实生产经营活动决定，而是取决于契约性权利所能带来的未来现金流量，是一种未来现金流量折现的资本化价值。如债券投资代表的是未来按合同规定收取债息和收回本金的权利，股票投资代表的是对发行股票企业的经营控制权、财务控制权、收益分配权、剩余财产追索权等股东权利，基金投资则代表一种信托关系，是一种收益权。证券资产的价值在于它能带来未来的现金流量，未来现金流量的现值即资本化价值，是证券资产价值的统一表达。

（二）可分割性

实体项目投资的经营资产一般具有整体性要求，如购建新的生产能力，往往是厂房、设备、配套流动资产的结合。证券资产可以分割为最小的投资单位，如一股股票、一份债券、一份基金，这就决定了证券资产投资的现金流量比较单一，往往由原始投资、未来收益或资本利得、本金回收所构成。

（三）持有目的多元性

实体项目投资的经营资产往往是为消耗而持有，为流动资产的加工提供生产条件。证券资产的持有目的是多元的，既可能是为未来积累现金即为未来变现而持有，也可能是为谋取资本利得即为销售而持有，还有可能是为取得对其他企业的控制权而持有。

（四）强流动性

证券资产具有很强的流动性，其流动性表现为：（1）变现能力强。证券资产往往都是上市证券，一般都有活跃的交易市场可供及时转让。（2）持有目的可以相互转换。当企业急需现金时，可以立即将为其他目的而持有的证券资产变现。证券资产本身的变现能力虽然较强，但其实际周转速度取决于企业对证券资产的持有目的。当企业将证券资产作为长期投资持有时，一次周转一般会经历一个会计年度以上。

（五）高风险性

证券资产是一种虚拟资产，会受到公司风险和市场风险的双重影响，不仅发行证券资产的公司业绩影响着它的投资收益率，资本市场的市场平均收益率变化也会给证券资产带来直接的市场风险。

二、证券投资的目的

（一）分散资金投向，降低投资风险

投资分散化，即将资金投资于多个相关程度较低的项目，实行多元化经营，能够有效地分散投资风险。当某个项目经营不景气而利润下降甚至亏损时，其他项目可能会获取较高的收益。将企业的资金分为内部经营投资和对外证券投资两个部分，实现了企业投资的多元化。而且，与对内投资相比，对外证券投资不受地域和经营范围的限制，投资选择面非常广，投资资金的退出和收回也比较容易，是多元化投资的主要方式。

（二）利用闲置资金，增加企业收益

企业在生产经营过程中，由于各种原因有时会出现资金闲置、现金结余较多的情况。这些闲置的资金可以投资于股票、债券、基金等有价证券，谋取投资收益，这些投资收益主要表现在股利收入、债息收入、证券买卖差价、基金收益等方面。同时，有时企业资金的闲置是暂时性的，可以投资于在资本市场上流通性和变现能力较强的有价证券，这类证券能够随时变卖，收回资金。

（三）稳定客户关系，保障生产经营

企业生产经营环节中，供应和销售是企业与市场相联系的重要通道。没有稳定的原材料供应来源，没有稳定的销售客户，都会使企业的生产经营中断。为了保持与供销客户良好而稳定的业务关系，可以对业务关系链的供销企业进行投资，购买其债券或股票，甚至达到控制。这样能够通过债权或股权对关联企业的生产经营施加影响，保障本企业的生产经营顺利进行。

（四）提高资产流动性，增强偿债能力

资产流动性强弱是影响企业财务安全性的主要因素。除现金等货币资产外，有价证券投资是企业流动性最强的资产，是企业速动资产的主要构成部分。在企业需要支付大量现金，而现有现金储备又不足时，可以通过变卖有价证券迅速取得大量现金，保证企业的及时支付。

三、证券投资的风险

由于证券资产的市价波动较大，证券投资的风险往往较大。获取投资收益是证券投资的主要目的，证券投资的风险是投资者无法获得预期投资收益的可能性。按风险性质划分，证券投资的风险分为系统性风险和非系统性风险两大类。

（一）系统性风险

证券投资的系统性风险，是指由于外部经济环境因素变化引起整个资本市场不确定性加强，从而对所有证券都产生影响的共同性风险。系统性风险影响到资本市场上的所有证券，无法通过投资多元化的组合而加以避免，也称为不可分散风险。

系统性风险影响所有证券资产，最终会反映在资本市场平均利率的提高上，所有的系统性风险几乎都可以归结为利率风险。利率风险是由于市场利率变动引起证券资产价值变化的可能性。市场利率反映了社会平均收益率，投资者对证券资产投资收益率的预期总是在市场利率基础上进行的，只有当证券资产投资收益率大于市场利率时，证券资产的价值才会高于其市场价格。一旦市场利率提高，就会引起证券资产价值的下降，投资者就不易得到超过社会平均收益率的超额收益。市场利率的变动会造成证券资产价格的普遍波动，两者呈反向变化：市场利率上升，证券资产价格下跌；市场利率下降，证券资产价格上升。

1.价格风险

价格风险是指由于市场利率上升，而使证券资产价格普遍下跌的可能性。价格风险来自资本市场买卖双方资本供求关系的不平衡，资本需求量增加，市场利率上升；资本供应量增加，市场利率下降。

资本需求量增加，引起市场利率上升，也意味着证券资产发行量的增加，引起整个资本市场所有证券资产价格的普遍下降。需要说明的是，这里的证券资产价格波动并不是指证券资产发行者的经营业绩变化而引起的个别证券资产的价格波动，而是由于资本供应关系引起的全部证券资产的价格波动。

当证券资产持有期间的市场利率上升，证券资产价格就会下跌，证券资产期限越长，投资者遭受的损失越大。到期风险附加率，就是对投资者承担利率变动风险的一种补偿，期限越长的证券资产，要求的到期风险附加率就越大。

2.再投资风险

再投资风险是由于市场利率下降所造成的无法通过再投资而实现预期收益的可能性。根据流动性偏好理论，长期证券资产的收益率应当高于短期证券资产的收益率，这是因为：（1）期限越长，不确定性就越强。证券资产投资者一般喜欢持有短期证券资产，因为它们较易变现而收回本金。因此，投资者愿意接受短期证券资产的低收益率。（2）证券资产发行者一般喜欢发行长期证券资产，因为长期证券资产可以筹集到长期资金，而不必经常面临筹集不到资金的困境。因此，证券资产发行者愿意为长期证券资产支付较高的收益率。

为了避免市场利率上升的价格风险，投资者可能会投资于短期证券资产，但短期证券资产又会面临市场利率下降的再投资风险，即无法按预定收益率进行再投资而无法实现所要求的预期收益。

3.购买力风险

购买力风险是指由于通货膨胀而使货币购买力下降的可能性。在持续而剧烈的物价波动环境下，货币性资产会产生购买力损益：当物价持续上涨时，货币性资产会遭受购买力损失；当物价持续下跌时，货币性资产会带来购买力收益。

证券资产是一种货币性资产，通货膨胀会使证券资产投资的本金和收益贬值，名义收益率不变而实际收益率降低。购买力风险对具有收款权利性质的资产影响很大，债券投资的购买力风险远大于股票投资。如果通货膨胀长期延续，投资人会把资本投向实体性资产以求保值，对证券资产的需求量减少，引起证券资产价格下跌。

（二）非系统性风险

证券资产的非系统性风险，是指由特定经营环境或特定事件变化引起的不确定性，从而对个别证券资产产生影响的特有风险。非系统性风险源于每家公司自身特有的营业活动和财务活动，与某个具体的证券资产相关联，同整个证券资产市场无关。非系统性风险可以通过持有多元化证券资产来抵消，也称为可分散风险。

非系统性风险是公司特有风险，从公司内部管理的角度考察，公司特有风险的主要表现形式是公司经营风险和财务风险。从公司外部的证券资产市场投资者的角度考察，公司经营风险和财务风险的特征无法明确区分，公司特有风险是以违约风险、变现风险、破产风险等形式表现出来的。

1.违约风险

违约风险是指证券资产发行者无法按时兑付证券资产利息和偿还本金的可能性。有价证券资产本身就是一种契约性权利资产，经济合同的任何一方违约都会给另一方造成损失。违约风险是投资于收益固定型有价证券资产的投资者经常面临的，多发生于债券投资中。违约风险产生的原因可能是证券发行公司产品经销不善，也可能是公司现金周转不灵等。

2.变现风险

变现风险是指证券资产持有者无法在市场上以正常的价格平仓出货的可能性。持有证券资产的投资者可能会在证券资产持有期限内出售现有证券资产投资于另一项目，但在短期内找不到愿意出合理价格的买主，投资者就会丧失新的投资机会或面临降价出售的损失。在同一证券资产市场上，各种有价证券资产的变现能力是不同的，交易越频繁的证券资产，其变现能力越强。

3.破产风险

破产风险是指在证券资产发行者破产清算时投资者无法收回应得权益的可能性。当证券资产发行者由于经营管理不善而持续亏损、现金周转不畅而无力清偿债务或其他原因导致难以持续经营时，可能会申请破产保护。破产保护会导致债务清偿的豁免、有限责任的退资，使得投资者无法取得应得的投资收益，甚至无法收回投资的本金。

四、债券投资

（一）债券要素

债券是依照法定程序发行的约定在一定期限内还本付息的有价证券，它反映证券发行者与持有者之间的债权债务关系。债券一般包含以下几个基本要素：

1.债券面值

债券面值，是指债券设定的票面金额，它代表发行人承诺于未来某一特定日期偿付债券持有人的金额，债券面值包括两方面的内容：（1）票面币种，即以何种货币作为债券的计量单位。一般而言，在国内发行的债券，发行的对象是国内有关经济主体，则选择本国货币，若在国外发行，则选择发行地国家或地区的货币或国际通用货币（如美元）为债券的币种。（2）票面金额。票面金额对债券的发行成本、发行数量和持有者的分布具有影响，票面金额小，有利于小额投资者购买，从而有利于债券发行，但发行费用可能增加；票面金额大，会降低发行成本，但可能不利于债券发行。

2.债券票面利率

债券票面利率，是指债券发行者预计一年内向持有者支付的利息占票面金额的比例。票面利率不同于实际利率，实际利率是指按复利计算的一年期的利率，债券的计息和付息方式有多种，可能使用单利或复利计算，利息支付可能半年一次、一年一次或到期一次还本付息，这使得票面利率可能与实际利率产生差异。

3.债券到期日

债券到期日，是指偿还债券本金的日期，债券一般都有规定到期日，以便到期时归还本金。

（二）债券的价值

将未来在债券投资上收取的利息和收回的本金折为现值，即可得到债券的内在价值。债券的内在价值也称为债券的理论价格，只有债券价值高于其购买价格时，该债券才值得投资。影响债券价值的因素主要有债券的面值、期限、票面利率和所采用的贴现率等因素。

1.债券估价基本模型

典型的债券类型是有固定的票面利率、每期支付利息、到期归还本金的债券，这种债券价值计量的基本模型是：

$$V_b = \sum_{t=1}^{n} \frac{I_t}{(1 + R)} + \frac{M}{(1 + R)^n}$$

式中，V_b 表示债券的价值，I_t 表示债券各期的利息，M 表示债券的面值，R 表示债券价值评估时所采用的贴现率即所期望的最低投资收益率。一般来说，经常采用市场利率作为评估债券价值时所期望的最低投资收益率。

从债券价值基本计量模型中可以看出，债券面值、债券期限、票面利率、市场利率是影响债券价值的基本因素。

例 4-18 ⦂⦂⦂⦂⦂

某债券面值 1 000 元，期限 20 年，每年支付一次利息，到期归还本金，以市场利率作为评估债券价值的贴现率，目前的市场利率为 10%，票面利率分别为 8%、10% 和 12% 时，债券价值为：

V_b=80×（P/A，10%，20）+1 000×（P/F，10%，20）=829.69（元）

V_b=100×（P/A，10%，20）+1 000×（P/F，10%，20）=999.96（元）

V_b=120×（P/A，10%，20）+1 000×（P/F，10%，20）=1 170.23（元）

综上可知，债券的票面利率可能小于、等于或大于市场利率，因而债券价值就可能小于、等于或大于债券票面价值，因此在债券实际发行时就要折价、平价或溢价发行。折价发行是对投资者未来少获利息而给予的必要补偿；平价发行是因为票面利率与市场利率相等，此时票面价值和债券价值是一致的，所以不存在补偿问题；溢价发行是为了对债券发行者未来多付利息而给予的必要补偿。

2.债券价值对债券期限的敏感性

选择长期债券还是短期债券，是公司财务经理经常面临的投资选择问题。债券期限发生变化时，债券的价值也会随之波动。

例 4-19 ⦂⦂⦂⦂⦂

假定市场利率为 10%，面值为 1 000 元，每年支付一次利息，到期归还本金，票面利率分别为 8%、10% 和 12% 的三种债券，在债券到期日发生变化时的债券价值如表 4-16 所示。

表 4-16　　　　　　　　　　债券价值对债券期限的敏感性　　　　　　　　金额单位：元

债券期限（年）	债券价值				
	票面利率 10%	票面利率 8%	环比差异（%）	票面利率 12%	环比差异（%）
0	1 000	1 000	—	1 000	
1	1 000	981.72	−18.28	1 018.08	+18.08
2	1 000	964.88	−16.84	1 034.32	+16.24
5	1 000	924.28	−40.60	1 075.92	+41.60
10	1 000	877.60	−46.68	1 123.40	+47.48
15	1 000	847.48	−30.12	1 151.72	+28.32
20	1 000	830.12	−17.36	1 170.68	+18.96

表4-16中债券期限与债券价值的函数关系可以用图4-1示意，结合表4-16的数据，可以得出如下结论：

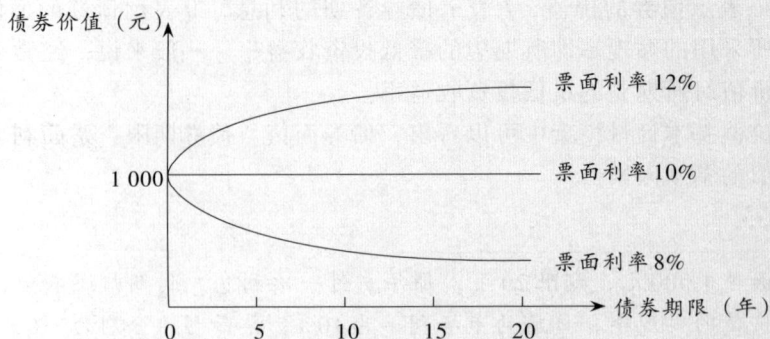

图4-1 债券价值对债券期限的敏感性

（1）引起债券价值随债券期限的变化而波动的原因，是债券票面利率与市场利率的不一致。如果债券票面利率与市场利率之间没有差异，债券期限的变化不会引起债券价值的变动。也就是说，只有溢价债券或折价债券，才有不同期限下债券价值有所不同的现象。

（2）债券期限越短，债券票面利率对债券价值的影响越小。不论是溢价债券还是折价债券，当债券期限较短时，票面利率与市场利率的差异，不会使债券的价值过于偏离债券的面值。

（3）在票面利率偏离市场利率的情况下，债券期限越长，债券价值越偏离于债券面值。

（4）随着债券期限延长，债券的价值会越偏离债券的面值，但这种偏离的变化幅度最终会趋于平稳。或者说，超长期债券的期限差异，对债券价值的影响不大。

3.债券价值对市场利率的敏感性

债券一旦发行，其面值、期限、票面利率都相对固定了，市场利率成为债券持有期间影响债券价值的主要因素。市场利率决定债券价值的贴现率，市场利率的变化会造成系统性的利率风险。

例4-20 ⁝⁝⁝⁝⁝

假定现有面值为1 000元、票面利率为15%的2年期和20年期两种债券，每年付息一次，到期归还本金。当市场利率发生变化时的债券价值如表4-17所示。

表4-17　　　　　　　　　　　　债券价值对市场利率的敏感性　　　　　　　　　　金额单位：元

市场利率（%）	债券价值	
	2年期债券	20年期债券
5	1 185.85	2 246.30
10	1 086.40	1 426.10
15	1 000.00	1 000.00
20	923.20	756.50
25	856.00	605.10
30	796.15	502.40

将表4-17中债券价值对市场利率的函数描述在图4-2中，并结合表4-17的数据，可以得出如下结论：

债券价值（元）

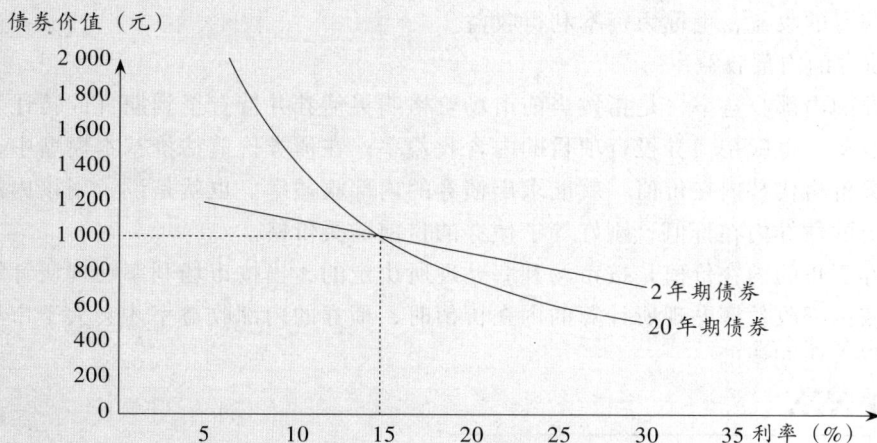

图4-2　债券价值对市场利率的敏感性

（1）市场利率的上升会导致债券价值的下降，市场利率的下降会导致债券价值的上升。

（2）长期债券对市场利率的敏感性会大于短期债券，在市场利率较低时，长期债券的价值远高于短期债券，在市场利率较高时，长期债券的价值远低于短期债券。

（3）市场利率低于票面利率时，债券价值对市场利率的变化较为敏感，市场利率稍有变动，债券价值就会发生剧烈的波动；市场利率超过票面利率后，债券价值对市场利率变化的敏感性减弱，市场利率的提高，不会使债券价值过分降低。

根据上述分析结论，财务经理在债券投资决策中应当注意：长期债券的价值波动较大，特别是票面利率高于市场利率的长期溢价债券，容易获取投资收益但安全性较低，利率风险较大。如果市场利率波动频繁，利用长期债券来储备现金显然是不明智的，将为较高的收益率而付出安全性的代价。

（三）债券投资的收益率

1.债券收益的来源

债券投资的收益是投资于债券所获得的全部投资收益，这些投资收益来源于三个方面：

（1）名义利息收益。债券各期的名义利息收益是其面值与票面利率的乘积。

（2）利息再投资收益。债券投资评价时，有两个重要的假定：第一，债券本金是到期收回的，而债券利息是分期收取的；第二，将分期收到的利息重新投资于同一项目，并取得与本金同等的利息收益率。

例如，某5年期债券面值1 000元，票面利率12%，如果每期的利息不进行再投资，5年共获利息收益600元。如果将每期利息进行再投资，第1年获利息120元；第2年1 000元本金获利息120元，第1年的利息120元在第2年又获利息收益14.4元，第2年共获利息收益134.4元；以此类推，到第5年末累计获利息762.34元。事实上，按12%的利率水平，1 000元本金在第5年末的复利终值为1 762.34元，按货币时间价值的原理计算债券投资收益，就已经考虑了再投资因素。在取得再投资收益的同时，承担着再投资风险。

（3）价差收益。它是指债券尚未到期时投资者中途转让债券，在卖价和买价之间的价差上所获得的收益，也称为资本利得收益。

2.债券的内部收益率

债券的内部收益率，是指按当前市场价格购买债券并持有至到期日或转让日所产生的预期收益率，也就是债券投资项目的内含收益率。在债券价值估价基本模型中，如果用债券的购买价格代替内在价值，就能求出债券的内部收益率。也就是说，用该内部收益率贴现所决定的债券内在价值，刚好等于债券的目前购买价格。

债券真正的内在价值是按市场利率贴现所决定的，当按市场利率贴现所计算的内在价值大于按内部收益率贴现所计算的内在价值时，债券的内部收益率才会大于市场利率，这正是投资者所期望的。

例4-21 :::::

假定投资者目前以1 075.92元的价格购买一份面值为1 000元、每年付息一次、到期归还本金、票面利率为12%的5年期债券，投资者将该债券持有至到期日，有：

$1\,075.92 = 120 \times (P/A, R, 5) + 1\,000 \times (P/F, R, 5)$

解得：内部收益率$R = 10\%$

同样原理，如果债券目前购买价格为1 000元或899.24元，有：

内部收益率$R = 12\%$

或：内部收益率$R = 15\%$

可见，溢价债券的内部收益率低于票面利率，折价债券的内部收益率高于票面利率，平价债券的内部收益率等于票面利率。

通常，也可以用简便算法对债券投资收益率近似估算，其公式为：

$$R = \frac{I + (B - P)/N}{(B + P)/2} \times 100\%$$

式中，P表示债券的当前购买价格，B表示债券面值，N表示债券持有期限，分母是平均资金占用，分子是平均收益。将［例4-21］数据代入：

$$R = \frac{120 + (1\,000 - 1\,075.92)/5}{(1\,000 + 1\,075.92)/2} \times 100\% = 10.10\%$$

五、股票投资

（一）股票的价值

投资于股票预期获得的未来现金流量的现值，即为股票的价值或内在价值、理论价格。股票是一种权利凭证，它之所以有价值，是因为它能给持有者带来未来的收益，这种未来的收益包括各期获得的股利、转让股票获得的收益、股份公司的清算收益等。价格小于内在价值的股票，是值得投资者投资购买的。股份公司的净利润是决定股票价值的基础。股票给持有者带来未来的收益一般是以股利形式出现的，因此可以通过股利计算确定股票价值。

1.股票估价基本模型

从理论上说，如果股东中途不转让股票，股票投资没有到期日，投资于股票所得到的未来现金流量是各期的股利。假定某股票未来各期股利为 D_t（t为期数），R_s 是为估价所采用的贴现率即所期望的最低收益率，股票价值的估价模型为：

$$V_s = \frac{D_1}{1 + R_s} + \frac{D_2}{(1 + R_s)^2} + \frac{D_3}{(1 + R_s)^3} + \cdots$$

$$= \sum_{t=1}^{\infty} \frac{D_t}{(1 + R_s)^t}$$

优先股是特殊的股票，优先股股东每期在固定的时点上收到相等的股利，优先股没有到期日，未来的现金流量是一种永续年金，其价值为：

$$V_s = \frac{D}{R_s}$$

2.常用的股票估价模式

与债券不同的是，持有期限、股利、贴现率是影响股票价值的重要因素。如果投资者准备永久持有股票，未来的贴现率也是固定不变的，那么未来各期不断变化的股利就成为评价股票价值的难题。为此，我们不得不假定未来的股利按一定的规律变化，从而形成几种常用的股票估价模式。

（1）固定增长模式

一般来说，公司并没有把每年的盈余全部作为股利分配出去，留存的收益扩大了公司的资本额，不断增长的资本会创造更多的盈余，进一步引起下期股利的增长。如果公司本期的股利为 D_0，未来各期的股利以增长率g的速度增长，根据股票估价基本模型，股票价值 V_s 为：

$$V_s = \sum_{t=1}^{\infty} \frac{D_0(1 + g)^t}{(1 + R_s)^t}$$

因为g一个固定的常数，当 R_s 大于g时，上式可以化简为：

$$V_s = \frac{D_0(1 + g)}{R_s - g}$$

例4-22 ∶∶∶∶∶

假定某投资者准备购买A公司的股票，并且准备长期持有，要求达到12%的收益率，该公司今年每股股利0.8元，预计未来股利会以9%的速度增长，则A股票的价值为：

$$V_s = \frac{0.8 \times (1 + 9\%)}{12\% - 9\%} = 29.07(\text{元})$$

如果A股票目前的购买价格低于29.07元，该公司的股票是值得购买的。

（2）零增长模式

如果公司未来各期发放的股利都相等，并且投资者准备永久持有，那么这种股票与优先股类似。或者说，当固定增长模式中g=0时，有：

$$V_s = \frac{D_0}{R_s}$$

【例4-22】中，如果g=0，A股票的价值为：

$$V_s = 0.8 \div 12\% = 6.67(\text{元})$$

（3）阶段性增长模式

许多公司的股利在某一阶段有一个超常的增长率，这一期间的增长率 g 可能大于 R_s，而后阶段公司的股利固定不变或正常增长。对于阶段性增长的股票，需要分段计算，才能确定股票的价值。

例 4-23 ⫶⫶⫶⫶⫶

假定某投资者准备购买 B 公司的股票，打算长期持有，要求达到 12% 的收益率。B 公司今年每股股利为 0.6 元，预计未来 3 年股利以 15% 的速度增长，而后以 9% 的速度转入正常增长。则 B 股票的价值分两段计算：

首先，计算高速增长期股利的现值（见表 4-18）。

表 4-18   计算高速增长期股利的现值   金额单位：元

年数	股利	现值系数（12%）	股利现值
1	0.6×（1+15%）=0.69	0.893	0.6162
2	0.69×（1+15%）=0.7935	0.797	0.6324
3	0.7935×（1+15%）=0.9125	0.712	0.6497
合计			1.8983

其次，计算正常增长期股利在第 3 年末的现值：

$$V_3 = \frac{D_4}{R_S - g} = \frac{0.9125 \times (1 + 9\%)}{12\% - 9\%} = 33.15（元）$$

最后，计算该股票的价值：

$$V_0 = 33.15 \times 0.712 + 1.8983 = 25.50（元）$$

（二）股票投资的收益率

1.股票收益的来源

股票投资的收益由股利收益、股利再投资收益、转让价差收益三部分构成。并且，只要按货币时间价值的原理计算股票投资收益，就无须单独考虑再投资收益的因素。

2.股票的内部收益率

股票的内部收益率，是使得股票未来现金流量贴现值等于目前的购买价格的贴现率，也就是股票投资项目的内含收益率。股票的内部收益率高于投资者所要求的最低收益率时，投资者才愿意购买该股票。在固定增长股票估价模型中，用股票的购买价格 P_0 代替内在价值 V_s，有：

$$R = \frac{D_1}{P_0} + g$$

从上式可以看出，股票投资内部收益率由两部分构成：一部分是预期股利收益率 D_1/P_0；另一部分是股利增长率 g。

如果投资者不打算长期持有股票，而是将股票转让出去，则股票投资的收益由股利收益和资本利得（转让价差收益）构成。这时，股票内部收益率 R 是使股票投资净现值为零的贴现率，计算公式为：

$$NPV = \sum_{t=1}^{n} \frac{D_t}{(1+R)^t} + \frac{P_n}{(1+R)^n} - P_0 = 0$$

例 4-24 ••••••

某投资者 2021 年 5 月购入 A 公司股票 1 000 股，每股购价 3.2 元；A 公司 2022 年、2023 年、2024 年分别分派现金股利 0.25 元/股、0.32 元/股、0.45 元/股；该投资者 2024 年 5 月以每股 3.5 元的价格售出该股票，则 A 股票内部收益率的计算为：

$$NPV = \frac{0.25}{1+R} + \frac{0.32}{(1+R)^2} + \frac{0.45}{(1+R)^3} + \frac{3.5}{(1+R)^3} - 3.2 = 0$$

当 $R=12\%$ 时，$NPV=0.0898$

当 $R=14\%$ 时，$NPV=-0.0682$

用插值法计算：$R = 12\% + 2\% \times \dfrac{0.0898}{0.0898 + 0.0682} = 13.14\%$

六、基金投资

（一）投资基金的概念

投资基金是一种集合投资方式，投资者通过购买基金份额，将众多资金集中起来，由专业的投资者即基金管理人进行管理，通过投资组合的方式进行投资，实现利益共享、风险共担。投资基金按照投资对象的不同可以分为证券投资基金和另类投资基金。证券投资基金主要投资于证券交易所或银行间市场上公开交易的有价证券，如股票、债券等；另类投资基金包括私募股权基金（private equity，PE）、风险投资基金（venture capital，VC）、对冲基金（hedge fund）以及投资于实物资产如房地产、大宗商品、基础设施等的基金。其中私募股权基金与风险投资基金均聚焦于未上市企业的股权投资，私募股权基金偏好于成长期的未上市企业，风险投资基金更偏好于初创期的高新技术企业，两者很好地推动了我国创业企业的发展，目前在我国较为活跃的 PE 或 VC 有红杉资本、高瓴资本、中信产业基金等。

本节主要介绍投资基金中的证券投资基金。证券投资基金以股票、债券等金融证券为投资对象，基金投资者通过购买基金份额的方式间接进行证券投资，由基金管理人进行专业化投资决策，由基金托管人对资金进行托管，基金托管人往往为商业银行或其他金融机构。如果说股票反映了所有权关系，债券反映了债权债务关系，那么基金则反映了一种信托关系，它是一种受益凭证，投资者购买基金份额则成为基金的受益人。

（二）证券投资基金的特点

1. 集合理财实现专业化管理

基金将投资者资金集合起来，通过基金管理人进行投资，实现了集合理财。基金管理人具有更加专业的投资技能与丰富的投资经验，将集中起来的资金交由基金管理人进行管理，对于中小投资者来说可以获得更加专业化的投资服务。

2. 通过组合投资实现分散风险的目的

资金量较小时无法通过购买多种证券实现分散投资风险的目的，而基金具有投资集合理财的特点，可以同时购买多种证券，投资者可以通过购买基金份额从而用较少的资金购买"一揽子"证券，实现分散风险的目的。

3.投资者利益共享且风险共担

基金投资者可以获取的收益等于基金投资收益减去基金应当承担的相关费用，各投资者依据持有的份额比例进行分配，当收益上升或下降时，各基金投资者获取的收益也按照其持有比例上升或下降相应的金额。参与基金运作的基金管理人和基金托管人仅按照约定的比例收取管理费用和托管费用，不参与基金收益的分配。

4.权力隔离的运作机制

参与基金运作的包括基金投资者、托管人、管理人，基金管理人只负责基金的投资工作，而基金财产则交与基金托管人，基金操作权力与资金管理权力相互隔离，形成互相监督、互相制约的机制，从而有效地保障了基金投资者的利益。

5.严格的监管制度

我国基金监管机构依据《中华人民共和国证券投资基金法》及其他相关管理办法对基金行业进行严格监管，严厉打击侵害投资者利益的违法行为。我国的基金业监管采取法定监管机构与自律性组织相结合的监管模式。中国证监会是我国政府的基金监管机构，采取检查、调查取证、限制交易、行政处罚等措施对基金市场进行监管；基金业协会为行业自律性组织，负责制定行业标准和业务规范、从业人员教育、组织业内交流等工作；证券交易所是证券市场的自律管理者，依据《证券投资基金监管职责分工协作指引》的规定，负责对在交易所进行的基金投资行为进行监管，同时负责基金的信息披露工作。

（三）证券投资基金的分类

基金的分类方式较多，在此介绍六种主要的分类方式。

1.依据法律形式分类

依据法律形式的不同，基金分为契约型基金与公司型基金。契约型基金依据基金管理人、基金托管人之间签署的基金合同设立，合同规定了参与基金运作各方的权利与义务。基金投资者通过购买基金份额成为基金合同当事人，享受合同规定的权利，也需要承担相应的义务。

公司型基金则为独立法人，依据基金公司章程设立，基金投资者是基金公司的股东，按持有股份比例承担有限责任，分享投资收益。与一般股份有限公司类似，也有董事会这种行使股东权利的机构，虽然公司型基金在形式上类似于一般股份公司，但不同于一般股份公司的是，它委托基金管理公司作为专业的投资顾问来经营与管理基金资产。

2.依据运作方式分类

依据运作方式的不同，可以将基金分为封闭式基金与开放式基金。封闭式基金的基金份额持有人不得在基金约定的运作期内赎回基金，即基金份额在合同期限内固定不变。开放式基金则可以在合同约定的时间和场所对基金进行申购或赎回，即基金份额不固定。封闭式基金适合偏向长期投资的投资者，开放式基金则更适合强调流动资金管理的投资者。

3.依据投资对象分类

依据投资对象的不同，可以将基金分为股票基金、债券基金、货币市场基金和混合基金等。根据中国证监会对基金类别的分类标准，股票基金为基金资产80%以上投资于股票的基金。债券基金为基金资产80%以上投资于债券的基金。仅投资于货币市场工具的基金为货币市场基金。混合基金是指投资于股票、债券和货币市场工具，但股票投资和债券投资的比例不符合股票基金、债券基金规定的基金。依据投资对象对基金进行分类有助于投资者建立对基金风险与收益的初步认识。

4.依据投资目标分类

依据投资目标的不同，可以将基金分为增长型基金、收入型基金和平衡型基金。增长型基金主要投资于具有较好增长潜力的股票，投资目标为获得资本增值，较少考虑当期收入。收入型基金则更加关注能否取得稳定的经常性收入，投资对象集中于风险较低的蓝筹股、公司及政府债券等。平衡型基金则集合了上述两种基金投资的目标，既关注是否能够获得资本增值，也关注收入问题。三者在风险与收益的关系上往往表现为：增长型基金风险>平衡型基金风险>收入型基金风险，增长型基金收益>平衡型基金收益>收入型基金收益。投资目标的差异引发了基金投向和策略的差异，投资者可以根据自身的投资目标选择适合的基金种类。

5.依据投资理念分类

依据投资理念的不同，可以将基金分为主动型基金与被动（指数）型基金。主动型基金是指由基金经理主动操盘寻找超越基准组合表现的投资组合进行投资，被动型基金则期望通过复制指数的表现，选取特定的指数成分股作为投资对象，不期望能够超越基准组合，只求能够与所复制的指数表现同步。目前的被动（指数）型基金除完全复制指数成分股的投资策略外，也有指数增强型基金，即在复制的基础上根据市场变化作适当调整，以期获得高于跟踪指数的收益。

6.依据募集方式分类

根据募集方式的不同，可以将基金分为私募基金和公募基金。私募基金采取非公开方式发售，面向特定的投资者，他们往往风险承受能力较高，单个投资者涉及的资金量较大。公募基金面向社会公众公开发售，募集对象不确定，投资金额较低，适合中小投资者，由于公募基金涉及的投资者数量较多，因此受到更加严格的监管并要求更高的信息透明度。

（四）证券投资基金业绩评价

基金投资后，投资者需要关注的重要问题是基金的业绩如何。在投资时仅仅了解投资产品实现的回报率是不够的，只有通过完备的投资业绩评估，投资者才有足够的信息来了解自己的投资状况，进行基金投资决策。进行业绩评价时需要考虑如下因素：

1.投资目标与范围

两种投资目标与范围不同的基金不具有可比性，不能作为基金投资决策的选择标准。例如，被动型基金主要以指数成分股作为投资标的，其投资目的是获得与指数表现同步的收益；货币型基金则是依据其投资范围进行性质判定，主要投资于货币市场，获得稳定但较少的收益，同时承担着较低风险。被动型基金与货币型基金之间并不具备可比性。因此在进行业绩比较时需考虑投资目标与范围的差异，从而为投资决策提供正确的依据。

2.风险水平

根据财务学的基本理论，风险与收益之间存在正相关关系。风险增加时，投资人必然要求更高的收益进行补偿，所以单纯比较收益水平会导致业绩评价结果存在偏差，应当关注收益背后的风险水平。因此，在基金业绩评价时应当以风险调整后的收益为评价指标，已有的调整模型包括夏普比率、特雷诺比率、詹森指数等。

3.基金规模

与产品生产的固定成本类似，基金也存在研究费用、信息获取费用等固定成本，随着基金规模的增加，基金的平均成本会下降。另外，非系统性风险也会随着基金规模的增加而降低。当然，这里不是一味肯定基金规模增大的好处，因为基金规模过大也会对投资对象选择以及被投资对象流动性产生不利影响。

4.时间区间

在比较不同的基金业绩时需要注意其是否处在同样的业绩计算期，不同的业绩比较起止时间下基金业绩可能存在较大差异。为提高业绩比较结果的准确性，可以采用多个时间段的业绩进行比较，比如选择近一个月、近三个月或者近一年等。

投资者在考虑上述业绩评价因素的基础上，可以运用以下系统的基金业绩评估指标对基金业绩进行评估。

（1）绝对收益

基金绝对收益指标不关注与业绩基准之间的差异，测量的是证券或投资组合的增值或贬值，在一定时期内获得的回报情况，一般用百分比形式的收益率衡量。绝对收益的计算涉及如下指标。

① 持有期间收益率。基金持有期间所获得的收益通常来源于所投资证券的资产回报和收入回报两部分。资产回报是指股票、债券等资产价格的增加，收入回报为股票或债券的分红、利息等。计算公式如下：

$$持有期间收益率 = \frac{期末资产价格 - 期初资产价格 + 持有期间红利收入}{期初资产价格} \times 100\%$$

② 现金流和时间加权收益率。基金投资的收益率计算需要考虑多重因素的变化，一方面在基金投资过程中会不断地有投资者进行申购赎回等操作，引发资金变动；另一方面，基金是众多证券的投资组合，证券发放红利或利息的时间存在差异。因此，在全球投资业绩标准（GIPS）往往采用现金流和时间的加权收益率。该方法将收益率计算区间划分为若干子区间，每个子区间以现金流发生时间划分，以各个子区间收益率为基础计算整个期间的绝对收益水平。例如，某股票基金2019年5月1日有大客户进行了申购，9月1日进行了分红，上述两个时点即为现金流发生的时点，因此，将2019年以上述两个时点划分为三个阶段，假设三个阶段的收益率分别为−6%、5%、4%，则该基金当年的现金流和时间加权收益率为2.65%，即（1−6%）×（1+5%）×（1+4%）−1=2.65%。

③ 平均收益率。基金的平均收益率根据计算方法不同可分为算术平均收益率和几何平均收益率。其中算术平均收益率即计算各期收益率的算术平均值。算术平均收益率（R_A）的计算公式为：

$$R_A = \frac{\sum_{t=1}^{n} R_t}{n} \times 100\%$$

式中，R_t表示t期收益率；n表示期数。

几何平均收益率（R_G）的计算公式为：

$$R_G = \left[\sqrt[n]{\prod_{t=1}^{n}(1 + R_t)} - 1 \right] \times 100\%$$

式中，R_t表示t期收益率；n表示期数。

几何平均收益率相比算术平均收益率考虑了货币时间价值。一般来说，收益率波动越明显，算术平均收益率相比几何平均收益率越大。

例4-25 ••••••

某基金近三年的收益率分别为6%、8%、10%，分别计算其三年的算术平均收益率与几何平均收益率。

算术平均收益率 $R_A = (6\% + 8\% + 10\%) \div 3 = 8\%$

几何平均收益率 $R_G = \left[\sqrt[3]{(1 + 6\%)(1 + 8\%)(1 + 10\%)} - 1 \right] \times 100\% = 7.99\%$

（2）相对收益

基金的相对收益，是基金相对于一定业绩比较基准的收益。根据基金投资的目标选取对应的行业或市场指数，例如沪深300指数、上证50指数等，以此指数成分股股票收益率作为业绩比较基准，求解相对收益。例如，某基金以沪深300指数作为业绩比较基准，当沪深300指数收益率为8%，该基金收益率为6%时，从绝对收益看确实盈利了，但其相对收益为-2%。这样的收益计算方式可以使投资者对基金经营业绩有更深入的认识，该业绩比较基准也为基金经理提供了投资参考。

思考与案例

1.小赵碰巧在一个近乎完美的投资环境中"淘到"一个赚钱的机会。他发现了一个项目，需要20万元的启动资金，虽然期限只有1年，但1年后可收回24万元的现金流量。报酬率高达20%，远远超过现行10%的利率水平。小赵劝说自己的女友玲玲和他每人出资10万元，一起投资这个项目，1年后各分得12万元。可玲玲却是一名典型的"月光族"，宁肯今年花明年的钱，也不愿推迟消费把钱用于投资。但小赵最终说服了玲玲，使她愉快地接受了小赵的建议。你知道小赵是怎样打动玲玲芳心的吗？

2.华油钢管公司财务经理在讨论项目投资时说：在只有一个备选方案的情况下，如果方案的净现值大于零，表明该项目的投资收益大于资本成本，则该项目是可行的；如果方案的净现值小于零，则应放弃该项目。在有多个备选方案的互斥方案投资决策中，应该选择净现值最大者。你同意这种观点吗？

3.C公司拟投资建设一条生产线，现有甲、乙两种投资方案可供选择，相关资料如表4-19所示。

表4-19　　　　　　　　　　　甲、乙投资方案现金流量计算表　　　　　　　　　　　单位：万元

项目计算期	建设期		运营期	
（年）	0	1	2~5	6
甲方案				
固定资产投资	600	0		

项目计算期	建设期		运营期	
（年）	0	1	2~5	6
无形资产投资	（A）	0		
息税前利润			156	156
折旧及摊销			112	112
调整所得税			（B）	*
净残值				*
净现金流量	−620	0	（C）	289
乙方案				
固定资产投资	300	300		
净现金流量	*	*	266	

说明：表中"2~5"年中的数字为等额数。"*"表示省略的数据。

该公司适用的企业所得税税率为25%。假定基准现金流量折现率为8%，财务费用为零。相关货币时间价值系数如表4-20所示：

表4-20 相关货币时间价值系数表

年份	1	2	3	4	5	6
（P/F，8%，n）	0.9259	0.8573	0.7938	0.7350	0.6806	0.6302
（P/A，8%，n）	0.9259	1.7833	2.5771	3.3121	3.9927	4.6229

要求：

（1）确定表4-19内英文字母代表数值（不需要列示计算过程）。

（2）若甲、乙两方案的净现值分别为264.40万元和237.97万元，且甲、乙两方案互斥，分别计算甲、乙两方案的年金净流量，并根据计算结果进行决策。

4.乙公司是一家机械制造企业，适用的所得税税率为25%，公司现有一套设备（以下简称旧设备），已经使用6年，为降低成本，公司管理层拟将该设备提前报废，另行购置一套新设备，新设备一次性投入并能立即投入运营，设备更新后不改变原有的生产能力，但营运成本有所降低，会计上对于新旧设备折旧年限、折旧方法以及净残值等的处理与税法保持一致，假定折现率为12%，要求考虑所得税费用的影响。相关资料如表4-21所示：

表4-21 新旧设备相关资料 金额单位：万元

项目	旧设备	新设备
原价	5 000	6 000
预计使用年限	12年	10年
已使用年限	6年	0年

项目	旧设备	新设备
净残值	200	400
当前变现价值	2 600	6 000
年折旧费（直线法）	400	560
年营运成本（付现成本）	1 200	800

相关货币时间价值系数如表4-22所示：

表4-22　　　　　　　　　　　　货币时间价值系数表

年份	1	6	10	12
（P/F，12%，n）	0.8929	0.5066	0.3220	0.2567
（P/A，12%，n）	0.8929	4.1114	5.6502	6.1944

要求：

（1）计算新设备在其可使用年限内形成的现金净流出量的现值（不考虑设备运营所带来的营业收入，也不把旧设备的变现价值作为新设备投资的减项）。

（2）计算新设备的年金成本。

（3）对于该更新项目，应采用净现值法还是年金净流量法进行比较？并说明理由。

（4）已知继续使用旧设备的年金成本为1 407.74万元，请做出方案的选择。

第五章

营运资金管理

学习目标

1. 了解营运资金的概念、分类、特点、结构类型。
2. 了解营运资金管理的重要性和基本要求。
3. 分析不同的现金管理目标与决策、最佳现金持有量。
4. 了解公司如何确定应收账款投资政策以及信用政策。
5. 了解公司持有存货的原因以及如何进行存货管理决策。
6. 掌握流动资金管理以及各种短期资金融通方式的优缺点。

思维导图

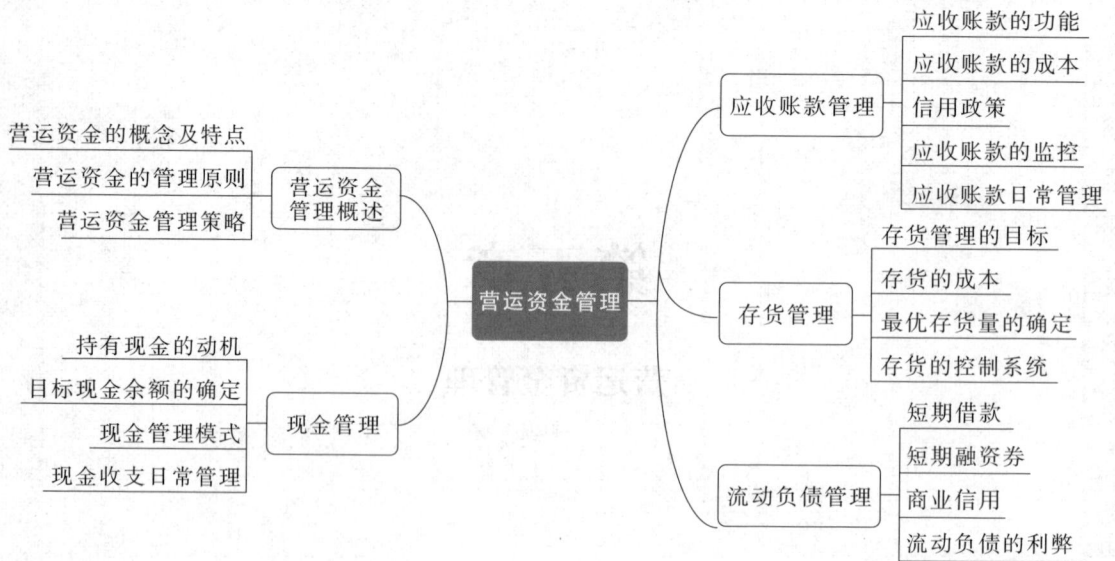

营运资金管理
- 营运资金管理概述
  - 营运资金的概念及特点
  - 营运资金的管理原则
  - 营运资金管理策略
- 现金管理
  - 持有现金的动机
  - 目标现金余额的确定
  - 现金管理模式
  - 现金收支日常管理
- 应收账款管理
  - 应收账款的功能
  - 应收账款的成本
  - 信用政策
  - 应收账款的监控
  - 应收账款日常管理
- 存货管理
  - 存货管理的目标
  - 存货的成本
  - 最优存货量的确定
  - 存货的控制系统
- 流动负债管理
  - 短期借款
  - 短期融资券
  - 商业信用
  - 流动负债的利弊

学思践悟

党的二十大报告指出，要加快构建新发展格局，着力推动高质量发展。高质量发展是全面建设社会主义现代化国家的首要任务。发展是党执政兴国的第一要务。没有坚实的物质技术基础，就不可能全面建成社会主义现代化强国。必须完整准确全面贯彻新发展理念，坚持社会主义市场经济改革方向，坚持高水平对外开放，加快构建以国内大循环为主体、国内国际双循环相互促进的新发展格局。

我们要坚持以推动高质量发展为主题，把实施扩大内需战略同深化供给侧结构性改革有机结合起来，增强国内大循环内生动力和可靠性，提升国际循环质量和水平，加快建设现代化经济体系，着力提高全要素生产率，着力提升产业链供应链韧性和安全水平，着力推进城乡融合和区域协调发展，推动经济实现质的有效提升和量的合理增长。

我们要构建高水平社会主义市场经济体制，坚持和完善社会主义基本经济制度，毫不动摇巩固和发展公有制经济，毫不动摇鼓励、支持、引导非公有制经济发展，充分发挥市场在资源配置中的决定性作用，更好发挥政府作用。建设现代化产业体系，坚持把发展经济的着力点放在实体经济上，推进新型工业化，加快建设制造强国、质量强国、航天强国、交通强国、网络强国、数字中国。全面推进乡村振兴，坚持农业农村优先发展，巩固拓展脱贫攻坚成果，加快建设农业强国，扎实推动乡村产业、人才、文化、生态、组织振兴，全方位夯实粮食安全根基，牢牢守住十八亿亩耕地红线，确保中国人的饭碗牢牢端在自己手中。促进区域协调发展，深入实施区域协调发展战略、区域重大战略、主体功能区战略、新型城镇化战略，优化重大生产力布局，构建优势互补、高质量发展的区域经济布局和国土空间体系。推进高水平对外开放，稳步扩大规则、规制、管理、标准等制度型开放，加快建设贸易强国，推动共建"一带一路"高质量发展，维护多元稳定的国际经济格局和经贸关系。

阅读材料，请结合本章中营运资金管理的相关知识，思考企业怎样才能实现营运资金管理高质量发展？谈谈你的认识。

▶▶▶▶▶▶ 第一节　营运资金管理概述

一、营运资金的概念和特点

（一）营运资金的概念

营运资金（operating income）是指在企业生产经营活动中占用在流动资产上的资金。营运资金有广义和狭义之分，广义的营运资金是指一个企业流动资产的总额，狭义的营运资金是指流动资产减去流动负债后的余额。本章所述营运资金是狭义的营运资金概念。营运资金的管理既包括流动资产的管理，也包括流动负债的管理。前者是对企业营运资金投资的管理，后者是对企业营运资金融资的管理。

1.流动资产

流动资产是指可以在 1 年以内或超过 1 年的一个营业周期内变现或运用的资产。与非流动资产相比，流动资产通常具有如下特点：

（1）周转速度快。

企业投资于短期资产的资金周转一次所需要的时间较短，通常会在一年或一个营业周期内收回；固定资产等长期资产的价值则需要经过多次转移才能逐步收回或得以补偿。

（2）变现能力强。

短期资产中的现金、银行存款本身就可以随时用于支付和偿债，其他的流动资产，如交易性金融资产、存货、应收账款等也能在较短时间内变现。

（3）财务风险小

公司拥有较多的短期资产，由于周转快、变现快，可在一定程度上降低财务风险，但短期资产过多，会影响企业的利润。反之，短期资产不足，则表明企业资金周转不灵，会影响企业的经营。因此，合理配置短期资产需要量在财务管理中具有重要地位。

流动资产按不同的标准可进行不同的分类，常见分类方式如表5-1所示：

表5-1　　　　　　　　　　　　　　流动资产分类

分类标准	分类
占用形态	现金、交易性金融资产、应收及预付款项和存货等
生产经营过程中所处的环节	生产领域中的流动资产、流通领域中的流动资产、其他领域中的流动资产

2.流动负债

流动负债是指需要在 1 年或者超过 1 年的一个营业周期内偿还的债务。流动负债又称短期负债，具有成本低、偿还期短的特点，必须加强管理。流动负债按不同标准可进行不同分类，最常见的分类方式如表5-2所示：

表5-2　　　　　　　　　　　　　　流动负债分类

分类标准	分类
应付金额是否确定	应付金额确定的流动负债和应付金额不确定的流动负债
流动负债的形成情况	自然性流动负债和人为性流动负债
是否支付利息	有息流动负债和无息流动负债

其中，应付金额确定的流动负债是指那些根据合同或法律规定到期必须偿付并有确定金额的流动负债，如短期借款、应付票据、应付短期融资券等；应付金额不确定的流动负债是指那些要根据企业生产经营状况，到一定时期或具备一定条件时才能确定的流动负债，或应付金额需要估计的流动负债，如应交税费、应付产品质量担保债务等。自然性流动负债是指不需要正式安排，由于结算程序或有关法律法规的规定等原因而自然形成的流动负债；人为性流动负债是指由财务人员根据企业对短期资金的需求情况，通过人为安排所形成的流动负债，如短期银行借款等。

（二）营运资金的特点

为了有效地管理企业的营运资金，管理者必须研究营运资金的特点，以便有针对性地进行管理。营运资金一般具有如下特点：

1.流动性

流动资产在生产经营过程中虽需经历供产销循环周转过程，但这一过程时间很短，使流动资产的变现能力较强。

2.继起性

流动资产的价值表现就是流动资金。流动资金的占用形态在时间上表现为依次继起、相继转化。流动资金从货币资金开始依次转化为储备资金、生产资金、成品资金、结算资金，最后又回到货币资金，它的每一次转化都是一种形态的结束和另一种形态的开始。

3.并存性

流动资金的占用形态从空间上看是并存的，各种占用形态同时分布在供、产、销各个过程中，这是生产经营的连续不断所决定的。

4.补偿性

流动资产的投资回收期短，它的耗费能较快地从产品销售收入中得到补偿，即流动资产的实物耗费与价值补偿在一个生产经营周期内同时完成。

二、营运资金管理的基本要求

企业的营运资金在全部资金中占有相当大的比重，而且周转期短，形态易变，因此，营运资金管理是企业财务管理工作的一项重要内容。企业进行营运资金管理，既要保证有足够的资金满足企业生产经营需要，又要保证企业能按时、足额地偿还各种到期债务，应遵循以下原则。

(一) 满足合理的资金需求

企业应认真分析生产经营状况，合理确定营运资金的需要数量。企业营运资金的需求数量与企业生产经营活动有直接关系。一般情况下，当企业产销两旺时，流动资产会不断增加，流动负债也会相应增加；而当企业产销量不断减少时，流动资产和流动负债也会相应减少。因此，企业财务人员应认真分析生产经营状况，采用一定的方法预测营运资金的需要数量，营运资金的管理必须把满足正常合理的资金需求作为首要任务。

(二) 提高资金使用效率

营运资金的周转是指企业的营运资金从现金投入生产经营开始，到最终转化为现金的过程。加速资金周转是提高资金使用效率的主要手段之一。提高营运资金使用效率的关键就是采取得力措施，缩短营业周期，加速变现过程，加快营运资金周转。因此，企业要千方百计地加速存货、应收账款等流动资产的周转，以便用有限的资金服务于更大的产业规模，为企业取得更优的经济效益提供条件。

(三) 节约资金使用成本

在营运资金管理中，企业应正确处理保证生产经营需要和节约资金使用成本两者之间的关系，要在保证生产经营需要的前提下，尽力降低资金使用成本。一方面，要挖掘资金潜力，加速资金周转，精打细算地使用资金；另一方面，要积极拓展融资渠道，合理配置资源，筹措低成本资金，服务于生产经营。

(四) 保持足够的短期偿债能力

偿债能力是评价企业财务风险的指标之一。合理安排流动资产与流动负债的比例关系，保持流动资产结构与流动负债结构的适配性，保证企业有足够的短期偿债能力是营运资金管理的重要原则之一。流动资产、流动负债以及两者之间的关系能较好地反映企业的短期偿债能力。流动负债是在短期内需要偿还的债务，而流动资产则是在短期内可以转化为现金的资产。因此，如果一个企业的流动资产比较多，流动负债比较少，说明企业的短期偿债能力较强；反之，说明短期偿债能力较弱。但如果企业的流动资产太多，流动负债太少，也不是正常现象，这可能是流动资产闲置或流动负债利用不足所致。

三、营运资金投资结构的类型

(一) 紧缩的营运资金投资结构

在紧缩的营运资金投资结构下，企业通常维持低水平的流动资产与销售收入比率。需要说明的是，这里的流动资产通常只包括生产经营过程中产生的存货、应收款项以及现金等生产性流动资产，而不包括股票、债券等金融性流动资产。

紧缩的营运资金投资结构可以节约流动资产的持有成本，例如节约持有资金的机会成本。但与此同时，可能伴随着更高风险，这些风险表现为更紧的应收账款信用政策和较低的存货占用水平，以及缺乏现金用于偿还应付账款等。但是，只要不可预见的事件没有损坏企业的流动性而导致严重的问题发生，紧缩的营运资金投资结构就会提高企业效益。采用紧缩的营运资金投资结构，无疑对企业的管理水平有较高的要求。因为一旦失控，流动资产的短缺会对企业的经营活动产生重大影响。根据最近几年的研究，美国、日本等一些发达国家的流动资产比率呈现越来越小的趋势。这并不意味着企业对流动性的要求越来越低，而主要是因为在流动资产管理方面，尤其是应收账款与存货管理方面，取得了一些重大进展。存货控制的 JIT（Just in Time）系统，又称为适时管理系统，便是其中一个突出代表。

（二）宽松的营运资金投资结构

在宽松的营运资金投资结构下，企业通常会维持高水平的流动资产与销售收入比率。也就是说，企业将保持高水平的现金和有价证券、高水平的应收账款（通常给予客户宽松的付款条件）和高水平的存货（通常源于补给原材料或不愿意因为产成品存货不足而失去销售）。在这种营运资金投资结构下，由于较高的流动性，企业的财务与经营风险较低。但是，过多的流动资产投资，无疑会使企业承担较大的流动资产持有成本，提高企业的资金成本，降低企业的收益水平。

（三）适中的营运资金投资结构

当公司采用适中的营运资金投资结构时，相同销售额水平下流动资产的配置比例适中，公司的风险与收益也适中，此时公司总体的风险与收益处于一个平均水平。

四、营运资金管理之融资结构类型

营运资金管理中的融资结构，是指在总体上如何为流动资产融资，采用短期资金来源还是长期资金来源，或者两者兼有。选择不同的融资结构，就是确定流动资产中所需要的短期资金与长期资金的比例。

（一）融资结构

1.配合型融资结构

配合型融资结构的特点是公司的负债结构与资产寿命周期相对应，其特点是临时性流动资产所需资金用临时性流动负债筹集，永久性流动资产和固定资产所需资金用自发性流动负债和长期负债、权益资本筹集（如图5-1所示）。配合型融资结构的基本思想就是：尽可能贯彻融资的匹配原则，即长期投资由长期资金支持，短期投资由短期资金支持，以降低公司到期不能偿还债务的风险。这一融资结构可以用以下两个公式来表示：

临时性流动资产=临时性短期负债

永久性短期资产+固定资产=自发性流动负债+长期负债+权益资本

资金的长期来源=长期资产+稳定性流动资产=自发性流动负债+长期负债+所有者权益

在配合型融资结构下，只要公司的短期融资计划严密，实现现金流动与预期安排一致，则在经营低谷（即不存在临时性流动资产时），公司除自发性流动负债外没有其他流

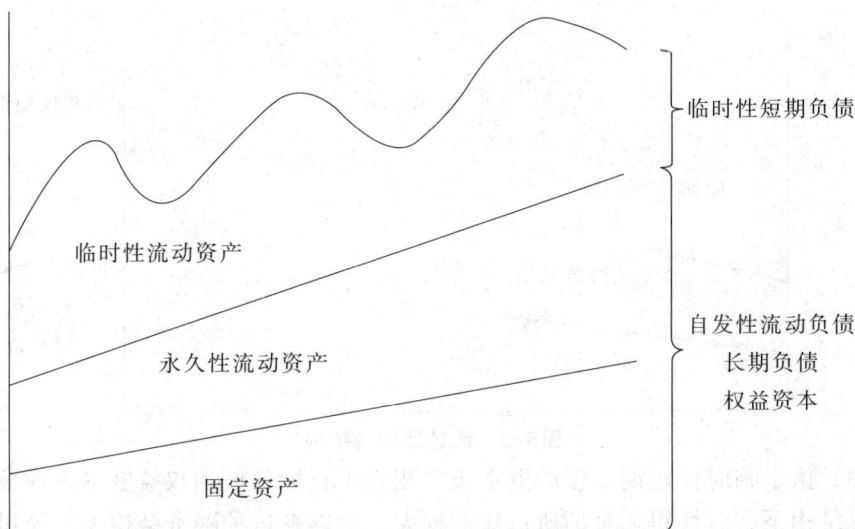

图5-1 配合型融资结构

动负债，只有在营业高峰期时，公司才举借临时性流动负债。但是在公司的经营活动中，现金流动与各类资产使用寿命存在较大不确定性，因此往往做不到资产与负债的完全匹配。在生产经营的高峰期，出现销售与经营的不理想，不能取得预期的现金收入，就容易出现难以偿还临时性流动负债的情况。因此配合型融资结构是一种理想的融资结构，实际生活中很难实现。

例5-1 ••••••

某企业处在生产经营的淡季，需要占用200万元的流动资产和400万元的长期资产；在生产经营的高峰期，会额外增加100万的季节性存货需求。按照配合型融资结构，企业只在生产经营的高峰期才借入100万元的短期借款。600万元的长期性资产（即200万元的长久性流动资产和400万元长期资产之和）均由权益资本、长期负债和经营性流动负债来提供资金支持。

在营业高峰期，其易变现率为：

易变现率=（600-400）/（200+100）

　　　　 =66.67%

在营业低谷期，其易变现率为：

易变现率=200/200

　　　　 =100%

2.激进型融资结构

激进型融资结构的特点是：临时性短期负债不仅要满足临时性流动资产的需要还要满足部分永久性流动资产的需要，甚至存在全部流动资产都要由临时性短期负债提供支持的情况（如图5-2所示）。此种融资结构可以用以下两个计算公式表示：

临时性流动资产+部分永久流动资产=临时性短期负债

永久性流动资产（除靠临时性短期负　临时性短期负　自发性　长期　权益
债提供资金支持的部分）+固定资产　=　债　+　短期负债　+　负债　+　资本

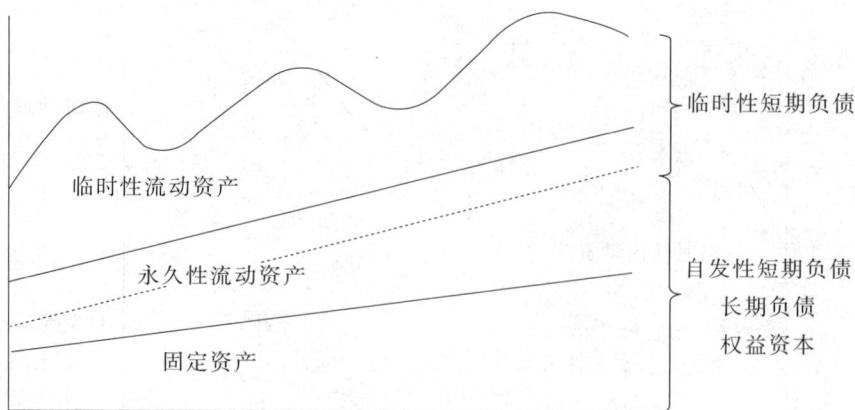

图5-2　激进型融资结构

一方面，由于临时性短期负债的资本成本相较于长期负债和权益资本来说较低，而在激进型融资结构下临时性短期负债所占比例较大，所以在这种融资结构下，公司的资本成本低于配合型融资结构。另一方面，因为临时性短期负债为部分永久性流动资产提供资金支持，因此在临时性短期负债到期后企业需要重新举债或申请债务展期，不断进行举债和还债，加大了筹资和还债的风险。因此激进型融资结构是一种收益高，风险大的营运资金融资结构。

例5-2 ∷∷∷∷∷

某企业在生产经营的淡季，需要占用200万元的流动资产和400万元的长期资产；在生产经营的高峰期，会额外增加100万的季节性存货需求。如果企业的权益资本、长期负债及自发性流动负债低于600万元（即低于生产经营淡季流动资产占用与长期资产占用之和），比如只有500万元，那么就有100万元的长期性资产和100万元的临时性流动资产（经营高峰期）由临时性短期负债解决。这种情况说明企业采用的是激进型融资结构。其易变现率为：

营业高峰期：

易变现率=（500-400）/300×100%=33.33%

营业低谷期：

易变现率=（500-400）/200×100%=50%

3.稳健型融资结构

稳健型融资结构的特点是：临时性短期负债只为临时性流动资产提供资金支持，其他流动资产和长期资产，由自发性流动负债、长期负债和权益资本提供资金支持（如图5-3所示），此种融资结构可以用以下两个计算公式来表示：

部分临时性流动资产=临时性短期负债

永久性流动资产 + 靠临时性短期负债未筹足的临时性流动资产 + 固定资产 = 自发性流动负债 + 长期负债 + 权益资本

从图中可以看到，这种融资结构下，临时性短期负债占全部资金来源的比例较小，公司保留较多营运资金，可以降低公司到期无法偿还债务的风险，与此同时，遭受短期利率变动损失的风险也较低。但是风险降低的同时，公司的收益也随之降低。因为长期负债与权益资本的资本成本高于临时性短期负债的资本成本，而且在生产经营的淡季，企业需要

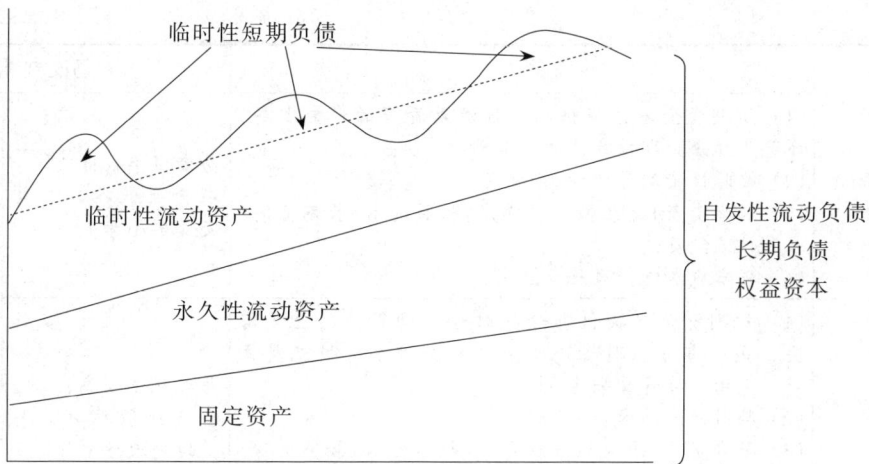

图5-3　稳健型融资结构

继续支付长期负债的利息。即使将过剩的长期资金投资于有价证券，获得的投资收益一般也无法弥补长期负债的利息。因此稳健型融资结构是一种风险低收益也低的融资结构。

例5-3

某企业在生产经营的淡季，需要占用200万元的流动资产和400万元的长期资产；在生产经营的高峰期，会额外增加100万的季节性存货需求。如果企业在营业高峰期借入资金低于100万元，比如只借入50万元的短期借款，而无论何时长期负债、经营性流动负债和权益资本的和总是高于600万元，比如达到650万元，那么在营业高峰期季节性存货的资金只有50万元靠短期借款提供支持，其余部分的季节性存货和全部长期性资金需要则由自发性流动负债、长期负债和权益资本提供。在营业低谷时，企业可以将闲置的资金200万元投资于短期有价证券。其易变现率为：

营业高峰期：

易变现率=（650-400）/300×100%=83.33%

营业低谷期：

易变现率=（650-400）/200×100%=125%

现对三种融资结构的特点进行总结，见表5-3。

表5-3　　　　　　　　　　　三种融资结构特点总结

种类	特点	易变现率	
配合型融资结构	（1）尽可能贯彻筹资的匹配原则，即长期投资由长期资金支持，短期投资由短期资金支持 （2）临时性流动资产=短期资金 （3）长期资产+永久性流动资产=权益资本+长期负债+经营性流动负债 （4）风险收益适中	在营业低谷时，易变现率为1	在营业高峰时，易变现率均小于1，数值越小，风险越大

种类	特点	易变现率	
激进型融资结构	（1）短期资金不但提供临时性流动资产的资金需要，还解决部分长期性资产的资金需要 （2）临时性流动资产＜短期资金 （3）长期资产＋永久性流动资产＞权益资本＋长期负债＋永久性流动负债 （4）资本成本低，风险收益高	易变现率较低； 在营业低谷时，易变现率小于1	在营业高峰时，易变现率小于1，数值越小，风险越大
稳健型融资结构	（1）短期资金只提供部分临时性流动资产的资金需要，另一部分临时性流动资产和全部永久性流动资产，则由长期资金来源支持 （2）临时性流动资产＞短期资金 （3）长期资产＋永久性流动资产＜权益资本＋长期负债＋经营性流动负债 （4）资本成本高，风险收益低	易变现率较高； 在营业低谷时，易变现率大于1	

由表5-3可知，营运资金融资结构的稳健程度，可以用易变现率的高低识别。在营业低谷，易变现率为1是配合型融资结构，大于1是稳健型，小于1则是激进型。营业高峰期的易变现率，可以反映随营业额增加而不断增加的流动性风险，数值越小风险越大。

（二）融资结构与营运资金投资结构的配合

本章上节所述的三种营运资金投资结构（宽松、适中与紧缩的政策）与本节所提到的三种融资结构有紧密的联系。短期资产持有政策需要融资结构的协调与配合。从而形成一个完整的资金运转体系。这种配合一般有以下几种情况。

1. 公司采用宽松的短期资产持有政策

在公司采用宽松的短期资产持有政策的情况下，在相同的销售额水平下，公司存在更多的流动资产进行支持，使公司面临的资金短缺风险与偿债风险最小。但是因为流动资产投资占总资产比例较大，因此公司盈利能力较低。此时采用不同的营运资金融资结构会产生不同的效果：如果公司采用配合型融资结构，则无法改变公司总体面临的风险小、收益低的局面，因为配合型融资结构本身就是风险与报酬处于平衡状态；如果公司采用风险大、收益高的激进型融资结构，存在较多的短期借款，则能够在一定程度上平衡公司持有过多流动资产带来的低风险、低收益的局面；如果公司采用风险小、收益小的稳健型融资结构，则会与宽松的资产持有政策的作用相叠加，使得公司总体风险更小、收益更低。

2. 公司采用适中的短期资产持有政策

当公司采用适中的短期资产持有政策时，相同销售额水平下流动资产的配置比例适中，公司的风险与收益也适中。此时采用三种不同的融资结构也会产生不同的结果：采用风险与收益居中的配合型融资结构，与适中的持有政策相匹配，会使得公司总体的风险与收益处于一个平均水平；采用激进型融资结构，则会加大公司整体的风险同时提升整体的收益；采用稳健型融资结构，则会降低公司的风险与收益水平。

3. 公司采用紧缩的短期资产持有政策

当公司采用紧缩的短期资产持有政策时，相同销售额水平下流动资产的比例较小，公司总体面临的资金短缺风险和偿债风险最大，但同时盈利能力也相对较高。此时采用三种不同的融资结构产生不同的综合效应：采用配合型融资结构，对公司总体的风险与收益没有太大影响，公司总体的风险与收益水平依旧很高；采用激进型融资结构，会加大公司整体的风险，但同时会提升公司整体的收益水平；采用稳健型融资结构，会对紧缩的资产持有政策进行中和，在一定程度上降低公司整体的风险，同时降低收益水平。

（三）融资结构对公司风险与收益的影响

不同的融资结构会对企业的收益与风险产生不同的影响。

由于短期资金的成本较低，因此在资金总额不变的情况下，增加短期资金的使用比例，会导致企业利润的增加。

与此同时，如果企业流动资产的比例保持不变，短期负债的增加会导致企业流动比率的下降，企业短期偿债能力下降，加大企业的财务风险。

下面举例说明不同融资结构对企业风险与收益的影响。

例 5-4 ⦂⦂⦂⦂

华夏公司目前的资产组合和融资结构如表 5-4 所示。

表 5-4 　　　　　　　　华夏公司资产组合与融资结构　　　　　　　　单位：元

资产组合		融资结构	
流动资产	30 000	短期资金	10 000
长期资产	60 000	长期资金	80 000
合计	90 000	合计	90 000

公司当前的息税前利润为 20 000 元，短期资金成本为 4%，长期资金成本为 15%，假设息税前利润不变，资产组合不变，不同融资结构对企业风险与收益的影响如表 5-5 所示。

表 5-5 　　　　　　　融资结构对华夏公司风险与收益的影响　　　　　　　单位：元

项目	现在情况（保守组合）	计划变动情况（激进的组合）
筹资组合		
短期资金	10 000	45 000
长期资金	80 000	45 000
资金总额	90 000	90 000
息税前利润	20 000	20 000
减：资金成本		
短期资本成本	10 000×4%=400	45 000×4%=1 800
长期资本成本	80 000×15%=12 000	45 000×15%=6 750
净利润	7 600	11 450
几个主要比率		
投资收益率	7 600/90 000×100%=8.44%	11 450/90 000=12.72%
短期资金/总资金	10 000/90 000×100%=11.11%	45 000/90 000=50%
流动比率	30 000/10 000=3	30 000/45 000=0.67

从表 5-5 中可以看出，采用激进型融资结构后，即使用更多成本较低的短期资金，企

业的净利润从7 600元增加到了11 450元，投资收益率也从8.44%上升到12.72%，但是短期负债占总资金的比例也从11.11%上升到了50%，流动比率从3下降至0.67。说明企业在采用激进型融资结构后，财务风险也相应地增大了。因此，企业在选择融资结构时必须进行风险与收益的衡量，选择最优的融资结构，以实现企业财务管理的目标。

▶▶▶▶▶▶ 第二节　现金管理

现金有广义、狭义之分。广义的现金是指在生产经营过程中以货币形态存在的资金，包括库存现金、银行存款和其他货币资金等。狭义的现金仅指库存现金。这里所讲的现金是指广义的现金。现金是变现能力最强的资产，代表企业直接的支付能力和应变能力，可以用来满足生产经营的各种需要，还是还本付息和履行纳税义务的保证。

有价证券是企业现金的一种转换形式。有价证券的变现能力强，可以随时兑换成现金。企业有多余现金时，常将现金兑换成有价证券；现金流出量大于流入量，即需要补充现金时，再出让有价证券换回现金。在这种情况下，有价证券就成了现金的替代品。

一、企业持有现金的动机

(一) 交易动机

企业为了实现正常的生产经营活动，当销售收入不能及时收回时，留存现金就可以用于办理采购原材料、支付员工工资等业务。因此，企业持有现金以满足日常生产经营活动的需要属于交易性动机。

(二) 预防动机

企业用于预防发生紧急事件而持有的现金，比如，意外发生的自然灾害、生产时发生的事故等。而企业留存的预防性现金的多少与企业临时举债能力、现金流不确定性以及企业愿意承担风险的程度有关。当企业临时举债能力较强时，可以减少预防性现金的留存；当现金流不确定性较大时，应增加预防性现金的留存；当企业愿意承担的风险程度大时，可以减少预防性现金的留存。

(三) 投机动机

当证券市场价格出现波动而对投资者有利时，企业会拿出现金用于证券投资，以便获取短期收益。当偶然出现低价的原材料时，企业也会动用手里的现金购买。投机动机持有的现金量往往与企业投资偏好以及市场上的投资机会有关。

二、目标现金余额的确定

(一) 成本模型

从理论上讲，企业的最佳现金持有量就是使现金总成本最低的数量，要求在持有过多现金产生的机会成本和管理成本与持有过少现金而带来的交易成本和短缺成本之间进行权衡。

成本模型考虑的现金持有总成本包括如下项目：

1.机会成本

机会成本指企业因持有现金而丧失的再投资收益。企业持有现金会丧失其他方面的投资收益，如不能进行有价证券投资，由此所丧失的投资收益就是现金的机会成本。这种机会成本与现金的持有量成正比，持有量越大，机会成本越高。一般可以用有价证券的利息率来衡量现金的机会成本。

2.管理成本

管理成本指企业因持有一定数量的现金而发生的管理费用，如现金保管人员的工资、保管现金发生的必要的安全措施费用等。现金的管理成本具有固定性，在一定的现金余额范围内与现金的持有量关系不大。

3.短缺成本

短缺成本指企业在发生现金短缺的情况下所造成的损失，如在现金短缺时，因不能按时缴纳税金而支付的滞纳金、因不能按时偿还贷款而支付的罚息等。现金的短缺成本与现金的持有量成反比，现金持有量越大，短缺成本就会越小。如果企业不允许现金短缺发生，则企业就不会有现金短缺成本。

成本模型如图5-4所示。

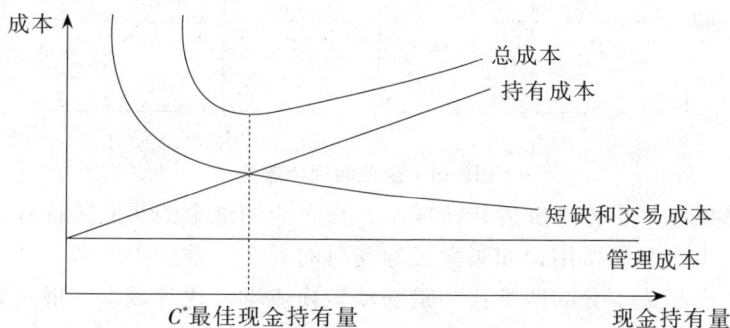

图5-4 成本模型

例5-5

某企业有四种现金持有方案，它们各自的持有量（平均）、管理成本、短缺成本如表5-6所示。假设现金的机会成本率为12%。要求确定现金最佳持有量。

表5-6　　　　　　　　　　　四种现金持有方案比较　　　　　　　　　　单位：元

方案项目	甲	乙	丙	丁
现金持有量	25 000	50 000	75 000	100 000
机会成本	3 000	6 000	9 000	12 000
管理成本	20 000	20 000	20 000	20 000
短缺成本	12 000	6 750	2 500	0
持有总成本	35 000	32 750	31 500	32 000

将以上各方案的总成本加以比较可知，丙方案的总成本最低，故75 000元是该企业的最佳现金持有量。

（二）存货模型

存货模型，是将存货经济订货批量模型原理用于确定目标现金持有量，其着眼点也是现金相关成本之和最低。现金的库存成本主要包括两方面：兑现时的交易成本和持有现金时的机会成本。按照现金管理目标，在保证足够流动性下尽可能降低现金库存成本，于是就可以寻找一个最佳的现金库存量，使得该库存下现金的库存成本最低。

存货模型的假设：

（1）企业的现金流入量是稳定并可预测的。

（2）企业的现金流出量是稳定并可预测的。

（3）现金的净流量或对现金的需要量是稳定且可预测的。

（4）在预测期内，企业不能发生现金短缺，并可以通过出售有价证券来补充现金。

在符合以上基本假设的前提下，企业的现金流量可以用图5-5来表示：

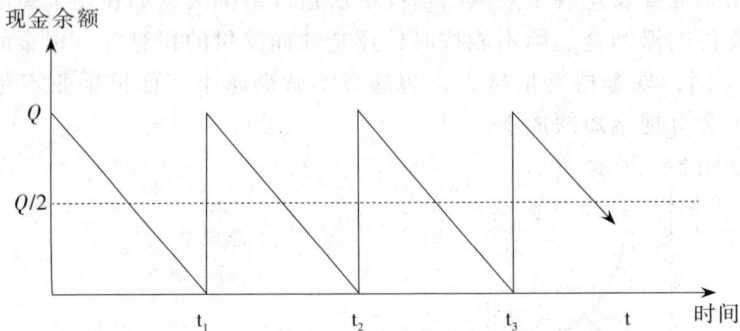

图5-5　企业的现金流量

现金的交易成本：也称现金的转换成本，指企业用现金购买有价证券或者将有价证券转换为现金所发生的交易费用，如买卖证券支付的佣金、委托手续费、证券过户费、证券交易的税金等。交易成本分为两类：一是变动转换成本。这种成本一般按委托成交金额的一定比例支付，与转换的次数关系不大，而与成交金额成正比，如买卖证券的佣金、证券交易的印花税等。二是固定转换成本。这种成本一般与委托金额无关，只与转换次数有关，如委托手续费、过户费等。这些费用按交易的次数支付，每次交易支付的费用金额是相同的。

在图中，企业一定时期内的现金需求总量是一定的，并且现金的耗用是均匀发生的。假设企业的目标现金持有量是N元，当这笔现金在t时用掉后，企业出售价值为N元的有价证券来补充现金，以后各个周期不断重复。

在此模式下平均现金余额为Q，假设持有现金的机会成本率为K（一般为有价证券的收益率），一定时期内现金需求总量为T，交易成本为F。那么：

机会成本 $= (Q/2) \times K$

交易成本 $= (T/Q) \times F$

总成本 $= \sqrt{2TFK}$

则：

最优存货量 $Q^* = \sqrt{2FT/K}$

（三）随机模型

在实际工作中，企业现金流量往往具有很大的不确定性。假定每日现金流量的分布接近正态分布，每日现金流量可能低于也可能高于期望值，其变化是随机的。由于现金流量波动是随机的，只能对现金持有量确定一个控制区域，定出上限和下限。当企业现金余额在上限和下限之间波动时，表明企业现金持有量处于合理的水平，无须进行调整。当现金余额达到上限时，则将部分现金转换为有价证券；当现金余额下降到下限时，则卖出部分证券。

图5-6是现金管理的随机模型（米勒-奥尔模型）。

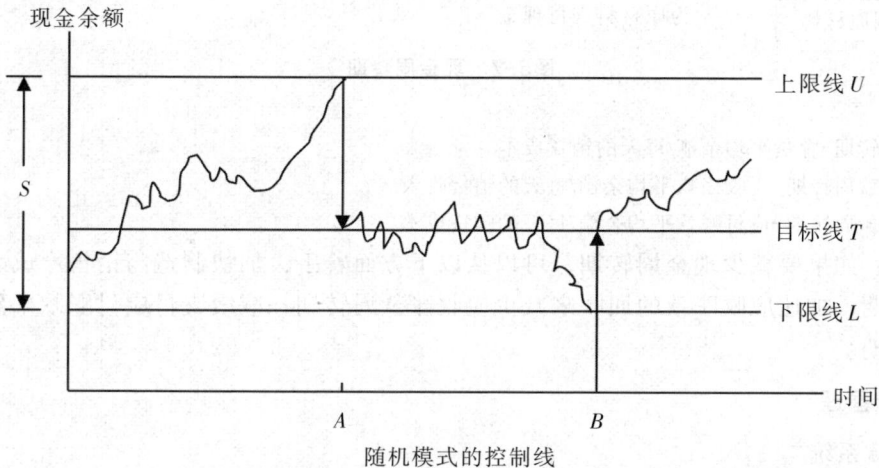

随机模式的控制线

图5-6 米勒-奥尔模型

设 σ^2 为现金余额方差，F 为证券交易固定成本，r 为现金投资收益率，则上下限幅度：

$$S = 3(\frac{3}{4} \times \frac{F \times \sigma^2}{r})^{\frac{1}{3}}$$

目标水平：$T = L + \dfrac{S}{3}$

三、现金收支日常管理

（一）现金周转期

企业的经营周期是指从取得存货开始到销售存货并收回现金为止的时期。其中，从收到原材料，加工原材料，形成产成品，到将产成品卖出的这一时期，称为存货周转期；产品卖出后到收到顾客支付的货款的这一时期，称为应收账款周转期或收账期。

但是企业购买原材料并不用立即付款，这一延迟的付款时间段就是应付账款周转期或收账期。现金周转期，是指介于企业支付现金与收到现金之间的时间段，它等于经营周期减去应付账款周转期。具体循环过程如图5-7所示。

上述周转过程用公式来表示就是：

经营周期=存货周转期 + 应收账款周转期

现金周转期=经营周期 - 应付账款周转期

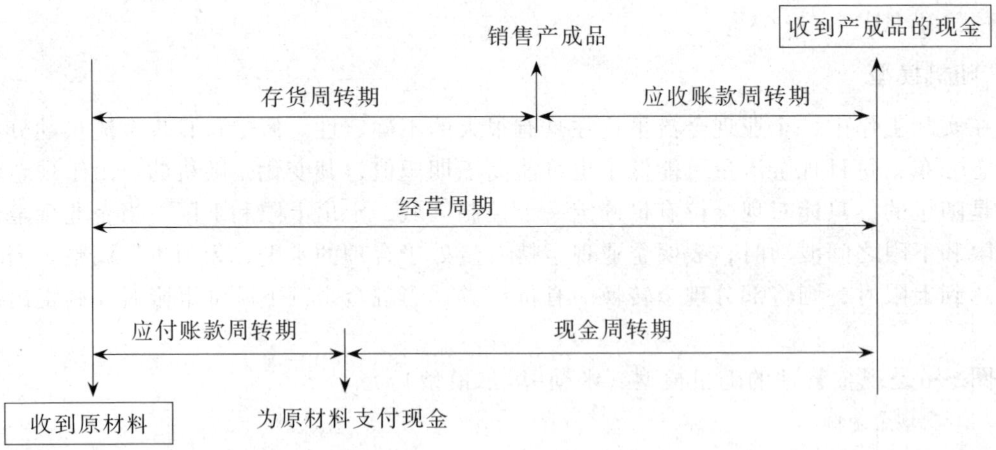

图5-7 现金周转期

其中：

存货周转期=存货平均余额/每天的销货成本

应收账款周转期=应收账款平均余额/每天的销货收入

应付账款周转期=应付账款平均余额/每天的购货成本

所以，如果要减少现金周转期，可以从以下方面着手：加快制造与销售产成品来减少存货周转期；加速应收账款的回收来减少应收账款周转期；减缓支付应付账款来延长应付账款周转期。

（二）收款管理

1.收款系统

一个高效率的收款系统能够使收款成本和收款浮动期达到最小，同时能够保证与客户汇款及其他现金流入来源相关的信息的质量。

（1）收款成本。收款成本包括浮动期成本、管理收款系统的相关费用（例如银行手续费）及第三方处理费用或清算相关费用。在获得资金之前，收款在途项目使企业无法利用这些资金，也会产生机会成本。信息要及时、准确地到达收款人一方，以便收款人及时处理资金，做出发货的安排。

（2）收款浮动期。收款浮动期是指从支付开始到企业收到资金的时间间隔。收款浮动期主要是由纸基支付工具导致的，有下列三种类型：

① 邮寄浮动期：是指从付款人寄出支票到收款人或收款人的处理系统收到支票的时间间隔。

② 处理浮动期：是指支票的接受方处理支票和将支票存入银行以收回现金所花的时间。

③ 结算浮动期：是指通过银行系统进行支票结算所需的时间。

2.收款方式的改善

电子支付方式对比纸基（或称纸质）支付方式是一种改进。电子支付方式提供了如下好处：

（1）结算时间和资金可用性可以预计；

（2）向任何一个账户或任何金融机构的支付具有灵活性，不受人工干扰；

（3）客户的汇款信息可与支付情况同时传送，更容易更新应收账款；

（4）客户的汇款从纸基方式转向电子方式，减少或消除了收款浮动期，降低了收款成本，收款过程更容易控制，并且提高了预测精度。

（三）付款管理

现金支出管理的主要任务是尽可能延缓现金的支出时间。当然，这种延缓必须合理合法。控制现金支出的目标是在不损害企业信誉条件下，尽可能推迟现金的支出。

1.使用现金浮游量

现金浮游量是指由于企业提高收款效率和延长付款时间所产生的企业账户上的现金余额和银行账户上的企业存款余额之间的差额。

2.推迟应付款的支付

推迟应付款的支付是指企业在不影响自身信誉的前提下，充分运用供货方所提供的信用优惠，尽可能地推迟应付款的支付期。

3.汇票代替支票

汇票分为商业承兑汇票和银行承兑汇票，与支票不同的是，承兑汇票并不是见票即付。这一方式的优点是它推迟了企业调入资金支付汇票的实际所需时间。这样企业就需在银行中保持较少的现金余额。它的缺点是某些供应商可能并不喜欢用汇票付款、银行也不喜欢处理汇票，它们通常需要耗费更多的人力。同支票相比，银行会收取较高的手续费。

4.改进员工工资支付模式

企业可以为支付工资专门设立一个工资账户，通过银行向职工支付工资。为了最大限度地减少工资账户的存款余额，企业要合理预测开出支付工资的支票到职工去银行兑现的具体时间。

5.透支

透支是指企业开出支票的金额大于活期存款余额。它实际上是银行向企业提供的信用。透支的限额，由银行和企业共同商定。

6.争取现金流出与现金流入同步

企业应尽量使现金流出与流入同步，这样，就可以降低交易性现金余额，同时可以减少有价证券转换为现金的次数，提高现金的利用效率，节约转换成本。

7.使用零余额账户

使用零余额账户，即企业与银行合作，保持一个主账户和一系列子账户，企业只在主账户保持一定的安全储备，而在一系列子账户不需要保持安全储备。当从某个子账户签发的支票需要现金时，所需要的资金立即从主账户划拨过来，从而使更多的资金可以用作他用。

▶▶▶▶▶▶ 第三节 应收账款管理

应收账款是指因对外赊销商品、提供劳务等应向购货单位或接受劳务单位收取的款项。应收账款是企业营运资金管理的一个重要项目。随着市场经济的发展，商业信用的推行，企业应收账款数额明显增多，已成为营运资金管理中一个日益重要的问题。

一、应收账款的功能、成本与管理目标

应收账款是企业的一项资金投放，是为了扩大销售和盈利而进行的投资。而投资肯定要有成本。企业提供商业信用，采取赊销、分期收款等销售方式，在扩大销售、增加利润的同时应收账款会增加，从而机会成本、坏账损失和收账费用等成本也会增加。这就需要在应收账款信用政策所增加的盈利和这种政策的成本之间做出权衡。只有当应收账款所增加的盈利超过所增加的成本时，才应当实施应收账款赊销政策。应收账款管理的基本目标，就是在充分发挥应收账款功能的基础上，降低应收账款投资的成本，使提供商业信用、扩大销售所增加的收益大于相关的各项费用。

（一）应收账款的功能

应收账款的功能是指它在生产经营中的作用，主要有以下两个方面：

1.增加销售

企业对外销售主要是现销和赊销两种方式。现销是一手交钱，一手交货，即现金流入和货物流出是同一时间，这是一种理想的销售方式。在市场竞争比较激烈的情况下，赊销成为促进销售的一种重要方式。进行赊销的企业实际上是向客户提供了两项交易，即向客户销售产品同时在一个有限的时期内向客户提供资金。这就意味着赊销在增加销售的同时也会增加应收账款的成本。

2.减少存货

企业持有产成品存货，相应地就会存在管理成本、储存成本和保险成本等成本支出；相反，企业持有应收账款，就不需要上述支出。因此，无论是季节性生产企业还是非季节性生产企业，当产成品存货较多时，一般都可采用较为优惠的信用条件进行销售，把存货转化为应收账款，减少产成品存货，节约各种支出。

（二）应收账款的成本

持有应收账款也要付出一定的代价。应收账款的成本包括：

1.机会成本

机会成本是指企业将资金投放于应收账款而放弃投资于其他项目的成本。这种成本一般按有价证券的利息计算。应收账款的机会成本包括应收账款占用资金的应计利息成本、存货占用资金的应计利息成本、应付账款占用资金的应计利息收益。本书只考虑应收账款占用资金的应计利息成本。

应收账款占用资金的应计利息=应收账款占用资金×资本成本

=应收账款平均余额×变动成本率×资本成本

=日赊销额×平均收现期×变动成本率×资本成本

或：

应收账款占用资金的应计利息=赊销额÷应收账款周转次数×变动成本率×资本成本

该公式中有两点值得注意，一是应收账款所占用的资金仅仅是产品的变动成本，不是全部的赊销额，也不是全部的制造成本；二是应收账款平均收现期即为应收账款周转天数，当只有信用期，没有折扣期时，平均收现期等于信用期；当既有信用期又有折扣期时，平均收现期等于折扣期与享受折扣客户比率的乘积和信用期与放弃折扣客户比率的乘积之和。

2.坏账成本

坏账成本是指应收账款因故无法收回而发生的损失。此项成本按坏账损失率计算，一般与应收账款的数额成正比，即赊销数量越大，应收账款越多，坏账成本就越高。

应收账款的坏账成本=赊销额×坏账损失率

3.管理成本

管理成本是指企业管理应收账款所消耗的各种费用，主要包括收账费用、调查客户信用情况的费用、收集各种信息的费用、账簿的记录费用等其他费用。其中主要考虑收账费用，应收账款越多，收账费用就会越高。

4.折扣成本

折扣成本是指企业采取现金折扣政策以尽快收回应收账款而产生的价格折扣损失。主要影响因素包括赊销额、现金折扣与享受折扣的客户比例。

应收账款的现金折扣成本=赊销额×现金折扣率×享受折扣的客户比例

（三）应收账款的管理目标

应收账款管理的基本目标是：通过应收账款管理发挥应收账款强化竞争、扩大销售的功能，同时尽可能降低应收账款投资的机会成本、坏账损失、管理成本与折扣成本，最大限度地提高应收账款投资的效益。

二、信用政策

有许多因素会影响企业的信用政策。在许多行业，信用条件和政策已经成为标准化的惯例，因此，某一家企业很难采取与其竞争对手不同的信用条件。企业还必须考虑提供商业信用对现有贷款契约的影响。因为应收账款的变化可能会影响流动比率，可能会导致违反贷款契约中有关流动比率的约定。

企业的信用条件、销售额和收账方式决定了其应收账款的水平。应收账款的占用必须有相应的资金来源，因此，企业对客户提供信用的能力与其自身的借款能力相关。不当的应收账款管理可能会导致顾客延期付款进而导致流动性问题。然而，当应收账款被用于抵押贷款或作为债务担保工具出售时，应收账款也可以成为流动性的来源。

信用政策包括信用标准、信用条件和收账政策三个方面。

（一）信用标准

信用标准是指信用申请者获得企业提供信用所必须达到的最低信用水平，通常以预期的坏账损失率作为判别标准。如果企业执行的信用标准过于严格，可能会降低对符合可接受信用风险标准客户的赊销额，减少坏账损失，减少应收账款的机会成本，但不利于扩大企业销售量甚至会因此限制企业的销售机会，如果企业执行的信用标准过于宽松，可能会向不符合可接受信用风险标准的客户赊销，这会增加随后还款的风险以及应收账款的管理成本与坏账成本。

1.信息来源

企业进行信用分析时，必须考虑信息的类型、数量和成本。信息既可以从企业内也可以从企业外部收集。无论信用信息从哪里收集，都必须将成本与预期的收益对比。企业内部产生的最重要的信用信息来源是信用申请人执行信用申请（协议）的情况和企业自己保存的有关信用申请人还款历史的记录。

企业可以使用各种外部信息来源来帮助其确定申请人的信誉。申请人的财务报表是该种信息的主要来源之一，由于可以将这些财务报表及其相关比率与行业平均数进行对比，因此，它们都提供了有关信用申请人的重要信息。获得申请人付款状况的第二个信息来源是一些商业参考资料或申请人过去获得赊购的供货商。另外，银行或其他贷款机构（如商业贷款机构或租赁公司）可以提供申请人财务状况和可使用信用额度方面的标准化信息。最后，一些地方性和全国性的信用评级机构能收集、评价和报告有关申请人信用状况的历史信息。这些信用报告包括还款历史、财务信息、最高信用额度、可获得的最长信用期限和所有未了结的债务诉讼。

2.信用的定性分析

信用的定性分析是对申请人"质"的分析。常用的信用定性分析法是5C信用评价系统，即评估申请人信用品质的五个方面：品质、能力、资本、抵押和条件。

（1）品质（character），是指个人或企业申请人的诚实和正直表现，反映了申请人在过去还款中体现出的还款意图和愿望，是5C中最重要的因素。企业必须设法了解申请人过去的付款记录，看其是否有按期如数付款的一贯做法。

（2）能力（capacity），是指申请人的偿债能力。企业应着重了解申请人流动资产的数量、质量以及流动比率的高低，必要时还可实地考察申请人的日常运营状况。

（3）资本（capital），是指如果申请人当期的现金流不足以还债，申请人在短期和长期内可以使用的财务资源，反映对于负债的保障程度。企业资本雄厚，说明企业具有强大的物质基础和抗风险能力。

（4）抵押（collateral），是指当申请人不能满足还款条款时，可以用作债务担保的资产或其他担保物。信用分析必须分析担保抵押手续是否齐备、抵押品的估值和出售有无问题、担保人的信誉是否可靠等。

（5）条件（condition），是指影响申请人还款能力和意愿的各种外在因素。

3.信用的定量分析

进行商业信用的定量分析可以从考查信用申请人的财务报表开始。通常使用比率分析法评价顾客的财务状况。常用的指标有：流动性和营运资本比率（如流动比率、速动比率以及现金对负债总额比率）、债务管理和支付比率（利息保障倍数、长期债务对资本比率、带息债务对资产总额比率，以及负债总额对资产总额比率）和盈利能力指标（销售回报率、总资产回报率和净资产收益率）。

将这些指标和信用评级机构及其他协会发布的行业标准进行比较，可以观察申请人的信用状况。

（二）信用条件

信用条件是销货企业要求赊购客户支付货款的条件，由信用期限、折扣期限和现金折扣三个要素组成，折扣期限和现金折扣构成折扣条件。

1.信用期限

信用期限是企业允许顾客从购货到付款之间的时间，或者说是企业给予顾客的最长付款时间，一般简称为信用期。

信用期的确定，主要目的是分析改变现行信用期对收入和成本的影响。延长信用期，会使销售额增加，产生有利影响；与此同时，应收账款、收账费用和坏账损失增加，会产生不利影响。当前者大于后者时，可以延长信用期，否则不宜延长。如果缩短信用期，情况则与此相反。

例5-6 ⦂⦂⦂⦂⦂

某公司目前采用30天按发票金额（即无现金折扣）付款的信用政策，拟将信用期间放宽至60天，仍按发票金额付款。假设风险投资的最低收益率为15%，其他有关数据如表5-7所示。

表5-7 信用决策数据

项目	信用期间（30天）	信用期间（60天）
全年销售量（件）	100 000	120 000
全年销售额（元）	500 000	600 000
变动成本（元）	400 000	480 000
固定成本（元）	50 000	52 000
可能发生的收账费用（元）	3 000	4 000
可能发生的坏账损失（元）	5 000	9 000

在分析时，先计算放宽信用期带来的盈利增加，然后计算增加应收账款投资产生的成本费用增加，最后计算放宽信用期增加的税前损益，并做出判断。

1.计算增加的盈利

增加的盈利 = 增加的边际贡献 − 增加的固定成本

$$= (120\,000 - 100\,000) \times (5 - 4) - (52\,000 - 50\,000)$$

$$= 18\,000(元)$$

2.计算增加的成本费用

（1）计算增加的应收账款机会成本。

变动成本率 = 4 ÷ 5 × 100% = 80%

增加的机会成本 = 60天信用期应计利息 − 30天信用期应计利息

$$= 600\,000 \div 360 \times 60 \times 80\% \times 15\% - 500\,000 \div 360 \times 30 \times 80\% \times 15\%$$

$$= 7\,000(元)$$

（2）计算增加的收账费用和坏账损失

增加的收账费用 = 4 000 − 3 000 = 1 000(元)

增加的坏账损失 = 9 000 − 5 000 = 4 000(元)

3.计算增加的税前损益

放宽信用期增加的税前损益 = 盈利增加 − 成本费用增加

$$= 18\,000 - 7\,000 - 1\,000 - 4\,000$$
$$= 6\,000(元)$$

由于放宽信用期增加的税前损益大于0，故应放宽信用期，即采用60天信用期。

上述信用期分析的方法比较简便，可以满足一般制定信用政策的需要。如有必要，也可以进行更细致的分析，如进一步考虑销售增加引起存货增加而占用的资金。

例 5-7 ·:::::

延续【例5-6】数据，假设上述30天信用期变为60天后，因销售量增加，年平均存货水平从9\,000件上升到20\,000件，每件存货按变动成本4元计算，其他情况不变。

由于增添了新的存货增加因素，需要在原来分析的基础上，再考虑存货增加而多占资金所带来的影响。

存货增加占用资金的应计利息 $= (20\,000 - 9\,000) \times 4 \times 15\% = 6\,600(元)$

放宽信用期增加的税前损益 $= 6\,000 - 6\,600 = -600(元)$

因为放宽信用期增加的税前损益小于0，所以考虑增加平均存货这个因素后，不应该采用60天的信用期。

更进一步地细致分析，还应考虑存货增加引起的应付账款的增加。这种负债的增加会节约企业的资金占用，减少资金占用的"应计利息"。因此，信用期变动的分析，一方面要考虑对损益表的影响（包括收入、成本和费用）；另一方面要考虑对资产负债表的影响（包括应收账款、存货、应付账款），并且要将对资金占用的影响由"资本成本"转化为"应计利息"，以便进行统一的得失比较。

2.折扣条件

折扣条件包括折扣期限和现金折扣两个方面。折扣期限是为顾客规定的可享受现金折扣的付款时间。现金折扣是在顾客提前付款时给予的优惠。向顾客提供现金折扣的主要目的在于吸引顾客为享受优惠而提前付款，缩短企业的平均收款期。另外，现金折扣也能招揽一些视折扣为减价出售的顾客前来购货，借此扩大销售量。

现金折扣常用"5/10，3/20，n/30"这样的符号表示。这个符号的含义为：5/10表示10天内付款，可享受5%的价格优惠，即只需支付原价的95%，如原价为10\,000元，只支付9\,500元；3/20表示20天内付款，可享受3%的价格优惠，若原价为10\,000元，则只需支付9\,700元；n/30表付款的最后期限为30天，此时付款无优惠。不论是信用期限还是现金折扣，都可能给企业带来收益，但也会增加成本。现金折扣带给企业的好处前面已经讲过，它使企业增加的成本，则指的是价格折扣损失。当企业给予顾客某种现金折扣时，应当考虑折扣所能带来的收益与成本孰高孰低，权衡利弊。

（三）收账政策

收账政策是指信用条件被违反时，企业采取的收账策略。企业如果采用较积极的收账政策，则可能会减少应收账款投资，减少坏账损失，但会增加收账成本。如果采用较消极的收账政策，则可能会增加应收账款投资，增加坏账损失，但会减少收账费用。企业需要做出适当的权衡。一般来说，可以参照评价信用标准、信用条件的方法来评价收账政策。

三、应收账款的监控

企业也必须对应收账款的总体水平加以监督,因为应收账款的增加会影响企业的流动性,还可能导致额外的融资需要。此外,应收账款总体水平的显著变化可能表明业务方面发生了改变,这可能影响企业的融资需要和现金水平。企业管理部门需要分析这些变化以确定其起因并采取纠正措施。可能引起重大变化的事件包括销售量的变化、季节性、信用政策的修改、经济状况的波动以及竞争对手采取的促销等行动。最后,对应收账款总额进行分析还有助于预测未来现金流入的金额和时间。

(一)应收账款周转天数

应收账款周转天数或平均收账期是衡量应收账款管理状况的一个指标。将企业当前的应收账款周转天数与规定的信用期限、历史趋势以及行业正常水平进行比较,可以反映企业整体的收款效率。然而,应收账款周转天数可能会被销售量的变动趋势和销售的季节性所打破。

例5-8 ·:·:·:·

某公司2024年第一季度应收账款平均余额为285 000元,信用条件为在60天内按全额付清款项,前3个月的赊销情况为:

1月份:90 000元

2月份:105 000元

3月份:115 000元

应收账款周转天数的计算:

平均日销售额=(90 000+105 000+115 000)/90=3 444.44(元)

应收账款周转天数=应收账款平均余额/平均日销售额

=285 000/3 444.44=82.74(天)

平均逾期天数的计算:

平均逾期天数=应收账款周转天数-平均信用期天数=82.74-60=22.74(天)

(二)账龄分析表

账龄分析表将应收账款划分为未到信用期的应收账款和以30天为间隔的逾期应收账款,这是衡量应收账款管理状况的另外一种方法。企业既可以按照应收账款总额进行账龄分析,也可以对顾客进行账龄分析,账龄分析法可以确定逾期应收账款,随着逾期时间的增加,应收账款收回的可能性变小。

账龄分析表比计算应收账款周转天数更能揭示应收账款变化趋势,因为账龄分析表给出了应收账款分布的模式,而不仅仅是一个平均数。应收账款周转天数有可能与信用期限一致,但是有一些账户可能拖欠很严重。因此,应收账款周转天数不能明确地表现出账款拖欠情况。当各个月之间的销售额变化很大时,账龄分析表和应收账款周转天数都可能发出类似的错误信号。

（三）应收账款账户余额的模式

账龄分析表可被用于进一步建立应收账款余额的模式，这是重要的现金流预测工具。应收账款账户余额的模式反映一定期间（如1个月）的赊销额在发生赊销的当月末及随后的各月仍未偿还的百分比。企业收款的历史决定了其正常的应收账款余额的模式，企业管理部门通过将当前的模式和过去的模式进行对比来评价应收账款余额模式的变化。企业还可以运用应收账款账户余额的模式来计划应收账款金额水平，衡量应收账款的收账效率以及预测未来的现金流。

例5-9 ∴∵∴

下面的例子说明1月份的销售在3月末的在外（未收回）应收账款为50 000元，如表5-8所示。

表5-8　　　　　　　　　　　　　各月份销售及收款情况　　　　　　　　　　金额单位：元

1月份销售：		250 000
1月份收款（销售额的5%）	0.05×250 000	12 500
2月份收款（销售额的40%）	0.40×250 000	100 000
3月份收款（销售额的35%）	0.35×250 000	87 500
收款合计：		200 000
1月份的销售仍未收回的应收账款：	250 000-200 000	50 000

计算未收回应收账款的另外一个方法是用销售3个月后未收回销售额的百分比（20%）乘以销售额（250 000元），即：

未收回应收账款=20%×250 000=50 000（元）

上面的例子假设能按时收回应收账款。然而，在现实中，有一定比例的应收账款会逾期或者发生坏账，对应收账款账户余额的模式稍作调整可以反映这些项目。

例5-10 ∴∵∴

下面提供一个应收账款账户余额模式的例子，如表5-9所示。为了简便体现，该例假设没有坏账费用。假定收款模式如下：

（1）销售的当月收回销售额的5%；

（2）销售后的第一个月收回销售额的40%；

（3）销售后的第二个月收回销售额的35%；

（4）销售后的第三个月收回销售额的20%。

表5-9　　　　　　　　　　　　　各月份应收账款账户余额模式

月份	销售额（元）	月销售中于3月底未收回的金额（元）	月销售中于3月底仍未收回的百分比（%）
1	250 000	50 000	20
2	300 000	165 000	55
3	400 000	380 000	95
4	500 000		

3月底未收回应收账款余额合计为：

50 000+165 000+380 000=595 000（元）

4月份现金流入估计=4月份销售额的5%+3月份销售额的40%+2月份销售额的35%+1月份销售额的20%

估计的4月份现金流入=（5%×500 000）+（40%×400 000）+（35%×300 000）+（20%×250 000）

=340 000（元）

（四）ABC分析法

ABC分析法是现代经济管理中广泛应用的一种"抓重点、照顾一般"的管理方法，又称重点管理法。它是将企业的所有欠款客户按其金额的多少进行分类排序，然后分别采用不同的收账策略的一种方法。它一方面能加快应收账款收回，另一方面能将收账费用与预期收益联系起来。

四、应收账款日常管理

应收账款的管理难度比较大，在确定合理的信用政策之后，还要做好应收账款的日常管理工作，包括对客户的信用调查和分析评价、应收账款的催收工作等。

（一）调查客户信用

信用调查是指收集和整理反映客户信用状况有关资料的工作。信用调查是企业应收账款日常管理的基础，是正确评价客户信用的前提条件。企业对顾客进行信用调查主要通过两种方法：

1. 直接调查

直接调查是指调查人员通过与被调查单位进行直接接触，通过当面采访、询问、观察方式获取信用资料的一种方法。直接调查可以保证收集资料的准确性和及时性，但有一定的局限，获得的往往是主观性资料。若不能得到被调查单位的合作，则会使调查工作难以开展。

2. 间接调查

间接调查是以被调查单位以及其他单位保存的有关原始记录和核算资料为基础，通过加工整理获得被调查单位信用资料的一种方法。这些资料主要来自以下几个方面：

（1）财务报表。通过财务报表分析，可以基本掌握一个企业的财务状况和信用状况。

（2）信用评估机构。专门的信用评估部门，因为它们的评估方法先进，评估调查细致，评估程序合理，所以可信度较高。我国目前的信用评估机构有三种形式：第一种是独立的社会评级机构，它们只根据自身的业务吸收有关专家参加，不受行政干预和集团利益的牵制，独立自主地开办信用评估业务；第二种是政策性银行、政策性保险公司负责组织的评估机构，一般由银行、保险公司有关人员和各部门专家进行评估；第三种是由商业银行、商业性保险公司组织的评估机构，由商业性银行、商业性保险公司组织专家对其客户进行评估。

（3）银行。银行是信用资料的一个重要来源，许多银行都设有信用部，为其顾客服务，并负责对其顾客信用状况进行记录、评估。但银行的资料一般仅愿意在内部及同行间交流，而不愿向其他单位提供。

（4）其他途径。财税部门、市场监管部门、消费者协会等机构都可能提供相关的信用状况资料。

（二）评估客户信用

收集好信用资料以后，就需要对这些资料进行分析、评价。企业一般采用"5C"系统来评价，并对客户信用进行等级划分。在信用等级方面，目前主要有两种划分方法：一种是三类九等，即将企业的信用状况分为 AAA、AA、A、BBB、BB、B、CCC、CC、C 九等，其中 AAA 为信用最优等级，C 为信用最低等级。另一种是三级制，即分为 AAA、AA、A 三个信用等级。

（三）收账的日常管理

应收账款发生后，企业应采取各种措施，尽量争取按期收回款项，否则会因拖欠时间过长而发生坏账，使企业蒙受损失。因此，企业必须在对收账的收益与成本进行比较分析的基础上，制定切实可行的收账政策。通常企业可以采取寄发账单、电话催收、派人上门催收、法律诉讼等方式催收应收账款，然而催收账款要发生费用，某些催款方式的费用还会很高。一般来说，收账的花费越大，收账措施越有力，可收回的账款应越多，坏账损失也就越小。因此制定收账政策，又要在收账费用和所减少的坏账损失之间做出权衡。制定有效、得当的收账政策很大程度上是靠有关人员的经验。从财务管理的角度讲，也有一些数量化的方法可以参考。

（四）应收账款保理

应收账款保理是企业将赊销形成的未到期应收账款，在满足一定条件的情况下转让给保理商，以获得流动资金，加快资金的周转。保理可以分为有追索权保理（非买断型）和无追索权保理（买断型）、明保理和暗保理、折扣保理和到期保理。

有追索权保理是指供应商将债权转让给保理商，供应商向保理商融资后，如果购货商拒绝付款或无力付款，保理商有权向供应商要求偿还预付的货币资金，如购货商破产或无力支付，只要有关款项到期未能收回，保理商就有权向供应商进行追索，因而保理商具有全部"追索权"，这种保理方式在我国采用较多。无追索权保理是指保理商将销售合同完全买断，并承担全部的收款风险。

明保理是指保理商和供应商需要将销售合同被转让的情况通知购货商，并签订保理商、供应商、购货商之间的三方合同。暗保理是指供应商为了避免让客户知道自己因流动资金不足而转让应收账款，并不将债权转让情况通知客户，货款到期时仍由销售商出面催款，再向银行偿还借款。

折扣保理又称为融资保理，即在销售合同到期前，保理商将剩余未收款部分先预付给销售商，一般不超过全部合同额的 70%~90%。到期保理是指保理商并不提供预付账款融资，而是在赊销到期时支付，届时不管货款是否收到，保理商都必须向销售商支付货款。

例 5-11 ❖❖❖❖❖

H 公司主要生产和销售冰箱、中央空调和液晶电视。2023 年全年实现的销售收入为 14.44 亿元。公司 2023 年有关应收账款具体情况如表 5-10 所示。

应收账款	冰箱	中央空调	液晶电视	合计
年初应收账款总额	2.93	2.09	3.52	8.54
年末应收账款：				
（1）6个月以内	1.46	0.80	0.58	2.84
（2）6~12个月	1.26	1.56	1.04	3.86
（3）1~2年	0.20	0.24	3.26	3.70
（4）2~3年	0.08	0.12	0.63	0.83
（5）3年以上	0.06	0.08	0.09	0.23
年末应收账款总额	3.06	2.80	5.60	11.46

上述应收账款中，冰箱的欠款单位主要是机关和大型事业单位的后勤部门；中央空调的欠款单位均是国内知名厂家；液晶电视的主要欠款单位是美国Y公司。

2024年H公司销售收入预算为18亿元，有6亿元资金缺口。为了加快资金周转速度，决定对应收账款采取以下措施：

（1）较大幅度提高现金折扣率，在其他条件不变的情况下，预计可使应收账款周转率由2023年的1.44次提高至2024年的1.74次，从而加快回收应收账款。

（2）成立专门催收机构，加大应收账款催收力度，预计可提前收回资金0.4亿元。

（3）将6~12个月应收账款转售给银行，提前获得周转所需货币资金。据分析，H公司销售冰箱和中央空调发生的6~12个月应收账款可平均以92折转售银行，且可无追索权；销售液晶电视发生的6~12个月应收账款可平均以9折转售银行，但必须附追索权。

（4）2024年以前，H公司给予Y公司一年期的信用政策；2024年，Y公司要求将信用期限延长至两年。考虑到Y公司信誉好，且H公司资金紧张时应收账款可转售银行（但须附追索权），为了扩大外销，H公司接受了Y公司的条件。

根据上述资料，可以计算分析如下：

首先，2024年末应收账款：

（18÷1.74）×2-11.46=9.23（亿元）

采取第（1）项措施2024年收回的资金数额：

11.46-9.23=2.23（亿元）

其次，采取第（3）项措施2024年收回的资金数额：

（1.26+1.56）×0.92+1.04×0.9=3.53（亿元）

再次，采取（1）~（3）项措施预计2018年收回的资金总额：

2.23+0.4+3.53=6.16（亿元）

最后，对H公司2024年所采取的各项措施评价：

①大幅度提高现金折扣，虽然可以提高公司货款回收速度，但也可能导致企业盈利水

平降低甚至使企业陷入亏损。因此，公司应当在仔细分析计算后，确定适当的现金折扣水平。

② 成立专门机构催款，必须充分考虑成本效益原则，防止得不偿失。

③ 公司选择将收账期在6~12个月的应收账款出售给银行，提前获得企业周转所需货币资金，应考虑折扣水平的高低，同时注意防范所附追索权带来的风险。

④ 销售液晶电视的账款，虽可转售银行，但由于必须附追索权，风险仍然无法控制或转移，因此，应尽量避免以延长信用期限方式进行销售。

▶▶▶▶▶▶ 第四节　存货管理

一、存货管理目标

存货是指企业在生产经营过程中为销售或者耗用而储备的物资，包括原材料、燃料、低值易耗品、在产品、半成品、协作件、外购商品等。

企业持有存货一方面是为了保证生产或销售的经营需要，另一方面是出自价格的考虑，零购物资的价格往往较高，而整批购买通常能取得价格优惠。但是，过多的存货要占用较多资金，并且会增加包括仓储费、保险费、维护费、管理人员工资在内的各项开支。因此，存货管理的目标，就是在保证生产或销售需要的前提下，最大限度地降低存货成本。具体包括以下几个方面：

（一）保证生产正常进行

生产过程中需要的原材料和在产品，是生产的物质保证。一定量的存货储备，可以有效避免生产中断、停工待料的发生，保证生产的正常进行。

（二）提高销售机动性

一定数量的存货储备能够增加企业适应市场变化的能力，防止在市场需求量激增时，因产品储备不足失去销售良机。同时，由于顾客为节约采购成本和其他费用，一般倾向于成批采购，企业为了达到运输上的最优批量也会组织成批发运，所以保持一定量的存货有利于市场销售。

（三）维持均衡生产，降低产品生产成本

针对季节性产品或需求波动大的产品，若根据需求组织生产，可能导致生产能力有时得不到充分利用，有时又超负荷，使得生产成本上升。一定量的原材料和产成品储存可以有效缓解这一问题，实现均衡生产，降低生产成本。

（四）降低存货取得成本

企业大批量集中进货，可以减少订货次数，更容易享受价格折扣，降低购置成本和订货成本，从而使总的进货成本降低。

（五）防止意外事件发生

企业在采购、运输、生产和销售过程中，都可能发生意料之外的事故，保持必要的存货保险储备，可以避免或减少意外事件带来的损失。

二、存货的成本

（一）取得成本

取得成本是指为取得某种存货而支出的成本，通常用 TC 来表示，其又分为订货成本和购置成本。

1.订货成本

订货成本指取得订单的成本，如办公费、差旅费、邮资、电话费、运输费等支出。订单成本中有一部分与订货次数无关，如常设采购机构的基本开支等，称为订货的固定成本，用 F_1 表示；另一部分与订货次数有关，如差旅费、邮资等，称为订货的变动成本。每次订货的变动成本用 K 表示；订货次数等于存货年需要量 D 与每次进货量 Q 之商。订货成本的计算公式为：

订货成本 = 订货固定成本 + 订货变动成本

$$= F_1 + \frac{D}{Q} \times K$$

2.购置成本

购置成本指为购买存货本身所支出的成本，即存货本身的价值，经常用数量与单价的乘积来确定。年需要量用 D 表示，单价用 U 表示，于是购置成本为 DU。

订货成本加上购置成本，就等于存货的取得成本。其公式可表述为：

取得成本 = 订货固定成本 + 订货变动成本 + 购置成本

$$= F_1 + \frac{D}{Q} \times K + DU$$

（二）储存成本

储存成本指为保持存货而发生的成本，包括存货占用资金所应计的利息、仓库费用、保险费用、存货破损和变质损失等。

1.固定储存成本

固定储存成本与存货数量无关，如仓库折旧、仓库职工的固定工资。

2.变动储存成本

变动储存成本与存货数量（平均库存量）成正比，如存货占用资金的应计利息（机会成本）、存货的破损和变质损失、存货的保险费用等。

其中：F_2 为固定储存成本；Q 为每次订货批量；K_c 为单位变动储存成本；$\frac{Q}{2}$ 为存货平均持有量。

（三）缺货成本

缺货成本指由于材料供应中断造成的停工损失、产成品库存缺货造成的拖欠发货损失和丧失销售机会的损失及造成的商誉损失等。如果生产企业以紧急采购代用材料解决库存材料中断之急，那么缺货成本表现为紧急额外购入成本。缺货成本用 TC_S 表示。

（四）储备存货的总成本

$$TC = F_1 + \frac{D}{Q} \times K + DU + F_2 + \frac{Q}{2} \times K_c + TC_S$$

三、最优存货量的确定

根据存货管理的目的，企业需要通过合理的进货批量和进货时间，使存货的总成本最低，这个批量就是经济订货量或经济批量。

（一）经济订货基本模型

经济订货基本模型是建立在一系列严格假设条件基础上的，包括：（1）存货总需求量是已知常数（D 已知且不变）；（2）订货提前期是常数；（3）货物是一次性入库（不存在陆续供应的情况）；（4）单位货物成本为常数，无批量折扣（单价 U 固定不变）；（5）变动储存成本与库存水平呈线性关系（单位变动储存成本 K_c 固定不变）；（6）货物是一种独立需求的物品，不受其他货物影响；（7）不允许缺货，即无缺货成本（经济订货基本模型不考虑缺货成本）。在以上假设基础上，需要理解平均库存量、最优存货量。

1.平均库存量

平均库存量如图5-8所示。

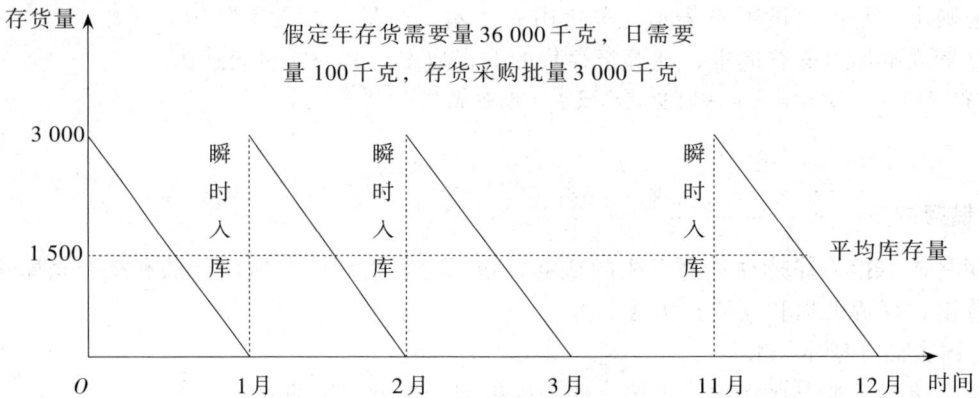

假定年存货需要量36 000千克，日需要量100千克，存货采购批量3 000千克

图5-8 平均库存量

2.最优存货量

储备存货的总成本 $= F_1 + \frac{D}{Q} \times K + DU + F_2 + \frac{Q}{2} \times K_c + TC_S$

与批量相关的总成本 = 变动订货成本 + 变动储存成本

$$= \frac{D}{Q} \times K + \frac{Q}{2} \times K_c$$

经济订货批量（最优存货量）：使变动储存成本与变动订货成本之和达到最小值，或是使二者相等的订货批量。

由 $\dfrac{D}{Q} \times K = \dfrac{Q}{2} \times K_c$，可得出：

1. 经济订货批量 $(EOQ) = \sqrt{\dfrac{2KD}{K_c}}$

2. 每年最佳订货次数 $= \dfrac{存货年需求总量}{经济订货批量}$

3. 最佳订货周期（年）$= \dfrac{1}{每年最佳订货次数}$

4. 与经济订货批量相关的存货总成本（最小相关总成本）$= \sqrt{2KDK_c}$

$$= 2 \times 变动订货成本$$
$$= 2 \times 变动储存成本$$

5. 经济订货量平均占用资金 $= \dfrac{经济订货量}{2} \times 单价$

例5-12 ••••••

假设某企业每年所需的原材料为80 000千克，单位成本为15元/千克。每次订货的变动成本为20元，单位变动储存成本为0.8元/千克。一年按360天计算。

要求计算：（1）经济订货量；（2）每年最佳订货次数；（3）最佳订货周期（天）；（4）经济订货量平均占用资金；（5）与经济订货批量相关的存货总成本；（6）在经济订货批量下，变动订货成本和变动储存成本。

（1）经济订货量 $= \sqrt{\dfrac{2 \times 20 \times 80\,000}{0.8}} = 2\,000$（千克）

（2）每年最佳订货次数 $= 80\,000/2\,000 = 40$（次）

（3）最佳订货周期 $= 360/40 = 9$（天）

（4）经济订货量平均占用资金 $= 2\,000/2 \times 15 = 15\,000$（元）

（5）与经济订货批量相关的存货总成本 $= \sqrt{2 \times 20 \times 80\,000 \times 0.8} = 1\,600$（元）

（6）经济订货批量下，变动订货成本 $=$ 变动储存成本 $= 1\,600/2 = 800$（元）

（二）经济订货基本模型的扩展

放宽经济订货基本模型的相关假设，就可以扩展经济订货模型，以扩大其适用范围。

1. 再订货点

一般情况下，企业的存货不能做到随用随补充，因此需要在没有用完时提前订货。订货提前期指的是自企业发出订单到收到货物为止的平均时间间隔。再订货点指的是企业再次发出订单时应保持的存货库存量。

再订货点 $R =$ 预计交货期内的需求量 $=$ 平均交货时间 $L \times$ 每日平均需要量 d

如图5-9，企业订货日至到货日的时间为5天，每日存货需用量为100千克，则再订货点 $= 5 \times 100 = 500$（千克）。即：在库存量为500千克时，企业应该发出采购3 000千克存货的订单，5天后，500千克剩余存货恰好用完，新采购的3 000千克材料一次入库到位。

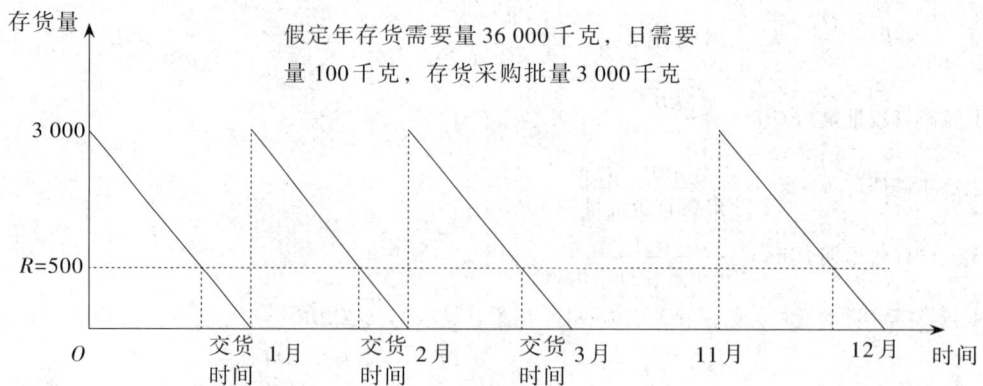

假定年存货需要量36 000千克，日需要量100千克，存货采购批量3 000千克

图5-9 再订货点

【提示】订货提前期与再订货点只是确定发出采购订单的时机，并不影响经济订货量、订货次数、订货周期等结果。

例5-13 ∵∴∵∴

甲公司是一家制造类企业，全年平均开工250天。为生产产品，全年需要购买A材料250 000件，该材料进货价格为150元/件，每次订货需支付运费、订单处理费等变动费用500元，年单位材料变动储存成本为10元/件。A材料平均交货时间为4天。该公司A材料满足经济订货基本模型各项前提条件。

（1）A材料的经济订货量=$\sqrt{2 \times 250\,000 \times 500/10}$=5 000（件）

全年订货次数=250 000/5 000=50（次）

（2）计算按经济订货批量采购A材料的年存货相关总成本。

年存货总成本=$\sqrt{2 \times 250\,000 \times 500 \times 10}$=50 000（元）

（3）A材料每日平均需要量和再订货点。

每日平均需要量=250 000/250=1 000（件/天）

再订货点=1 000×4=4 000（件）

例5-14 ∵∴∵∴

甲公司是一家标准件分销商，主要业务是采购并向固定客户供应某种标准件产品。有关资料如下：

该标准件上一年订货次数为60次，全年订货成本为80万元，其中，固定成本总额为26万元，其余均为变动成本，单位变动成本和固定成本总额在下一年保持不变。该标准件总储存费用中每年固定租金为120万元，每增加一件标准件，就增加1元仓储费。每件标准件占用资金为50元，资金利息率为6%。该标准件年需要量为180万件，一年按照360天计算。该标准件从发出订单到货物送达需5天。则：

（1）每次订货变动成本=（80-26）/60=0.9（万元/次）=9 000（元/次）

（2）单位变动储存成本=1+50×6%=4（元/件）

（3）经济订货量=$\sqrt{2 \times 1\,800\,000 \times 9\,000/4}$=90 000（件）

最佳订货次数=1 800 000/90 000=20（次）

最佳订货周期=360/20=18（天）

（4）再订货点=1 800 000/360×5=25 000（件）

2.存货陆续供应和使用模型

经济订货基本模型建立在存货一次全部入库的假设之上，而事实上存货一般都是陆续入库和陆续耗用的。假设每批订货数为 Q，每日送货量为 P，则该批货全部送达所需日数即送货期为：

$$送货期 = \frac{Q}{P}$$

假设每日耗用量为 d，则送货期内的全部耗用量为：

$$送货期耗用量 = \frac{Q}{P} \times d$$

由于存货边送边用，所以每批送完时：

$$送货期内平均库存量 = \frac{1}{2}(Q - \frac{Q}{P} \times d)$$

平均交货时间（订货提前期、交货期）与送货期之间存在区别：平均交货时间（订货提前期、交货期）指的是自发出订单开始到收到第一批货物为止所需要的时间。送货期指的是自第一批货物送达至该批货物全部送达所需要的时间。

$$与批量相关的总成本 = 变动订货成本 + 变动储存成本$$

$$= \frac{D}{Q} \times K + \frac{Q}{2}(1 - \frac{d}{p}) \times K_c$$

与经济订货基本模型相比，只是平均库存量发生变化，原理不变。

由 $\frac{D}{Q} \times K = \frac{Q}{2}(1 - \frac{d}{p}) \times K_c$，可得出：

$$经济订货批量（EOQ）= \sqrt{\frac{2KD}{K_c} \times \frac{p}{p-d}}$$

$$= \sqrt{\frac{2KD}{K_c \times (1 - \frac{d}{p})}}$$

$$与经济订货批量相关总成本 = \sqrt{2KDK_c \times (1 - \frac{d}{p})}$$

$$= 2 \times 变动订货成本$$

$$= 2 \times 变动储存成本$$

例5-15 ∙∙∙∙∙∙

丙公司是一家设备制造企业，每年需要外购某材料108 000千克，现有S和T两家符合要求的材料供应企业，其提供的材料质量和价格都相同。公司计划从两家企业中选择一家作为供应商，相关信息如下：（1）从S企业购买该材料，一次性入库，每次订货费用为5 000元，年单位材料变动储存成本为30元/千克，假设不存在缺货。（2）从T企业购买该材料，每次订货费用为6 050元，年单位材料变动储存成本为30元/千克，材料陆续到货和使用，每日送货量为400千克，每日耗用量为300千克。则：

（1）利用经济订货基本模型，从S企业购买材料的经济订货量为

$$\sqrt{\frac{2KD}{K_c}} = \sqrt{\frac{2 \times 5\,000 \times 108\,000}{30}} = 6\,000（千克）$$

$$相关存货总成本 = \sqrt{2KDK_c} = \sqrt{2 \times 5\,000 \times 108\,000 \times 30} = 180\,000（元）$$

（2）利用经济订货扩展模型，从T企业购买材料的经济订货量为

$$\sqrt{\frac{2KD}{K_c \times (1 - \dfrac{d}{p})}} = \sqrt{\frac{2 \times 6\,050 \times 108\,000}{30 \times (1 - \dfrac{300}{400})}} = 13\,200(千克)$$

$$相关存货总成本 = \sqrt{2KDK_c \times (1 - \frac{d}{p})} = \sqrt{2 \times 6\,050 \times 108\,000 \times 30 \times (1 - \frac{300}{400})} = 99\,000(元)$$

（3）基于成本最优原则，从T企业购买材料的相关存货总成本为99 000元小于从S企业购买材料的相关存货总成本180 000元，所以丙公司应该选择T企业作为供应商。

（三）保险储备

前面的分析以供需稳定为前提（不考虑缺货成本）。但实际情况并非如此，企业对存货需求量（日需要量）的变化可能导致按照前述分析确定的经济订货批量进行采购会产生缺货成本，或者交货时间（交货期、平均交货时间）的延误也可能导致缺货成本的发生。为防止由此造成的损失，企业应有一定的保险储备。

例如：企业全年存货需要量点36 000千克，日平均需要量点100千克，平均交货时间点5天，不考虑缺货成本时的经济订货量为3 000千克（日需要量稳定、平均交货时间确定），再订货点为500千克。

如果平均交货时间不变，交货期内日平均需要量突然上升到200千克，则交货期5天内的存货总需要量上升至1 000千克，而按照再订货点500千克发出订单，企业在交货期的5天内将会出现500千克的缺货，从而产生缺货成本。

如果交货期内日平均需要量不变，平均交货时间突然延迟到8天，则交货期8天内的存货总需要量上升至800千克，而按照再订货点500千克发出订单，企业在交货期的8天内将会出现300千克的缺货，从而产生缺货成本。

那么该如何解决呢？抬高再订货点可降低缺货导致的缺货损失。但抬高再订货点使得缺货损失降低的同时，也增加了存货的储存成本，因此，需要在二者之间进行权衡。

在交货期内，如果对存货的需求量很大，或交货时间由于某种原因被延误，企业可能发生缺货。为防止存货中断，再订货点应等于交货期内的预计需求与保险储备之和（如图5-10所示）。即：

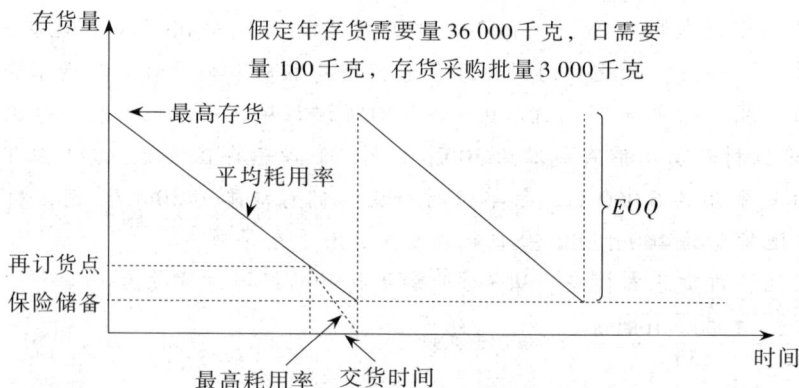

图5-10　再订货点（考虑保险储备）

再订货点=预计交货期内的需求+保险储备

在作保险储备的决策前需要有相应的原则：保持多少保险储备，取决于存货中断的概率和存货中断的损失（缺货损失的期望值）。较高的保险储备可降低缺货损失，但也增加了存货的储存成本。因此，最佳的保险储备应该是使缺货损失和保险储备的储存成本之和达到最低的值。

1.交货期内存货需要量发生变化时的决策

交货期内存货需要量发生变化时的决策步骤是：①确定各种保险储备方案下的再订货点（保险储备从0开始设置，递增单位按题目要求，一直递增至不存在缺货成本为止）；②将各种保险储备方案下的再订货点与交货期内各种概率情况下的生产需要量进行对比，计算缺货量、缺货损失；③计算各种保险储备方案下的保险储备的储存成本；④计算各种保险储备方案下的缺货损失与储存成本之和；⑤选择两者之和最小方案下的保险储备作为应选定的保险储备。

缺货损失=每年订货次数×缺货数量×缺货概率×单位缺货损

保险储备直至测试到缺货损失为0止。

当保险储备为100千克时，缺货损失与保险储备的储存成本之和最低。因此，该企业保险储备量为100千克比较合适，此时再订货点为1 300千克。

2.平均交货时间延迟下的决策

平均交货时间延迟下的决策步骤是：①确定各种保险储备方案下的再订货点（保险储备从0开始设置，递增单位按题目要求，一直递增至不存在缺货成本为止）；②将平均交货时间的延迟转化为交货期内的需求量；③将各种保险储备方案下的再订货点与交货期内各种概率情况下的生产需要量进行对比，计算缺货量、缺货损失；④计算各种保险储备方案下的保险储备的储存成本；⑤计算各种保险储备方案下的缺货损失与储存成本之和；⑥选择两者之和最小方案下的保险储备。

例5-16 ∙∙∙∙∙∙

信达公司计划年度耗用某材料360 000千克，材料日平均需要量为1 000千克，材料单价为50元，经济订货量为72 000千克，全年订货5次（360 000/72 000）。单位材料年变动储存成本为材料单价的25%，单位材料缺货损失为24元。预计平均交货时间为7天，平均交货时间及概率如表5-11所示。

表5-11　　　　　　　　　平均交货时间及概率

平均交货时间（天）	5	6	7	8	9
概率	0.1	0.2	0.4	0.2	0.1

如果设置保险储备，以材料日平均需要量1 000千克为递增单位进行设置。

①将平均交货时间的延迟转化为交货期内的需求量（见表5-12）

表5-12　　　　　　将平均交货时间的延迟转化为交货期内的需求量

平均交货时间（天）	5	6	7	8	9
概率	0.1	0.2	0.4	0.2	0.1
交货期内的需求量	5 000	6 000	7 000	8 000	9 000

②该公司最佳保险储备的计算如表5-13所示。

预计交货期内的需求=0.1×5 000+0.2×6 000+0.4×7 000+0.2×8000+0.1×9000=7 000（千克）

表5-13   最佳保险储备的计算

保险储备量（千克）		生产需要量（千克）	缺货量（千克）	缺货概率	缺货损失（元）	保险储备的储存成本（元）	总成本（元）
0	再订货点=预计交货期内的需求+保险储备=7 000（千克）	5 000	0	0.1	0		
		6 000	0	0.2	0		
		7 000	0	0.4	0		
		8 000	1 000	0.2	5×1 000×0.2×24 =24 000		
		9 000	2 000	0.1	5×2 000×0.1×24 =24 000		
					缺货损失期望值=48 000	0	48 000
1 000	再订货点=预计交货期内的需求+保险储备=7 000+1 000=8 000（千克）	5 000	0	0.1	0		
		6 000	0	0.2	0		
		7 000	0	0.4	0		
		8 000	0	0.2	0		
		9 000	1 000	0.1	5×1 000×0.1×24 =12 000		
					缺货损失期望值=12 000	1 000×50×0.25 =12 500	24 500
2 000	再订货点=预计交货期内的需求+保险储备=7 000+2 000=9 000（千克）	5 000	0	0.1	0		
		6 000	0	0.2	0		
		7 000	0	0.4	0		
		8 000	0	0.2	0		
		9 000	0	0.1	0		
					缺货损失期望值=0	2 000×50×0.25 =25 000	25 000

当保险储备为1 000千克时，缺货损失与保险储备的储存成本之和最低。因此，该企业保险储备量为1 000千克比较合适，此时再订货点为8 000千克。值得注意的是，保险储备只是抬高了再订货点，保险储备决策并不影响经济订货量、订货次数、订货周期。

四、存货的控制系统

（一）ABC控制系统

存货的ABC管理法，亦称作重点管理法，是一种体现重要性原则的方法。即运用数理统计原理，按照一定目的和要求，对存货进行分析排序，找出主要矛盾，确定管理重点和管理技术，从而经济有效地管理存货。它的基本步骤如下：首先，计算各项存货耗用的金额占当前存货耗用总金额的比重并依次排序，同时人为地划定一个标准将存货分为ABC三类；其次，对不同类材料分别采用不同管理方法进行管理。把企业种类繁多的存货，依据其重要程度、价值大小或者资金占用等标准分为三大类，见表5-14。

表5-14　　　　　　　　　　　存货ABC分类

类别	性质	品种数量比	价值比	管理方法
A	高价值	10%～15%	50%～70%	重点控制、严格管理
B	中等价值	20%～25%	15%～20%	重视程度依次降低，采取一般管理
C	低价值	60%～70%	10%～35%	

（二）适时制库存控制系统

适时制库存控制系统又叫作零库存管理、看板管理系统，指的是制造业企业事先和供应商和客户协调好，只有当制造业企业在生产过程中需要原料或零件时，供应商才会将原料或零件送来；而每当产品生产出来就被客户拉走。其优点是库存持有水平大大下降，能提高企业运营管理效率。适用条件是稳定而标准的生产程序以及诚信的供应商。任何一个环节出现差错都将导致整个生产线的停止。

▶▶▶▶▶▶ 第五节　流动负债管理

流动负债的主要来源有三种：短期借款、短期融资券和商业信用。各种来源具有不同的获取速度、灵活性、成本和风险。

一、短期借款

（一）短期借款的概念

银行借款是向银行借入的款项。我国企业的银行借款，有的作为流动资金使用，如工业企业的定额借款、超定额借额、结算借款，商业企业的商品流转借款、农副产品预购定金借款；有的用于小型技术措施，如工业企业的小型技措借款、工业技措借款；有的用于基本建设、专用基金工程，如基建借款、大修理借款。银行借款应有物资保证，按规定用途使用，按期归还，并支付利息。银行借款也可按其用途分别设置"基建借款""流动资金借款""专用借款"等总分类账户。

（二）银行借款的分类

银行借款按提供贷款的机构、机构对贷款有无担保要求以及企业取得贷款的用途分为三类，如表5-15所示。

表5-15　　　　　　　　　　　　　　银行借款的分类

		政策性银行贷款
	按提供贷款的机构	商业银行贷款
		其他金融机构贷款
银行借款	按机构对贷款有无担保要求	信用贷款
		担保贷款
	按企业取得贷款的用途	基本建设贷款
		专项贷款
		流动资金贷款

（三）银行借款的基本程序

1.提出申请，银行审批

企业根据融资需求向银行提出书面申请，按银行的要求和内容填报借款申请书。银行按照有关政策和贷款条件，对借款企业进行信用审查，核准公司申请的借款金额和用款计划。银行审查的主要内容包括公司的财务状况、信用情况、盈利的稳定性、发展前景、借款投资项目的可行性、抵押品和担保情况等。

2.签订合同，取得借款

借款申请获批准后，银行与企业进一步协商贷款的具体条件，签订正式的借款合同，规定贷款的数额、利率、期限和一些约束性条款。借款合同签订后，企业在核定的贷款指标范围内，根据用款计划和实际需要，一次或分次将贷款转入公司的存款结算户，以便使用。

（四）企业对借款银行的选择

企业和借款银行之间是一种双向选择的过程。一方面，企业会根据自身的融资需求选择合适的银行；另一方面，银行会根据企业的财务状况、现金流量、未来的发展前景等，选择偿债能力强的企业作为贷款对象。这里，需要重点关注的是企业在选择借款银行时，通常会考虑到的因素：

风险的偏好程度。不同的银行基于自身资本实力、经营能力及银行决策者承担风险能力的不同，对风险的偏好会有差异。例如一些规模较小、应对风险能力较弱的银行就比较偏好保守的信贷政策，而资本实力雄厚、业务范围大的银行则偏好一些"创新型业务"。

金融服务水平。公司选择借款银行，不仅需要考量其资本雄厚程度，还需要了解能提供贷款的潜在目标银行是否能提供较高质量的金融服务（提供宏观货币政策咨询、外汇市场风险的规避、市场前景预测等），而衡量能否提供较高质量的金融服务的标准大体上可以通过该银行从事具体金融服务的工作人员素质来评判。

对客户的忠诚度。不同的银行在对待客户遇到资金周转问题时的态度往往差别很大，比如有的银行会在客户企业遭遇财务危机时，要求企业无条件偿还其贷款，而有的银行会顾及老客户的交情，不仅不急于催收贷款，还千方百计支持那些和自己有千丝万缕联系的企业，助其早日渡过难关，而像这样对客户有忠诚度的银行，是大多数企业愿意去选择合作的伙伴。

（五）银行借款的优缺点

1.优点

（1）弹性好。可供企业自由控制余额，并且可以在规定时间内根据企业自身的资金使用需求进行期限和额度的自由搭配，还款压力小，贷款归还后，还可以继续循环使用。

（2）资本雄厚。可供企业借款的额度高，用款方式灵活，可以解决短期内企业急需资金周转的需要，且对于那些具有良好信用的大企业来说，可以较低利率借入资金，节约利息和成本。

2.缺点

（1）放款速度慢。银行贷款流程复杂，审批的材料多，审核的时间一般都比较久。通常来说，银行贷款从申请到放款需要半个月左右的时间，不同的银行放款效率也不一样。

（2）限制条件多。银行为了确保自身资金的安全，在选择借款客户时，需要对企业的财务、经营状况进行充分调查，才能决定是否向其贷款。也会有银行要求贷款企业将其资产负债率或流动比率控制在一定的范围内以维持银行对企业一定的控制权。

（六）计算银行借款利息的常见方法

1.单利法

单利法指在贷款期限内，到了约定的收息日，只按贷款本金计收利息，上期未收到的利息不作为本期计息的基础。我国商业银行均采用单利法计收贷款利息。计算公式如下：

利息 = 贷款本金 × 贷款日利率 × 贷款天数

2.复利法

复利法指在贷款期限内，到了约定的收息日，如果上期的利息没有收到，要将上期利息计入本金作为新的计息基数，在此基础上计收利息。复利就是俗称的"利滚利"。计算公式如下：

本利和 = 本金 × $(1 + 利率)^n$

利息 = 本金 × $[(1 + 利率)^n - 1]$

3.贴现利率法

贴现利率法指银行发放的贷款会预先扣除贴现利息，以扣除后的余额贷给公司，虽然公司采取这种方式拿到的贷款会少于贷款面值，但利息部分也就不用考虑了。由此可知，公司在以贴现利率的方式贷款时，其实际利率高于名义利率。其计算公式如下：

$$实际利率 = \frac{本金 × 名义利率}{本金 - 利息} = \frac{本金 × 名义利率}{实际借款额} = \frac{名义利率}{1 - 名义利率}$$

例5-17 ••••••

华夏公司现从银行取得借款400万元，期限为1年，名义利率为8%，利息为32万元。按照贴现法支付利息，企业实际可动用的贷款为368万元，计算该项贷款的实际利率。

$$实际利率 = \frac{本金 \times 名义利率}{本金 - 利息} = \frac{400 \times 8\%}{400 - 32} \approx 8.70\%$$

或：

$$实际利率 = \frac{名义利率}{1 - 名义利率} = \frac{8\%}{1 - 8\%} \approx 8.70\%$$

二、短期融资券

短期融资券（commercial paper，CP）是指企业依照《短期融资券管理办法》的条件和程序在银行间债券市场发行和交易并约定在一定期限内还本付息的有价证券，是由企业发行的无担保短期本票。它也是企业筹措短期（1年以内）资金的直接融资方式。短期融资券的发行对象为银行间债券市场的机构投资者，不对社会公众发行，并且要实行余额管理，待偿还融资券余额不得超过企业净资产的40%。

（一）短期融资券的分类

短期融资券按发行方式、发行人以及融资券的发行和流通范围分为三类，如表5-16所示。

表5-16   短期融资券的分类

短期融资券	按发行方式分类	经纪人代销的融资券
		直接销售的融资券
	按发行人分类	金融企业的融资券
		非金融企业的融资券
	按融资券的发行和流通范围分类	国内融资券
		国际融资券

（二）短期融资券的发行程序

一般来说，只有实力雄厚、资信程度很高的大企业才有资格发行短期融资券。在我国，短期融资券的发行必须符合《短期融资券管理办法》中规定的发行条件。其发行程序如图5-11所示。

（三）短期融资券的优缺点

短期融资券的优点有：（1）短期融资券的融资成本较低；（2）短期融资券的融资数额比较大；（3）发行短期融资券可以提高企业信誉和知名度。

短期融资券的缺点有：（1）发行短期融资券的风险比较大；（2）发行短期融资券的弹性比较小；（3）发行短期融资券的条件比较严格。

（1）公司做出发行短期融资券的决策
⇩
（2）办理发行短期融资券的信用评级
⇩
（3）向有关审批机构提出发行申请
⇩
（4）审批机构对企业提出的申请进行审查和批准
⇩
（5）正式发行短期融资券，取得资金
⇩

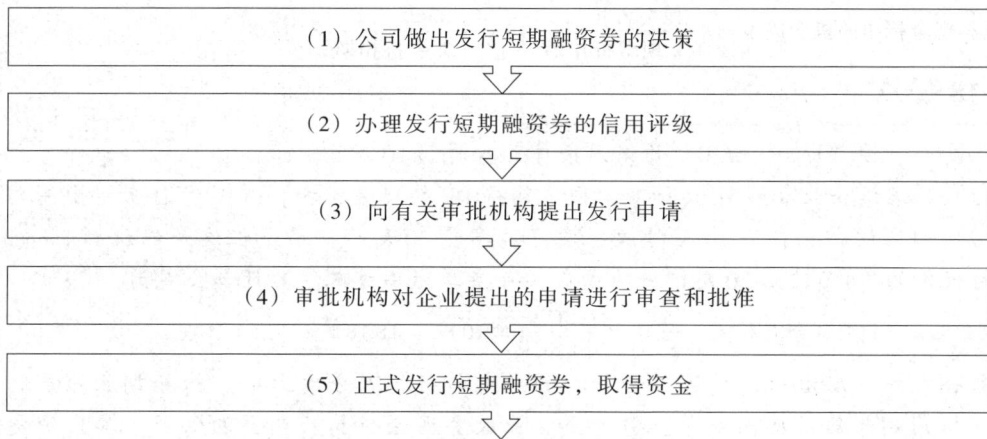

图5-11　短期融资券发行程序

三、商业信用

（一）商业信贷的概念

商业信贷（commercial credit）是指由商业交易产生的短期负债。企业通过赊购方式向供应商购买原材料暂缓货币支出，从而获得临时占用一部分资金的权利。这部分资金构成了企业的应付账款，用来衡量企业获得的商业信贷的数额。同时，对方企业在出售商品时由于提供了商业信贷，即通过赊销暂缓货款的回收，从而形成了应收账款。通常这类企业会给予早付款的客户一定比例的现金折扣，而暂缓付款的客户则是放弃了这部分现金折扣。现金折扣构成了商业信贷的成本。

（二）商业信贷的信用形式

1.应付账款

应付账款是用以核算企业因购买材料、商品和接受劳务供应等经营活动应支付的款项，是卖方企业允许买方在购货后延期付款的一种商业信用形式。对于卖方而言，其可以促进销售；而对于买方而言，其等于向卖方借入资金用于购买货物，形成了买方企业短期债融资资金来源。

在商品交易的过程中，买方希望能够享受到尽可能长的付款时间，而卖方则希望能够提早收回货款。在这一场博弈中，卖方为了促使买方尽快付款，提出现金折扣这一信用条件。其大致含义为：买方若提前付款，卖方则给予一定的现金折扣，买方若不想享受折扣，则应按期支付全额货款。如"1/10，n/20"便属于这种信用条件，意味着如果买方选择在10天内支付货款则会享受到1%的现金折扣，如果选择不享受现金折扣，在不超过20日的最长期限内偿还即可，但需要偿还全额货款。

选择现金折扣提早付款，还是按期全额付款，是企业在商业决策过程中需要考虑的重要事项。选择全额付款，放弃现金折扣，将会产生一种现金折扣的机会成本，从而提高了企业资金的使用成本。其放弃现金折扣的机会成本计算公式如下：

$$放弃现金折扣的机会成本 = \frac{现金折扣率}{1 - 现金折扣率} \times \frac{360}{信用期 - 折扣期} \times 100\%$$

例 5-18 ∵∵∵∵∵

华夏公司按 "1/10，n/30" 的信用条件购入货物 10 万元。

（1）如果该企业在第 10 天付款，便可获得 1% 的现金折扣，并享受 10 天的免费信用。

（2）如果该企业在第 30 天付款，便可再享受 20 天的信用，但这是以放弃 1% 的现金折扣为代价的。1% 便是 20 天信用的成本，可换算为年成本。其计算公式为：

$$放弃现金折扣的机会成本 = \frac{1\%}{1 - 1\%} \times \frac{360}{30 - 10} \times 100\% = 18.18\%$$

从公式中可以看出，放弃现金折扣的成本与折扣百分比大小、折扣期长短呈同向变化，与信用期长短呈反向变化。另外，企业放弃现金折扣而获得的信用，其代价是较高的，银行贷款年利率通常达不到这一比率。所以，如果销货单位提供现金折扣，若无特殊情况，购买单位应尽量争取获得此项折扣。

（3）如果该企业推迟到第 40 天付款，便可再享受 10 天的信用，这是展期信用。在这种情况下，企业实际上拖欠卖方的货款时间越长，融资数额就越大，但这么做会导致企业信誉下降。展期信用也是有代价的，只是信誉代价不好计量。

2. 应付票据

应付票据是指企业购买材料、商品和接受劳务供应等开出的商业汇票，包括商业承兑汇票和银行承兑汇票。其中商业承兑汇票是指由收款人开出经付款人承兑，或是由付款人开出并承兑的付款期限最长不超过 6 个月的汇票，商业承兑汇票承兑后，允许背书转让，承兑人在未来将负有无条件支付票据款的责任。银行承兑汇票是指在承兑银行开立存款账户的存款人签发，向开户银行申请并经银行审查后同意承兑，保证在指定日期内无条件支付确定的金额给收款人或持票人的票据。无论是商业承兑汇票还是银行承兑汇票，都可以视为买方先购货后付款的一种融资方式。

3. 预收账款

预收账款是指企业向购货方预收的购货订金或部分货款，也可以说是在交付货物之前向买方企业预先收取部分或全部货款的一种信用形式。对于供货方来说，等于预先向买方融通了一笔资金，待以后用提供的商品来偿还的一种形成于供货方企业的短期债务资金。

（三）商业信贷的优缺点

1. 优点

（1）融资便利。因为商业信贷是在商品交易时发生的，通过其商业信用，暂缓货币支出，从而占用该部分资金，资金的获得更为便利。

（2）限制条件少。相比于银行借款，商业信贷的限制性条件较少，没有其他手续或额外的附加条件，其筹集的资金在使用上也更为灵活和方便。

（3）成本低。在不考虑现金折扣带来的机会成本时，商业信贷其实是没有融资成本的。

2. 缺点

（1）产业规模的约束性。商业信贷所能提供的债务或资金是以产业资本的规模为基础的，最终无法摆脱产业资本规模的限制。

（2）商业信用的不稳定性。由于商业信贷是以企业之间相互提供的信任为基础建立起来的，若在其中某一环节，债务人因经营不善而中断这种联系，可能导致整个债务链条的中断，甚至冲击到银行信用。

（3）期限短。现金折扣期限一般较短，同时若企业放弃现金折扣，往往将承担较高的资金成本。

四、流动负债的利弊

（一）流动负债的经营优势

理解流动负债和长期负债的优势和劣势相当重要。除了成本和风险的不同外，为流动资产融资时使用短期和长期负债之间还存在经营上的不同。

流动负债的主要经营优势包括：容易获得，具有灵活性，能够有效满足企业季节性信贷需求。这创造了需要融资和获得融资之间的同步性。另外，短期借款一般比长期借款具有更少的约束性条款。如果仅在一个短期内需要资金，以短期为基础进行借款可以使企业维持未来借款决策的灵活性。如果一个企业签订了长期借款协议，该协议具有约束性条款、大量的预付成本和（或）信贷合约的初始费用，那么流动负债所具有的那种灵活性通常不适用。

流动负债的一个主要作用是为季节性行业的流动资产进行融资。为了满足增长的需要，一个季节性企业必须增加存货和（或）应收账款。流动负债是为流动资产中的临时性的、季节性的增长进行融资的主要工具。

（二）流动负债的经营劣势

流动负债的一个经营劣势是需要持续地重新谈判或滚动安排负债。贷款人由于企业财务状况的变化，或整体经济环境的变化，可能在到期日不愿滚动贷款，或重新设定信贷额度。而且，提供信贷额度的贷款人一般要求，用于为短期营运资金缺口而筹集的贷款，必须每年支付1~3个月的全额款项，这1~3个月被称为结清期。贷款人之所以这么做，是为了确认企业是否在长期负债是合适的融资来源时仍然使用流动负债。许多企业的实践证明，使用短期贷款来为永久性资产融资是一件危险的事情。

思考与案例

1. 新疆某企业的厂长李某在2024年，与协作厂签订合同购买了5 000吨钢材，价格为4 000元/吨。钢材入库后，按理，他应该马上付款。但在此时，市场上冰箱畅销，如果他推迟付款，就可以将这笔资金用来购买冰箱外壳，组装后售出可获取较大利润。他与协作厂签订的商业信用合同的信用条件为"2/10，n/30"。

按照国际惯例，为了促进买方企业按期付款或及早付款，卖方往往规定一些信用条件，题目中"2/10，n/30"的信用条件，意味着：买方如从开出购货发票算起10天内付款，可以按发票金额享受2%的购货折扣，这10天被称为折扣期；如在10天后，30天内付款则不能享受折扣，必须按发票金额支付全部货款，买方付款期限最长为30天，这30

天被称为信用期限。

讨论：

（1）如果李某延期付款，是否一定会造成经济损失？

（2）如果李某45天才能还款呢？会造成什么影响？

2.四川长虹（600839）是有着悠久历史的大型国有上市公司，1994年在上海证券交易所上市，股价一度达到66元的历史最高位，四川长虹的净资产从3 950万元迅猛扩张到133亿元，曾为"中国彩电大王"，"长虹"品牌也成为全国驰名商标。2005年初，一则爆炸性新闻在业界传开：四川长虹2004年度亏损37亿元，在业界坚挺多年的长虹神话就此破灭。那么长虹神话破灭背后的原因是什么呢，这值得我们去深入探索。请同学们搜集有关四川长虹的资料来讨论以下问题：

（1）思考四川长虹在信用政策分析决策中存在的问题。

（2）思考四川长虹为什么"义无反顾"与Apex公司携手。

（3）结合四川长虹案例，分析四川长虹曾采取哪些措施来改善公司财务状况。

（4）结合四川长虹案例，对应收账款日常管理进行分析。

第六章

收入与分配管理

学习目标

1. 了解企业收入与分配管理的原则及内容。
2. 掌握企业利润分配的制约因素。
3. 掌握企业收入与分配管理的内容。
4. 理解股利政策理论。
5. 掌握股利分配政策。
6. 掌握股票股利和股票分割的特征。

思维导图

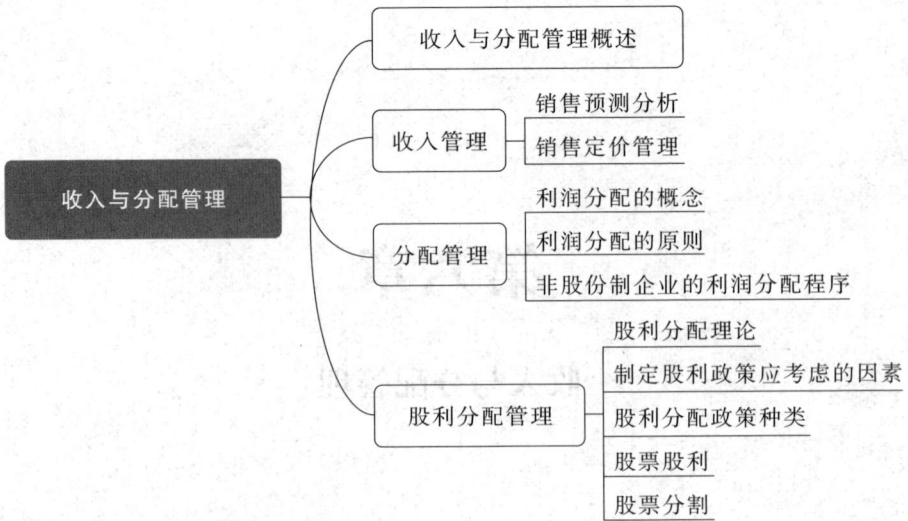

收入与分配管理
- 收入与分配管理概述
- 收入管理
  - 销售预测分析
  - 销售定价管理
- 分配管理
  - 利润分配的概念
  - 利润分配的原则
  - 非股份制企业的利润分配程序
- 股利分配管理
  - 股利分配理论
  - 制定股利政策应考虑的因素
  - 股利分配政策种类
  - 股票股利
  - 股票分割

学思践悟

2008年，证监会发布《关于修改上市公司现金分红若干规定的决定》对现金分红相关的政策做出一揽子修改。如果公司拟进行公开发行证券，根据修改后的《上市公司证券发行管理办法》的规定，还需要满足"最近三年以现金方式累计分配的利润不少于最近三年实现的年均可分配利润的百分之三十"。2013年发布的《上市公司监管指引第3号——上市公司现金分红》，要求上市公司健全现金分红制度，强化现金分红决策机制和信息披露要求。近年来，交易所不断加大问询力度，对具备分红条件但不分红或现金分红比例持续较低的公司，要求充分披露具体原因及合理性。2017年证监会还通过新闻发布会表示：研究制定对付铁公鸡的"硬"措施，对有能力但是不进行现金分红的公司进行监管约谈。

企业利润分配不仅影响企业筹资和投资决策，而且涉及国家、企业、投资者、职工等多方利益关系，有关企业长远利益与近期利益，整体利益与局部利益的协调。这对我们每位同学有什么启发？

▶▶▶▶▶▶ 第一节　收入与分配管理概述

企业通过经营活动取得收入后，要按照补偿成本、缴纳所得税、提取公积金、向投资者分配利润等顺序进行分配。对于企业来说，收入分配不仅是资产保值、保证简单再生产的手段，同时也是资产增值、实现扩大再生产的工具。通过收入分配还可以满足国家政治职能与组织经济职能的需要。同时，它也是处理所有者、经营者等各方面物质利益关系的基本手段。

一、收入与分配管理的原则

1.依法分配原则

企业的收入与分配必须依法进行。为了规范企业的收入、分配行为，维护各利益相关者的合法权益，国家颁布了相关法规。这些法规规定了企业收入分配的基本要求、一般程序和重要比例，企业应当认真执行，不得违反。

2.分配与积累并重原则

企业的收入分配必须坚持积累与分配并重的原则。企业通过经营活动获取收入，既保证企业简单再生产的持续进行，又不断积累企业扩大再生产的财力基础。恰当地处理分配与积累之间的关系，留存一部分净利润，能够增强企业抵御风险能力，可以提高企业经营的稳定性与安全性。

3.兼顾各方利益原则

企业的收入与分配必须兼顾各方的利益。企业是经济社会的基本单元。企业的收入分配涉及国家、企业股东、债权人、员工等多方面的利益。正确处理它们之间的关系，协调其矛盾，对企业的生存、发展至关重要。企业在进行收入分配时，应当统筹兼顾，维护各利益相关者的合法权益。

4.投资与收入对等原则

企业进行收入分配应当体现"谁投资谁受益"、收入大小与投资比例相对等的原则。这是正确处理投资者利益关系的关键。企业在向投资者分配收入时，应本着平等一致的原则，按照投资者投资额的比例进行分配，不允许任何一方随意多分多占，从根本上实现收入分配中的公开、公平和公正，保护投资者的利益。

二、收入与分配管理的内容

企业通过销售产品、转让资产、对外投资等活动取得收入，而这些收入的去向主要有两个方面：一是弥补成本费用，即为取得收入而发生的资源耗费；二是形成利润，即收入扣除成本费用后的余额。收入、成本费用和利润三者之间的关系可以简单表述为：

收入-成本费用=利润

可以看出，对企业收入的分配，首先是对成本费用进行补偿，然后，对其余额（即利润）按照一定的程序进行再分配。对成本费用的补偿随着企业再生产的进行自然完成，纳税则是根据税法要求缴纳。本学习项目主要从收入管理和分配管理两个部分来介绍。

收入指企业在日常活动中形成的、会导致所有者权益增加的、与所有者投入资本无关的经济利益的总流入，包括：销售商品得到的商品销售收入；提供运输、修理等劳务取得的劳务收入；让渡专利、商标等无形资产使用权而取得的使用费；以投资方式供其他企业使用本企业的资产而获得的股利等。

分配管理指的是对利润分配的管理。本章所指利润分配是指对净利润的分配。根据《公司法》及相关法律制度的规定，公司净利润的分配应按照下列顺序进行，并构成了分配管理的主要内容（即净利润分配顺序），详见表6-1。

表6-1 利润分配顺序表

1.弥补以前年度亏损	五年之内用税前利润连续弥补，五年之后用税后利润（当年实现的净利润或盈余公积转入）弥补
2.提取法定盈余公积	①提取比例为当年税后利润（弥补亏损后）的10%，当年法定公积金的累积额已达注册资本的50%时，可以不再提取； ②法定公积金提取后，可用于弥补亏损或转增资本，企业用法定公积金转增资本后，法定公积金的余额不得低于转增前公司注册资本的25%
3.提取任意盈余公积	根据《公司法》的规定，公司从税后利润中提取法定公积金后，经股东会或股东大会决议，可以从税后利润中提取任意盈余公积
4.向股东（投资者）分配股利	公司弥补亏损和提取公积金后所余税后利润，可以向股东（投资者）分配： ①除全体股东另有约定外，有限责任公司股东按照实缴的出资比例分取红利； ②除公司章程另有规定外，股份有限公司按照股东持有的股份比例分配股利

▶▶▶▶▶▶ ## 第二节 收入管理

本节所指收入主要是销售收入，即企业在日常经营活动中，由于销售产品、提供劳务等所形成的经济利益流入。企业销售收入是企业的主要财务指标，它是企业简单再生产和扩大再生产的资金来源，是加速资金周转的前提，所以必须加强对企业销售收入的管理。销售收入大小的制约因素主要是产品的销售数量和销售价格，因此，企业在经营管理过程中一定要做好销售预测分析以及销售定价管理。

一、销售预测分析

在市场经济条件下，对企业生产产品的销售预测，在某种程度上可以说是对企业生存与发展的预测。销售预测分析的基本方法可以分为定性分析和定量分析。

（一）销售预测的定性分析法

定性分析法，即非数量分析法，是指由专业人员根据经验，对预测对象的未来情况及发展趋势做出预测的一种分析方法。它一般适用于预测对象的历史资料不完备或无法进行定量分析时，主要包括销售员判断法、专家判断法和产品寿命周期分析法。

（二）销售预测的定量分析法

定量分析法，也称数量分析法，是指在预测对象有关资料完备的基础上，运用一定的数学方法建立预测模型做出预测。它一般包括趋势预测分析法和因果预测分析法两大类。

1.趋势预测分析法

趋势预测分析法主要包括算术平均法、加权平均法、移动平均法、指数平滑法等。

（1）算术平均法。算术平均法是指将若干历史时期的实际销售量或销售额作为样本值，求出其算术平均数，并将该平均数作为下期销售量的预测值。其计算公式为：

$$Y = \frac{\sum X_i}{n}$$

式中：Y为预测值；i为第i期的实际销售量；n为期数。

算术平均法适用于每期销售量波动不大的产品的销售预测。

（2）加权平均法。加权平均法是指将若干历史时期的实际销售量或销售额作为样本值，将各个样本值按照一定的权数计算得出加权平均数，并将该平均数作为下期销售量的预测值。一般地，由于市场变化较大，离预测期越近的样本值对其影响越大，而离预测期越远的则影响越小，所以权数的选取应遵循"近大远小"的原则。其计算公式为：

$$Y = \sum_{i=1}^{n} W_i X_i$$

式中：Y为预测值；X_i为第i期的实际销售量；W_i为第i期的权数（$0 \leq W_i \leq W_{i+1} < 1$），且$\sum W_i = 1$；$n$为期数。

（3）移动平均法。假设预测值主要受最近m期销售量的影响，从n期的时间序列销售量中选取m期（m数值固定，且$m<n/2$）数据作为样本值，求其m期的算术平均数，并不断向后移动计算观测其平均值，以最后一个m期的平均数作为未来第$n+1$期销售预测值。其计算公式为：

$$Y_{n+1} = \frac{X_{n-(m-1)} + X_{n-(m-2)} + ... + X_{n-1} + X_n}{m}$$

（4）指数平滑法。预测销售量是上期实际销量与上期预计销量的加权平均值，权数为平滑指数a及（$1-a$）。其计算公式为：

$$Y_{n+1} = aX_n + (1 - a)Y_n$$

式中：a为平滑指数；Y_{n+1}为未来第$n+1$期的预测值；Y_n为第n期预测值，即预测前期的预测值；X_n为第n期的实际销售量，即预测前期的实际销售量；n为期数。

平滑指数：预测前期实际销量的权数，通常取值在0.3~0.7之间。

平滑指数越大，说明近期实际销售量对预测结果的影响越大；采用较大的平滑指数，预测值可以反映样本值新近的变化趋势；在销售量波动较大或进行短期预测时，可选择较大的平滑指数。平滑指数越小，说明近期实际销售量对预测结果的影响越小；采用较小的平滑指数，预测值可以反映样本值变动的长期趋势；在销售量波动较小或进行长期预测时，可选择较小的平滑指数。

2.因果预测分析法

因果预测分析法，是分析影响产品销售量（因变量）的相关因素（自变量）以及它们之间的函数关系，并利用这种函数关系进行产品销售预测的方法。

因果预测分析最常用的是回归分析法，如回归直线方法，即假设产品销售量（y）与其影响因素（x）之间存在线性变动关系（$y = a + bx$）。

回归直线法求出 a、b 的值后，代入 $y = a + bx$，结合自变量 x 的取值，即可求出预测对象 y 的预测销售量或销售额。

$$b = \frac{n\sum xy - \sum x \sum y}{n\sum x^2 - \left(\sum x^2\right)^2}$$

$$a = \frac{\sum y - b\sum x}{n}$$

二、销售定价管理

（一）销售定价管理的含义

企业销售各种产品都必须确定合理的产品销售价格。产品价格的高低直接影响销售量的大小，进而作用于企业的盈利水平。单价水平过高，会导致销售量降低，如果达不到保本点，企业就会亏损；单价水平过低，虽然会起到促销作用，但单位毛利降低，使企业的盈利水平下降。因此，产品销售价格的高低、价格策略运用得恰当与否，都会影响企业正常的生产经营活动，甚至影响企业的生存和发展。进行良好的销售定价管理，可以使企业的产品更富有吸引力，扩大市场占有率。

（二）企业的定价目标

定价目标是指企业在一定的经营环境中，制定产品价格，通过价格效用实现企业预期的经营目标。要使销售定价管理卓有成效，企业必须制定与战略目标相匹配、切实可行的定价目标，以明确定价管理的方向，并用于指导选择适合的定价方法和价格运用策略。企业自身的实际情况及所面临的外部环境不同，企业的定价目标也多种多样，主要有以下几种。

1.实现利润最大化

这种目标通常是通过为产品制定一个较高的价格，从而提高产品单位利润率，最终实现企业利润最大化。它适用于在市场中处于领先或垄断地位的企业，或者在行业竞争中具有很强的竞争优势，并能长时间保持这种优势的企业。

2.保持或提高市场占有率

市场占有率是指企业产品销售额在同类产品市场销售总额中所占的比重，其大小在一定程度上反映了企业的经营状况和竞争实力。以保持或提高市场占有率为定价目标，其目的是使产品价格有利于销售收入的提高，企业利润能得到有效保障，并且可以有效打击竞争对手，这是一种注重企业长期经营利润的做法。

3.稳定价格

为了长期稳定地占领市场，行业中能左右市场价格的一些大企业，往往希望价格稳定，在稳定的价格中获取稳定的利润。通常做法是由行业中的领导企业制定一个价格，其他企业的价格则与之保持一定的比例关系，无论是大企业还是中小企业，都不会随便降价。

4.应对和避免竞争

企业参照对市场有决定性影响的竞争对手的产品价格变动情况，随时调整本企业产品价格。当竞争对手维持原价时，企业也保持原价；竞争对手改变价格时，企业也相应地调整价格，但是企业不会主动调整价格。这种定价方法主要适用于中小型企业。

（三）产品定价方法

产品定价方法主要包括以成本为基础的定价方法和以市场需求为基础的定价方法两大类。

1.以成本为基础的定价方法

在企业成本范畴中，基本上有三种成本可以作为定价基础，即变动成本、制造成本和全部成本费用。

变动成本是指在特定的业务量范围内，其总额会随业务量的变动而变动的成本。变动成本可以作为增加产量的定价依据，但不能作为一般产品的定价依据。

制造成本是指企业为生产产品或提供劳务等发生的直接费用支出，一般包括直接材料、直接人工和制造费用。由于它不包括各种期间费用，因此不能正确反映企业产品的真实价值消耗和转移。利用制造成本定价不利于企业简单再生产的继续进行。

全部成本费用是指企业为生产、销售一定种类和数量的产品所发生的所有成本和费用总额，包括制造成本和管理费用、销售费用及财务费用等各种期间费用。在全部成本费用基础上制定价格，既可以保证企业简单再生产的正常进行，又可以使劳动者为社会劳动所创造的价值得以全部实现。

2.以市场需求为基础的定价方法

以成本为基础的定价方法，主要关注企业的成本状况而不考虑市场需求状况，因而运用这种方法制定的产品价格不一定满足企业销售收入或利润最大化的要求。最优价格应是企业取得最大销售收入或利润时的价格。以市场需求为基础的定价方法可以契合这一要求，主要有需求价格弹性系数定价法和边际分析定价法等。

►►►►►► 第三节　分配管理

一、利润分配的概念

利润分配有广义的概念和狭义的概念，其中，狭义的概念是指企业对一定会计期间（通常是一年）实现的税后净利润进行分配的过程；广义的概念是指企业对一定会计期间

（通常是一年）实现的息税前利润总额在国家、企业相关利益者和企业之间进行分配的过程。利润分配是一项复杂的工作，它关系着国家、企业、职工、债权人等各方面的利益；利润分配是一项政策性很强的工作，国家有相关的法律法规规定，企业必须严格按照国家的相关法律法规和制度进行利润分配活动。经过一系列的利润分配活动，形成了债权人的利息收入、政府的税收收入、投资者的投资收益和企业的留存收益等，其中，利息在所得税前支付，所得税计算和缴纳之后，企业可以向所有者分配股利，最后留存在企业的就是留存收益。企业的留存收益包括盈余公积金和未分配利润两大部分。

二、利润分配的原则

利润是企业在一定会计期间实现的经营成果，是企业从事生产经营活动所取得的成果。企业实现利润之后，必然要对利润在各方面利益相关者之间进行分配；利润分配涉及各方面利益相关者利益的动态平衡和企业长期发展的需要。因此，企业在利润分配中应当遵循一定的原则，主要包括遵纪守法分配原则、积累与分配并重原则、兼顾员工报酬原则、投资与收益对等原则。

（一）遵纪守法分配原则

企业的利润分配涉及各方面利益相关者利益的动态平衡和企业长期发展的需要，应当按照国家制定和颁布的法律法规进行有序分配。国家制定的法律法规规定了企业利润分配的基本要求、一般程序和重大比例等。如企业实现的息税前利润应当先偿还债务的利息，剩余的税前利润首先弥补以前年度亏损，再按照弥补亏损后余额的一定比例计算和缴纳企业所得税，对税后净利润，企业应按照相关规定计提公积金和向投资者分配利润。因此，企业的利润分配必须遵纪守法，在国家法律法规的范围内进行，这是正确处理企业各项财务关系的关键。

（二）积累与分配并重原则

企业是一个持续发展的经济组织，在利润分配中，应当正确处理长期利益和短期利益之间的关系，坚持积累与分配并重的原则。按照《公司法》的规定，企业应当按照实现净利润弥补以前年度亏损后余额的10%计提法定盈余公积金，除按规定提取法定盈余公积金外，还可以根据股东会的决议提取任意盈余公积金和留存一部分利润作为积累，用于企业的后续发展。企业留存的利润不仅可以为企业扩大生产筹措资金，增强企业的发展能力和抵抗风险的能力，同时，还可以供未来年度进行分配，起到以盈补亏、调整利润分配数额波动、稳定投资报酬率等作用。当然，企业可以根据自身的实际情况确定留存多少利润，分配多少利润给投资者，只要能正确处理积累和分配的关系，考虑企业长远发展即可。

（三）兼顾员工报酬原则

企业实现的息税前利润，扣除债务利息和上缴所得税后的净利润属于投资者所有，这是国家法律规定的。然而，企业的利润除了投资者投资实现的资本利得以外，更多的是企业员工贡献劳动力、智力所取得的成果。大部分员工不是企业的投资者，对净利润不享有所有权。因此，在利润分配的过程中，应当以适当的方式给予员工一部分净利润，激发员工工作的热情和开拓创新的动力，增强员工对企业的归属感，提高企业的凝聚力。如在净利润中提取员工利润分享储备金，用于企业职工的集体福利、设施支出；让员工参与企业净利润一定比例的分配等。

（四）投资与收益对等原则

企业是投资者冒着风险创立的，企业的净利润属于投资者，因此，企业在利润分配过程中应当体现"谁投资谁收益""投资大收益大、投资小收益小"的原则，即投资与收益对等原则，这是正确处理企业与投资者利益关系的立足点。在利润分配过程中，投资者应当以出资额为依据，享有利润分配的额度，企业在向投资者分配利润时，要遵守公开、公平、公正的原则，不搞幕后交易，不损害小股东利益，一视同仁地对待所有投资者，任何人不得以权谋私，保护每一位投资者的合法利益。

三、非股份制企业的利润分配程序

利润分配程序，是指公司制企业根据适用的法律法规或制度规定，对企业在一定期间内实现的净利润进行分配时应当经过的步骤和先后顺序。利润分配程序是规范企业利润分配，确定分配顺序的依据，是确保利润分配合法合理的有效保障。

根据《公司法》等法律法规的规定，非股份制企业当年实现的税前利润，应当按照国家税法的规定计算和缴纳企业所得税。

（一）弥补以前年度的亏损

根据我国《公司法》等法律法规的规定，非股份制企业在某一会计年度发生的亏损，可以用下一会计年度的税前利润进行弥补，下一会计年度的税前利润不足弥补亏损的，可以用以后会计年度的利润继续弥补，一直到亏损弥补完为止，但是，用税前利润弥补以前年度亏损的连续期限不得超过5年。5年内不足弥补的部分，可以用本会计年度税后利润弥补。本年实现的净利润加上年初未分配利润或减去年初未弥补亏损后的余额为非股份制企业可供分配的利润，只有可供分配的利润大于零时，企业才能进行后续分配。

（二）计提盈余公积金

只有企业可供分配的利润大于零时，企业才能计提盈余公积金。盈余公积金包括法定盈余公积金和任意盈余公积金。其中，法定盈余公积金按本会计年度净利润扣除以前年度亏损后余额的10%计提。即年初有未弥补亏损的情况，应当用本会计年度实现的净利润减去弥补亏损后余额的10%计提；年初没有未弥补亏损的情况，应当按照本会计年度实现的净利润的10%计提。当企业计提的法定盈余公积金达到注册资本的50%时，以后会计期间可以不再计提。根据《公司法》的规定，法定盈余公积金主要用于弥补企业亏损和按规定转增资本金，但转增资本金后的法定盈余公积金一般不低于注册资本的25%。任意盈余公积金是指计提法定盈余公积金之后，根据企业董事会的决议提取的公积金，任意盈余公积金可以计提，也可以不计提，计提的数额多少，由董事会表决通过。

（三）向投资者分配利润

企业本年净利润扣除弥补以前年度亏损、提取法定盈余公积金和任意盈余公积金后的余额，加上年初留存的利润，即为企业本会计年度可供投资者分配的利润。企业应按照分配与积累并重原则，确定应向投资者分配的利润数额。

▶▶▶▶▶▶ 第四节　股利分配管理

一、股利分配理论

股利分配理论是指人们对股利分配的客观规律的科学认识与总结，其核心问题是股利政策与公司价值的关系。股利分配理论至今仍是学术界内有争议的一个问题，费雪·克莱尔在1976年称之为"股利之谜"。谜题的关键就是股利的支付是否与股东的财富和股票的价格相关。人们对其直接影响关系的认识存在不同的流派与观念，还没有一种被大多数人所接受的权威观点和结论。围绕着公司股利政策是否影响公司价值这一问题，主要有股利无关理论和股利相关理论两类不同的股利理论。

（一）股利无关理论

股利无关理论认为，公司的股利政策不会对公司价值产生任何影响。该理论是由美国财务学专家米勒和莫迪格莱尼首先提出的，因此，这一理论也被称为MM理论。MM理论的基本假定是完美资本市场理论，完美资本市场存在的条件包括四个方面的内容：（1）资本市场强式有效；（2）证券交易瞬间完成，没有筹资费用；（3）不存在个人和公司所得税；（4）投资决策与股利决策是彼此独立的。

在这些假设条件的基础上，MM理论认为投资者不会关心公司股利分配情况，公司股票价格完全由公司投资方案和获利能力决定。在公司有较好投资机会的情况下，公司股票价格上升，如果股利分配得较少，留利较多，投资者可以通过出售股票换取现金来自制股利。如果股利分配较多，留利较少，投资者获得现金后会寻求新的投资机会，而公司仍可以顺利筹集到新的资金。所以投资者不关心股利分配，企业价值就完全由投资项目盈利能力与风险水平所决定，所以，股票价格与公司股利政策是无关的。

MM理论认为，在完美资本市场条件下，股利完全取决于投资项目需要，投资者对于盈利的留存或发放毫无偏好。

（二）股利相关理论

股利相关理论认为，现实中不存在股利无关理论提出的完全市场条件，企业的股利分配政策会影响股票价格和公司价值。其代表性观点主要有"一鸟在手"理论、信号传递理论、所得税差异理论和代理理论。

1."一鸟在手"理论

"一鸟在手"理论认为，用留存收益再投资给投资者带来的收益具有较大的不确定性，并且投资的风险随着时间的推移会进一步加大，因此，厌恶风险的投资者会偏好确定的股利收益，而不愿将收益留存在公司内部，去承担未来的投资风险。该理论认为，公司的股利政策与公司的股票价格是密切相关的，即当公司支付较高的股利时，公司的股票价格会随之上升，公司价值将提高。

2.信号传递理论

信号传递理论认为，在信息不对称的情况下，公司可以通过股利政策向市场传递有关公司未来获利能力的信息，从而会影响公司的股价。一般来讲，预期未来获利能力强的公司，往往愿意通过相对较高的股利支付水平吸引更多的投资者。对于市场上的投资者来讲，股利政策的差异或许是反映公司预期获利能力的有价值的信号。如果公司连续保持较为稳定的股利支付水平，那么，投资者就可能对公司未来的盈利能力与现金流量抱有乐观的预期。另外，如果公司的股利支付水平在过去一个较长的时期内相对稳定，而现在却有所变动，投资者将会把这种现象看作公司管理层将改变公司未来收益率的信号，股票市价将会对股利的变动做出反应。

3.所得税差异理论

所得税差异理论认为，由于普遍存在的税率和纳税时间的差异，资本利得收入比股利收入更有助于实现收益最大化目标，公司应当采用低股利政策。一般来说，对资本利得收入征税的税率低于对股利收入征税的税率。再者，即使两者没有税率上的差异，由于投资者对资本利得收入的纳税时间选择更具有弹性，投资者仍可以享受延迟纳税带来的收益。

4.代理理论

代理理论认为，股利政策有助于减缓管理者与股东之间的代理冲突，即股利政策是协调股东与管理者之间代理关系的一种约束机制。该理论认为，股利的支付能够有效降低代理成本。首先，股利的支付降低了管理者对自由现金流量的支配权，这在一定程度上可以抑制公司管理者的过度投资或在职消费行为，从而保护外部投资者的利益；其次，较多的现金股利发放，减少了内部融资，导致公司进入资本市场寻求外部融资，从而公司将接受资本市场上更多的、更严格的监督，这样便通过资本市场的监督降低了代理成本。因此，高水平的股利政策降低了公司的代理成本，但同时增加了外部融资成本，理想的股利政策应当使两种成本之和最小。

二、制定股利政策应考虑的因素

公司的利润分配涉及公司相关各方的切身利益，受众多不确定因素的影响，在确定分配政策时，应当考虑各种相关因素的影响。

（一）法律限制

公司在进行利润分配时，应坚持法定利润分配程序，不能以企业资本分配利润，当年无利润不能动用以前年度留存收益分配利润，必须遵循法律规定。

（二）公司因素

公司长期发展和短期经营活动对现金的需求，成为对股利最重要的限制因素。其相关因素主要有以下几点：

1.现金流量

由于会计规范的要求和核算方法的选择，公司盈余与现金流量并非完全同步，净收益的增加不一定意味着可供分配的现金流量的增加。公司在进行利润分配时，要保证正常的经营活动对现金的需求，以维持资金的正常周转，使生产经营得以有序进行。

2.投资机会

如果公司的投资机会多，对资金的需求量大，那么公司就会考虑采用低股利支付水平的分配政策。相反，如果公司的投资机会少，对资金的需求量小，那么公司就很可能倾向于采用较高股利支付水平的分配政策。此外，如果公司将留存收益用于再投资所得报酬低于股东个人单独将股利收入投资于其他投资机会所得的报酬，公司就不应多留存收益，而应多发放股利，这样有利于股东价值的最大化。所以，处于成长中的公司因一般具有较多的良好投资机会而多采取低股利政策，处于经营收缩期的公司则因缺少良好的投资机会而多采取高股利政策。

3.筹资能力

如果公司规模大、经营好、利润丰厚，其筹资能力一般很强，那么在决定股利支付数额时，有较大的选择余地。但对那些规模小、新创办、风险大的公司，其筹资能力有限，这类公司应尽量减少现金股利支付，而将利润更多地留存在公司，作为内部筹资。

4.盈利的稳定性

公司的现金股利来源于税后利润。盈利相对稳定的公司，有可能支付较高股利，而盈利不稳定的公司，一般采用低股利政策。这是因为，对于盈利不稳定的公司，低股利政策可以减少因盈利下降而造成的股利无法支付、公司形象受损、股价急剧下降的风险，还可以将更多的盈利用于再投资，以提高公司的权益资本比重，降低财务风险。

5.其他因素

由于股利的信号传递作用，公司不宜经常改变其利润分配政策，应保持一定的连续性和稳定性。此外，利润分配政策还会受其他公司的影响，比如不同发展阶段、不同行业的公司股利支付比例会有差异，这就要求公司在进行政策选择时考虑发展阶段以及所处行业状况。

（三）股东因素

公司股东在合理避税、规避风险、稳定收入和股权稀释等方面的意愿，也会对公司的股利政策产生影响。公司的股利政策不可能使每个股东财富最大化，公司制定股利政策的目的在于合理，对绝大多数股东的财富产生有利影响。

三、股利政策

股利政策是指在法律允许的范围内，企业是否发放股利、发放多少股利以及何时发放股利的方针及对策。企业的净收益可以支付给股东，也可以留存在企业内部，股利政策的关键问题是确定分配和留存的比例。通常可供选择的股利政策包括剩余股利政策、固定或稳定增长的股利政策、固定股利支付率政策及低正常股利加额外股利政策。

（一）剩余股利政策

剩余股利政策是指公司在有良好的投资机会时，根据目标资本结构，测算出投资所需的权益资本额，先从盈余中留用，然后将剩余的盈余作为股利来分配。即净利润首先满足公司的资金需求，如果还有剩余，就派发股利；如果没有，则不派发股利。剩余股利政策的理论依据是 MM 股利无关理论。根据 MM 股利无关理论，在完全理想状态下的资本市场中，公司的股利政策与普通股每股市价无关，故股利政策只需随着公司投资、融资方案的制定自然确定。

例 6-1 ∷∷∷∷

某公司 2023 年税后净利润为 2 000 万元，2024 年的投资计划需要资金 2 200 万元，公司的目标资本结构为权益资本占 60%，债务资本占 40%。试计算该公司 2023 年的每股股利。

2024 年投资方案所需的自有资金 =2 200×60%=1 320（万元）

公司 2023 年全部可用于分派的盈利为 2 000 万元，除了满足上述投资方案所需的权益资本数额外，剩余部分可用于发放股利。

2023 年公司可以发放的股利 =2 000−1 320=680（万元）

假设该公司 2023 年流通在外的普通股为 1 000 万股：

每股股利 =680÷1 000=0.68（元）

剩余股利政策的优点：留存收益优先保证再投资的需要，有助于降低再投资的资金成本，保持最佳的资本结构，实现企业价值的长期最大化。

剩余股利政策的缺点：若完全遵照执行剩余股利政策，股利发放额就会每年随着投资机会和盈利水平的波动而波动。在盈利水平不变的前提下，股利发放额与投资机会的多寡呈反方向变动；而在投资机会维持不变的情况下，股利发放额将与公司盈利水平同向波动。剩余股利政策忽略了不同股东对资本利得与股利的偏好，损害那些偏好现金股利的股东利益，从而有可能影响股东对公司的信心。此外，公司采用剩余股利政策是以投资的未来收益为前提的，由于公司管理层与股东之间存在信息不对称，股东不一定了解公司投资的未来收益水平，这也会影响股东对公司的信心。剩余股利政策不利于投资者安排收入与支出，也不利于公司树立良好的形象。

（二）固定或稳定增长股利政策

固定或稳定增长股利政策是指公司将每年派发的股利金额固定在某一特定水平或在此基础上维持某一固定比率逐年稳定增长。公司只有在确信未来盈余不会发生逆转时才会宣布实施固定或稳定增长的股利政策。在这一政策下，公司应首先确定股利分配额，而且该分配额一般不随资金需求的波动而波动。

固定或稳定增长股利政策的优点：由于股利的信号传递作用，稳定的股利向投资者传递着公司正常发展的信息，有利于树立公司的良好形象，增强投资者对公司的信心，稳定股票的价格；稳定的股利额有助于投资者安排股利收入和支出，有利于吸引那些打算进行长期投资，并对股利有很高依赖性的投资者。

固定或稳定增长股利政策的缺点：股利的支付与公司的盈利脱节，即不论公司盈利多少，均要支付固定的或按固定比率增长的股利，这可能会导致公司资金紧缺，财务状况恶化。此外，在公司无利可分的情况下，若依然实施固定或稳定增长的股利政策，是违反《公司法》的行为。

因此，采用固定或稳定增长的股利政策，要求公司对未来的盈利和支付能力做出准确的判断。一般来说，公司确定的固定股利额不宜太高，以免陷入无力支付的被动局面。固定或稳定增长的股利政策通常适用于经营比较稳定或正处于成长期的公司，但很难被长期采用。

（三）固定股利支付率政策

固定股利支付率政策是指公司将每年净利润的某一固定百分比作为股利分派给股东。这一百分比通常称为股利支付率，股利支付率一经确定，一般不得随意变更。在这一股利政策下，只要公司的税后利润一经计算确定，所派发的股利也就相应确定了。固定股利支付率越高，公司留存的净利润越少。

固定股利支付率政策的优点：采用固定股利支付率政策，股利与公司盈余紧密相关，体现了"多盈多分、少盈少分、无盈不分"的股利分配原则。由于公司的获利能力在年度间是经常变动的，因此，每年的股利也随着公司收益的变动而变动。采用固定股利支付率政策，公司每年按固定的比例从税后利润中支付现金股利，从公司的支付能力的角度看，这是一种稳定的股利政策。

固定股利支付率政策的缺点：大多数公司每年的收益很难保持稳定不变，导致年度间的股利波动较大，由于股利的信号传递作用，波动的股利很容易给投资者带来经营状况不稳定、投资风险较大的不良印象，成为公司的不利因素；容易使公司面临较大的财务压力，因为公司实现的盈利多，并不能代表公司有足够的现金流用来支付较多的股利；合适的固定股利支付率的确定难度比较大。

由于公司每年面临的投资机会、筹资渠道都不同，而这些都可以影响到公司的股利分配，所以，一成不变地奉行固定股利支付率政策的公司在实际中并不多见，固定股利支付率政策只适用于那些处于稳定发展且财务状况也较稳定的公司。

例6-2 ∴∴∴∴

某公司长期以来用固定股利支付率政策进行股利分配，确定的股利支付率为20%，2024年税后净利润为2 000万元，如果继续执行固定股利支付率政策，公司本年度将要支付的股利计算如下：

本年度将要支付的股利=2 000×20%=400（万元）

（四）低正常股利加额外股利政策

低正常股利加额外股利政策是指公司事先设定一个较低的正常股利额，每年除了按正常股利额向股东发放股利外，还在公司盈余较多、资金较为充裕的年份向股东发放额外股利。但是，额外股利并不固定，不意味着公司永久地提高股利支付率。

低正常股利加额外股利政策的优点：赋予公司较大的灵活性，使公司在股利发放上留有余地，并具有较大的财务弹性。公司可根据每年的具体情况，选择不同的股利发放水平，以稳定和提高股价，进而实现公司价值的最大化；使那些依靠股利度日的股东每年至少可以得到虽然较低但比较稳定的股利收入，从而吸引这部分股东。

低正常股利加额外股利政策的缺点：年份之间公司盈利的波动使得额外股利不断变化，造成股利波动，容易给投资者收益不稳定的感觉；当公司在较长时间持续发放额外股利后，可能会被股东误认为"正常股利"，一旦取消，传递出的信号可能会使股东认为这是公司财务状况恶化的表现，进而导致股价下跌。

四、股票股利

（一）股票股利的定义

股票股利是公司以增发股票的方式来支付公司股利，通常被称为红股。股票股利对公司来说，并没有现金流出，也不会导致公司的财产减少，而只是将公司的留存收益转化为股本，但股票股利会增加流通在外的股票数量（股数），同时降低股票的每股价值。它不会改变公司股东权益总额，股票股利也不会直接改变每位股东的股权比例，只是所有者权益各项目的结构发生了变化，即未分配利润或者盈余公积减少，股本相应增加。

例6-3 ∷∷∷

某上市公司在2024年发放股票股利前，其资产负债表上的股东权益账户情况见表6-2。

表6-2　　　　　　　　　　发放股票股利前股东权益情况　　　　　　　　　　单位：万元

普通股（面值1元，发行在外1 000万股）	1 000
资本公积	3 000
盈余公积	2 000
未分配利润	3 000
股东权益合计	9 000

假设该公司宣布发放20%的股票股利，现有股东每持有10股，即可获赠2股普通股。我国股票股利价格按股票面值计算，该上市公司发放股票股利的价格则为1元。那么，随着股票股利的发放，"未分配利润"项目按面值减少（增加的股数×每股面值），需要从"未分配利润"项目划转出的资金为：

1 000×20%×1=200（万元）

"股本"项目按面值增加。由于股票面值（1元）不变，发放200万股，"普通股"项目应增加200万元，"资本公积"项目不变，而公司的股东权益总额并未发生改变，仍是900万元，股票股利发放后资产负债表的股东权益部分见表6-3。

表6-3　　　　　　　　　　发放股票股利后股东权益情况　　　　　　　　　　单位：万元

普通股（面值1元，发行在外1 200万股）	1 200
资本公积	3 000
盈余公积	2 000
未分配利润	2 800
股东权益合计	9 000

从表面上看，分配股票股利除了增加所持股数外好像并没有给股东带来直接收益，事实上并非如此。因为市场投资者普遍认为，公司发放股票股利往往预示着公司会有较大的发展和成长，这样的信息不仅会稳定股票价格甚至可能使股票价格上升。另外，如果股东把股票股利出售，还可以获得税收优惠的好处。

（二）股票股利对公司的影响

（1）发放股票股利可使股东分享公司的盈余而无须分配现金，这使公司控制了现金流出，便于进行再投资，有利于公司的长期发展。

（2）在盈余和现金股利不变的情况下，发放股票股利可以降低每股价值，从而吸引更多的投资者。

（3）发放股票股利往往会向社会传递公司将会继续发展的信息，从而提高投资者对公司的信心，在一定程度上稳定股票价格。但在某些情况下，发放股票股利也会被认为是公司资金周转不灵的征兆，从而降低投资者对公司的信心，加剧股价下跌。

五、股票分割

（一）股票分割的含义

企业为了降低股票的交易价格，除采用股票股利外，还常用股票分割。股票分割（stock split）是指将面额较高的股票拆成面额较低的股票的行为，也称"拆股"。股票分割不属于某种股利分配方式，但其所产生的效果与发放股票股利相似。

股票分割时，其对公司的股东权益结构不会产生任何影响，一般只会使发行在外的股数增加，每股面值降低，每股盈余下降，并由此使每股市价下跌，但公司价值不变，股东权益总额不会改变，这与发放股票股利时的情况相同。它与股票股利的不同之处在于股东权益各项目的金额及其相互间的比例不会改变。

（二）股票分割对公司的影响

1.降低股票市价

股票分割通过增加股票股数降低了每股市价，从而吸引更多的投资者，使公司股票更为广泛地分散到投资者手中。

2.为新股发行做准备

股票价格太高使许多潜在投资者不敢轻易对公司股票进行投资。在新股发行之前，利用股票分割降低股票价格，有利于提高股票的可转让性、促进市场交易活动，由此促进新发行股票的销售。

3.有助于公司兼并、合并政策的实施

当一家公司兼并或合并另一家公司时，首先将自己的股票加以分割，有助于增加对被兼并方股东的吸引力。

思考与案例

1. 收入与分配管理的原则包括哪些内容？

2. 价格运用策略有哪些？企业的定价目标有哪些？影响产品价格的因素有哪些？

3. 股利分配政策有哪些类型？什么是股利无关论？影响股利分配政策的因素主要有哪些？

4. 不同股利政策的优缺点及适用范围分别是什么？

5. 迈克生物（300463）2015年12月23日晚间公告，公司实际控制人之一唐勇提议公司2015年度利润分配预案为：以公司董事会审议通过分配方案时的总股本为基数，以不少于当年实现的可分配利润的20%进行现金分红（含税），同时以资本公积金向全体股东每10股转增20股。唐勇承诺在董事会和股东大会审议上述利润分配预案时投赞成票。该公司股利支付的方式是什么？有何优缺点？该公司选择该股利支付方式的依据是什么？

第七章

预算管理

学习目标

1. 了解预算管理的特征、作用和体系。
2. 掌握固定预算、弹性预算、增量预算、零基预算、定期预算和滚动预算编制的基本原理。
3. 掌握经营预算、专门决策预算和财务预算的编制。
4. 熟悉预算的执行与考核。

思维导图

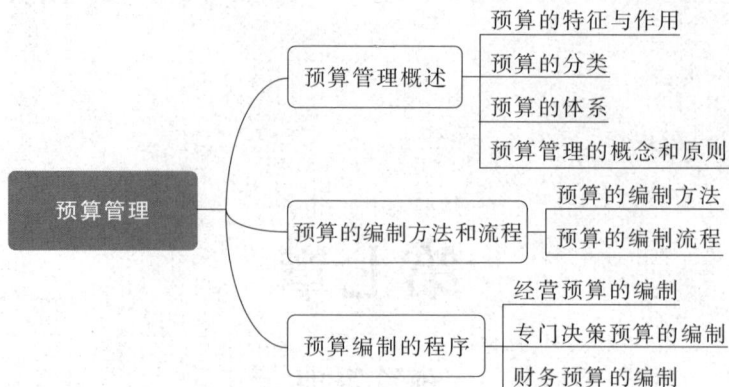

学思践悟

　　预算体现国家的战略和政策，是推进国家治理体系和治理能力现代化的重要支撑，是宏观调控的重要手段。我们应建立全面规范透明、标准科学、约束有力的预算制度，全面实施绩效管理。科学把握建立现代预算制度的理论逻辑、历史逻辑和现实逻辑，是全面落实建立现代预算制度的关键。

　　《中华人民共和国预算法》于1994年出台，并于2014年修订，在法治的轨道上强化了对政府预算的人大监督、问责机制构建和预算公开。目前，"预算法定"已成为社会主义市场经济条件下约束政府部门行为、处理政府与市场关系的重要准则。2018年9月，《中共中央、国务院关于全面实施预算绩效管理的意见》发布，以绩效结果为导向的资金配置模式正在全面构建。政府对预算资源配置能力的提升，有力推动了社会主义市场经济的发展。进入新时代，完善和发展中国特色社会主义制度、推进国家治理体系和治理能力现代化对预算改革提出了更高要求。我国现代预算制度的建立必须立足实际，做到理论与实践相结合、历史与现实相衔接，在发现和解决实际问题中不断实现预算治理能力的新跨越。

　　阅读材料，请结合本章预算管理的相关知识，思考预算管理在推动国家经济高质量发展中的作用。

▶▶▶▶▶▶ 第一节　预算管理概述

一、预算的特征与作用

（一）预算

预算是企业在预测、决策的基础上，用数量和金额以表格的形式反映企业未来一定时期内经营、投资、筹资等活动的具体计划，是为实现企业目标而对各种资源和企业活动所作的详细安排。预算是一种可据以执行和控制经济活动的、最为具体的计划，是对目标的具体化，是企业战略导向预定目标的有力工具；是面向未来的，围绕企业业务活动、管理活动对企业资源优化配置的一种规划。

（二）预算的特征

预算具有两个特征：

（1）预算与企业的战略目标保持一致，因为预算是为实现企业目标而对各种资源和企业活动所作的详细安排。

（2）预算是数量化的并具有可执行性，因为预算作为一种数量化的详细计划，它是对未来活动的细致、周密安排，是未来经营活动的依据。数量化和可执行性是预算最主要的特征。

（三）预算的作用

预算的作用主要表现在以下三个方面：

1.通过规划、控制和引导经济活动，使企业经营达到预期目标

通过预算可以控制企业经营活动过程，随时发现企业经营活动中出现的问题，并采取一定的措施进行补救，纠正不良偏差，通过有效方式实现企业预期目标。因此预算具有规划、控制、引导企业经济活动有序进行、以最经济有效的方式实现预定目标的功能。

2.实现企业内部各个部门之间的协调

在企业生产经营过程中，企业各个部门之间以及各部门与企业整体之间，存在着非常密切的联系，这些联系往往决定着企业整体利益与各部门及职工个人的利益，这就要求企业为了完成整体目标和任务，各部门之间必须紧密配合，相互协调，统筹兼顾，合理安排。

3.业绩考核的重要依据

预算是企业财务活动的行为标准，使各项活动的执行有章可循。预算为考核各部门及员工工作业绩提供了依据。经过分解落实的预算规划目标能与部门、责任人的业绩考评结合起来，成为奖勤罚懒、评估优劣的准绳。企业可以定期或不定期地检查各部门所承担工作任务的完成情况，确保企业总体目标的实现。

二、预算的分类

（一）根据内容的不同分类

根据内容的不同，企业预算可以分为经营预算（即业务预算）、专门决策预算和财务预算。

经营预算是与企业日常业务直接相关的一系列预算，包括销售预算、生产预算、采购预算、费用预算和人力资源预算等。

专门决策预算是指企业重大的或不经常发生的、需要根据特定决策编制的预算，包括投融资决策预算等。专门决策预算直接反映相关决策的结果，是实际中已选方案的进一步规划。

财务预算是指与企业资金收支、财务状况或经营成果等有关的预算，包括资金预算、预计资产负债表、预计利润表等。财务预算作为全面预算体系的最后环节，从价值方面总括地反映企业经营预算与专门决策预算的结果，故也被称为总预算，其他预算则相应称为辅助预算或分预算。

（二）按预算指标覆盖时间的长短分类

按预算指标覆盖时间的长短，企业预算可分为长期预算和短期预算

通常将预算期在1年以内（含1年）的预算称为短期预算，预算期在1年以上的预算称为长期预算。由于长期投资所需资金金额较大，影响期较长，因此长期预算编制的好坏会影响一个企业的长期财务目标是否能如期实现，企业今后若干年后的经济效益，以及企业短期预算的编制。

预算的编制时间长短须根据预算的内容和实际需要制定，可以是1周、1月、1季、1年或若干年等。预算的编制应结合预算的特点，将长期预算和短期预算结合使用。一般来说，企业的经营预算和财务预算多为1年期的短期预算，年内再按季或月细分，而且预算期间往往与会计期间保持一致。

三、预算的体系

各种预算是一个有机联系的整体。一般将由经营预算、专门决策预算和财务预算组成的预算体系，称为全面预算体系。其结构如图7-1所示。

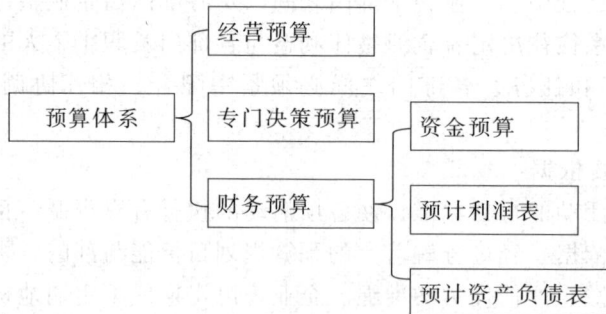

图7-1 全面预算体系

四、预算管理的概念和原则

预算管理，是指企业以战略目标为导向，通过对未来一定期间内的经营活动和相应的财务结果进行全面预测和筹划，科学、合理地配置企业各项财务和非财务资源，并对执行过程进行监督和分析，对执行结果进行评价和反馈，指导经营活动的改善和调整，进而推动实现企业战略目标的管理活动。

企业进行预算管理，一般应遵循以下原则：

（一）战略导向原则

预算管理应围绕企业的战略目标和业务计划有序开展，引导各预算责任主体聚焦战略、专注执行、达成绩效。

（二）过程控制原则

预算管理应通过及时监控、分析等把握预算目标的实现进度并实施有效评价，为企业经营决策提供有效支撑。

（三）融合性原则

预算管理应以业务为先导、以财务为协同，将预算管理嵌入企业经营管理活动的各个领域、层次、环节。

（四）平衡管理原则

预算管理应平衡长期目标与短期目标、整体利益与局部利益、收入与支出、结果与动因等关系，促进企业可持续发展。

（五）权变性原则

预算管理应刚性与柔性相结合，既强调预算对经营管理的刚性约束，又可根据内外环境的重大变化调整预算，并针对例外事项进行特殊处理。

▶▶▶▶▶▶ 第二节　预算的编制方法和流程

一、预算的编制方法

企业一般按照分级编制、逐级汇总的方式，采用自上而下、自下而上、上下结合或多维度相协调的流程编制预算。常见的预算方法主要包括增量预算法与零基预算法、固定预算法与弹性预算法、定期预算法与滚动预算法。

（一）增量预算法与零基预算法

按其出发点的特征不同，编制预算的方法可分为增量预算法和零基预算法两大类。

1.增量预算法

增量预算方法，又称调整预算方法，是指以基期成本费用水平为基础，结合预算期业务量水平及有关影响成本因素的未来变动情况，通过调整有关原有费用项目而编制预算的一种方法。增量预算法以过去的费用发生水平为基础，不需要在预算内容上作较大的调整。增量预算法的缺陷是：可能导致无效费用开支无法得到有效控制，使得不必要开支合理化，造成预算上的浪费。

2.零基预算法

零基预算法，是指企业不以历史期经济活动及其预算为基础，以零为起点，从实际需要出发分析预算期经济活动的合理性，经综合平衡，形成预算的预算编制方法。零基预算法适用于企业各项预算的编制，特别是不经常发生的预算项目或预算编制基础变化较大的预算项目。

零基预算法的优点是：预算的编制不受现有费用项目的限制；不仅能压缩经费支出，而且能把有限的经费用到企业最需要的项目上；不受现行预算的束缚，能充分调动企业各级管理人员的工作积极性，促使各级预算部门合理使用资金，提高资金的使用效率。其缺点主要体现在：一是预算编制工作量较大、成本较高；二是预算编制的准确性受企业管理水平和相关数据标准准确性影响较大。

（二）固定预算法与弹性预算法

编制预算的方法按其业务量基础的数量特征不同，可分为固定预算法和弹性预算法。

1.固定预算法

固定预算法又称静态预算法，是指以预算期内正常的、最可能实现的某一业务量（企业产量、销售量、作业量等与预算项目相关的弹性变量）水平为基础，不考虑可能发生的变动的预算编制方法。固定预算法适用于业务量比较稳定的企业。

固定预算法的缺点表现在两个方面：

（1）适应性差。因为编制预算的业务量基础是事先假定的某个业务量。在这种方法下，不论预算期内业务量水平实际可能发生哪些变动，都只按事先确定的某一个业务量水平为编制预算的基础。

（2）可比性差。当实际的业务量与编制预算所依据的业务量差异较大时，有关预算指标的实际数与预算数就会因业务量基础不同而失去可比性。

2.弹性预算法

弹性预算法又称动态预算法，是指企业在分析业务量与预算项目之间数量依存关系的基础上，分别确定不同业务量及其相应预算项目所消耗资源的预算编制方法。弹性预算法的准确性，在很大程度上取决于成本性态分析的可靠性。

弹性预算法的主要优点：考虑了预算期可能的不同业务量水平，更贴近企业经营管理实际情况。弹性预算法的主要缺点：一是编制工作量大；二是市场及其变动趋势预测的准确性、预算项目与业务量之间依存关系的判断水平等会对弹性预算的合理性造成较大影响。

（三）定期预算法与滚动预算法

编制预算的方法按其预算期的时间特征不同，可分为定期预算法和滚动预算法两大类。

1.定期预算法

定期预算法是指在编制预算时，以不变的会计期间（如日历年度）作为预算期的一种预算编制方法。这种方法的优点是能够使预算期间与会计期间相对应，便于将实际数与预算数进行对比，也有利于对预算执行情况进行分析和评价。但这种方法固定以1年为预算期，在执行一段时期之后，往往使管理人员只考虑剩下来的几个月的业务，缺乏长远打算，导致一些短期行为的出现。

2.滚动预算法

滚动预算法又称连续预算法或永续预算法，是指在编制预算时，将预算期与会计期间脱离开，随着预算的执行不断地补充预算，逐期向后滚动，使预算期始终保持为一个固定长度（一般为12个月）的一种预算编制方法。滚动预算法的基本做法是使预算期始终保持12个月，每过1个月或1个季度，立即在期末增列1个月或1个季度的预算，逐期往后滚动，因而在任何一个时期都使预算保持为12个月的时间长度。这种预算能使企业各级管理人员对未来始终保持整整12个月时间的考虑和规划，从而保证企业的经营管理工作能够稳定而有序地进行。

采用滚动预算法编制预算，按照滚动的时间，可分为逐月滚动、逐季滚动和混合滚动。

（1）逐月滚动

逐月滚动是指在预算编制过程中，以月份为预算的编制和滚动单位，每个月调整一次预算的方法。逐月滚动的示意图如图7-2所示。

按照逐月滚动方式编制的预算比较精确，但工作量较大。

2024年度预算（一）											
1月	2月	3月	4月	5月	6月	7月	8月	9月	10月	11月	12月

执行与调整

2024年度预算（二）											2025年
2月	3月	4月	5月	6月	7月	8月	9月	10月	11月	12月	1月

执行与调整

2024年度预算（三）										2025年	
3月	4月	5月	6月	7月	8月	9月	10月	11月	12月	1月	2月

图7-2　逐月滚动预算方式示意图

（2）逐季滚动

逐季滚动是指在预算编制过程中，以季度为预算的编制和滚动单位，每个季度调整一次预算的方法。逐季滚动比逐月滚动的工作量小，但精确度较差。

（3）混合滚动。

混合滚动是指在预算编制过程中，同时以月份和季度作为预算的编制和滚动单位的方法。这种预算方法的理论依据是：人们对未来的了解程度具有对近期的预计把握较大、对远期的预计把握较小的特征。混合滚动预算方式示意图如图7-3所示。

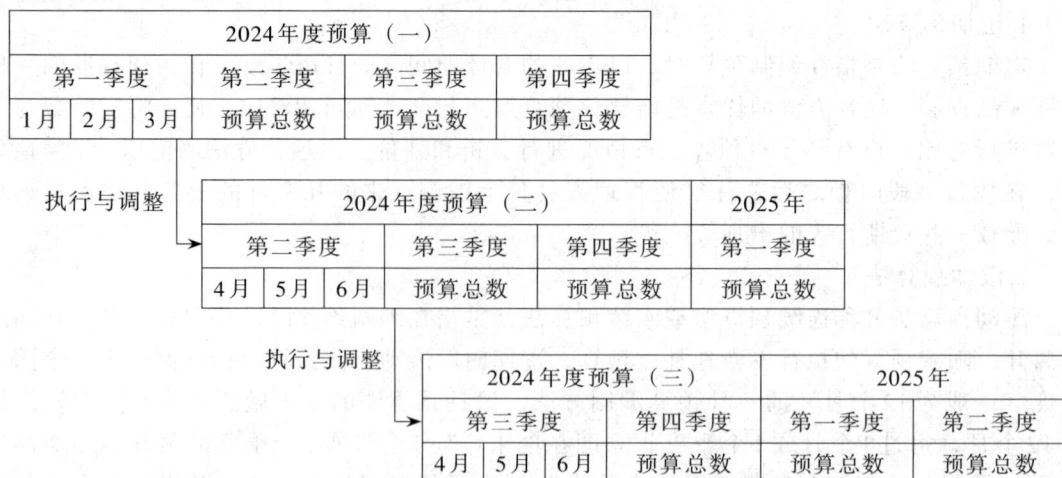

2024年度预算（一）			
第一季度	第二季度	第三季度	第四季度
1月 2月 3月	预算总数	预算总数	预算总数

执行与调整

2024年度预算（二）			2025年
第二季度	第三季度	第四季度	第一季度
4月 5月 6月	预算总数	预算总数	预算总数

执行与调整

2024年度预算（三）		2025年	
第三季度	第四季度	第一季度	第二季度
4月 5月 6月	预算总数	预算总数	预算总数

图7-3　混合滚动预算方式示意图

运用滚动预算法编制预算，使预算期间依时间顺序向后滚动，能够保持预算的持续性，有利于结合企业短期目标和长期目标，考虑未来业务活动。使预算随时间的推进不断加以调整和修订，能使预算与实际情况更加适应，有利于充分发挥预算的指导和控制作用。

二、预算的编制流程

企业编制预算，一般应按照"下达目标、编制上报、审查平衡、审议批准、下达执行"的流程进行。

（一）下达目标

企业董事会或经理办公会根据企业发展战略和预算期经济形势的初步预测，在决策的基础上，提出下一年度企业预算目标，包括销售或营业目标、成本费用目标、利润目标和现金流量目标，并确定预算编制的政策，由预算管理委员会下达各预算执行单位。

（二）编制上报

各预算执行单位按照企业预算管理委员会下达的预算目标和政策，结合自身特点以及预算的执行条件，提出详细的本单位预算方案，上报企业财务管理部门。

（三）审查平衡

企业财务管理部门对各预算执行单位上报的财务预算方案进行审查、汇总，提出综合建议。在审查平衡过程中，预算管理委员会应当进行充分协调，对发现的问题提出初步调整意见，并反馈给有关预算执行单位予以修正。

（四）审议批准

企业财务管理部门在有关预算执行单位修正调整的基础上，编制出企业预算方案，报企业预算管理委员会讨论。对于不符合企业发展战略或者预算目标的事项，企业预算管理委员会应当责成有关预算执行单位进一步修订、调整。在讨论、调整的基础上，企业财务管理部门正式编制企业年度预算草案，提交董事会或经理办公会审议批准。

（五）下达执行

企业财务管理部门对董事会或经理办公会审议批准的年度总预算，一般在次年3月底以前，分解成一系列的指标体系，由预算管理委员会逐级下达各预算执行单位执行。

▶▶▶▶▶▶ 第三节　预算编制的程序

企业应建立和完善预算编制的工作制度，明确预算编制依据、编制内容、编制程序和编制方法，确保预算编制依据合理、内容全面、程序规范、方法科学，确保形成各层级广泛接受的、符合业务假设的、可实现的预算控制目标。

一、经营预算的编制

（一）销售预算

销售预算是在销售预测的基础上编制的，用于规划预算期销售活动的一种业务预算。销售预算是整个预算的编制起点，其他预算的编制都以销售预算为基础。表7-1是宏达公司本年的销售预算（为方便计算，本章均不考虑增值税）。

表7-1　　　　　　　　　　　　　　销售预算　　　　　　　　　　　　　金额单位：元

项目	第一季度	第二季度	第三季度	第四季度	全年
预计销售量（件）	100	150	200	180	630
预计单位售价	200	20	200	200	200
销售收入	20 000	30 000	40 000	36 000	126 000
预计现金收入					
上年应收账款	6 200				6 200
第一季度（销货20 000元）	12 000	8 000			20 000
第二季度（销货30 000元）		18 000	12 000		30 000
第三季度（销货40 000元）			24 000	16 000	40 000
第四季度（销货36 000元）				21 600	21 600
现金收入合计	18 200	26 000	36 000	37 600	117 800

销售预算的主要内容是销量、单价和销售收入。销量是根据市场预测或销货合同并结合企业生产能力确定的；单价是通过价格决策确定的；销售收入是两者的乘积。实际上销售预算通常要分品种、分月份、分销售区域、分推销员来编制。为了简化起见，本例只划分了季度销售数据。销售预算中通常还包括预计现金收入的计算，其目的是为编制现金预

算提供必要的资料。第一季度的现金收入包括两部分，即上年应收账款在本年第一季度收到的货款以及本季度销售收到的货款。

（二）生产预算

生产预算是为规划预算期生产规模而编制的一种业务预算，是在销售预算的基础上编制的，并可以作为编制直接材料预算和产品成本预算的依据。通常情况下，企业的生产和销售不能"同步同量"，生产除了满足销售外，还需要有一定的存货量，以保证在发生意外需求时能按时供货，均衡生产，减少赶工生产而增加的额外开支。

例7-1 ∴∴∴

宏达公司希望能在每季末保持相当于下季度销售量10%的期末存货，预计2024年年初和年末存货分别为10件和20件。中宏公司2024年生产预算见表7-2。

表7-2　　　　　　　　　　　　　2024年生产预算　　　　　　　　　　　　单位：件

项目	第一季度	第二季度	第三季度	第四季度	全年
预计销售量	100	150	200	180	630
加：预计期末产成品存货	15	20	18	20	20
合计	115	170	218	200	650
减：预计期初产成品存货	10	15	20	18	10
预计生产量	105	155	198	182	640

生产预算的"预计销售量"来自销售预算，其他数据在表7-7中计算得出：

预计期末产成品存货=下季度销售量×10%

预计期初产成品存货=上季度期末产成品存货

预计生产量=预计销售量+预计期末产成品存货–预计期初产成品存货

（三）直接材料预算

直接材料是指企业生产产品和提供劳务过程中所消耗的、直接用于产品生产并构成产品实体的原料、主要材料、外购半成品，以及有助于产品形成的辅助材料及其他直接材料。直接材料预算是反映企业预算期内各种直接材料的消耗数量、采购数量及采购金额的预算。直接材料预算的编制要以生产预算为基础，同时要考虑原材料的存货水平。

表7-3是宏达公司本年的直接材料预算。其主要内容有材料的单位产品用量、生产需用量、期初和期末存量等。

预计期末存量按下季度生产需用量的20%计算。各季度"期初材料存量"等于上季度期末材料存量。预计各季度"采购量"根据下式计算确定：

预计采购量=生产需用量+期末存量–期初存量

为了便于以后编制现金预算，通常要预计材料采购各季度的现金支出。每个季度的现金支出包括偿还上期应付账款和本期应支付的采购货款。本例假设材料采购的货款有50%在本季度内付清，另外50%在下季度付清。这个百分比一般是根据经验确定的。如果材料品种很多，需要单独编制材料存货预算。

表7-3 直接材料预算

项目	第一季度	第二季度	第三季度	第四季度	全年
预计销售量（件）	105	155	198	182	640
单位产品材料用量（千克/件）	10	10	10	10	10
生产需用量（千克）	1 050	1 550	1 980	1 820	6 400
加：预计期末存量（千克）	310	396	364	400	400
减：预计期初存量（千克）	300	310	396	364	300
预计材料采购量（千克）	1 060	1 636	1 948	1 856	6 500
单价（元/千克）	5	5	5	5	5
预计采购金额（元）	5 300	8 180	9 740	9 280	32 500
预计现金支出					
上年应收账款（元）	2 350				2 350
第一季度（采购5 300元）	2 650	2 650			5 300
第二季度（采购8 180元）		4 090	4 090		8 180
第三季度（采购9 740元）			4 870	4 870	9 740
第四季度（采购9 280元）				4 640	4 640
合计	5 000	6 740	8 960	9 510	30 210

（四）直接人工预算

直接人工预算是一种既反映预算期内人工工时消耗水平，又规划人工成本开支的业务预算。直接人工预算也是以生产预算为基础编制的。其主要内容有预计产量、单位产品工时、人工总工时、每小时人工成本和人工总成本。由于人工工资都需要使用现金支付，所以，不需要另外预计现金支出，可直接参加现金预算的汇总。宏达公司全年的直接人工预算如表7-4所示。

表7-4 直接人工预算

项目	第一季度	第二季度	第三季度	第四季度	全年
预计产量（件）	105	155	198	182	640
单位产品工时（小时/件）	10	10	10	10	10
人工总工时（小时）	1 050	1 550	1 980	1 820	6 400
每小时人工成本（元/小时）	2	2	2	2	2
人工总成本（元）	2 100	3 100	3 960	3 640	12 800

（五）制造费用预算

制造费用预算通常分为变动制造费用预算和固定制造费用预算两部分。变动制造费用预算以生产预算为基础编制。如果有完善的标准成本资料，用单位产品的标准成本与产量相乘，即可得到相应的预算金额。如果没有标准成本资料，就需要逐项预计计划产量需要的各项制造费用。固定制造费用，需要逐项进行预计，通常与本期产量无关，按每季度实际需要的支付额预计，然后求出全年数。表7-5是宏达公司本年的制造费用预算。

表7-5 制造费用预算 单位：元

项目	第一季度	第二季度	第三季度	第四季度	全年
变动制造费用：					
间接人工（1元/件）	105	155	198	182	640
间接材料（1元/件）	105	155	198	182	640
修理费（2元/件）	210	310	396	364	1 280
水电费（1元/件）	105	155	198	182	640
小计	525	775	990	910	3 200
固定制造费用：					
修理费	1 000	1 140	900	900	3 940
折旧	1 000	1 000	1 000	1 000	4 000
管理人员工资	200	200	200	200	800
保险费	75	85	110	190	460
财产税	100	100	100	100	400
小计	2 375	2 525	2 310	2 390	9 600
合计	2 900	3 300	3 300	3 300	12 800
减：折旧	1 000	1 000	1 000	1 000	4 000
现金支出	1 900	2 300	2 300	2 300	8 800

为了便于以后编制产品成本预算，需要计算小时费用率。

变动制造费用小时费用率=3 200÷6 400=0.5（元/小时）

固定制造费用小时费用率=9 600÷6 400 =1.5（元/小时）

为了便于以后编制现金预算，需要预计现金支出。制造费用中，除折旧费外都需支付现金，所以，根据每个季度制造费用数额扣除折旧费后，即可得到"现金支出"。

（六）产品成本预算

产品成本预算，是销售预算、生产预算、直接材料预算、直接人工预算、制造费用预算的汇总。其主要内容是产品的单位成本和总成本。表7-6是宏达公司本年的产品成本预算。

表7-6　　　　　　　　　　　　　　　产品成本预算　　　　　　　　　　　　金额单位：元

项目	单位成本			生产成本（640件）	期末存货（20件）	销售成本（630件）
	每千克或每小时	投入量	成本			
直接材料	5	10千克	50	32 000	1 000	31 500
直接人工	2	10小时	20	12 800	400	12 600
变动制造费用	0.5	10小时	5	3 200	100	3 150
固定制造费用	1.5	10小时	15	9 600	300	9 450
合计			90	57 600	1 800	56 700

（七）销售及管理费用预算

销售费用预算是为了实现销售预算所需支付的费用的预算。它以销售预算为基础，分析销售收入、销售利润和销售费用的关系，力求实现销售费用的最有效使用。在安排销售费用时，要利用本量利分析方法，费用的支出应能获取更多的收益。

管理费用是日常管理业务所必需的费用。随着企业规模的扩大，一般管理职能日益重要，其费用也相应增加。在编制管理费用预算时，要分析企业的业务成绩和一般经济状况，务必做到费用合理化。表7-7是宏达公司本年的销售及管理费用预算。

表7-7　　　　　　　　　　　销售及管理费用预算　　　　　　　　　　单位：元

项目	金额
销售费用：	
销售人员工资	2 000
广告费	5 500
包装、运输费	3 000
保管费	2 700
折旧	1 000
管理费用：	
管理人员薪金	4 000
福利费	800
保险费	600
办公费	1 400
折旧	1 500
合计	22 500
减：折旧	2 500
每季度支付现金	500

二、专门决策预算的编制

专门决策预算主要是长期投资预算（又称资本支出预算），通常是指与项目投资决策相关的专门预算，它往往涉及长期建设项目的资金投放与筹集，并经常跨越多个年度。编制专门决策预算的依据是项目财务可行性分析资料以及企业筹资决策资料。

专门决策预算的要点是准确反映项目资金投资支出与筹资计划。它同时也是编制资金预算和预计资产负债表的依据。表7-8是宏达公司本年的专门决策预算。

表7-8　　　　　　　　　　　　　　**专门决策预算表**　　　　　　　　　　　　单位：元

项目	第一季度	第二季度	第三季度	第四季度	全年
投资支出预算	50 000	——	——	80 000	130 000
借入长期借款	30 000	——	——	60 000	90 000

三、财务预算的编制

（一）资金预算

资金预算是以业务预算和专门决策预算为依据编制的，专门反映预算期内预计现金收入与现金支出，以及为满足理想现金余额而进行筹资或归还借款等的预算。资金预算由可供使用现金、现金支出、现金余缺、现金筹措与运用四部分构成。宏达公司本年的资金预算如表7-9所示。

表7-9　　　　　　　　　　　　　　**资金预算**　　　　　　　　　　　　　　单位：元

项目	第一季度	第二季度	第三季度	第四季度	全年
期初现金余额	8 000	3 200	3 060	3 040	8 000
加：现金收入（表7-1）	18 200	26 000	36 000	37 600	117 800
可供使用现金	26 200	29 200	39 060	40 640	125 800
减：现金支出					
直接材料（表7-3）	5 000	6 740	8 960	9 510	30 210
直接人工（表7-4）	2 100	3 100	3 960	3 640	12 800
制造费用（表7-5）	1 900	2 300	2 300	2 300	8 800
销售及管理费用（表7-7）	5 000	5 000	5 000	5 000	20 000
所得税费用	4 000	4 000	4 000	4 000	16 000
购买设备（表7-8）	50 000			80 000	130 000
股利				8 000	8 000
现金支出合计	68 000	21 140	24 220	112 450	225 810
现金余缺	-41 800	8 060	14 840	-71 810	-100 010
现金筹措与运用					

项目	第一季度	第二季度	第三季度	第四季度	全年
借入长期借款（表7-8）	30 000			60 000	90 000
取得短期借款	20 000			22 000	42 000
归还短期借款			6 800		6 800
短期借款利息	500	500	500	880	2 380
长期借款利息	4 500	4 500	4 500	6 300	19 800
期末现金余额	3 200	3 060	3 040	3 010	3 010

表中：可供使用现金 = 期初现金余额 + 现金收入

可供使用现金 - 现金支出 = 现金余缺

现金余缺 + 现金筹措 - 现金运用 = 期末现金余额

其中：第一季度"期初现金余额"是在编制预算时预计的，下一季度的期初现金余额等于上一季度的期末现金余额，全年的期初现金余额指的是年初的现金余额，所以等于第一季度的期初现金余额。

"现金收入"的主要来源是销货取得的现金收入，销货取得的现金收入数据来自销售预算。

"现金支出"部分包括预算期的各项现金支出。此外，还包括所得税费用、股利分配等现金支出，有关的数据分别来自另行编制的专门预算。

财务管理部门应根据现金余缺与理想期末现金余额的比较，并结合固定的利息支出数额以及其他因素，来确定预算期现金运用或筹措的数额。

（二）预计利润表的编制

预计利润表能综合反映企业在计划期的预计经营成果，是企业最主要的财务预算表之一。通过编制预计利润表，可以了解企业预期的盈利水平。如果预期利润与最初编制方针中的目标利润有较大的差距，就需要调整部门预算，设法达到目标，或者经企业领导同意后修改目标利润。编制预计利润表的依据是各业务预算、专门决策预算和资金预算。表7-10是宏达公司本年的预计利润表，它是根据上述各有关预算编制的。

表7-10 　　　　　　　　　　　　　　　　预计利润表 　　　　　　　　　　　　　　单位：元

项目	金额
销售收入（表7-1）	126 000
销售成本（表7-6）	56 700
毛利	69 300
销售及管理费用（表7-7）	22 500
利息（表7-9）	22 180
利润总额	24 620
所得税费用	16 000
净利润	8 620

（三）预计资产负债表的编制

预计资产负债表用来反映企业在计划期末预计的财务状况。编制预计资产负债表的目的，在于判断预算反映的财务状况的稳定性和流动性。预计资产负债表的编制需要以计划期开始日的资产负债表为基础，结合计划期间各项业务预算、专门决策预算、资金预算和预计利润表进行编制。它是编制全面预算的终点。表7-11是宏达公司本年的预计资产负债表。

表7-11   预计资产负债表   单位：元

资产	年初余额	年末余额	负债和股东权益	年初余额	年末余额
流动资产：			流动负债：		
货币资金	8 000	3 010	短期借款	0	35 200
应收账款	6 200	14 400	应付账款	2 350	4 640
存货	2 400	3 800	流动负债合计	2 350	39 840
流动资产合计	16 600	21 210	非流动负债：		
固定资产	43 750	37 250	长期借款	120 000	210 000
在建工程	100 000	230 000	非流动负债合计	120 000	210 000
非流动资产合计	143 750	267 250	负债合计	122 350	249 840
			股东权益		
			股本	20 000	20 000
			资本公积	5 000	5 000
			盈余公积	10 000	10 000
			未分配利润	3 000	3 620
			股东权益合计	38 000	38 620
资产总计	160 350	288 460	负债和股东权益总计	160 350	288 460

思考与案例

1. 持"超越预算"观点的人认为"永远不变的是变化"，所以"年度预算，编制一年"，预算编制"耗时耗力，得不偿失"。你对此有何感想？怎样才能解决环境变动下的预算管理有效性问题？

2. 什么样的企业需要编制预算？小企业需要编制预算吗？

3. 施乐公司主要从事各种复印机的生产、销售和租赁，同时，施乐公司还提供各种复印服务。这些复印机的复印工作效率及特征各不相同，相应的销售和租赁计划也各不相同。

每年施乐公司都要计划投放多少台各种型号的复印机用于公司提供复印服务，也要计划收回多少台旧复印机。这些数据将为下一年的生产计划提供必要的信息。用于提供复印服务的各种复印机，即所谓的"服务基地"数量，将影响参与提供复印服务工作的员工的人数、其需要的培训以及这些基地服务所需的零配件存货的数量。这类服务基地的情况还将影响施乐公司生产的易耗品的销售。

要求：通过本案例的分析，你认为：

（1）施乐公司各个部门之间应该怎样进行沟通？在预算过程中，怎样对一些关键的计划假设信息进行归集和共享？

（2）公司基层管理人员在整个预算过程中应该扮演什么角色？

第八章

成本管理

学习目标

1. 了解成本性态的主要内容。
2. 掌握本量利分析技术。
3. 掌握标准成本的制定及差异分析。
4. 掌握作业成本分析方法。
5. 掌握责任成本分析方法。

思维导图

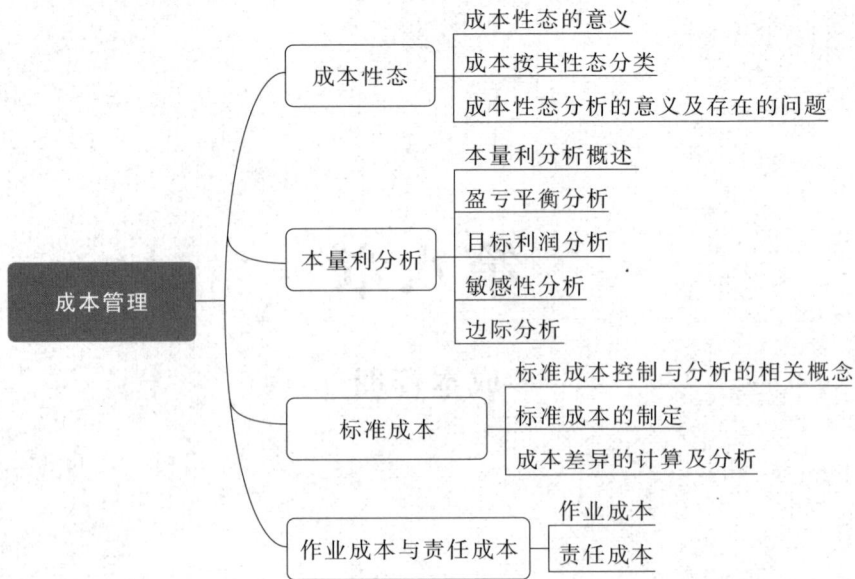

成本管理
- 成本性态
  - 成本性态的意义
  - 成本按其性态分类
  - 成本性态分析的意义及存在的问题
- 本量利分析
  - 本量利分析概述
  - 盈亏平衡分析
  - 目标利润分析
  - 敏感性分析
  - 边际分析
- 标准成本
  - 标准成本控制与分析的相关概念
  - 标准成本的制定
  - 成本差异的计算及分析
- 作业成本与责任成本
  - 作业成本
  - 责任成本

学思践悟

瑞幸咖啡成立于 2017 年 10 月，于 2019 年 5 月 17 日在美国纳斯达克上市。创始人兼 CEO 钱治亚为瑞幸确立了"做每个人都喝得起、喝得到的好咖啡"的经营理念并对标星巴克，提出"你喝的是咖啡还是咖啡馆？"的质问，把星巴克作为直接竞争对手和超越的对象。从成立时起，瑞幸咖啡就通过广告宣传、低价促销等手段走上了快速扩张的道路。2020 年 1 月，瑞幸咖啡宣布，公司直营门店达到 4 507 家，已经成为中国最大的咖啡连锁品牌。但是，好景不长，2020 年 1 月 13 日，著名的做空机构浑水发布了一份报告，指出瑞幸捏造财务和运营数据，比如夸大了单价、订单数、每单销量，并指出瑞幸的商业模式已经基本崩塌，瑞幸虽然坚决否认报告中的指控，不过受此影响，瑞幸当日股价跌幅仍然超过了 10%。2020 年 4 月 2 日，瑞幸自曝财务造假 22 亿美元，当日股价暴跌 80%。成本优势是瑞幸咖啡最核心的商业基础。它通过降低成本，占领咖啡领域"20 元"价格带空白。如今，瑞幸自己亲口尝到了亲手制作的这杯"假咖啡的苦味"，这个曾被国内媒体广泛推崇和赞誉报道的行业颠覆者再次被推到聚光灯下。

▶▶▶▶▶▶ # 第一节　成本性态

一、成本性态的内涵

成本性态，又称成本习性，是指成本总额与业务量（如产品产量、销量等）之间的内在关系。

二、成本按其性态分类

全部成本按其性态可分为固定成本、变动成本和混合成本三大类。

（一）固定成本

固定成本是指在一定条件下，其总额不随业务量发生任何数额变化的那部分成本，如房屋设备租赁费、保险费、广告费、不动产税费、按直线法计提的固定资产折旧费、管理人员薪金等。

1.固定成本总额（用 a 表示）的不变性

在相关范围内，成本总额不受业务量增减变动的影响。在平面直角坐标坐标图上，固定成本线就是一条平行于 x 轴的直线。总成本模型为 $y = a$。

2.单位固定成本的反比例变动性

由于固定成本总额不受业务量增减变动的影响，单位产品负担的固定成本必然与业务量成反比，其单位成本模型为 $y = a/x$，反映在坐标图上是一条反比例曲线。

固定成本性态模型如图8-1所示。

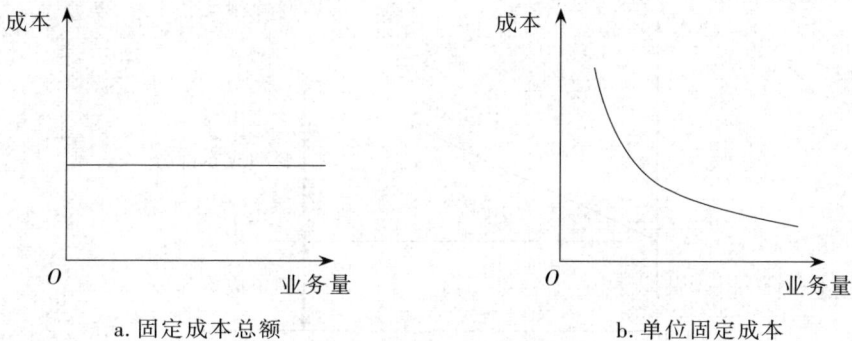

a.固定成本总额　　　　　　　　　　b.单位固定成本

图8-1　固定成本性态模型

（二）变动成本

变动成本是指在一定条件下，其总额与业务量成正比的那部分成本，如直接材料、直接人工、按销售量支付的销售佣金等。

1.变动成本总额（用$b \cdot x$表示）的正比例变动性

在平面直角坐标图上，变动成本总额是一条以单位变动成本为斜率的直线。其总成本模型为：$y = bx$。

2.单位变动成本（用b表示）的不变性

在平面直角坐标图上，单位变动成本是一条平行于x轴的直线。单位变动成本的模型为$y = b$。

变动成本性态模型如图8-2所示。

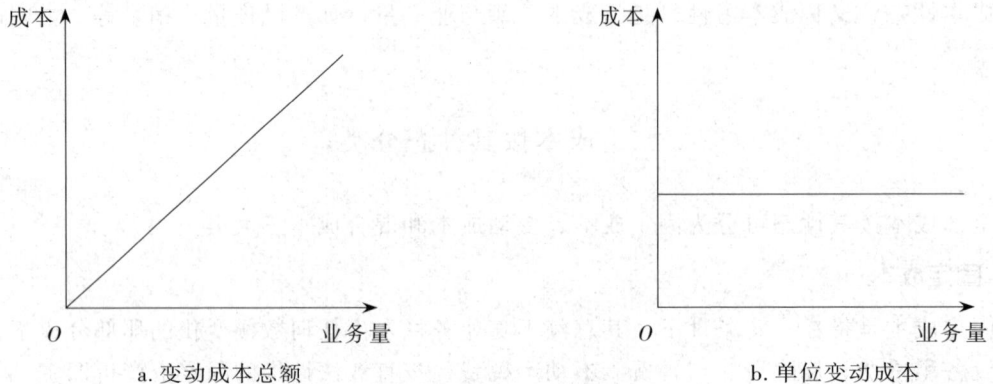

a.变动成本总额　　　　　　　　　　　　b.单位变动成本

图8-2　变动成本性态模型

（三）混合成本

混合成本是指成本总额受业务量变动的影响，但其变动又不成正比的那部分成本。这类成本同时包括固定成本和变动成本两种因素。它通常有两种表现形式：

第一种，它有一个初始量，这类似固定成本，在此基础上，产量增加，成本也会增加，又类似变动成本，称为半变动成本，如设备的维护保养费、销售人员的薪金等。其成本模型为：$y = a + bx$。这类混合成本由明显的固定成本和变动成本两部分组合而成。半变动成本性态模型如图8-3所示。

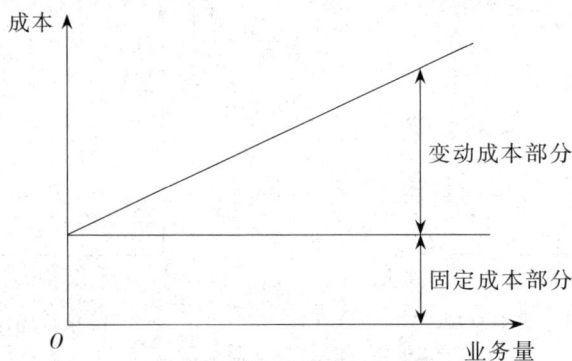

图8-3　半变动成本性态模型

第二种，这类混合成本随产量的增长而呈阶梯增长，故称阶梯式混合成本或半固定成本。其特点是，产量在一定范围内增长，成本不变；当产量增长超过一定限度，成本会突然跳跃上升，然后在产量增长的一定限度内又保持不变，如化验员、质检员的工资。半固定成本性态模型如图8-4所示。

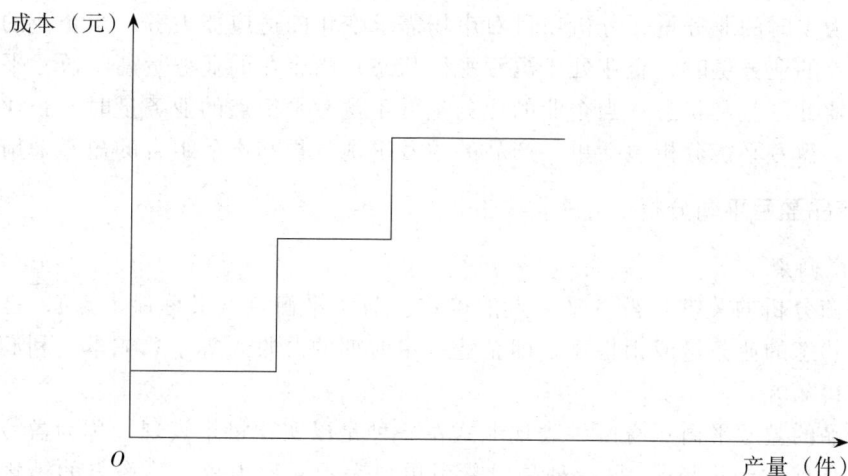

图8-4 半固定成本性态模型

▶▶▶▶▶▶▶ 第二节 本量利分析

一、本量利分析概述

（一）本量利分析的含义

本量利分析，简称CVP分析（cost-volume-profit analysis），是指以成本性态分析和变动成本法为基础，运用数学模型和图式，对成本、利润、业务量与单价等因素之间的依存关系进行分析，发现变动的规律性，为企业进行预测、决策、计划和控制等活动提供支持的一种方法。其中，"本"是指成本，包括固定成本和变动成本；"量"是指业务量，一般指销售量；"利"一般指营业利润。本量利分析主要包括盈亏平衡分析、目标利润分析、敏感性分析、边际分析等内容。

（二）本量利分析的基本原理

本量利分析所考虑的相关因素主要包括销售量、单价、单位变动成本、固定成本、营业利润等。本量利分析基本关系式：

利润=销售收入–总成本
　　　=销售收入–（变动成本+固定成本）
　　　=销售量×单价–销售量×单位变动成本–固定成本
　　　=销售量×（单价–单位变动成本）–固定成本

二、盈亏平衡分析

所谓盈亏平衡分析（也称保本分析），是指分析、测定盈亏平衡点，以及有关因素变动对盈亏平衡点的影响等，是本量利分析的核心内容。盈亏平衡分析的原理是：通过计算企业在利润为零时的业务量，分析项目对市场需求变化的适应能力等。当企业的业务量等于盈亏平衡点的业务量时，企业处于盈亏平衡状态；当企业的业务量高于盈亏平衡点的业务量时，企业处于盈利状态；当企业的业务量低于盈亏平衡点的业务量时，企业处于亏损状态。通常，盈亏平衡分析包括单一产品的盈亏平衡分析和产品组合的盈亏平衡分析。

（一）单一产品盈亏平衡分析

1.盈亏平衡点

盈亏平衡分析的关键是盈亏平衡点的确定。盈亏平衡点（又称保本点），是指企业达到盈亏平衡状态的业务量或销售额，即企业一定时期的总收入等于总成本、利润为零时的业务量或销售额。

单一产品的盈亏平衡点有两种表现形式：一种是以实物量来表现，称为盈亏平衡点的业务量（也称保本销售量）；另一种是以货币单位表示，称为盈亏平衡点的销售额（也称保本销售额）。根据本量利分析基本关系式：

利润=销售量×单价−销售量×单位变动成本−固定成本

或：利润=销售量×（单价−单位变动成本）−固定成本

当利润为零时，求出的销售量就是盈亏平衡点的业务量，即：

$$盈亏平衡点的业务量 = \frac{固定成本}{单价 - 单位变动成本} = \frac{固定成本}{单位边际贡献}$$

若用销售额来表示，则盈亏平衡点的销售额计算公式为：

盈亏平衡点的销售额=盈亏平衡点的业务量×单价

$$或：盈亏平衡点的销售额 = \frac{固定成本}{1 - 成本变动率}$$

$$或：盈亏平衡点的销售额 = \frac{固定成本}{边际贡献率}$$

2.盈亏平衡作业率

以盈亏平衡点为基础，还可以得到另一个辅助性指标，即盈亏平衡作业率，或称为保本作业率。

$$盈亏平衡作业率 = \frac{盈亏平衡点的业务量}{正常经营业务量（实际业务量或预计业务量）} \times 100\%$$

$$= \frac{盈亏平衡点的销售额}{正常经营销售额（实际销售额或预计销售额）} \times 100\%$$

由于企业通常应该按照正常的销售量来安排产品的生产，在合理库存的条件下，产品生产量与正常的销售量应该大体相同。所以，该指标也可以表示企业在盈亏平衡状态下对生产能力利用程度的要求。

（二）产品组合盈亏平衡分析

在市场经济环境下，企业可能有多种产品，大多数企业都同时进行着多种产品的生产和经营。由于各种产品的销售单价、单位变动成本、固定成本不一样，从而造成各种产品的边际贡献或边际贡献率不一致。因此，对多种产品进行盈亏平衡分析，在遵循单一产品的盈亏平衡分析的基础上，应根据不同情况采用相应的具体方法来确定。目前，进行多种产品盈亏平衡分析的方法包括加权平均法、联合单位法、分算法、主要产品法等。

三、目标利润分析

企业不会满足于利润为零的盈亏平衡分析，通常更加注重盈利条件下的本量利分析。

（一）目标利润分析基本原理

目标利润分析，是在本量利分析方法的基础上，计算为达到目标利润所需达到的业务量、收入和成本的一种利润规划方法，该方法能反映市场的变化趋势、企业战略规划目标以及管理层需求等。如果企业在经营活动开始之前，根据有关收支状况确定了目标利润，就可以计算为实现目标利润而必须达到的销售量和销售额。计算公式为：

目标利润=（单价-单位变动成本）×销售量-固定成本

实现目标利润销售量=（固定成本+目标利润）÷（单价-单位变动成本）

实现目标利润销售额=（固定成本+目标利润）÷边际贡献率

或：实现目标利润销售额=实现目标利润销售量×单价

应该注意的是，目标利润销售量公式只能用于单种产品的目标利润管理；而目标利润销售额既可用于单种产品的目标利润管理，又可用于多种产品的目标利润管理。

在单一产品的目标利润分析基础上，依据分析结果进行优化调整，寻找最优的产品组合。基本分析公式如下：

实现目标利润的销售额=（综合目标利润+固定成本）÷（1-综合变动成本率）

实现目标利润率的销售额=固定成本÷（1-综合变动成本率-综合目标利润率）

企业在应用该工具方法进行优化产品产量结构的策略分析时，在既定的生产能力基础上，可以提高具有较高边际贡献率的产品产量。

还应注意的是，上述公式中的目标利润一般是指息税前利润。其实，从税后利润来进行目标利润的规划和分析，更符合企业营运的需要。如果企业预测的目标利润是税后利润，则上述公式应做如下调整：

由于：税后利润=（息税前利润-利息）×（1-所得税税率）

因此：实现目标利润的销售量 $= \dfrac{\text{固定成本} + \dfrac{\text{税后目标利润}}{1 - \text{所得税税率}} + \text{利息}}{\text{单位边际贡献}}$

实现目标利润的销售额 $= \dfrac{\text{固定成本} + \dfrac{\text{税后目标利润}}{1 - \text{所得税税率}} + \text{利息}}{\text{边际贡献率}}$

（二）实现目标利润的措施

目标利润是本量利分析的核心要素，它既是企业经营的动力和目标，也是本量利分析的中心。如果企业在经营中根据实际情况规划了目标利润，那么为了保证目标利润的实现，需要对其他因素做出相应调整。通常情况下企业要实现目标利润，在其他因素不变时，销售数量或销售价格应当提高，而固定成本或单位变动成本则应下降。

四、敏感性分析

敏感性分析，是指研究本量利分析中影响利润的诸因素发生微小变化时，对利润的影响方向和程度。本量利分析的基本内容是确定企业的盈亏平衡点，并规划目标利润。因此，基于本量利分析的敏感性分析主要应解决两个问题：一是各因素的变化对最终利润变化的影响程度；二是当目标利润变化时允许各因素的升降幅度。反映各因素对利润敏感程度的指标为利润的敏感系数，其计算公式为：

敏感系数=利润变动百分比×因素变动百分比

五、边际分析

边际分析，是指分析某可变因素的变动引起其他相关可变因素的变动程度，以评价既定产品或项目的获利水平，判断盈亏平衡点，提示营运风险，支持营运决策。企业在营运管理中，通常在进行本量利分析、敏感性分析的同时运用边际分析。边际分析主要包括边际贡献分析和安全边际分析两种。

（一）边际贡献分析

边际贡献，又称为边际利润、贡献毛益等。边际贡献分析，是指通过分析销售收入减去变动成本总额之后的差额，衡量产品为企业贡献利润的能力。边际贡献分析主要包括边际贡献和边际贡献率两个指标。边际贡献是产品的销售收入扣除变动成本总额后给企业带来的贡献，进一步扣除企业的固定成本总额后，剩余部分就是企业的利润，相关计算公式如下：

边际贡献=销售收入-变动成本总额

　　　　=销售量×单位边际贡献

　　　　=销售收入×边际贡献率

单位边际贡献=单价-单位变动成本

　　　　　　=单价×边际贡献率

边际贡献率，是指边际贡献在销售收入中所占的百分比，表示每1元销售收入中边际贡献所占的比重。

$$边际贡献率 = \frac{边际贡献}{销售收入} \times 100\%$$

$$= \frac{单位边际贡献}{单价} \times 100\%$$

另外，还可以根据变动成本率计算边际贡献率：

$$变动成本率 = \frac{变动成本总额}{销售收入} \times 100\%$$

边际贡献率=1-变动成本率

根据本量利基本关系，利润、边际贡献及固定成本之间的关系可以表示为：

利润=边际贡献-固定成本

　　=销售量×单位边际贡献-固定成本

　　=销售收入×边际贡献率-固定成本

从上述公式可以看出，企业的边际贡献与营业利润有着密切的关系：边际贡献首先用于补偿企业的固定成本，只有当边际贡献大于固定成本时才能为企业提供利润，否则企业将亏损。

企业面临资源约束，需要对多个产品线或多种产品进行优化决策或对多种待选新产品进行投产决策的，可以通过计算边际贡献以及边际贡献率，评价待选产品的盈利性，优化产品组合。

企业进行单一产品决策时，评价标准如下：

（1）当边际贡献大于固定成本时，利润大于0，表明企业盈利。

（2）当边际贡献小于固定成本时，利润小于0，表明企业亏损。

（3）当边际贡献等于固定成本时，利润等于0，表明企业保本。

当进行多产品决策时，边际贡献率与变动成本率之间存在如下关系：

综合边际贡献率=1-综合变动成本率

综合边际贡献率反映了多产品组合给企业做出贡献的能力，该指标通常越大越好。企业可以通过边际分析对现有产品组合进行优化，如计算现有各条产品线或各种产品的边际贡献并进行比较，增加边际贡献或边际贡献率高的产品组合，减少边际贡献或边际贡献率低的产品组合。

（二）安全边际分析

安全边际分析，是指通过计算正常销售量（销售额）超过盈亏平衡点销售量（销售额）的差额，衡量企业在盈亏平衡的前提下，能够承受因销售量（销售额）下降带来的不利影响的程度和企业抵御营运风险的能力。安全边际分析主要包括安全边际和安全边际率两个指标。有关公式如下：

安全边际=实际销售量（销售额）或预期销售量（销售额）-盈亏平衡点的销售量（销售额）

安全边际率，是指安全边际与实际销售量（销售额）或预期销售量（销售额）的比值，公式如下：

$$安全边际率 = \frac{安全边际量（安全边际额）}{实际销售量（销售额）或预期销售量（销售额）} \times 100\%$$

安全边际主要用于衡量企业承受营运风险的能力，尤其是销售量（销售额）下降时承受风险的能力，也可以用于盈利预测。一般来讲，安全边际体现了企业在营运中的风险程度。由于盈亏平衡点是下限，所以，预期销售量（销售额）或实际销售量（销售额）与盈亏平衡点的销售量（销售额）差距越大，安全边际或安全边际率的数值越大，企业发生亏损的可能性越小，抵御营运风险的能力越强，盈利能力越大；反之则相反。

通常采用安全边际率这一指标来评价企业经营是否安全。表8-1为评价企业经营安全程度的一般性标准，该标准可以作为评价企业经营安全与否的参考。

表8-1 企业经营安全程度评价标准

安全边际率	40%以上	30%~40%	20%~30%	10%~20%	10%以下
经营安全程度	很安全	安全	较安全	值得注意	危险

（三）盈亏平衡作业率与安全边际率的关系

盈亏平衡作业率与安全边际率的关系可用图8-5表示。

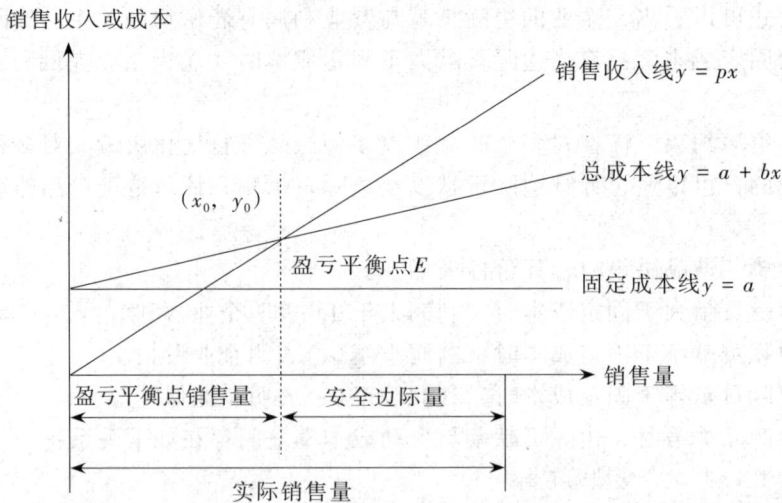

图8-5 盈亏平衡作业率与安全边际率

根据图8-5可以看出，盈亏平衡点把销售量分为两部分：一部分是盈亏平衡点的销售量；另一部分是安全边际量。即：

盈亏平衡点销售量+安全边际量=实际销售量

上述公式两端同时除以销售量，便得到：

盈亏平衡作业率+安全边际率=1

根据上图可以看出，只有安全边际才能为企业提供利润，而盈亏平衡点的销售额扣除变动成本后只为企业收回固定成本。安全边际销售额减去其自身变动成本后成为企业利润，即安全边际中的边际贡献等于企业利润。这个结论可以通过下式推出：

利润=边际贡献－固定成本

=销售收入×边际贡献率－盈亏平衡点的销售额×边际贡献率

所以：

利润=安全边际额×边际贡献率

若将上式两端同时除以销售收入，便得到：

销售利润率=安全边际率×边际贡献率

从上述关系式可以看出，要提高企业的销售利润率，主要有两种途径：一是提高现有销售水平，提高安全边际率；二是降低变动成本，提高边际贡献率。

▶▶▶▶▶▶ 第三节　标准成本

一、标准成本控制与分析的相关概念

标准成本，是指在正常的生产技术水平和有效的经营管理条件下，企业经过努力应达到的产品成本水平。标准成本控制与分析，又称标准成本管理，是以标准成本为基础，将实际成本与标准成本进行对比，揭示成本差异形成的原因和责任，进而采取措施，对成本进行有效控制的管理方法。标准成本法的流程一般应包括五个步骤：确定应用对象、制定标准成本、实施过程控制、成本差异计算与动因分析、标准成本的修订与改进。

二、标准成本的制定

在制定标准成本时，企业一般应结合经验数据、行业标杆数据或实地测算的结果，运用统计分析、工程试验等方法。首先，企业应就不同的成本或费用项目，分别确定消耗量标准和价格标准；其次，确定每一成本或费用项目的标准成本；最后，汇总不同成本项目的标准成本，确定产品的标准成本。

产品标准成本通常由直接材料标准成本、直接人工标准成本和制造费用标准成本构成。每一成本项目的标准成本应分为用量标准（包括单位产品消耗量、单位产品人工小时等）和价格标准（包括原材料单价、小时工资率、小时制造费用分配率等）。

产品的标准成本=直接材料标准成本+直接人工标准成本+制造费用标准成本

（一）直接材料标准成本的制定

直接材料标准成本，是指直接用于产品生产的材料标准成本，包括标准单价和标准用量两方面。其计算公式是：

直接材料标准成本 $= \sum ($单位产品的材料标准用量 × 材料的标准单价$)$

（二）直接人工标准成本的制定

直接人工标准成本，是指直接用于产品生产的人工标准成本，包括标准工时和标准工资率。直接人工标准成本的计算公式如下：

直接人工标准成本=单位产品的标准工时×小时标准工资率

小时标准工资率=标准工资总额÷标准总工时

（三）制造费用标准成本的制定

制造费用的用量标准，即工时用量标准，其含义与直接人工用量标准相同。制造费用价格标准，即制造费用的分配率标准。其计算公式为：

标准制造费用分配率=标准制造费用总额÷标准总工时

制造费用标准成本=工时用量标准×标准制造费用分配率

制造费用成本标准应区分变动制造费用项目和固定制造费用项目。前者随着产量的变动而变动；后者相对固定，不随产量波动。所以，制定制造费用标准时，也应分别制定变动制造费用和固定制造费用的标准成本。

变动制造费用，是指通常随产量变化而正比例变化的制造费用。变动制造费用项目的标准成本包括标准用量和标准价格。变动制造费用的标准用量可以是单位产量的燃料、动力、辅助材料等标准用量，也可以是产品的直接人工标准工时，或者是单位产品的标准机器工时。标准用量的选择需要考虑用量与成本的相关性，制定方法与直接材料的标准用量以及直接人工的标准工时类似。

变动制造费用的标准价格可以是燃料、动力、辅助材料等标准价格，也可以是小时标准工资率等。制定方法与直接材料的价格标准以及直接人工的标准工资率类似。变动制造费用的计算公式如下：

变动制造费用项目标准成本=变动制造费用项目的标准用量×变动制造费用项目的标准价格

固定制造费用，是指在一定产量范围内，其费用总额不会随产量变化而变化，始终保持固定不变的制造费用。固定制造费用一般按照费用的构成项目实行总量控制；也可以根据需要，通过计算标准分配率，将固定制造费用分配至单位产品，形成固定制造费用的标准成本。

其中，预算总工时，是指由预算产量和单位工时标准确定的总工时，可以依据相关性原则在直接人工工时或者机器工时之间做出选择。固定制造费用项目标准成本的计算顺序及公式如下：

固定制造费用项目标准成本=固定制造费用项目预算

固定制造费用总成本 = $\sum$ 固定制造费用项目标准成本

固定制造费用标准分配率=单位产品的标准工时÷预算总工时

固定制造费用标准成本=固定制造费用总成本×固定制造费用标准分配率

三、成本差异的计算及分析

成本差异，是指实际成本与相应标准成本之间的差额。当实际成本高于标准成本时，形成超支差异；当实际成本低于标准成本时，形成节约差异。企业应定期将实际成本与标准成本进行比较和分析，确定差异数额及性质，揭示差异形成的动因，落实到责任中心，寻求可行的改进途径和措施。

从标准成本的制定过程可以看出，任何一项费用的标准成本都是由用量标准和价格标准两个因素决定的。因此，差异分析就应该从这两个方面进行。总差异的计算公式为：

总差异=实际产量下实际成本−实际产量下标准成本

=实际用量×实际价格−实际产量下标准用量×标准价格

=（实际用量−实际产量下标准用量）×标准价格+实际用量×（实际价格−标准价格）

=用量差异+价格差异

用量差异=（实际用量−实际产量下标准用量）×标准价格

价格差异=实际用量×（实际价格−标准价格）

（一）直接材料成本差异的计算分析

直接材料成本差异，是指直接材料实际成本与标准成本之间的差额，该项差异可分解为直接材料数量差异和直接材料价格差异。有关计算公式如下：

直接材料成本差异=实际成本−标准成本

=实际用量×实际单价−标准用量×标准单价

=直接材料数量差异+直接材料价格差异

直接材料数量差异=（实际用量−标准用量）×标准单价

直接材料价格差异=实际用量×（实际单价−标准单价）

（二）直接人工成本差异的计算分析

直接人工成本差异=实际成本−标准成本

=实际工时×实际工资率−标准工时×标准工资率

=直接人工工资率差异+直接人工效率差异

直接人工效率差异=（实际工时–标准工时）×标准工资率

直接人工工资率差异=实际工时×（实际工资率–标准工资率）

（三）变动制造费用成本差异的计算分析

变动制造费用项目的差异，是指变动制造费用项目的实际发生额与变动制造费用项目的标准成本之间的差额，该差异可分解为变动制造费用项目的数量差异和价格差异。变动制造费用项目的数量差异，是指燃料、动力、辅助材料等变动制造费用项目的实际消耗量脱离标准用量的差异；变动制造费用项目的价格差异，是指燃料、动力、辅助材料等变动制造费用项目的实际价格脱离标准价格的差异。变动制造费用项目成本差异的计算和分析原理与直接材料和直接人工成本差异的计算和分析相同。它可以分解为耗费差异和效率差异两部分。其计算公式如下：

变动制造费用成本差异=总变动制造费用–标准变动制造费用

　　　　　　　　　　　=实际工时×实际变动制造费用分配率–标准工时×标准变动制造费用分配率

　　　　　　　　　　　=变动制造费用耗费差异+变动制造费用效率差异

变动制造费用效率差异=（实际工时–标准工时）×变动制造费用标准分配率

变动制造费用耗费差异=实际工时×（变动制造费用实际分配率–变动制造费用标准分配率）

其中，效率差异是用量差异，耗费差异属于价格差异。变动制造费用效率差异的形成原因与直接人工效率差异的形成原因基本相同。

（四）固定制造费用成本差异的计算分析

固定制造费用项目成本差异，是指固定制造费用项目实际成本与其标准成本之间的差额。其计算公式为：

固定制造费用项目成本差异=固定制造费用项目实际成本–固定制造费用项目标准成本（预算）

　　　　　　　　　　　　　=实际工时×实际分配率–标准工时×标准分配率

标准分配率=固定制造费用标准成本总额（预算总额）÷预算总工时

由于固定制造费用相对固定，实际产量与预算产量的差异会对单位产品所应承担的固定制造费用产生影响，所以，固定制造费用成本差异的分析有其特殊性，分为两差异分析法和三差异分析法。

1.两差异分析法

两差异分析法是指将总差异分为耗费差异和能量差异两部分。其中，耗费差异是指实际固定制造费用与预算产量下标准固定制造费用之间的差额；而能量差异则是指预算产量下标准固定制造费用与实际产量下标准固定制造费用之间的差额。计算公式如下：

耗费差异=实际固定制造费用–预算产量下标准固定制造费用

　　　　=实际固定制造费用–标准工时×预算产量×标准分配率

能量差异=预算产量下标准固定制造费用–实际产量下标准固定制造费用

　　　　=预算产量下标准工时×标准分配率–实际产量下标准工时×标准分配率

　　　　=（预算产量下标准工时–实际产量下标准工时）×标准分配率

2.三差异分析法

三差异分析法是将两差异分析法下的能量差异进一步分解为产量差异和效率差异，即将固定制造费用成本差异分为耗费差异、产量差异和效率差异三个部分。其中耗费差异的概念和计算与两差异法一致。相关计算公式为：

耗费差异=实际固定制造费用−预算产量下标准固定制造费用

=实际固定制造费用−预算产量×标准工时×标准分配率

产量差异=（预算产量下标准工时−实际产量下实际工时）×标准分配率

效率差异=（实际产量下实际工时−实际产量下标准工时）×标准分配率

（五）分析结果的反馈

标准成本差异分析是企业规划与控制的重要手段。在成本差异的分析过程中，企业应关注各项成本差异的规模、趋势及其可控性。对于反复发生的大额差异，企业应进行重点分析与处理。通过差异分析，企业管理人员可以进一步揭示实际执行结果与标准不同的深层次原因，企业可将生成的成本差异信息汇总，定期形成标准成本差异分析报告，并针对性地提供成本改进措施。

▶▶▶▶▶▶ 第四节 作业成本与责任成本

一、作业成本

（一）作业成本法的产生背景

随着"机器取代人"的自动化制造时代来临，企业的经营环境正在发生巨大改变。伴随这种改变，产品或劳务的成本结构亦发生重大改变，其特征就是直接人工成本比重大大下降，制造费用（主要是折旧费用等固定成本）比重大大增加。在传统的成本计算方法下，制造费用通常按直接人工工时等产量基础分配。实际上，有许多制造费用项目不是产量的函数，而与生产批次等其他变量存在因果关系。全部按产量基础分配制造费用，会产生误导决策的成本信息。因此，制造费用的分配科学与否将很大程度上决定产品成本计算的准确性和成本控制的有效性。

（二）作业成本法的含义

作业成本法是将间接成本和辅助费用更准确地分配到产品和服务中的一种成本计算方法。依据作业成本法的观念，企业的全部经营活动是由一系列相互关联的作业组成的，企业每进行一项作业都要耗用一定的资源；与此同时，产品（包括提供的服务）被一系列的作业生产出来。产品成本是全部作业所消耗资源的总和，产品是消耗全部作业的成果。在计算产品成本时，首先按经营活动中发生的各项作业来归集成本，计算出作业成本；然后按各项作业成本与成本对象（产品、服务或顾客）之间的因果关系，将作业成本分配到成本对象，最终完成成本计算过程。

（三）作业成本法的核心概念

在作业成本法下，成本分配时，首先根据作业中心的资源耗费情况，将资源耗费的成本分配到作业中心去，然后将分配到作业中心的成本，依据作业活动的数量分配到各成本对象。要正确理解作业成本法，需要明确以下几个概念：

1.资源费用

资源，是指在作业进行中被运用或使用的经济要素，所有进入企业作业系统的人力、财力、物力等都属于资源范畴，它是企业生产耗费的最原始形态。资源费用，是指企业在一定期间内开展经济活动所发生的各项资源耗费，也就是计入产品成本的各种费用。资源费用既包括各种房屋及建筑物、设备、材料、商品等各种有形资源的耗费，也包括信息、知识产权、土地使用权等各种无形资源的耗费，还包括人力资源耗费以及其他各种税费支出等。

2.作业

作业，是指企业基于特定目的重复执行的任务或活动，是连接资源和成本对象的桥梁。一项作业既可以是一项非常具体的任务或活动，也可以泛指一类任务或活动。例如，产品设计、材料搬运、包装、订单处理、设备调试、采购、设备运行以及质量检验等均为不同的作业。

按消耗对象不同，作业可分为主要作业和次要作业。主要作业是指被产品、服务或顾客等最终成本对象消耗的作业。次要作业是指被原材料、主要作业等处于中间地位的成本对象消耗的作业。例如，做馒头的工序中，发面工序是为制作馒头做准备的工作，是处于中间地位的成本对象消耗的作业，即次要作业。

3.成本对象

成本对象是指企业追溯或分配资源费用、计算成本的对象物，是成本的承担者，是可分配费用的对象。成本对象可以是工艺、流程、零部件、产品、服务、分销渠道、客户、作业、作业链等需要计量和分配成本的项目。

4.成本动因

成本动因也称成本驱动因素，是指诱导成本发生的原因，是成本对象与其直接关联的作业和最终关联的资源之间的中介。成本动因通常选择作业活动耗费资源的计量标准来计量，如质量检查次数、占用面积、用电度数等。按其在资源流动中所处的位置和作用，成本动因可分为资源动因和作业动因。资源动因是引起作业成本变动的驱动因素，反映作业量与耗费之间的因果关系，是将作业成本分配到流程、产品、分销渠道、客户等成本对象的依据。资源动因被用来计量各项作业对资源的耗用，根据资源动因可以将资源成本分配给各有关作业。按照作业成本计算法，作业量的多少决定着资源的耗用量，但资源耗用量的高低与最终的产品数量没有直接关系。

作业动因是引起产品成本变动的驱动因素，反映产品产量与作业成本之间的因果关系。作业动因计量各种产品对作业耗用的情况，并被用来作为作业成本的分配基础，是沟通资源消耗与最终产出的中介。例如，材料搬运作业的衡量标准是搬运的零件数量，生产调度作业的衡量标准是生产订单数量，加工作业的衡量标准是直接人工工时，自动化设备作业的衡量标准是机器作业小时数等。

5.作业中心

作业中心又称成本库，是指构成一个业务过程的相互联系的作业集合，用来汇集业务过程及其产出的成本。换言之，按照统一的作业动因，将各种资源耗费项目归结在一起，便形成了作业中心。作业中心有助于企业更清晰地分析一组相关的作业，以便进行作业管理以及企业组织机构和责任中心的设计与考核。

作业成本法一般适用于具备以下特征的企业：作业类型较多且作业链较长；同一生产线生产多种产品；企业规模较大且管理层对产品成本准确性要求较高；产品、客户和生产过程多样化程度较高；间接或辅助资源费用所占比重较大等。

（四）作业成本法的应用目标

作业成本法的应用目标包括：通过追踪所有资源费用到作业，然后再到流程、产品、分销渠道或客户等成本对象，提供全口径、多维度的更加准确的成本信息；通过作业认定、成本动因分析以及对作业效率、质量和时间的计量，更真实地揭示资源、作业和成本之间的联动关系，为资源的合理配置以及作业、流程和作业链（或价值链）的持续优化提供依据；通过作业成本法提供的信息及其分析，为企业更有效地开展规划、决策、控制、评价等各种管理活动奠定坚实基础。

（五）作业成本法的应用程序

企业应用作业成本法，一般按照资源识别及资源费用的确认与计量、成本对象选择、作业认定、作业中心设计、资源动因选择与计量、作业成本汇集、作业动因选择与计量、作业成本分配、作业成本信息报告等程序进行。

1.资源识别及资源费用的确认与计量

资源识别及资源费用的确认与计量，是指识别出由企业拥有或控制的所有资源，遵循相关会计制度的规定，合理选择会计政策，确认和计量全部资源费用，编制资源费用清单，为资源费用的追溯或分配奠定基础。

资源识别及资源费用的确认与计量应由企业的财务部门负责，在基础设施管理、人力资源管理、研究与开发、采购、生产、技术、营销、服务、信息等部门的配合下完成，并编制资源费用清单，为资源费用的追溯或分配奠定基础。资源费用清单一般应分部门列示当期发生的所有资源费用，其内容要素一般包括发生部门、费用性质、所属类别、受益对象等。

2.成本对象选择

在作业成本法下，企业应将当期所有的资源费用，遵循因果关系和受益原则，根据资源动因和作业动因，分项目经由作业追溯或分配至相关的成本对象，确定成本对象的成本。企业应根据财务会计制度的相关规定并考虑预算控制、成本管理、营运管理、业绩评价以及经济决策等方面的要求确定成本对象。

3.作业认定

作业认定，是指企业识别由间接或辅助资源执行的作业集，确认每一项作业完成的工作以及执行该作业所耗费的资源费用，并据以编制作业清单的过程。作业认定的内容主要包括对企业每项消耗资源的作业进行识别、定义和划分，确定每项作业在生产经营活动中的作用、同其他作业的区别以及每项作业与耗用资源之间的关系。作业认定有以下两种形式：第一，根据企业生产流程，自上而下进行分解；第二，通过与企业每一部门负责人和一般员工进行交流，自下而上确定他们所做的工作，并逐一认定各项作业。

作业认定的具体方法一般包括调查表法和座谈法。调查表法，是指通过向企业全体员工发放调查表，并分析调查表来识别和确定作业的方法；座谈法，是指通过与企业员工面对面交谈，来识别和确定作业的方法。

企业对认定的作业应加以分析和归类，按顺序列出作业清单或编制出作业字典。作业清单或作业字典一般应当包括作业名称、作业内容、作业类别、所属作业中心等内容。

4.作业中心设计

作业中心设计，是指企业将认定的所有作业按照一定的标准进行分类，形成不同的作业中心，作为资源费用的追溯或分配的过程。作业中心可以是某一项具体的作业，也可以是若干个相互联系的能够实现某种特定功能的作业的集合。企业可按照受益对象、层次和重要性，将作业分为以下五类，并分别设计相应的作业中心：

（1）产量级作业，是指明确地为个别产品（或服务）实施的、使单个产品（或服务）受益的作业。该类作业的数量与产品（或服务）的数量成正比，包括产品加工、检验等。

（2）批别级作业，是指为一组（或一批）产品（或服务）实施的、使该组（该批）产品（或服务）受益的作业。该类作业的发生与生产的批量数而不是单个产品（或服务）相关，其数量与产品（或服务）的批量数成正比，包括设备调试、生产准备等。

（3）品种级作业，是指为生产和销售某种产品（或服务）实施的、使该种产品（或服务）的每个单位都受益的作业。该类作业用于产品（或服务）的生产或销售，但独立于实际产量或批量，其数量与品种的数量成正比，包括新产品设计、现有产品质量与功能改进、生产流程监控、工艺变换需要的流程设计、产品广告等。

（4）顾客级作业，是指为服务特定客户所实施的作业。该类作业保证企业将产品（或服务）销售给个别客户，但作业本身与产品（或服务）数量无关，包括向个别客户提供的技术支持活动、咨询活动以及独特包装等。

（5）设施级作业，是指为提供生产产品（或服务）的基本能力而实施的作业。该类作业是开展业务的基本条件，其使所有产品（或服务）都受益，但与产量或销量无关，包括管理作业、针对企业整体的广告活动等。

5.资源动因选择与计量

资源动因是引起资源耗用的成本动因，它反映了资源耗用与作业量之间的因果关系。资源动因选择与计量为将各项资源费用归集到作业中心提供了依据。企业应识别当期发生的每一项资源消耗，分析资源耗用与作业中心作业量之间的因果关系，选择并计量资源动因。企业一般应选择那些与资源费用总额成正比的资源动因作为资源费用分配的依据。首先，企业应根据不同的资源，选择合适的资源动因。如电力资源可以选择"消耗的电力度数"作为资源动因。然后，企业应根据各项作业所消耗的资源动因数，将各资源库的价值分配到各作业中心。如"产品质量检验"作业消耗了1 000度电，而每度电的成本为0.55元。那么，"产品质量检验"作业所含的"电力成本"为550元。当然，该项作业还会消耗其他资源，将该作业所消耗的所有资源的价值，按照相应的资源动因，分别分配到该作业中心，汇总后就会得到该作业的作业成本。如果某项作业所消耗的资源具有专属性，那么该作业所消耗的资源部分的价值可直接计入该作业的作业中心。如"产品质量检验"作业中检验人员的工资、专用设备的折旧费等成本，一般可以直接归属于检验作业。

6.作业成本归集

作业成本归集，是指企业根据资源耗用与作业之间的因果关系，将所有的资源成本直接追溯或按资源动因分配至各作业中心，计算各作业总成本的过程。作业成本归集应遵循以下基本原则：

（1）对于为执行某种作业直接消耗的资源，应直接追溯至该作业中心；

（2）对于为执行两种或两种以上作业共同消耗的资源，应按照各种作业中心的资源动因量比例分配至各作业中心。

7.作业动因选择与计量

作业动因是引起作业耗用的成本动因，它反映了作业耗用与最终产出的因果关系，是将作业成本分配到流程、产品、分销渠道、客户等成本对象的依据。在作业中心仅包含一种作业的情况下，所选择的作业动因应该是引起该作业耗用的成本动因；在作业中心由若干个作业集合而成的情况下，企业可采用回归分析法或分析判断法，分析比较各具体作业动因与该作业中心成本之间的相关性，选择相关性最大的作业动因，即代表性作业动因，作为作业成本分配的基础。

作业动因需要在交易动因、持续时间动因和强度动因间进行选择。其中，交易动因，是指用执行频率或次数计量的成本动因，包括接受或发出订单数、处理收据数等；持续时间动因，是指用执行时间计量的成本动因，包括产品安装时间、检查小时等；强度动因，是指不易按照频率、次数或执行时间进行分配而需要直接衡量每次执行所需资源的成本动因，包括特别复杂产品的安装、质量检验等。企业如果每次执行所需要的资源数量相同或接近，应选择交易动因；如果每次执行所需要的时间存在显著的不同，应选择持续时间动因；如果作业的执行比较特殊或复杂，应选择强度动因。对于选择的作业动因，企业应采用相应的方法和手段进行计算，以取得作业动因量的可靠数据。

8.作业成本分配

作业成本分配，是指企业将各作业中心的作业成本按作业动因分配至产品等成本对象，并结合直接追溯的资源费用，计算出各成本对象的总成本和单位成本的过程。

作业成本分配一般按照以下两个步骤进行：

（1）分配次要作业成本至主要作业，计算主要作业的总成本和单位成本。企业应按照各主要作业耗用每一次要作业的作业动因量，将次要作业的总成本分配至各主要作业，并结合直接追溯至主要作业的资源费用，计算各主要作业的总成本和单位成本。有关计算公式如下：

次要作业成本分配率=次要作业总成本÷该作业动因总量

某主要作业分配的次要作业成本=该主要作业耗用的次要作业动因量×该次要作业成本分配率

主要作业总成本=直接追溯至该作业的资源费用+分配至该主要作业的次要作业成本之和

主要作业单位成本=主要作业总成本÷该主要作业动因总量

（2）分配主要作业成本至成本对象，计算各成本对象的总成本和单位成本。企业应按照各成本对象耗用每一主要作业的作业动因量，将主要作业成本分配至各成本对象，并结合直接追溯至成本对象的单位水平资源费用，计算各成本对象的总成本和单位成本。有关计算公式如下：

某成本对象分配的主要作业成本=该成本对象耗用的主要作业成本动因量×主要作业单位成本

某成本对象总成本=直接追溯至该成本对象的资源费用+分配至该成本对象的主要作业成本之和

某成本对象单位成本=该成本对象总成本÷该成本对象的产出量

9.作业成本信息报告

作业成本信息报告的目的，是通过设计、编制和报送具有特定内容和格式要求的作业成本报表，向企业内部各有关部门和人员提供其所需要的作业成本及其他相关信息。作业成本报表的内容和格式应根据企业内部管理需要确定。作业成本报表提供的信息一般应包括以下内容：企业拥有的资源及其分布，以及当期发生的资源费用总额及其具体构成的信息；每一成本对象总成本、单位成本及其消耗的作业类型、数量，单位作业成本，以及产品盈利性分析的信息；每一作业或作业中心的资源消耗及其数量、成本，以及作业总成本与单位成本的信息；与资源成本分配所依据的资源动因及作业成本分配所依据的作业动因相关的信息；资源费用、作业成本、成本对象成本预算完成情况及其原因分析的信息；有助于作业、流程、作业链（或价值链）持续优化的作业效率、时间和质量等方面非财务信息；有助于促进客户价值创造的有关增值作业与非增值作业的成本信息及其他信息；有助于业绩评价与考核的作业成本信息及其他相关信息；上述各类信息的历史或同行业比较信息。

二、责任成本

（一）责任成本管理的含义

责任成本管理，是指将企业内部划分成不同的责任中心，明确责任成本，并根据各责任中心的权、责、利关系来考核其工作业绩的一种成本管理模式。其中，责任中心也叫责任单位，是指企业内部具有一定权力并承担相应工作责任的部门或管理层次。责任成本管理的流程如图8-6所示。

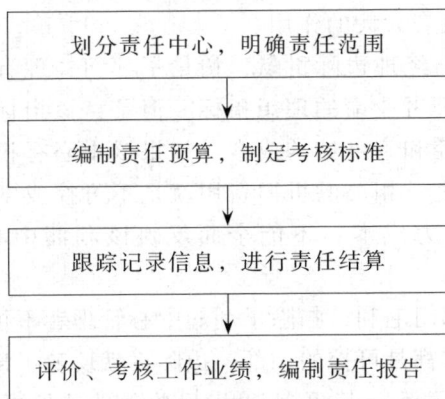

划分责任中心，明确责任范围

↓

编制责任预算，制定考核标准

↓

跟踪记录信息，进行责任结算

↓

评价、考核工作业绩，编制责任报告

图8-6　责任成本管理流程

（二）责任中心及其考核

责任中心，是指企业内部独立提供产品（或服务）、资金等的责任主体。按照企业内部责任中心的权责范围以及业务活动的不同特点，责任中心一般可以划分为成本中心、利润中心和投资中心三类。每一类责任中心均对应着不同的决策权力及不同的业绩评价指标。

1.成本中心

成本中心是指有权发生并控制成本的单位。成本中心一般不会产生收入，通常只计量考核发生的成本。成本中心是责任中心中应用最为广泛的一种形式，只要是对成本的发生负有责任的单位或个人都可以成为成本中心，如负责生产产品的车间、工段、班组等生产部门或确定费用标准的管理部门等。

成本中心考核和控制主要使用的指标有预算成本节约额和预算成本节约率。计算公式为：

预算成本节约额=实际产量预算责任成本−实际责任成本

预算成本节约率=预算成本节约额÷实际产量预算责任成本×100%

2.利润中心

利润中心是指既能控制成本，又能控制收入和利润的责任单位。它不但有成本发生，而且还有收入发生。因此，它要同时对成本、收入以及收入成本的差额即利润负责。利润中心有两种形式：一是自然利润中心，是自然形成的，是直接对外提供劳务或销售产品以取得收入的责任中心；二是人为利润中心，是人为设定的，是企业内部各责任中心之间使用内部结算价格结算半成品内部销售收入的责任中心。利润中心往往处于企业内部的较高层次，如分店或分厂等。利润中心与成本中心相比，其权利和责任都相对较大，不仅要降低绝对成本，更要寻求收入的增长使之超过成本的增长，即更强调相对成本的降低。

在通常情况下，利润中心采用利润作为业绩考核指标，分为边际贡献、可控边际贡献和部门边际贡献。相关公式为：

边际贡献=销售收入总额−变动成本总额

可控边际贡献=边际贡献−该中心负责人可控固定成本

部门边际贡献=可控边际贡献−该中心负责人不可控固定成本

其中，边际贡献是收入减去随生产能力的使用而变化的成本，反映了该利润中心的盈利能力，但其对业绩评价没有太大的作用。

可控边际贡献也称部门经理边际贡献，衡量了部门经理有效运用其控制下的资源的能力，是评价利润中心管理者业绩的理想指标。但是，该指标有个很大的局限，难以区分与生产能力相关的、可控和不可控的成本。如果该中心有权处置固定资产，那么相关的折旧费是可控成本；反之，相关的折旧费用就是不可控成本。可控边际贡献忽略了应追溯但又不可控的生产能力成本，不能全面反映该利润中心对整个公司所做的经济贡献。

部门边际贡献，又称部门毛利，扣除了利润中心管理者不可控的间接成本，因为对于公司最高层来说，所有成本都是可控的。部门边际贡献反映了部门为企业利润和弥补与生产能力有关的成本所做的贡献，其更多地用于评价部门业绩而不是利润中心管理者的业绩。

3.投资中心

投资中心是指既能控制成本、收入和利润，又能对投入的资金进行控制的责任中心，如事业部、子公司等。其经理所拥有的自主权不仅包括制定价格、确定产品和生产方法等短期经营决策权，还包括投资规模和投资类型等投资决策权。投资中心是最高层次的责任中心，拥有最大的决策权，也承担最大的责任。利润中心和投资中心的区别在于，利润中心没有投资决策权，而且在考核利润时也不考虑所占用的资产。

对投资中心的业绩进行评价时，不仅要使用利润指标，还需要计算、分析利润与投资的关系，主要有投资收益率和剩余收益等指标。

（1）投资收益率

投资收益率是投资中心获得的利润与投资额的比率，其计算公式为：

投资收益率=息税前利润÷平均经营资产

平均经营资产=（期初经营资产+期末经营资产）÷2

投资收益率主要说明了投资中心运用公司的每单位资产对公司整体利润贡献的大小。投资收益率根据现有的会计资料计算，比较客观，可用于部门之间，以及不同行业之间的比较。

（2）剩余收益

剩余收益是指投资中心的经营收益扣减经营资产按要求的最低投资收益率计算的收益额之后的余额。其计算公式为：

剩余收益=息税前利润−平均经营资产×最低投资收益率

其中，最低投资收益率是根据资本成本来确定的，一般等于或大于资本成本，通常可以采用企业整体的最低期望投资收益率，也可以是企业为该投资中心单独规定的最低投资收益率。

剩余收益指标弥补了投资收益率指标会使局部利益与整体利益相冲突这一不足之处，但由于其是一个绝对指标，故而难以在不同规模的投资中心之间进行行业绩比较。

（三）内部转移价格的制定

内部转移定价是企业内部转移价格的制定和应用方法。内部转移价格，是指企业内部分公司、分厂、车间、分部等责任中心之间相互提供产品（或服务）、资金等内部交易时所采用的计价标准。内部转移价格直接关系到不同责任中心的获利水平，其制定可以有效地防止成本转移引起的责任中心之间的责任转嫁，使每个责任中心都能够作为单独的组织单位进行行业绩评价，并且可以作为一种价格信号引导下级采取正确决策，保证局部利益与整体利益的一致。内部转移定价通常分为价格型、成本型和协商型三种。企业绩效管理委员会或类似机构应根据各责任中心的性质和业务特点，分别确定适当的内部转移定价形式。

思考与案例

1.成本按性态可以分成哪几类？简要说明各类成本的特点。

2.当企业生产和销售多种产品时，其盈亏临界点如何确定？

3.某锅业有限公司是一家专门从事不粘炒锅生产的企业，总经理是李立斌先生。由于受金融危机的影响。2024年的销量由2023年的250万口下降到200万口，每口成本却由90元上升到100元。为此，总经理对公司的所有员工都给予严厉的批评，并扣发了他们当年的奖金。但是该公司生产车间的主任陈放感到十分委屈，于是向总经理提供了相关数据。这些数据表明2024年的成本实际上比2023年还要低些。因此，总经理对财务科提供的数据的准确性表示怀疑，而财务科科长王颖坚决否认并提供了充分的证据证明财务科所提供的成本信息完全是正确的。

请问：

（1）如果你是生产车间主任陈放，你应向总经理提供什么数据，以证明2024年的成本实际上比2023年还要低些？

（2）如果你是财务科科长王颖，你应向总经理提供什么数据，以证明财务科提供的成本信息完全是正确的？

（3）如果你是该公司的财务顾问，你将向总经理就上述事件提出哪些意见？

第九章

财务分析与评价

学习目标

1. 了解财务分析的主要内容。
2. 掌握财务分析的基本方法。
3. 掌握上市公司财务分析与评价。
4. 掌握国有企业财务评价与考核。

思维导图

学思践悟

党的二十大报告擘画了新时代强国之路，"要深化国资国企改革，加快国有经济布局优化和结构调整，推动国有资本和国有企业做强做优做大，提升企业核心竞争力"。对此，国资委党委召开扩大会议，认真传达贯彻党的二十大和二十届一中全会精神，研究部署学习宣传贯彻落实工作。深刻认识到新时代新征程国有企业的战略定位，站位党和国家事业发展全局，牢记"国之大者"，推动国有企业充分发挥经济增长的顶梁柱作用、科技创新的国家队作用、安全发展的"压舱石"作用，坚定成为立足新发展阶段、贯彻新发展理念、构建新发展格局、推动高质量发展的重要支撑。

要求：请结合上述文字，谈谈财务分析与评价在国有企业高质量发展过程中发挥的作用。

►►►►►► 第一节　财务分析概述

一、财务分析的概念

财务分析是以企业的会计资料为基础，对其财务状况、经营成果和现金流量进行分析和评价的一种方法。财务分析是财务管理的重要方法之一，是对财务报告所提供的会计信息做进一步加工和处理，能为会计信息使用者进行财务预测和财务决策提供依据。在实务中，财务分析可以发挥以下重要作用：

1.财务分析可以正确评价企业过去

财务分析通过对实际会计报表等资料的分析能够准确地说明企业过去的业绩状况，指出企业存在的问题及产生的原因，有助于正确评价企业过去的经营业绩，引导企业投资者和债权人的行为。

2.财务分析可以全面反映企业现状

根据不同分析主体的分析目的，采用不同的分析手段和方法，财务分析可以反映企业资产结构、企业权益结构、企业支付能力和偿债能力、企业营运状况、企业盈利能力等，对于全面反映和评价企业的现状具有重要作用。

3.财务分析可以用于估计企业未来

财务分析对未来的估计，不仅能够为企业未来财务预测、财务决策和财务预算指明方向，还能够准确评价企业的价值及价值创造，以及为企业进行财务危机预测提供必要信息。

二、财务分析的主体

由于不同的人员和机构所处的位置、工作目标不同，他们对上市公司财务信息的需求也有所不同。因此，财务报表的使用者需要结合自身的独特需要，选择自己需要的信息，并展开分析。

1.企业管理者

企业管理者需要及时了解公司财务、成本计划的完成情况，公司是否达到了盈利目标，分析公司盈利增减变动的过程及客观原因。在总结工作业绩和经营责任的完成情况的同时，还需要能够找出生产经营中的薄弱环节，挖掘潜力，寻找降低消耗、增加盈利的途径，并预测公司的财务前景。根据已有的财务信息确定下一个财务年度的盈利目标，并编制下一财务年度收支、成本计划。

2.投资者

需要阅读企业财务报表，并从中获取相关信息的投资者包括个人投资者和机构投资者。他们投资于某一公司的根本目的是获得高于其他投资的投资回报率，在将来获得更多的现金流量。这些投资者需要通过公司的财务信息，全面考察公司的经营情况、盈利能力及发展趋势，并预测投资风险和投资回报，进行停止投资、继续投资或转移投资的决策。

3.债权人

债权人进行财务分析的根本目的在于衡量公司是否能够及时、足额地清偿债务。通过财务数据，计算出相关的偿债能力指标，债权人能够较为准确地了解上市公司的短期及长期偿债能力，预测公司的盈利能力及未来变化趋势，并综合判断公司的信用程度。

4.政府部门

政府部门对企业的财务状况进行分析的意义在于了解企业纳税的会计信息，掌握、发现偷漏税现象，监督企业依法、及时、足额地缴纳税金。此外，国家作为宏观经济调控者，通过对企业会计信息的逐级汇总，开展微观财务分析和宏观的国民经济统计、国民经济核算，是国民经济宏观调控的重要依据，可为政府部门制定价格政策、税收政策、利率政策以及经济发展战略提供支持。

5.社会中介机构

与企业财务状况有关的社会中介机构包括会计师事务所、律师事务所、资产评估事务所以及经济咨询机构等。企业编制的财务报告都需要会计师事务所的审核，其目的在于以会计准则为依据，揭示舞弊、隐瞒等行为，验证公司会计报表的合法性、合理性和正确性，并出具相应的证明。资产评估事务所进行财务分析的目的，在于对所评估的企业资产、负债状况做出正确、准确的判断。律师事务所进行财务分析的目的是当有纠纷涉及某个企业时，通过财务数据了解解决纠纷需要的相关信息。经济咨询机构财务分析的目的是为服务对象提供各种咨询服务。

三、财务分析的客体

财务分析是以企业的会计核算资料为基础，通过对核算资料进行加工整理，得出一系列科学的、系统的财务指标，以便进行比较、分析和评价。财务报告是企业向政府部门、投资者、债权人等与本企业有利害关系的组织或个人提供的，反映企业在一定时期内的财务状况、经营成果、现金流量以及影响企业未来经营发展的重要经济事项的会计核算资料。提供财务报告的目的在于为报告使用者提供财务信息，为其进行财务分析、经济决策提供充足的依据。企业的财务报告主要包括资产负债表、利润表、现金流量表、所有者权益（或股东权益）变动表、财务报表附注以及其他反映企业重要事项的文字说明。这些财务报表及附注集中、概括地反映了企业的财务状况、经营成果和现金流量状况等财务信息，对其进行财务分析，可以系统地了解企业的偿债能力、盈利能力、发展能力等财务状况。

1.资产负债表

资产负债表是以"资产=负债+所有者权益"这一会计等式为依据，按照一定的分类标准和次序，反映企业在某一特定日期资产、负债及股东权益的基本状况的财务报表。表9-1为A公司2024年度的资产负债表。

表9-1

A公司资产负债表

2024年12月31日

编制单位：A公司 单位：万元

资产	年末余额	年初余额	负债和所有者权益（或股东权益）	年末余额	年初余额
流动资产：			流动负债：		
货币资金	4 646 132.9	3 617 881.6	短期借款	768 790.8	858 504.9
交易性金融资产	216 519.2	30 813.5	交易性金融负债	2 695.3	4 279.9
衍生金融资产	7 783.9	1 915.8	衍生金融负债	23 958.3	9 954.9
应收票据	1 413 635	1 395 142	应付票据	2 123 605.7	1 930 853.9
应收账款	1 593 002.4	1 101 587.1	应付账款	3 630 297.2	3 375 056.7
预付款项	76 542.8	127 292.2	预收款项		
其他应收款	171 715.3	216 351.8	合同负债	704 863.8	558 300.8
其中：应收利息	32 247.3	27 301	应付职工薪酬	376 010	315 557.2
应收股利	491.5	452.4	应交税费	239 970.5	211 705.6
存货	2 944 697.3	2 822 860.1	其他应付款	1 705 615.6	1 515 639.3
合同资产	26 341.3	42 273.8	其中：应付利息		
持有待售资产			应付股利		
一年内到期的非流动资产			一年内到期的非流动负债	752 272.5	731 713.9
其他流动资产	328 389	698 596.6	其他流动负债	611 205.4	49 406.6
流动资产合计	11 424 759.1	10 054 714.5	流动负债合计	10 939 285.1	9 560 973.7
非流动资产：			非流动负债：		
债权投资			长期借款	1 182 141.6	1 327 645.3
其他债权投资			应付债券	671 350.1	700 458.6
长期应收款	33 058.9	30 758.8	租赁负债	207 270.2	198 027.2
长期股权投资	2 156 765.8	2 046 076.4	长期应付款	9 820.3	14 234.3
其他权益工具投资	265 912.5	139 596	长期应付职工薪酬	124 577.5	112 235
其他非流动金融资产		29 454.7	预计负债	144 284.4	139 887.8
投资性房地产	2838.7	2940.3	递延收益	63 376.2	70 527.3

资产	年末余额	年初余额	负债和所有者权益（或股东权益）	年末余额	年初余额
固定资产	2 089 550.5	2 118 005.7	递延所得税负债	190 040.1	115 441.3
在建工程	359 690.2	239 136.5	其他非流动负债	2 703.4	7 007.1
使用权资产	283 985.8	275 506.6	非流动负债合计	2 595 563.8	2 685 463.9
无形资产	1 001 786.8	1 068 707.2	负债合计	13 534 848.9	12 246 437.6
开发支出	16 774.7	19 328.6	所有者权益（或股东权益）:		
商誉	2 251 846	2 335 173	实收资本（或股本）	902 784.6	657 956.7
长期待摊费用	45 574.3	43 758.7	其他权益工具	153 745	1 753 296.5
递延所得税资产	220 830.1	157 890.2	资本公积	1 500 902.7	443 589.1
其他非流动资产	192 576.2	184 376.5	减：库存股		
非流动资产合计	8 921 190.5	8 690 709.2	其他综合收益	104 621.7	131 798.9
			盈余公积	304 533.5	265 532.7
			未分配利润	3 844 513.2	3 246 812.2
			所有者权益（或股东权益）合计	6 811 100.7	6 498 986.1
资产总计	20 345 949.6	18 745 423.7	负债和所有者权益（或股东权益）总计	20 345 949.6	18 745 423.7

2.利润表

利润表也称损益表，是以"利润=收入-费用"这一会计等式为依据编制而成的。利润表可以考核企业利润计划的完成情况，分析企业的盈利能力以及利润增减变化的原因，预测企业利润的发展趋势，为投资者及企业管理者等提供对决策有用的财务信息。表9-2为A公司2024年度简化的利润表。

表9-2　　　　　　　　　　　　　　　**A公司利润表**

2024年度

编制单位：A公司　　　　　　　　　　　　　　　　　　　　　单位：万元

项目	本年金额	上年金额
一、营业收入	20 972 582.1	20 076 198.3
减：营业成本	14 747 518.1	14 086 839.9
税金及附加	66 050.7	80 204.5
销售费用	3 364 171.1	3 368 212.6

项目	本年金额	上年金额
管理费用	1 005 264.5	1 011 326.3
研发费用	686 016.2	626 693.7
财务费用	119 621.8	89 301.8
其中：利息费用	132 709.1	174 710.8
利息收入	48 618.0	55 022.5
加：其他收益	115 064.8	128 221.3
投资收益（损失以"-"号填列）	406 010.4	547 953.9
公允价值变动收益（损失以"-"号填列）	6 263.0	7 671.7
信用减值损失（损失以"-"号填列）	-16 638.1	-15 037.0
资产减值损失（损失以"-"号填列）	-133 563.0	-86 057.9
资产处置收益（损失以"-"号填列）	-1 281.3	48 572.8
二、营业利润	1 359 795.5	1 444 944.3
加：营业外收入	19 744.4	39 097.2
减：营业外支出	24 091.9	20 980.7
三、利润总额	1 355 448.0	1 463 060.9
减：所得税费用	223 186.4	229 621.6
四、净利润	1 132 261.6	1 233 439.3

3.现金流量表

现金流量表是以现金及现金等价物为基础编制的财务状况变动表，是企业对外报送的重要的财务报表。现金流量表为财务报表使用者提供企业一定会计期间现金和现金等价物流入和流出的信息，以便报表使用者了解和评价企业获取现金和现金等价物的能力，并据以预测企业未来现金流量。

现金流量表反映了企业在一定会计期间的现金流量状况，将企业的现金流量划分为经营活动产生的现金流量、投资活动产生的现金流量和筹资活动产生的现金流量三类，按照收付实现制原则编制而成，将权责发生制下的盈利信息调整为收付实现制下的现金流量信息。

四、财务分析的程序

为了保证财务分析的有效进行，必须遵循科学的程序。财务分析的程序一般包括以下几个步骤。

1.确定财务分析的范围，收集有关的经济资料

财务分析的范围取决于财务分析的目的，它可以是企业经营活动的某一方面，也可以是企业经营活动的全过程。财务分析的范围决定了所要收集的经济资料的数量，范围小，所需资料也少；全面的财务分析则需要收集企业各方面的经济资料。

2.选择适当的分析方法，确定分析指标

财务分析的目的和范围不同，所选用的分析方法和指标也不同。常用的财务分析方法有比率分析法、比较分析法等，这些方法各有特点，在进行财务分析时，可以单独使用，也可以结合使用。局部的财务分析可以只选择其中的某一种方法，全面的财务分析则应该综合运用各种方法，以便进行对比，做出客观和全面的财务评价。选择分析方法之后，就要确定分析指标。分析指标是根据财务分析的目的确定的，不同的分析目的所使用的分析指标也不同。

3.进行因素分析，抓住主要矛盾

通过财务分析，可以找出影响企业经营活动和财务状况的各种因素。在诸多因素中，有的是有利因素，有的是不利因素；有的是外部因素，有的是内部因素。在进行因素分析时，必须抓住主要矛盾，即影响企业生产经营活动和财务状况的主要因素，才能有的放矢，提出相应的办法，做出正确的决策。

4.为做出经济决策提供各种建议

财务分析的最终目的是为经济决策提供依据。通过上述比较与分析，就可以提出各种方案，然后权衡各种方案的利弊与得失，从中选出最佳方案，做出经济决策。这个过程也是一个信息反馈过程，决策者可以通过财务分析总结经验，吸取教训，以改进工作。

▶▶▶▶▶▶ 第二节　财务分析的基本方法

财务分析的方法有很多种，常用的方法包括比较分析法、比率分析法、趋势分析法、结构分析法和因素分析法等。在进行财务分析之前，应该充分了解被分析企业的性质、规模及其他情况，然后将上述方法综合运用，最后得出分析结论，从总体上评价企业财务状况和经营成果。

一、比较分析法

比较分析法又称对比分析法，是通过经济指标在数量上的比较，来揭示经济指标的数量关系和数量差异的一种方法。财务分析者将两个或两个以上有内在联系的会计事项相关指标进行相互对比。通过比较，财务分析者可了解会计事项中的各种情况，发现问题，找出差异，并研究差异发生的原因及其影响程度，得出初步结论，提出解决问题的建议。

比较分析法的主要作用在于揭示财务活动中的数量关系和存在的差距，从中发现问题，为进一步分析原因、指明方向。比较分析法是最基本的分析方法，在财务分析中被广泛应用，而且，其他分析方法也是建立在比较分析法的基础上的。

（一）比较分析法的形式

根据分析的目的和要求的不同，比较分析法有以下三种形式：

1.实际指标与预算比较。实际指标与预算（计划或定额）比较，可以揭示实际与预算（计划或定额）之间的差异，了解该项指标的完成情况。

2.本期指标与上期指标或历史最高水平比较。本期指标与上期指标或历史最高水平比较，可以确定前后不同时期有关指标的变动情况，了解企业生产经营活动的发展趋势和管理工作的改进情况。

3.本企业指标与国内外同行业先进指标比较。本企业指标与国内外同行业先进指标比较，可以找出与先进企业之间的差异，推动本企业改善经营管理方法，赶超先进水平。

（二）比较分析法应注意的问题

进行比较时采用的指标应在时期、范围、内容、项目、计算方法上大致相同，若口径不一致或环境条件不同，应按规范的方法换算后再作比较，否则没有可比性。

二、比率分析法

比率是相对数，是指财务分析者在分析过程中，利用财务报表中一个指标对另外一个指标的比例关系，进行比率数值分析的一种方法。比率分析法是通过对财务相对数指标的比较、分析，得出评价结论。采用这种分析方法，在某些条件下，能够把不可比指标变为可比指标，以利于分析比较。

（一）比率指标的主要形式

比率指标主要有以下三种形式。

1.构成比率。构成比率又称结构比率，用以计算某项经济指标的各个组成部分占总体的比重，反映部分与总体的关系。其典型计算公式为：

构成比率 = 某个组成部分数额/总体数额

如流动资产占总资产的比重、流动负债占总负债的比重、收不回来的应收账款占全部应收账款的比重等，都属于构成比率指标，可以考察总体中某个部分的形成和安排是否合理，以便协调各项财务活动。

2.效率比率。效率比率用以计算某经济活动中所费与所得的比例，反映投入与产出的关系，如成本费用与销售收入的比率、投资额与收益额的比率、资金占用额与利润的比率等。利用效率比率指标，可以进行得失的比较，考察经营成果，评价经济效益的水平。

3.相关比率。相关比率用以计算部分与总体的关系、投入与产出关系之外具有相关关系指标的比率，反映有关经济活动的联系，如流动资产与流动负债的比率、现金净流量与净利润的比率等。利用相关比率指标，可以考察有关联系的相关业务安排是否合理，以保障生产经营活动能够顺畅进行。

（二）比率分析法应该注意的问题

1.比率指标中的对比指标要有相关性。在构成比率指标中，部分指标必须是总体指标这个大系统中的一个小系统，这样才能有比较的可能。在效率比率指标中，投入与产出必须有因果关系，费用应是为取得某项收入而花费的。没有因果关系的比率不能说明经济效益水平。相关指标中的两个对比指标也要有内在联系，才能评价有关经济活动之间是否协调，安排是否合理。

2.比率指标中对比指标的计算口径要一致。与比较分析法一样，在同一比率中的两个对比指标在计算时间、计算方法、计算标准上应当口径一致。特别要注意的是，如果比率指标中的对比指标是两个含义不同的指标，由于取得的资料来源不同，可能其范围有一定差异，使用时必须使其口径一致，便于对比。

3.采用的比率指标要有对比的标准。财务比率能从指标的联系中，揭露企业财务活动的内在关系，但它所提供的只是企业某一时点或某一时期的实际情况。为了说明问题，还需要选用一定的标准与之对比，以便对企业的财务状况做出评价。通常用作对比的标准有以下几种：

（1）预定目标，指企业自身制定的、要求财务工作在某些方面应该达到的目标。将实际完成的比率与预定的经营目标比较，可以确定差异，发现问题，并进一步分析差异产生的原因。

（2）历史标准，指本企业在过去经营中实际完成的数据，它是企业已经达到的实际水平。将企业本期的比率与历史上已达到的比率对比，可以分析和考察企业财务状况和整个经营活动的改进情况，并预测企业财务活动的发展趋势。

（3）行业标准，指本行业内同类企业已达到的水平。行业内同类企业的标准有两种：一种是先进水平，另一种是平均水平。将本企业的财务比率与先进水平对比，可以了解与先进企业的差距，挖掘本企业潜力，提高经济效益；将本企业的财务比率与平均水平对比，可以了解本企业在行业中所处的地位，明确努力的方向，处于平均水平以下者要追赶平均水平，达到平均水平者应追赶先进水平。

（4）公认标准，指经过长期实践经验的总结，为人们共同接受，达到约定俗成程度的某些标准。例如，反映流动资产与流动负债关系的流动比率，一般公认标准为 $2:1$，速动比率一般公认标准为 $1:1$。企业分析时可以此为标准，借以评价企业的流动比率是否恰当及偿债风险的大小。

三、趋势分析法

趋势分析法是将两期及以上连续数期财务报告中的相同指标或比率进行对比，分析其增减变动的方向、数额和幅度的一种方法。这种方法可以揭示企业财务状况、经营成果和现金流量的变化，分析引起变化的主要原因、变动的性质，并预测企业未来的发展前景。

1.销售增长率

历年销售增长率的一般计算公式为：

$$r = \left(\sqrt[n]{\frac{S_n}{S_0}} - 1 \right) \times 100\%$$

式中：r 为 n 年的年均销售增长率；S_0 为初始年份的销售额；S_n 为 n 年后的销售额。n 常为奇数，比如 3、5。这样算出的增长率也即销售的复利增长率或环比增长率。

例9-1 ⦂⦂⦂⦂

以甲公司 2022—2025 年的销售变化为例，其 2022 年的营业收入净额为 2 204 454 415.56 元，2025 年的营业收入净额为 3 953 640 138.96 元。因此，$n=3$；2 204 454 415.56 元是初始年份的销售额，即 S_0；3 953 640 138.96 元是 3 年后的销售额，即 S_n。套用前述公式计算 3 年年均销售增长率如下：

$$r = (\sqrt[3]{\frac{3\ 953\ 640\ 138.96}{2\ 204\ 454\ 415.56}} - 1) \times 100\% = 21.50\%$$

所以，该公司 3 年的年均销售增长率为 21.50%，如果行业销售增长率均值为 14.62%，则甲公司比行业均值高出 6.88 个百分点。

例9-2 ⦂⦂⦂⦂

如果我们考虑甲公司 2020—2025 年的销售平均增长率，其 2020 年营业收入净额为 914 703 675.36 元，经过 5 年的增长达到 3 953 640 138.96 元。那么计算 A 公司 5 年年均销售增长率如下：

$$r = (\sqrt[5]{\frac{3\ 953\ 640\ 138.96}{914\ 703\ 675.36}} - 1) \times 100\% = 34.01\%$$

可见，甲公司 5 年的年均销售增长率为 34.01%，如果行业销售增长率均值为 14.02%，则 A 公司比行业均值高出 19.99 个百分点。

2.净利润增长率

历年净利润增长率的一般计算公式：

$$r = \sqrt[n]{\frac{P_n}{P_0}} - 1$$

式中：r 为 n 年的年均净利润增长率；P_0 为初始年份的净利润额；P_n 为 n 年后的净利润额；n 常为奇数，比如 3、5。这样计算出的增长率也叫净利润的复利增长率或环比增长率。

例9-3 ⦂⦂⦂⦂

甲公司 2022 年和 2025 年的净利润分别为 341 298 375.86 元和 768 112 120.07 元。此处，$n=3$；341 298 375.86 元是初始年份的净利润，即 P_0；768 112 120.07 元是 3 年后的净利润，即 P_n。应用前述公式计算 3 年年均净利润增长率如下：

$$r = (\sqrt[3]{\frac{768\ 112\ 120.07}{341\ 298\ 375.86}} - 1) \times 100\% = 31.05\%$$

所以，该公司 3 年的平均净利润增长率为 31.05%，如果行业净利润增长率均值为 1.4%，则甲公司比行业均值高出 29.65 个百分点。

例9-4 ⦂⦂⦂⦂

甲公司 2020 年和 2025 年的净利润分别为 216 927 477.38 元和 768 112 120.07 元。此处，$n=5$；216 927 477.38 元是初始年份的净利润，即 P_0；768 112 120.07 元是 5 年后的净利润，即 P_n。应用前述公式计算 5 年年均净利润增长率如下：

$$r = (\sqrt[5]{\frac{768\ 112\ 120.07}{216\ 927\ 477.38}} - 1) \times 100\% = 28.77\%$$

所以，该公司5年的平均净利润增长率为28.77%，如果行业净利润增长率均值为10.37%，则A公司比行业均值高出18.40个百分点。

3.加权平均每股收益增长率

历年加权平均每股收益增长率的一般计算公式为：

$$r = \sqrt[n]{\frac{EPS_n}{EPS_0}} - 1$$

式中：r为加权平均每股收益的年均复利增长率；n为年份；EPS_0为加权平均每股收益的初始值；EPS_n为n年后加权平均每股收益。

例9-5 ⟡⟡⟡⟡

甲公司2022年和2025年的加权每股收益分别为0.8587元和1.6002元。应用前述公式计算3年年均加权平均每股收益增长率如下：

$$r = (\sqrt[3]{\frac{1.6002}{0.8587}} - 1) \times 100\% = 23.06\%$$

所以，甲公司3年年均加权平均每股收益增长率为23.06%，如果行业均值为3.2%，则甲公司比行业均值高出19.86个百分点。

例9-6 ⟡⟡⟡⟡

甲公司2020年和2025年的加权每股收益分别为0.64元和1.6002元。应用前述公式计算5年年均加权平均每股收益增长率如下：

$$r = (\sqrt[5]{\frac{1.6002}{0.64}} - 1) \times 100\% = 20.12\%$$

所以，甲公司5年年均加权平均每股收益增长率为20.12%，如果行业均值为4.3%，则甲公司比行业均值高出15.82个百分点。

运用趋势分析法应当注意以下问题：

（1）计算口径上必须一致。与其他分析方法一样，用以进行对比的各个时期的指标，在计算口径上必须一致。由于经济政策、财务制度发生重大变化而影响指标内容时，应将指标调整为统一口径。

（2）偶然因素的特殊影响应加以剔除。由于天灾人祸等偶然因素对财务活动产生特殊影响时，分析时应加以剔除，必要时对价格变动因素也要加以调整。

（3）财务指标有显著变动应重点研究。分析中如发现某项财务指标在一定时期内有显著变动，应作为分析重点研究其产生的原因，以便采取对策，趋利避害。

四、结构分析法

结构分析法也叫共同比报表分析法，顾名思义是将财务报表中的某一账户的"总额"设定为100%，而将同一报表的其他账户余额与前述"总额"相比，并将结果以百分比的形式表示，这样得到的报表中的每一项都是以百分数表示的。资产负债表的"总额"是

"资产总计"；利润表的"总额"是营业收入净额；现金流量表的"总额"是"现金流入合计"和"现金流出合计"。我们可以在结构分析中引入趋势分析，即将不同期间的报表中的同一账户的百分比数进行比较，以便发现企业在资本结构、资产结构、现金流量结构和利润结构方面的变化趋势。

例9-7 ·::::·

乙公司2023年和2024年共同比利润表见表9-3。

表9-3　　　　　　　　　乙公司共同比利润表　　　　　　　　　　单位：%

项　目	2024年	2023年	差异
一、营业收入	100.00	100.00	0
减：营业成本	48.84	47.65	1.19
税金及附加	5.43	7.09	−1.66
销售费用	14.86	13.59	1.27
管理费用	5.88	8.42	−2.54
财务费用	−0.36	−0.46	0.1
加：公允价值变动损益	0.77	0.65	0.12
投资收益			
其中：对联营企业和合营企业的投资收益			
资产减值损失	−1.2	−1.3	−0.1
二、营业利润	24.92	23.06	1.86
加：营业外收入	0.01	0.01	0.00
减：营业外支出	0.03	0.01	0.02
三、利润总额	24.9	23.06	1.84
减：所得税	6.04	4.17	1.87
四、净利润	18.86	18.89	−0.03
五、每股收益			
（一）基本每股收益			
（二）稀释每股收益			

从表9-3可以得出，乙公司的利润表结构相当稳定：2024年和2023年的营业利润率（每100元销售产生的营业利润）基本相等；2024年销售费用率与2023年相比增加了1.27个百分点，而2024年管理费用率与2023年相比却下降了2.54个百分点；2024年利润总额率虽然与2023年相比增加了1.84个百分点，但由于每100元销售所负担的所得税2024年比2023年增加了1.87个百分点，导致2024年销售净利率比2023年略微下降了0.03个百分点。

五、因素分析法

（一）连环替代法和差额分析法

一个经济指标往往受多种因素的影响，只有把这种综合性的指标分解为各种构成要素，才能了解指标完成好坏的真正原因。这种把综合性指标分解为各因素的方法称为因素分析法，各种因素之间相互关系的复杂性不同，因素分析法又有多种具体方法，通常的因素分析法主要有两种：连环替代法和差额分析法。

1.连环替代法

连环替代法是将分析指标分解为各个可以计量的因素，并根据各个因素之间的依存关系，依次用各因素的比较值（通常为实际值）替代基准值（通常为标准值或计划值），据以测定各因素对分析指标的影响。

例9-8 ⋰⋱⋰⋱

丙公司2024年10月某种原材料费用的实际数是4 620元，而其计划数是4 000元。实际比计划增加620元。由于原材料费用是由产品产量、单位产品材料消耗量和材料单价三个因素的累积组成，因此就可以把材料费用这一总指标分解为三个因素，然后逐个分析其对材料费用总额的影响程度。现假设这三个因素的数值如表9-4所示。

表9-4   材料费用因素

项目	计划数	实际数
产品产量（件）	100	110
单位产品材料消耗量（千克）	8	7
材料单价（元）	5	6
材料费用总额（元）	4 000	4 620

根据表9-4中的资料，材料费用总额实际数较计划数增加620元。运用连环替代法，可以计算各因素变动对材料费用总额的影响。

计划指标：100×8×5=4 000（元）①

第一次替代：110×8×5=4 400（元）②

第二次替代：110×7×5=3 850（元）③

第三次替代：110×7×6=4 620（元）④

实际指标：

②-①=4 400-4 000=400（元），产量增加的影响

③-②=3 850-4 400=-550（元），材料节约的影响

④-③=4 620-3 850=770（元），价格提高的影响

400-550+770=620（元），全部因素的影响

2.差额分析法

差额分析法是连环替代法的一种简化形式，是利用各个因素的比较值与基准值之间的差额，来计算各因素对分析指标的影响。

例 9-9 ∵∵∵∵∵

沿用表9-4中的资料。可采用差额分析法计算确定各因素变动对材料费用的影响。

（1）产量增加对材料费用的影响为：（110-100）×8×5 = 400（元）

（2）材料消耗节约对材料费用的影响为：（7-8）×110×5 = -550（元）

（3）价格提高对材料费用的影响为：（6-5）×110×7=770（元）

（二）采用因素分析法时必须注意的问题

1.因素分解的关联性。构成经济指标的因素，必须客观上存在因果关系，并能够反映形成该项指标差异的内在构成原因，否则就失去了应用价值。

2.因素替代的顺序性。确定替代因素时，必须根据各因素的依存关系，遵循一定的顺序并依次替代，不可随意加以颠倒，否则就会得出不同的计算结果。

3.顺序替代的连环性。因素分析法在计算每一变动的影响时，都是在前一次计算的基础上进行，并采用连环比较的方法确定因素变化的影响结果。

4.计算结果的假定性。由于因素分析法计算的各因素变动的影响数会因替代顺序不同而有差别，因而计算结果不免带有假定性，即它不可能使每个因素计算的结果都达到绝对的准确。为此，分析时应力求使这种假定合乎逻辑，具有实际经济意义。这样，计算结果的假定性才不至于妨碍分析的有效性。

（三）资料来源的局限性

财务分析对于了解企业的财务状况和经营业绩，评价企业的偿债能力和经营能力，帮助制定经济政策，有着显著的作用。但由于种种因素的影响，财务分析也存在一定的局限性。在分析中，应注意这些局限性的影响，以保证分析结果的正确性。

1.报表数据的时效性问题。财务报表中的数据均是企业过去经济活动的结果和总结，用于预测未来发展趋势，只有参考价值，并非绝对合理。

2.报表数据的真实性问题。在企业形成其财务报表之前，信息提供者往往对信息使用者所关注的财务状况进行仔细分析和研究，并尽力满足信息使用者对企业财务状况和经营成果信息的期望。信息使用者所看到的报表信息与企业实际状况可能相距甚远，从而误导信息使用者。

3.报表数据的可靠性问题。财务报表虽然是按照会计准则编制的，但不一定能准确地反映企业的客观实际。例如，报表数据未按通货膨胀进行调整；某些资产以成本计价，并不代表其现在的真实价值；偶然事件可能歪曲本期的损益，不能反映盈利的正常水平。

4.报表数据的可比性问题。根据会计准则的规定，不同的企业或同一个企业的不同时期都可以根据情况采用不同的会计政策和会计处理方法，使得报表上的数据在企业不同时期和不同企业之间的对比在一定程度上失去了意义。

5.报表数据的完整性问题。由于报表本身的原因，其提供的数据是有限的，列入报表的仅是可以利用的、可以用货币计量的经济资源。实际上，企业有许多经济资源受客观条件制约或者受会计惯例的制约并未在报表中得到体现。例如，企业的人力资源、历史悠久的企业账外存在的大量无形资产，均不可能在报表中予以反映。

第九章　财务分析与评价

（四）财务分析指标的局限性

1.财务指标体系的不严密。每一个财务指标只能反映企业财务状况或经营成果的某一方面，每一类指标都过分强调本身所反映的方面，导致整个指标体系不严密。

2.财务指标所反映的情况具有相对性。在判断某个具体财务指标是好还是坏，或根据一系列指标形成对企业的综合判断时，必须注意财务指标本身所反映情况的相对性。因此，在利用财务指标进行分析时，必须掌握好对财务指标的"信任度"。

3.财务指标的评价标准不统一。比如，对流动比率，人们一般认为指标值为2比较合适，速动比率则认为1比较合适，但许多成功企业的流动比率都低于2，不同行业的速动比率也有很大差别，如采用大量现金销售的企业，几乎没有应收账款，速动比率大大低于1是很正常的。相反，一些应收账款较多的企业，速动比率可能要大于1。因此，在不同企业之间用财务指标进行评价时没有一个统一标准，不便于不同行业间的对比。

4.财务指标的比较基础不统一。在对财务指标进行比较时，需要选择比较的参照标准，包括行业数据、本企业历史数据和计划预算数据。横向比较时需要使用行业标准。行业平均数只有一般性的指导作用，不一定有代表性，也不一定是合理性的标准。近年来，分析人员更重视以竞争对手的数据作为分析基础。不少企业实行多种经营，没有明确的行业归属，对此类企业进行行业比较更加困难。

▶▶▶▶▶▶▶ 第三节　上市公司财务分析与评价

上市公司的财务状况、经营成果和现金流量，都反映在其财务报表的具体数据之中。因此，深入、细致地分析和研究上市公司的财务报表，了解其当前的经营状况以及未来的发展趋势，成为财务信息使用者对公司进行财务分析的重要手段。在实践过程中，财务信息使用者通过对资产负债表、利润表以及现金流量表的分析与运用，逐渐形成了系统、专业的分析方法，针对上市公司财务的一般指标和特殊指标，分别采用相应的分析手段，并广泛使用各种财务指标，增强了分析结果的准确、可靠程度。

一、上市公司一般指标财务分析

上市公司一般指标的财务分析方法主要是财务比率分析法，旨在通过财务报表数据的相对关系来揭示企业经营管理的各方面问题，具体分析包括偿债能力分析、营运能力分析、盈利能力分析、发展能力分析、现金流量分析以及综合财务分析六个方面。

（一）偿债能力分析

偿债能力是指上市公司偿还本身所欠债务的能力。对偿债能力进行分析有利于债权人进行正确的借贷决策；有利于投资者进行正确的投资决策；有利于上市公司管理层进行正确的经营决策；有利于正确评价上市公司的财务状况。

偿债能力的衡量方法有两种：一种是比较可供偿债资产与债务的存量，资产存量超过债务存量较多，则认为偿债能力较强；另一种是比较经营活动现金流量和偿债所需现金，如果产生的现金超过需要的现金较多，则认为偿债能力较强。

债务一般按到期时间分为短期债务和长期债务，偿债能力分析也由此分为短期偿债能力分析和长期偿债能力分析。

1.短期偿债能力分析

上市公司在短期（一年或一个营业周期）需要偿还的负债，主要指流动负债，因此短期偿债能力衡量的是对流动负债的清偿能力。短期偿债能力取决于短期内上市公司产生现金的能力，即在短期内能够转化为现金的流动资产的多少。所以，短期偿债能力比率也称为变现能力比率或流动性比率，主要考察的是流动资产对流动负债的清偿能力。上市公司短期偿债能力的衡量指标主要有营运资金、流动比率、速动比率和现金比率。

（1）营运资金

营运资金是指流动资产超过流动负债的部分。其计算公式如下：

营运资金=流动资产-流动负债

根据A公司的财务报表数据：

本年末营运资金=11 424 759.1-10 939 285.1=485 474（万元）

上年末营运资金=10 054 714.5-9 560 973.7=493 740.8（万元）

计算营运资金使用的"流动资产"和"流动负债"，通常可以直接取自资产负债表。资产负债表项目区分为流动资产项目和非流动资产项目，并且按照流动性强弱排序，方便了计算营运资金和分析流动性。营运资金越多则偿债越有保障。当流动资产大于流动负债时，营运资金为正，说明上市公司财务状况稳定，不能偿债的风险较小。反之，当流动资产小于流动负债时，营运资金为负，此时，上市公司部分非流动负债作为资金来源，上市公司不能偿债的风险较大。因此，上市公司必须保持正的营运资金，以避免流动负债的偿付风险。

营运资金是绝对数，不便于不同企业之间的比较。例如，将A公司与同行业内B、C公司的营运资金进行比较（见表9-5）。

表9-5　　　　　　　　　　　　　**B公司和C公司营运资金**　　　　　　　　　　　单位：万元

项目	A公司	B公司	C公司
流动资产	11 424 759.1	21 363 298.7	24 165 532.5
流动负债	10 939 285.1	15 847 871.8	18 415 050.2
营运资金	485 474	5 515 426.9	5 750 482.3

尽管C公司的营运资金高于A、B公司，但是B公司的偿债能力明显高于A公司、C公司，原因在于B公司营运资金占流动资产的比例为26%，而A、C公司分别为4%与24%，B公司流动资产用于偿还流动负债的部分（74%）小于A、C公司（96%、76%）。因此，在实务中很少直接使用营运资金作为偿债能力的衡量指标，偿债能力更多地通过债务的存量比率来评价。

（2）流动比率

流动比率是上市公司流动资产与流动负债之比。其计算公式为：

流动比率=流动资产÷流动负债

流动比率表明每1元流动负债有多少流动资产作为保障，流动比率越大，短期偿债能力越强。一般认为，上市公司合适的流动比率为2。这是因为流动资产中变现能力最差的存货金额约占流动资产总额的一半，剩下的流动性较大的流动资产至少要等于流动负债，上市公司短期偿债能力才有保障。但是随着上市公司的经营方式和金融环境的变化，流动比率有下降的趋势，现在有许多上市公司的流动比率低于2。

运用流动比率进行分析时，要注意以下几个问题：

第一，流动比率高不意味着短期偿债能力一定很强。因为，流动比率假设全部流动资产可变现清偿流动负债。实际上，各项流动资产的变现能力并不相同而且变现金额可能与账面金额存在较大差异。因此，流动比率是对短期偿债能力的粗略估计，还需要进一步分析流动资产的构成项目。

第二，计算出来的流动比率，只有和同行业平均流动比率、本企业历史流动比率进行比较，才能知道这个比率是高还是低。这种比较通常并不能说明流动比率为什么高或低，要找出过高或过低的原因还必须分析流动资产和流动负债所包括的内容以及经营上的因素。

一般情况下，营业周期、流动资产中的应收账款和存货的周转速度是影响流动比率的主要因素。营业周期短、应收账款和存货的周转速度快的上市公司的流动比率低一些也是可以接受的。

根据表9-1，A公司2024年初与年末的流动资产分别为10 054 714.5万元、11 424 759.1万元，流动负债分别为9 560 973.7万元、10 939 285.1万元，该公司流动比率为：

年初流动比率=10 054 714.5÷9 560 973.7=1.05

年末流动比率=11 424 759.1÷10 939 285.1=1.04

A公司年初、年末流动比率均大于1，该数值低于上市公司一般认为的合适流动比率。将其与同行业B、C公司年初流动比率1.26、1.42以及年末流动比率1.35、1.31对比可见，A公司短期偿债能力低于同行业B、C公司。流动比率指标的缺点是该比率比较容易人为操纵，并且没有揭示流动资产的构成内容，只能大致反映流动资产整体的变现能力。流动资产中包含像存货这类变现能力较差的资产，如能将其剔除，其所反映的短期偿债能力更加可信，这个指标就是速动比率。

（3）速动比率

速动比率是上市公司速动资产与流动负债之比，其计算公式为：

速动比率=速动资产÷流动负债

构成流动资产的各项目，流动性差别很大。其中，货币资金、交易性金融资产和各种应收账款，可以在较短时间内变现，称为速动资产；另外的流动资产，包括存货、预付款项、一年内到期的非流动资产和其他流动资产等，属于非速动资产。速动资产主要剔除了存货，原因在于：一是流动资产中存货的变现速度比应收账款要慢得多；二是部分存货可能已被抵押；三是存货成本和市价可能存在差异。由于剔除了存货等变现能力较差的资产，速动比率比流动比率能更准确、可靠地评价上市公司资产的流动性及偿还短期债务的能力。例如，某公司虽然几年来的流动比率远低于一般认为的最低流动比率，但其速动比率一直保持在1的水平，可见其短期偿债能力并不像单看流动比率时那么弱。

速动比率表明每1元流动负债有多少速动资产作为偿债保障。一般情况下，速动比率越大，短期偿债能力越强。由于通常认为存货占流动资产的一半左右，因此剔除存货影响的速动比率至少是1。速动比率过低，上市公司面临偿债风险；但速动比率过高，会因占用现金及应收账款过多而增加企业的机会成本。影响速动比率可信性的重要因素是应收账款的变现能力。因为，应收账款的账面金额存在着季节性波动，根据某一时点计算的速动比率不能客观反映其短期偿债能力。此外，使用该指标应考虑行业的差异性，如大量使用现金结算的上市公司其速动比率大大低于1是正常现象。

根据表9-1，A公司2024年初速动资产为6 363 691.8万元（3 617 881.6 + 30 813.5 + 1 915.8 + 1 395 142 + 1 101 587.1 + 216 351.8），年末流动资产为8 048 788.7万元（4 646 132.9 + 216 519.2 + 7 783.9 + 1 413 635 + 1 593 002.4 + 171 715.3）。A公司的速动比率为：

年初流动比率 = 6 363 691.8÷9 560 973.7 = 0.67

年末流动比率 = 8 048 788.7÷10 939 285.1 = 0.74

A公司2024年初、年末的速动比率都比一般公认标准低，对比同行业B、C公司的年初速动比率0.80、0.68以及年末速动比率0.92、0.77，可见A公司短期偿债能力较弱。

进一步分析可以发现，在A公司的速动资产中应收账款比重高于B、C公司，而应收账款不一定能按时收回，所以我们还必须计算分析第三个重要比率——现金比率。

（4）现金比率

现金资产包括货币资金和交易性金融资产。现金资产与流动负债的比值称为现金比率。现金比率计算公式为：

现金比率 =（货币资金 + 交易性金融资产）÷流动负债

现金比率剔除了应收账款对偿债能力的影响，最能反映企业直接偿付流动负债的能力，表明每1元流动负债有多少现金资产作为偿债保障。经验研究表明，0.2的现金比率就可以接受。而这一比率过高，就意味着上市公司过多资源用于盈利能力较低的现金资产，从而将影响自身的盈利能力。

根据表9-1，A公司的现金比率为：

年初现金比率 =（3 617 881.6 + 30 813.5）÷9 560 973.7 = 0.38

年末现金比率 =（4 646 132.9 + 216 519.2）÷10 939 285.1 = 0.44

A公司虽然流动比率与速动比率都较低，但现金比率偏高，而B、C公司年初现金比率为0.16、0.21，年末现金比率为0.15、0.13，说明A公司资源配置需要改善。

2.长期偿债能力分析

长期偿债能力是指上市公司在较长的期间偿还债务的能力。上市公司在长期内，不仅需要偿还流动负债，还需要偿还非流动负债，因此，长期偿债能力衡量的是对上市公司所有负债的清偿能力。上市公司对所有负债的清偿能力取决于其总资产水平，因此长期偿债能力比率考察的是公司资产、负债和所有者权益之间的关系。其财务指标主要有四项：资产负债率、产权比率、权益乘数和利息保障倍数。

（1）资产负债率

资产负债率是上市公司负债总额与资产总额之比。其计算公式为：

资产负债率=负债总额÷资产总额×100%

资产负债率反映总资产中有多大比例是通过负债取得的，可以衡量上市公司清算时资产对债权人权益的保障程度。当资产负债率高于50%时，表明上市公司资产的来源主要是负债，财务风险较大。当资产负债率低于50%时，表明上市公司资产的主要来源是所有者权益，财务比较稳健。这一比率越低，表明上市公司资产对负债的保障能力越高，长期偿债能力越强。

对该指标进行分析时，应结合以下几个方面：一是结合营业周期分析。营业周期短的企业，资产周转速度快，可以适当提高资产负债率。二是结合资产构成分析。流动资产占比较大的公司可以适当提高资产负债率。三是结合企业经营状况分析。兴旺期间的公司可适当提高资产负债率。四是结合客观经济环境分析，如利率和通货膨胀率水平。利率提高会加大公司负债的实际利率水平，增加其偿债压力，这时应降低资产负债率。五是结合资产质量和会计政策分析。六是结合行业分析。不同行业资产负债率有较大差异。例如，2024年A股房地产业、零售业、医药制造业的平均资产负债率分别为63.88%、55%、20.91%，行业差异较为明显。

根据表9-1，A公司的资产负债率为：

年初资产负债率 = 12 246 437.6÷18 745 432.7×100% = 65.33%

年末资产负债率 = 13 534 848.9÷20 345 949.6×100% = 66.52%

A公司年初资产负债率为65.33%，年末资产负债率为66.52%。同一年份下，B、C公司年初资产负债率分别为60.4%、64.4%，年末分别为58.14%、65.53%，可见A公司与行业B、C公司比较，财务风险较大。

（2）产权比率

产权比率又称资本负债率，是负债总额与所有者权益之比，它是上公司财务结构稳健与否的重要标志。其计算公式为：

产权比率 = 负债总额÷所有者权益×100%

产权比率不仅反映了由债权人提供的资本与股东提供的资本的相对关系，即公司财务结构是否稳定；而且反映了债权人资本受所有者权益保障的程度，即上市公司清算时对债权人利益的保障程度。一般来说，这一比率越低，表明上市公司长期偿债能力越强，债权人权益保障程度越高。在分析时，需要结合上市公司的具体情况加以分析，当资产收益率大于负债利息率时，负债经营有利于提高资产收益率，获得额外的利润，这时的产权比率可适当高些。产权比率高，是高风险、高报酬的财务结构；产权比率低，是低风险、低收益的财务结构。

根据表9-1，A公司的产权比率为：

年初产权比率 = 12 246 437.6÷6 498 986.1 = 188.44%

年末产权比率 = 13 534 848.9÷6 811 100.7 = 198.72%

由计算可知，A公司年末的产权比率提高，表明年末该公司举债经营程度提高，财务风险有所加大。同期内B、C公司年初产权比率分别为152.55%、180.90%，年末分别为138.89%、190.08%，A公司举债经营程度高于同行业B、C公司。

（3）权益乘数

权益乘数是总资产与所有者权益的比值。其计算公式为：

权益乘数 = 总资产÷所有者权益

权益乘数表明股东每投入1元钱可实际拥有和控制的金额。在上市公司存在负债的情况下，权益乘数大于1。上市公司负债比例越高，权益乘数越大。产权比率和权益乘数是资产负债率的另外两种表现形式，是常用的反映财务杠杆水平的指标。

根据表9-1，A公司的权益乘数为：

年初权益乘数 = 18 745 423.7÷6 498 986.1 = 2.88

年末权益乘数 = 20 345 949.6÷6 811 100.7 = 2.99

（4）利息保障倍数

利息保障倍数是指上市公司息税前利润与应付利息之比，又称已获利息倍数，用以衡量偿付借款利息的能力。其计算公式为：

利息保障倍数 = 息税前利润÷应付利息

= （净利润 + 利润表中的利息费用 + 所得税）÷应付利息

公式中的被除数"息税前利润"是指利润表中扣除利息费用和所得税前的利润。公式中的除数"应付利息"是指本期发生的全部应付利息，不仅包括财务费用中的利息费用，还包括计入固定资产成本的资本化利息。资本化利息虽然不在利润表中扣除，但仍然是要偿还的。利息保障倍数主要是衡量上市公司支付利息的能力，没有足够大的息税前利润，利息的支付就会发生困难。

利息保障倍数反映支付利息的利润来源（息税前利润）与利息支出之间的关系，该比率越高，长期偿债能力越强。从长期看，利息保障倍数至少要大于1（国际公认标准为3），也就是说，息税前利润至少要大于应付利息，上市公司才具有偿还债务利息的可能性。如果利息保障倍数过低，企业将面临亏损、偿债的安全性与稳定性下降的风险。在短期内，利息保障倍数小于1也仍然具有利息支付能力，因为计算息税前利润时减去的一些折旧和摊销费用并不需要支付现金。但这种支付能力是暂时的，当上市公司需要重置资产时，势必发生支付困难。因此，在分析时，需要比较上市公司连续多个会计年度的利息保障倍数，以说明其付息能力的稳定性。

根据表9-2，假定表中财务费用全部为利息费用，资本化利息为0，则A公司利息保障倍数为：

上年利息保障倍数 = （1 463 060.9 + 89 301.8）÷89 301.8 = 17.38

本年利息保障倍数 = （1 355 448 + 119 621.8）÷119 621.8 = 12.33

从以上计算结果看，A公司2024年利息保障倍数下降，利息支付能力有所下降，但盈利能力还能支付近12期的利息，偿债能力较好。

3.影响偿债能力的其他因素

（1）可动用的银行贷款指标或授信额度

当上市公司存在可动用的银行贷款或授信额度时，这些数据不在财务报表内反映，但由于可以随时增加其支付能力，因此可以提高自身的偿债能力。

（2）资产质量

财务报表内反映的资产总额为资产的账面价值，但由于财务会计的局限性，资产的账面价值与实际价值可能存在差异，如资产可能被高估或低估，以及一些资产无法记入财务报表等。此外，资产变现能力也会影响偿债能力。如果上市公司存在能很快变现的长期资产，会增加其短期偿债能力。

（3）或有事项和承诺事项

如果上市公司存在债务担保或未决诉讼等或有事项，会增加潜在的偿债压力。同样，各种承诺支付事项也会增加上市公司的偿债义务。

（4）经营租赁

上市公司存在经营租赁，意味着其要在租赁期内分期支付租赁费用，也即有固定的、经常性的支付义务。但是，作为一种表外融资方式，经营租赁会影响上市公司的偿债能力，特别是经营租赁长期存在、金额较大的情况。因此，如果上市公司存在经营租赁，应考虑租赁费用对偿债能力的影响。

（二）营运能力分析

营运能力主要指资产运用、循环的效率高低。一般而言，资金周转速度越快，说明上市公司的资金管理水平越高，资金利用效率越高，可以以较少的投入获得较多的收益。因此，营运能力指标是通过投入与产出（主要指收入）之间的关系反映的。上市公司营运能力分析主要包括：流动资产营运能力分析、固定资产营运能力分析和总资产营运能力分析三个方面。

1.流动资产营运能力分析

反映流动资产营运能力的指标主要有应收账款周转率、存货周转率和流动资产周转率。

（1）应收账款周转率

应收账款在流动资产中有着举足轻重的地位，及时收回应收账款，不仅能增强上市公司的短期偿债能力，也反映出上市公司管理应收账款的效率。反映应收账款周转情况的比率是应收账款周转率，包括应收账款周转次数和应收账款周转天数。

应收账款周转次数，是一定时期内商品或产品营业收入与应收账款平均余额的比值，表明一定时期内应收账款平均回收次数。其计算公式为：

$$应收账款周转次数 = \frac{营业收入}{应收账款平均余额}$$

$$= \frac{营业收入}{（期初应收账款 + 期末应收账款）÷ 2}$$

应收账款周转天数指应收账款周转一次（从销售开始到收回现金）所需要的时间，其计算公式为：

$$应收账款周转天数 = 计算期天数 ÷ 应收账款周转次数$$

$$= 计算期天数 × 应收账款平均余额 ÷ 营业收入$$

通常，应收账款周转次数越高（或周转天数越短），应收账款管理效率越高。

在计算和使用应收账款周转率指标时应注意的问题：一是，营业收入指扣除销售折扣和折让后的销售净额。从理论上讲，应收账款是由赊销引起的，其对应的收入应为赊销收入，而非全部营业收入。但是赊销数据难以取得且可以假设现金销售是收账时间为零的应收账款，因此只要保持计算口径的历史一致性，使用销售净额不影响分析。营业收入数据使用利润表中的"营业收入"。二是，应收账款包括会计报表中"应收票据"即"应收账款"等全部赊销账款在内，因为应收票据是销售形成的应收款项的另一种形式。三是，应收账款为未扣除坏账准备的金额。应收账款在财务报表上按净额列示，计提坏账准备越多，应收账款周转率越高、周转天数越少，对应收账款实际管理欠佳的上市公司反而会得出应收账款周转情况更好的错误结论。四是，应收账款期末余额的可靠性问题。应收账款是特定时点的存量，容易受季节性、偶然性和人为因素的影响。在使用应收账款周转率进行业绩评价时，最好使用多个时点的平均数，以减少这些因素的影响。

应收账款周转率反映了上市公司应收账款周转速度的快慢及应收账款管理效率的高低。在一定时期内周转次数多（或周转天数少）表明：

① 上市公司收账迅速，信用销售管理严格。

② 应收账款流动性强，上市公司短期偿债能力强。

③ 可以减少收账费用和坏账损失，相对增加上市公司流动资产的投资收益。

通过比较应收账款周转天数及上市公司信用期限，可评价客户的信用程度，调整上市公司信用政策。

根据表9-1、表9-2，A公司2024年度营业收入为20 972 582.1万元，2024年应收账款、应收票据年末数分别为1 593 002.4万元和1 413 635万元，年初数分别为1 101 587.1万元和1 395 142万元，假设年初、年末坏账准备均为0。2024年该公司应收账款周转率指标计算如下：

$$应收账款周转次数 = \frac{20\ 972\ 582.1}{(1\ 593\ 002.4 + 1\ 413\ 635 + 1\ 101\ 587.1 + 1\ 395\ 142) \div 2}$$
$$= 7.62(次)$$

应收账款周转天数 = 360÷7.62 = 47（天）

运用应收账款周转率指标评价上市公司应收账款管理效率时，应将计算出的指标与该公司前期、行业平均水平或其他类似公司进行比较。同期B、C公司应收账款周转次数分别为10.99次、19.50次，周转天数分别为33天、18天，A公司应收账款管理效率低于同行业B、C公司。

（2）存货周转率

在流动资产中，存货所占比重较大，存货的流动性将直接影响上市公司的流动比率。存货周转率的分析同样可以通过存货周转次数和存货周转天数反映。

存货周转率（次数）是指一定时期内上市公司营业成本和存货平均资金占用额的比率，是衡量和评价上市公司购入存货、投入生产、销售收回等各环节管理效率的综合性指标。其计算公式为：

存货周转次数 = 营业成本÷存货平均余额

存货平均余额 = （期初存货 + 期末存货）÷2

式中，营业成本为利润表中"营业成本"的数值。

存货周转天数是指存货周转一次（即存货取得到存货销售）所需要的时间。计算公式为：

存货周转天数 = 计算期天数÷存货周转次数

= 计算期天数×存货平均余额÷营业成本

根据表9-1、表9-2，A公司2024年营业成本为14 747 518.1万元，期初存货为2 822 860.1万元，期末存货为2 944 697.3万元，该公司存货周转率为：

$$存货周转次数 \frac{14\ 747\ 518.1}{(2\ 811\ 860.1 + 2\ 944\ 697.3) \div 2} = 5.11(次)$$

存货周转天数 = 360÷5.11 = 70（天）

同期 B、C 公司存货周转次数分别为 4.78、6.70 次，周转天数分别为 75、74 天，A 公司存货转化为现金或应收账款的速度处于正常水平。一般来讲，存货周转速度越快，存货占用水平越低，流动性越强，存货转化为现金或应收账款的速度就越快，司的短期偿债能力及盈利能力越强。对存货周转速度进行分析，有利于找出存货管理中存在的问题，尽可能降低资金占用水平。在具体分析时，应注意几点：一是存货周转率的高低与公司的经营特点有密切联系，应注意行业的可比性。例如，2024 年 A 股零售业公司的平均存货周转次数大概为 6.80 次，而房地产公司的平均存货周转次数为 4.26 次。二是该比率反映的是存货整体的周转情况，不能说明公司经营各环节的存货周转情况和管理水平。三是应结合应收账款周转情况和信用政策进行分析。

（3）流动资产周转率

流动资产周转率是反映上市公司流动资产周转速度的指标。流动资产周转率（次数）是一定时期营业收入净额与上市公司流动资产平均占用额之间的比率。其计算公式为：

流动资产周转次数 = 营业收入÷流动资产平均余额

流动资产平均余额 = （期初流动资产 + 期末流动资产）÷2

流动资产周转天数 = 计算期天数÷流动资产周转次数

　　　　　　　　 = 计算期天数×流动资产平均余额÷营业收入

在一定时期内，流动资产周转次数越多，表明以相同的流动资产完成的周转额越多，流动资产利用效果越好。流动资产周转天数越少，表明流动资产经历生产销售各阶段所占用的时间越短，可相对节流流动资产，增强公司盈利能力。

根据表 9-1、表 9-2，A 公司 2024 年营业收入为 20 972 582.1 万元，2024 年流动资产期初数为 10 054 714.5 万元，期末数为 11 424 759.1 万元，则该公司流动资产周转指标计算如下：

$$流动资产周转次数 = \frac{20\,972\,582.1}{(10\,054\,714.5 + 11\,424\,759.1) \div 2} = 1.95(次)$$

流动资产周转天数 = 360÷1.95 = 184.6（天）

2.固定资产营运能力分析

反映固定资产营运能力的指标为固定资产周转率。固定资产周转率（次数）是指上市公司年营业收入与固定资产平均额的比率。它是反映上市公司固定资产周转情况，从而衡量固定资产利用效率的一项指标。其计算公式为：

固定资产周转率 = 营业收入÷平均固定资产

平均固定资产 = （期初固定资产 + 期末固定资产）÷2

固定资产周转率高（即一定时期内固定资产周转次数多），说明上市公司固定资产投资得当，结构合理，利用效率高；反之，如果固定资产周转率不高，则表明固定资产利用效率不高，提供的生产成果不多，上市公司的营运能力不强。

根据表 9-1、表 9-2，A 公司 2023 年、2024 年的营业收入分别为 20 076 198.3 万元、20 972 582.1 万元，2024 年初固定资产为 2 118 005.7 万元，2024 年末固定资产为 2 089 550.5 万元。资料显示 2023 年初固定资产为 1 731 963.89 万元，则固定资产周转率计算如下：

$$2023年固定资产周转率 = \frac{20\ 076\ 198.3}{(1\ 731\ 963.89 + 2\ 118\ 005.7) \div 2} = 10.43(次)$$

$$2024年固定资产周转率 = \frac{20\ 972\ 582.1}{(2\ 118\ 005.7 + 2\ 089\ 550.5) \div 2} = 9.97(次)$$

通过以上计算可知，A公司2024年固定资产周转率为9.97次，2023年固定资产周转率为10.43次，说明2024年度周转速度要比上年慢，其主要原因在于固定资产增长幅度要大于营业收入增长幅度，说明上市公司营运能力有所下降。然而，2024年B、C公司固定资产周转速度分别为8.83、12.95次，2023年固定资产周转次数分别为10.57、12.62次，可见A公司这种减弱幅度与同行业B公司相似。

3.总资产营运能力分析

反映总资产营运能力的指标是总资产周转率。总资产周转率（次数）是上市公司营业收入与平均资产总额的比率。其计算公式为：

总资产周转次数 = 营业收入÷平均资产总额

如果上市公司各期资产总额比较稳定，波动不大，则：

平均总资产 = （期初总资产 + 期末总资产）÷2

如果资金占用的波动性较大，上市公司应采用更详细的资料进行计算，如按照各月份的资金占用额计算，则：

月平均总资产 = （月初总资产 + 月末总资产）÷2

季平均占用额 = （1/2季初总资产 + 第一月末总资产 + 第二月末总资产 + 1/2季末总资产）÷3

年平均占用额 = （1/2年初总资产 + 第一季度末总资产 + 第二季度末总资产 + 第三季度末总资产 + 1/2年末总资产）÷4

计算总资产周转率时分子分母在时间上应保持一致。

这一比率通常用来衡量上市公司资产整体的使用效率。总资产由各项资产组成，在营业收入既定的情况下，总资产周转率的驱动因素是各项资产。因此，对总资产周转情况的分析应结合各项资产的周转情况，以发现影响上市公司资产周转率的主要因素。

根据表9-1、表9-2，A公司2023年、2024年的营业收入分别为20 076 198.3万元、20 972 582.1万元，2024年初资产总额为18 745 423.7万元，2024年末资产总额为20 345 949.6万元。资料显示2023年初资产总额为16 669 954.42万元，则A公司2023年、2024年总资产周转率计算如下：

$$2023年总资产周转率 = \frac{20\ 076\ 198.3}{(16\ 669\ 954.42 + 18\ 745\ 423.7) \div 2} = 1.13(次)$$

$$2024年总资产周转率 = \frac{20\ 972\ 582.1}{(18\ 745\ 423.7 + 20\ 345\ 949.6) \div 2} = 1.07(次)$$

从以上计算可知，A公司2024年总资产周转速度比上年慢，这与前面计算分析得出的固定资产周转速度减慢结论一致，该公司应当扩大销售额，处理闲置资产，以提高使用效率。同时，2024年B、C公司总资产周转次数分别为0.6次、0.86次，2023年总资产周转次数分别为0.74次、0.98次，可见A公司这种减弱幅度还与行业的整体情况有关。

总之，各项资产的周转率指标通常用于衡量各项资产赚取收入的能力，经常与上市公司盈利能力的指标结合在一起，以全面评价上市公司的盈利能力。

（三）盈利能力分析

不论是投资人、债权人还是经理人员，都会非常重视和关心上市公司的盈利能力。盈利能力是上市公司获取利润、实现资金增值的能力。因此，盈利能力指标主要通过收入与利润之间的关系、资产与利润之间的关系反映。反映上市公司盈利能力的指标主要有营业毛利率、营业净利率、总资产净利率和净资产收益率。

1.营业毛利率

营业毛利率是营业毛利与营业收入之比，其计算公式如下：

营业毛利率＝营业毛利÷营业收入×100%

营业毛利＝营业收入－营业成本

营业毛利率反映产品每1元营业收入所包含的毛利润是多少，即营业收入扣除营业成本后还有多少剩余可用于弥补各期费用和形成利润。营业毛利率越高，表明产品的盈利能力越强。将营业毛利率与行业平均水平进行比较，可以反映上市公司产品的市场竞争地位。营业毛利率高于行业平均水平意味着实现一定的收入占用了更少的成本，表明其在资源、技术或劳动生产率方面具有竞争优势。而营业毛利率低于行业平均水平则意味着在行业中处于竞争劣势。此外，将不同行业的营业毛利率进行横向比较，也可以说明行业间盈利能力的差异。

根据表9-2，可计算A公司营业毛利率如下：

2023年营业毛利率＝（20 076 198.3－14 086 839.9）÷20 076 198.3×100%＝29.83%

2024年营业毛利率＝（20 972 582.1－14 747 518.1）÷20 972 582.1×100%＝29.68%

同期B、C公司2023年营业毛利率分别为27.58%、28.86%，2024年营业毛利率分别为26.14%、25.11%，可见A公司营业毛利率高于同行业B、C公司，表明A公司在资源、技术或劳动生产率方面具有竞争优势。

2.营业净利率

营业净利率是净利润与营业收入之比，其计算公式为：

营业净利率＝净利润÷营业收入×100%

营业净利率反映每1元营业收入最终赚取了多少利润，用于反映产品最终的盈利能力。在利润表上，从营业收入到净利润需要扣除营业成本、期间费用、税金等项目。因此，将营业净利率按利润的扣除项目进行分解可以识别影响营业净利率的主要因素。

根据表9-2，可计算A公司营业净利率如下：

2023年营业净利率＝1 233 439.3÷20 076 198.3×100%＝6.14%

2024年营业净利率＝1 132 261.6÷20 972 582.1×100%＝5.4%

同期B、C公司2023年营业净利率分别为12.53%、9.09%，2024年营业净利率分别为13.25%、9.68%，A公司营业净利率低于同行业B、C公司。

从上述计算分析可见，A公司2024年各项营业利润率指标均比上年有所下降，应当查明原因，采取相应措施，提高盈利水平。

3.总资产净利率

总资产净利率指净利润与平均资产总额的比率，反映每1元资产创造的净利润。其计算公式为：

总资产净利率＝（净利润÷平均总资产）×100%

总资产净利率衡量的是上市公司资产的盈利能力。总资产净利率越高，表明上市公司资产的利用效果越好。影响总资产净利率的因素是营业净利率和总资产周转率。

$$总资产净利率 = \frac{净利润}{平均总资产}$$

$$= 营业净利率 \times \frac{营业收入}{平均总资产}$$

$$= 营业净利率 \times 总资产周转率$$

因此，上市公司可通过提高营业净利率、加速资产周转来提高总资产净利率。

根据表9-1、表9-2，A公司2023年净利润为1 233 439.3万元，年末总资产为18 745 423.7万元；2024年净利润为1 132 261.6万元，年末总资产为20 345 949.6万元。资料显示2023年初总资产为16 669 954.42万元，则A公司总资产净利率计算如下：

2023年总资产净利率＝1 233 439.3÷〔（16 669 954.42＋18 745 423.7）÷2〕×100%＝6.97%

2024年总资产净利率＝1 132 261.6÷〔（18 745 423.7＋20 345 949.6）÷2〕×100%＝5.79%

由以上计算结果可知，总资产净利率下降明显，表明上市公司盈利能力减弱。同期B、C公司2023年总资产净利率分别为9.3%、8.94%，2024年总资产净利率分别为7.93%、8.31%，A公司总资产净利率低于同行业B、C公司。

结合前面计算的营业净利率和总资产周转率发现，营业净利率和资产周转率均下降是总资产净利率下降的原因，表明上市公司的盈利能力和资产运用效率均存在问题。上市公司应进一步分析产品盈利能力和资产周转速度下降的原因，通过提高营业净利率和资产周转率改善企业整体盈利水平。

4.净资产收益率

净资产收益率又称权益净利率或权益报酬率，是净利润与平均所有者权益的比值，表示每1元权益资本赚取的净利润，反映权益资本的盈利能力。其计算公式为：

净资产收益率＝（净利润÷平均所有者权益）×100%

该指标是上市公司盈利能力指标的核心，也是投资者关注的重点。一般来说，净资产收益率越高，所有者和债权人的利益保障程度越高。如果上市公司的净资产收益率在一段时间内持续增长，说明权益资本盈利能力稳定上升。但净资产收益率不是越高越好，分析时要注意企业的财务风险。

$$净资产收益率 = \frac{净利润}{平均所有者权益}$$

$$= \frac{净利润}{平均总资产} \times \frac{平均总资产}{平均所有者权益}$$

$$= 总资产净利率 \times 权益乘数$$

通过对净资产收益率的分解可以发现，改善资产盈利能力和增加企业负债都可以提高净资产收益率。而如果不改善资产盈利能力，单纯通过加大举债力度提高权益乘数进而提高净资产收益率的做法十分危险。因为，上市公司负债经营的前提是有足够的盈利能力保障偿还债务本息，单纯增加负债对净资产收益率的改善只具有短期效应，最终将因盈利无法覆盖增加的财务风险而使企业面临财务困境。因此，只有上市公司净资产收益率上升同时财务风险没有明显加大，才能说明上市公司财务状况良好。

根据表9-1、表9-2，A公司2023年净利润为1 233 439.3万元，年末所有者权益为

6 498 986.1万元；2024年净利润为1 132 261.6万元，年末所有者权益为6 811 100.7万元。资料显示2023年初所有者权益为5 513 027.89万元，则A公司净资产收益率为：

$$2023年净资产收益率 = \frac{1\ 233\ 439.3}{(5\ 513\ 027.89 + 6\ 498\ 986.1) \div 2} \times 100\% = 20.54\%$$

$$2024年净资产收益率 = \frac{1\ 132\ 261.6}{(6\ 498\ 986.1 + 6\ 811\ 100.7) \div 2} \times 100\% = 17.01\%$$

由于该公司所有者权益的增长快于净利润的增长，2024年净资产收益率比上年低了3.53%，说明权益资本的盈利能力明显降低。根据之前的计算结果，上市公司权益乘数有所增加，但由于资产盈利能力下降较快导致净资产收益率下降。因此，A公司盈利水平下降的同时财务风险加大。

同期B、C公司2023年净资产收益率分别为24.25%、25.28%，2024年净资产收益率分别为19.46%、23.74%，A公司净资产收益率低于同行业B、C公司。A公司应尽快改善盈利能力，通过提高产品竞争能力、加快资产周转速度同时控制财务风险以改善上市公司所面临的问题。

（四）发展能力分析

衡量上市公司发展能力的指标主要有营业收入增长率、总资产增长率、营业利润增长率、资本保值增值率和所有者权益增长率等。

1.营业收入增长率

该指标反映的是相对化的营业收入增长情况，是衡量上市公司经营状况和市场占有能力、预测上市公司经营业务拓展趋势的重要指标。在实际分析时应考虑上市公司历年的销售水平、市场占有情况、行业未来发展及其他影响上市公司发展的潜在因素，或结合上市公司前三年的营业收入增长率进行趋势性分析判断。其计算公式为：

营业收入增长率 = 本年营业收入增长÷上年营业收入×100%

本年营业收入增长额 = 本年营业收入 − 上年营业收入

计算过程中，营业收入可以使用利润表中的"营业收入"数据。营业收入增长率大于零，表明上市公司本年营业收入有所增长。该指标值越高，表明上市公司营业收入的增长速度越快，市场前景越好。

根据表9-2，A公司2023年营业收入为20 076 198.3万元，2024年营业收入为20 972 582.1万元。则A公司营业收入增长率为：

2024年营业收入增长率 = （20 972 582.1−20 076 198.3）÷20 076 198.3×100% = 4.46%

同期B、C公司2024年营业收入增长率分别为−15.12%、2.16%。A公司营业收入增长率高于同行业B、C公司。

2.总资产增长率

总资产增长率是上市公司本年资产增长额同年初资产总额的比率，反映上市公司本期资产规模的增长情况。其计算公式为：

总资产增长率 = 本年总资产增长额÷年初资产总额×100%

本年总资产增长额 = 年末资产总额 − 年初资产总额

总资产增长率越高，表明上市公司一定时期内资产经营规模扩张的速度越快。但在分析时，需要关注资产规模扩张的质和量的关系，以及上市公司的后续发展能力，避免盲目扩张。

根据表9-1，A公司2024年初资产总额为18 745 423.7万元，2024年末资产总额为20 345 949.6万元。则A公司总资产增长率为：

2024年总资产增长率＝（20 345 949.6-18 745 423.7）÷18 745 423.7×100%＝8.54%

3.营业利润增长率

营业利润增长率是上市公司本年营业利润增长额与上年营业利润总额的比率，反映上市公司营业利润的增减变动情况。其计算公式为：

营业利润增长率＝本年营业利润增长额÷上年营业利润总额×100%

本年营业利润增长额＝本年营业利润-上年营业利润

根据表9-2，A公司2023年营业利润为1 444 944.4万元，2024年营业利润为1 359 795.5万元。则A公司营业利润增长率为：

2024年营业利润增长率＝（1 359 795.5-1 444 944.4）÷1 444 944.4×100%＝-5.89%

4.资本保值增值率

资本保值增值率是扣除客观增减因素后所有者权益的期末总额与期初总额的比率，主要反映上市公司资本的运营效益与安全状况。该指标越高，表明上市公司的资本保全状况越好，所有者权益增长越快，债权人的债务越有保障，发展后劲越强。

客观因素对所有者权益的影响包括但不限于：

（1）本期投资者追加投资，使上市公司的实收资本增加，以及因资本溢价、资本折算差额引起的资本公积变动。

（2）本期接受外来捐赠、资产评估增值导致资本公积增加。

资本保值增值率还受到上市公司利润分配政策的影响。因为本期资本的增值不仅表现为期末账面结存的盈余公积和未分配利润的增加，还应包括本期上市公司向投资者分配的利润，而分配了的利润不再包括在期末所有者权益中。

严格意义上的资本保值增值应该既与本期筹资、接受捐赠、资产评估增值等事项无关，也与本期利润分配无关，而是真正取决于当期实现的经济效益，即净利润。因此，严格意义上的资本保值增值指标应从损益表出发，以净利润为核心，即：

资本保值增值率＝（期初所有者权益 + 本期利润）÷期初所有者权益×100%

根据前面净资产收益率的有关资料，A公司资本保值增值率计算如下：

2023年资本保值增值率＝6 498 986.1÷5 513 027.89×100%＝117.88%

2024年资本保值增值率＝6 811 100.7÷6 498 986.1×100%＝104.80%

可见A公司2024年资本保值增值率比上年有所降低。同期B、C公司2023年资本保值增值率分别为120.85%、116.27%，2024年资本保值增值率分别为104.31%、115.57%。

5.所有者权益增长率

所有者权益增长率是上市公司本年所有者权益增长额与年初所有者权益的比率，反映上市公司当年资本的累积能力。其计算公式为：

所有者权益增长率＝本年所有者权益增长额÷年初所有者权益×100%

本年所有者权益增长额＝年末所有者权益-年初所有者权益

所有者权益增长率越高，表明上市公司的资本积累越多，应对风险、持续发展的能力越强。

根据表9-1，A公司2024年初所有者权益为6 498 986.1万元，2024年末所有者权益为

6 811 100.7万元。则A公司所有者权益增长率为：

2024年所有者权益增长率＝（6 811 100.7 － 6 498 986.1）÷6 498 986.1×100%＝4.8%

（五）现金流量分析

现金流量分析一般包括现金流量的结构分析、流动性分析、获取现金能力分析、财务弹性分析及收益质量分析。这里主要以A公司为例，从获取现金能力及收益质量方面介绍现金流量比率。

1.获取现金能力分析

获取现金的能力可通过经营活动现金流量净额与投入资源之比来反映。投入资源可以是营业收入、资产总额、营运资金、净资产或普通股股数等。

（1）营业现金比率

营业现金比率是指上市公司经营活动现金流量净额与营业收入的比值。其计算公式为：

营业现金比率＝经营活动现金流量净额÷营业收入

已知A公司2024年营业收入为20 972 582.1万元，经营活动现金流量净额为1 759 911万元，则A公司2024年营业现金比率为：

2024年营业现金比率＝1 759 911÷20 972 582.1＝0.08

同期B、C公司2024年营业现金比率分别为0.11、0.10。该比率反映每1元营业收入得到的经营活动现金流量净额，其数值越大越好。

（2）每股营业现金净流量

每股营业现金净流量是通过上市公司经营活动现金流量净额与普通股股数之比来反映的。其计算公式为：

每股营业现金净流量＝经营活动现金流量净额÷普通股股数

2024年末A公司有普通股902 784.6万股，则：

每股营业现金净流量＝1 759 911÷902 784.6＝1.95（元/股）

该指标反映上市公司最大的分派股利能力，超过此限度，可能就要借款分红。

（3）全部资产现金回收率

全部资产现金回收率是通过上市公司经营活动现金流量净额与平均总资产之比来反映的，它说明上市公司全部资产产生现金的能力。其计算公式为：

全部资产现金回收率＝经营活动现金流量净额÷平均总资产×100%

A公司平均总资产＝（20 345 949.6 ＋ 18 745 423.7）÷2＝19 545 686.65（万元），则：

全部资产现金回收率＝1 759 911÷19 545 686.65×100%＝9%

资料显示，同行业平均全部资产现金回收率为5.15%，说明A公司资产产生现金的能力较强。

2.收益质量分析

收益质量是指会计收益与公司业绩之间的相关性。如果会计收益能如实反映公司业绩，则其收益质量高；反之，则收益质量低。收益质量分析，主要包括净收益营运指数分析与现金营运指数分析。

（1）净收益营运指数分析

净收益营运指数是指经营净收益与净利润之比，其计算公式为：

净收益营运指数 = 经营净收益÷净利润

经营净收益 = 净利润−非经营净收益

A公司2024年现金流量补充资料如表9−6所示。

表9−6   **A公司2024年现金流量补充资料**   单位：万元

将净利润调整为经营活动现金流量	金额	说明
净利润	1 132 261.6	
加：计提的资产减值准备	150 201.1	非付现费用共659 135.4万元，少提取这类费用可增加会计收益却不会增加现金流入，会使收益质量下降
固定资产折旧	395 023.7	
无形资产摊销	95 048.5	
长期待摊费用摊销	18 862.1	
处置固定资产损失（减收益）	11 127.8	
固定资产报废损失		非经营净收益218 300.5万元，不代表正常的收益能力
公允价值变动损失（减收益）	−6 263.0	
财务费用	171 210.6	
投资损失（减收益）	−406 010.4	
递延所得税资产减少（减增加）	−49 505.5	
递延所得税负债增加（减减少）	61 140.0	
存货减少（减增加）	−311 830.6	经营资产净增加849 742.7万元，如收益不变而现金减少，收益质量下降（收入未收到现金），应查明应收项目增加的原因
经营性应收项目减少（减增加）	−537 912.1	
经营性应付项目增加（减减少）	995 475.4	无息负债净增加1 036 557.2万元
其他	41 081.8	
经营活动现金流量净额	1 759 911	

根据表9−6所示，A公司净收益营运指数计算如下：

经营净收益 = 1 132 261.6−218 300.5 = 913 961.1（万元）

净收益营运指数 = 913 961.1÷1 132 261.6 = 0.81

净收益营运指数越小，非经营收益所占比重越大，收益质量越差，因为非经营收益不反映公司的核心能力及正常的收益能力，可持续性较低。

（2）现金营运指数分析

现金营运指数反映上市公司经营活动现金流量净额与经营所得现金的比值。其计算公式为：

现金营运指数 = 经营活动现金流量净额÷经营所得现金

公式中，经营所得现金是经营净收益与非付现费用之和。

根据表9−6，A公司现金营运指数计算如下：

经营所得现金 = 经营净收益 + 非付现费用 = 913 961.1 + 659 135.4 = 1 573 096.5（万元）

现金营运指数 = 1 759 911÷1 573 096.5 = 1.12

现金营运指数大于1，说明收益质量较好。A公司每1元经营活动收益，可收回1.12元。

二、上市公司特殊指标财务分析

（一）每股收益

每股收益是综合反映企业盈利能力的重要指标，可以用来判断和评价管理层的经营业绩。每股收益概念包括基本每股收益和稀释每股收益。

1.基本每股收益

基本每股收益的计算公式为：

$$基本每股收益 = \frac{归属于公司普通股股东的净利润}{发行在外的普通股加权平均数}$$

其中，发行在外的普通股加权平均数 = 期初发行在外普通股股数 + 当期新发普通股股数×已发行时间÷报告期时间 - 当期回购普通股股数×已回购时间÷报告期时间。

例9-10 ⁙⁚⁚⁚⁚

某上市公司2024年度归属于普通股股东的净利润为25 000万元。2023年末的股数为8 000万股，2024年2月8日，经公司股东大会决议，以截至2023年末公司总股数为基础，向全体股东每10股送红股10股，工商注册登记变更完成后公司总股数变为16 000万股。2024年11月29日发行新股6 000万股。

$$基本每股收益 = \frac{25\,000}{8\,000 + 8\,000 + 6\,000 \times \frac{1}{12}} \approx 1.52(元/股)$$

在上面计算中，公司2023年度分配10股送10股导致股数增加8 000万股，由于送红股是将公司以前年度的未分配利润转为普通股，转化与否都一直作为资本使用，因此新增的这8 000万股不需要按照实际增加的月份加权计算，可以直接计入分母；而公司发行新股6 000万股，这部分股份由于在11月底增加，对全年的利润贡献只有1个月，因此应该按照1/12的权数进行加权计算。

2.稀释每股收益

企业存在稀释性潜在普通股的，应当计算稀释每股收益。稀释性潜在普通股指假设当期转换为普通股会减少每股收益的潜在普通股。潜在普通股主要包括可转换公司债券、认股权证和股份期权等。

（1）可转换公司债券

对于可转换公司债券，计算稀释每股收益时，分子的调整项目为可转换公司债券当期已确认为费用的利息等的税后影响额；分母的调整项目为假定可转换公司债券当期期初或发行日转换为普通股股数的加权平均数。

（2）认股权证和股份期权

认股权证、股份期权等的行权价格低于当期普通股平均市场价格时，应当考虑其稀释性。

计算稀释每股收益时，作为分子的净利润金额一般不变；分母的调整项目为增加的普通股股数，同时还应考虑时间权数。

认股权证或股份期权行权增加的普通股股数 = 行权认购的股数×（1 − 行权价格÷普通股平均市场价格）

行权价格和拟行权时转换的普通股股数，按照有关认股权证合同和股份期权合约确定。公式中的普通股平均市场价格，通常按照每周或每月具有代表性的股票交易价格进行简单算术平均计算。

例9-11

某上市公司2024年7月1日按面值发行年利率3%的可转换公司债券，面值10 000万元，期限为5年，利息每年年末支付一次，发行结束一年后可以转换股票，转换价格为每股5元，即每100元债券可转换为1元面值的普通股20股。2024年该公司归属于普通股股东的净利润为30 000万元，2024年发行在外的普通股加权平均数为40 000万股，债券利息不符合资本化条件，直接计入当期损益，所得税税率为25%。假设不考虑可转换公司债券在负债成分和权益成分之间的分拆，且债券票面利率等于实际利率。

基本每股收益 = 30 000÷40 000 = 0.75（元）

假设全部转股，所增加的净利润 = 10 000×3%×6/12×（1−25%）= 112.5（万元）

假设全部转股，所增加的加权平均普通股股数 = 10 000/100×20×6/12 = 1 000（万股）

增量股的每股收益 = 112.5÷1 000 = 0.1125（元）

在分析每股收益指标时，应注意上市公司利用回购的方式是减少发行在外的普通股股数，使每股收益增加。另外，如果企业将盈利用于派发股票股利或配售股票，就会使公司流通在外的股票数量增加，这样就大量稀释每股收益。在分析上市公司公布的信息时，投资者应注意区分每股收益是按原始股股数还是按稀释后的股数计算。

对投资者来说，每股收益是一个综合性的盈利概念，在不同行业、不同规模的上市公司之间具有相当大的可比性，因而在各上市公司之间的业绩比较中被广泛应用。理论上，每股收益反映了投资者可获得的最高股利收益，因而是衡量股票投资价值的重要指标。每股收益越高，表明投资价值越大。但是，每股收益多并不意味着每股股利多，此外每股收益不能反映股票的风险水平。

（二）每股股利

每股股利是上市公司现金股利总额与普通股股数的比值。其计算公式为：

每股股利 = 现金股利总额÷期末发行在外的普通股股数

例9-12

某公司2024年度发放普通股股利246 733.75万元，年末发行在外的普通股股数为657 956.66万股。每股股利计算如下：

每股股利 = 246 733.75÷657 956.66 = 0.375（元）

每股股利反映的是普通股股东每持有上市公司一股普通股获取的股利大小，是投资者股票投资收益的重要来源之一。由于净利润是股利分配的来源，因此每股股利的多少很大程度取决于每股收益的多少。但上市公司的每股股利，除了受上市公司盈利能力大小影响以外，还取决于公司的股利分配政策和投资机会。投资者使用每股股利分析上市公司的投资回报时，应比较连续几个期间的每股股利，以评估股利回报的稳定性并做出收益预期。

反映每股股利和每股收益之间关系的一个重要指标是股利发放率，即每股股利与当期每股收益之比。

股利发放率 = 每股股利÷每股收益

股利发放率反映每1元净利润有多少用于普通股股东的现金股利发放，反映普通股股东的当期收益水平。借助该指标，投资者可以了解一家上市公司的股利发放政策。

（三）市盈率

市盈率是每股市价与每股收益的比率，反映普通股股东为获取1元净利润所愿意支付的股票价格。其计算公式如下：

$$市盈率 = \frac{每股市价}{每股收益}$$

例 9-13 ❖❖❖❖

某公司2024年末每股市价为29.21元，每股收益为1.337元。则该公司2024年末市盈率计算如下：

$$市盈率 = \frac{29.21}{1.337} = 21.85$$

市盈率是股票市场上反映股票投资价值的重要指标，该比率的高低反映了市场上投资者对股票投资收益和投资风险的预期。一方面，市盈率越高，意味着投资者对股票的收益预期越看好，投资价值越大；反之，投资者对该股票的评价越低。另一方面，市盈率越高，也说明要获得相同的预期利润，投资者需要支付更高的价格，因此投资于该股票的风险也越大；市盈率越低，说明投资于该股票的风险越小。

上市公司的市盈率是广大股票投资者进行中长期投资的重要决策指标。

影响股票市盈率的因素包括：第一，上市公司盈利能力的成长性。如果上市公司预期盈利能力不断提高，说明公司具有较好的成长性，虽然目前市盈率较高，也值得投资者进行投资。第二，投资者所获得收益率的稳定性。如果上市公司经营效益良好且相对稳定，则投资者获取的收益也较高且稳定，投资者就愿意持有股票，则该股票的市盈率会由于众多投资者的普遍看好而相应提高。第三，市盈率也会受到利率水平变动的影响。当市场利率水平变化时，市盈率也会相应调整。

使用市盈率进行分析的前提是每股收益维持在一定水平之上，如果每股收益很小或接近亏损，但股票市价不会降为零，会导致市盈率极高，此时很高的市盈率不能说明任何问题；此外，以市盈率衡量股票投资价值尽管具有市场公允性，但还存在一些缺陷：第一，股票价格的高低受很多因素影响，非理性因素的存在会使股票价格偏离其内在价值；第二，市盈率反映了投资者的投资预期，但由于市场不完全有效和信息不对称，投资者可能会对股票做出错误估计。因此，通常难以根据某一股票在某一时期的市盈率对其投资价值做出判断，应该在不同期间以及同行业不同公司之间进行比较，以判断股票的投资价值。

（四）每股净资产

每股净资产，又称每股账面价值，是指上市公司期末普通股净资产与期末发行在外的普通股股数之间的比率。用公式表示为：

$$每股净资产 = \frac{期末普通股净资产}{期末发行在外的普通股股数}$$

期末普通股净资产 = 期末股东权益-期末优先股股东权益

例9-14 ••••••

某公司2024年末股东权益为6 811 100.7万元，全部为普通股，年末发行在外的普通股股数为902 784.6万股。则每股净资产计算如下：

每股净资产 = 6 811 100.7÷902 784.6 = 7.54（元）

每股净资产显示了发行在外的每一普通股股份所能分配的公司账面净资产的价值。这里所说的账面净资产，是指公司账面上的总资产减去负债后的余额，即股东权益总额。每股净资产指标反映了在会计期末每一股份在公司账面上到底值多少钱，它与股票面值、发行价格、每股市场价值乃至每股清算价值等往往有较大差距，是理论上股票的最低价值。

利用该指标进行横向和纵向对比，可以衡量上市公司股票的投资价值。如在企业性质相同、股票市价相近的条件下，某一公司股票的每股净资产越高，则公司发展潜力与其股票的投资价值越大，投资者所承担的投资风险越小。但是也不能一概而论，在市场投机氛围较浓的情况下，每股净资产指标往往不太受重视。投资者，特别是短线投资者注重股票市价的变动，有的公司股票市价低于其每股账面价值，投资者会认为这个公司没有前景，从而失去对该公司股票的兴趣；有的公司股票市价高于其账面价值，而且差距较大，投资者会认为公司前景良好、有潜力，因而甘愿承担较大的风险购进该公司股票。

（五）市净率

市净率是每股市价与每股净资产的比率，是投资者用以衡量、分析个股是否具有投资价值的工具之一。市净率的计算公式如下：

$$市净率 = \frac{每股市价}{每股净资产}$$

例9-15 ••••••

沿用【9-14】的资料，某公司2024年末每股市价为29.21元，则公司2024年末市净率计算如下：

市净率 = 29.21÷7.54 = 3.87

净资产代表的是全体股东共同享有的权益，是股东拥有公司财产和公司投资价值最基本的体现。一般来说，市净率较低的股票，投资价值较高；反之，则投资价值较低。但有时较低的市净率反映的可能是投资者对公司前景的不良预期，而较高市净率则相反。因此，在判断某只股票的投资价值时，还要综合考虑当时的市场环境以及公司经营情况、资产质量和盈利能力等因素。

三、管理层讨论与分析

管理层讨论与分析是上市公司定期报告中管理层对于本企业过去经营状况的评价分析以及对企业未来发展趋势的前瞻性判断，是对企业财务报表中所描述的财务状况和经营成果的解释，是对经营中固有风险和不确定性的揭示，同时也是对企业未来发展前景的预期。

上市公司"管理层讨论与分析"主要包括两部分：报告期间经营业绩变动的解释与企业未来发展的前瞻性信息。

（一）报告期间经营业绩变动的解释

1. 分析企业主营业务及其经营状况。

2. 概述企业报告期内总体经营情况，列示企业主营业务收入、主营业务利润、净利润的同比变动情况，说明引起变动的主要影响因素。企业应当对前期已披露的企业发展战略和经营计划的实现或实施情况、调整情况进行总结，若企业实际经营业绩较曾公开披露过的本年度盈利预测或经营计划低10%以上或高20%以上，应详细说明造成差异的原因。企业可以结合业务发展规模、经营区域、产品等情况，介绍与企业业务相关的宏观经济层面或外部经营环境的发展现状和变化趋势，以及企业的行业地位或区域市场地位，分析企业存在的主要优势和困难，分析企业经营和盈利能力的连续性和稳定性。

3. 说明报告期企业资产构成、销售费用、管理费用、财务费用、所得税等财务数据同比发生重大变动的情况及主要影响因素。

4. 结合企业现金流量表相关数据，说明企业经营活动、投资活动和筹资活动产生的现金流量的构成情况，若相关数据发生重大变动，应当分析其主要影响因素。

5. 企业可以根据实际情况对企业设备利用情况、订单的获取情况、产品的销售或积压情况、主要技术人员变动情况等与企业经营相关的重要信息进行比较和分析。

6. 企业主要控股及参股企业的经营情况及业绩分析。

（二）企业未来发展的前瞻性信息

1. 企业应当结合经营回顾的情况，分析所处行业的发展趋势及企业面临的市场竞争格局。产生重大影响的，应给予管理层基本判断的说明。

2. 企业应当向投资者提示管理层所关注的未来企业发展机遇和挑战，披露企业发展战略，以及拟开展的新业务、拟开发的新产品、拟投资的新项目等。企业存在多种业务的，还应当说明各项业务的发展规划。同时，企业应当披露新年度的经营计划，包括（但不限于）收入、成本费用计划以及新年度的经营目标（如销售额的提升、市场份额的扩大、成本的降低、研发计划等），以及为达到上述经营目标拟采取的策略和行动。企业可以编制并披露新年度的盈利预测，该盈利预测必须经过具有证券期货相关业务资格的会计师事务所审核并发表意见。

3. 企业应当披露为实现未来发展战略所需的资金需求及使用计划，以及资金来源情况，说明企业维持当前业务、完成在建投资项目的资金需求，以及未来重大的资本支出计划等，包括未来已知的资本支出承诺、合同安排、时间安排等。同时，企业应当对资金来源的安排、资金成本及使用情况进行说明。企业应当区分债务融资、表外融资、股权融资、衍生产品融资等项目对企业未来资金来源进行披露。

4. 企业应当结合自身特点对所有风险因素（包括宏观政策风险、市场或业务经营风险、财务风险、技术风险等）进行风险揭示，披露的内容应当充分、准确、具体。同时企业可以根据实际情况，介绍已（或拟）采取的对策和措施，对策和措施应当内容具体，具备可操作性。

四、上市公司综合绩效分析

财务分析的最终目的在于全面、准确、客观地揭示与披露公司财务状况和经营情况，并借以对公司经济效益优劣做出合理的评价。显然，仅仅测算几个简单、孤立的财务比率，或者将一些孤立的财务分析指标堆砌在一起，彼此毫无联系地考察，不可能得出合理、正确的综合性结论，有时甚至会得出错误的结论。因此，只有将公司偿债能力、营运能力、投资收益实现能力以及发展趋势等各项分析指标有机地联系起来，作为一套完整的体系，相互配合使用，做出系统的综合评价，才能从总体意义上把握公司财务状况和经营情况的优劣。综合分析的意义在于能够全面、正确地评价公司的财务状况和经营成果，因为局部不能替代整体，某项指标的好坏不能说明整个公司经济效益的高低。除此之外，综合分析的结果在进行公司不同时期比较分析和不同企业之间比较分析时消除了时间和空间上的差异，使之更具有可比性，有利于总结经验、吸取教训、发现差距、赶超先进，进而从整体上、本质上反映和把握公司生产经营的财务状况和经营成果。上市公司综合绩效分析的类型有很多，比较常见的是杜邦分析法、沃尔评分法和经济增加值法。

（一）杜邦分析法

杜邦分析法又称杜邦财务分析体系，简称杜邦体系，是利用各主要财务比率指标间的内在联系，对企业财务状况及经济效益进行综合系统分析评价的方法。该体系以净资产收益率为起点，以总资产净利率和权益乘数为基础，重点揭示企业盈利能力及权益乘数对净资产收益率的影响，以及各相关指标间的相互影响和作用关系。因其最初由美国杜邦公司成功应用，故得名。

杜邦分析法将净资产收益率（权益净利率）分解如图9-1所示。其分析关系式为：

净资产收益率=营业净利率×总资产周转率×权益乘数

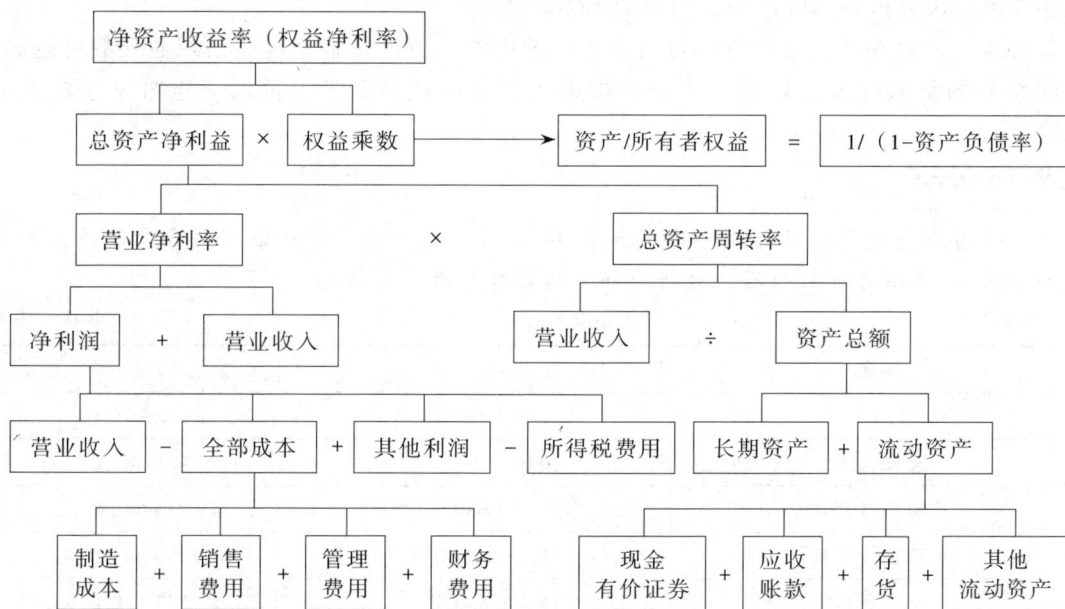

图9-1 杜邦分析体系

运用杜邦分析法需要抓住以下几点：

第一，净资产收益率是综合性最强的财务分析指标，是杜邦分析体系的起点。财务管理的目标之一是使股东财富最大化，净资产收益率反映了企业所有者投入资本的盈利能力，反映了企业筹资、投资、资产营运等各项财务及其管理活动的效率，而不断提高净资产收益率是使所有者权益最大化的基本保证。净资产收益率高低的决定因素主要有三个，即营业净利率、总资产周转率和权益乘数。这样，在进行分解之后，就可以将净资产收益率这一综合性指标发生升降变化的原因具体化，因此比只用一项综合性指标更能说明问题。

第二，营业净利率反映了企业净利润与营业收入的关系，它的高低取决于营业收入与成本总额的高低。要想提高营业净利率，一是要扩大营业收入，二是要降低成本费用。扩大营业收入既有利于提高营业净利率，又有利于提高总资产周转率。降低成本费用是提高营业净利率的一个重要方式，从杜邦分析图可以看出成本费用的基本结构是否合理，从而找出降低成本费用的途径和加强成本费用控制的办法。如果企业财务费用支出过高，就要进一步分析其负债比率是否过高；如果企业管理费用过高，就要进一步分析其资产周转情况等。从图中还可以看出，提高营业净利率的另一途径是提高其他利润。为了详细地了解企业成本费用的发生情况，在具体列示成本总额时，还可根据重要性原则，将那些影响较大的费用单独列示，以便为寻求降低成本的途径提供依据。

第三，影响总资产周转率的一个重要因素是资产总额。资产总额由流动资产与长期资产组成，它们的结构合理与否将直接影响资产的周转速度。一般来说，流动资产直接体现企业的偿债能力和变现能力，而长期资产则体现了企业的经营规模、发展潜力。两者之间应该有一个合理的比例关系。如果发现某项资产比重过大，影响资金周转，就应深入分析其原因，例如，如果企业持有的货币资金超过业务需要，就会影响企业的盈利能力；如果企业占有过多的存货和应收账款，则既会影响盈利能力，又会影响偿债能力。因此，投资者还应进一步分析各项资产的占用数额和周转速度。

第四，权益乘数主要受资产负债率指标的影响。资产负债率越高，权益乘数就越高，说明企业的负债程度比较高，给企业带来了较多的杠杆利益，同时，也带来了较大的风险。

例 9-16 ⦂⦂⦂⦂⦂

某公司有关财务数据和财务比率如表9-7、表9-8所示。分析该公司净资产收益率变化的原因。（因四舍五入原因，分析中部分指标尾数存在差异）

表9-7　　　　　　　　　　　　　**基本财务数据**　　　　　　　　　　　　单位：万元

年度	2023	2024
净利润	1 233 439.3	1 132 261.6
营业收入	20 076 198.3	20 972 582.1
平均资产总额	17 707 689.0	19 545 686.6
平均负债总额	11 701 682.0	12 890 643.2
全部成本	14 086 839.9	14 747 518.1
制造成本	9 617 999.2	10 258 460.7
销售费用	3 368 212.6	3 364 171.1
管理费用	1 011 326.3	1 005 264.5
财务费用	89 301.8	119 621.8

表9-8   财务比率

项目	2023年度	2024年度
净资产收益率（%）	20.54	17.01
权益乘数	2.95	2.94
资产负债率（%）	66.08	65.95
总资产净利率（%）	6.97	5.79
营业净利率（%）	6.14	5.4
总资产周转率（%）	1.13	1.07

（1）对净资产收益率的分析。该公司净资产收益率在2023年至2024年出现了一定程度的下降，从2023年的20.54%下降至2024年的17.01%。公司的投资者在很大程度上依据这个指标来判断是否投资或是转让股份，考察经营者业绩和决定股利分配政策。这些指标对公司的管理者也至关重要。

净资产收益率 = 权益乘数×总资产净利率

2023年：20.54% = 2.95×6.97%

2024年：17.01% = 2.94×5.79%

通过分解可以明显地看出，该公司净资产收益率的变动是资本结构（权益乘数）变动和资产利用效果（总资产净利率）变动两方面共同作用的结果，而该公司的总资产净利率在2024年大幅下降，最终显示出较差的资产利用效果。

（2）对总资产净利率的分析。

总资产净利率 = 营业净利率×总资产周转率

2023年：6.97% = 6.14%×1.13

2024年：5.79% = 5.4%×1.07

通过分解可以看出，2024年该公司的总资产周转率呈下降趋势，说明资产的利用效果依然较差，显示出比上一年更差的效果，该公司利用其总资产产生营业收入的效率还需要提升。总资产周转率降低的同时营业净利率减少，阻碍了总资产净利率的增加。

（3）对营业净利率的分析

营业净利率 = 净利润÷营业收入×100%

2023年：6.14% = 1 233 439.3÷20 076 198.3×100%

2024年：5.4% = 1 132 261.6÷20 972 582.1×100%

该公司2024年较大幅度提高了营业收入，但是净利润却低于2023年水平，分析其原因是成本费用增多。从表9-7可知，全部成本从2023年的14 086 839.9万元增加到2024年的14 747 518.1万元，与营业收入的增加幅度大致相当。

（4）对全部成本的分析。

全部成本 = 制造成本＋销售费用＋管理费用＋财务费用

2023年：14 086 839.9 = 9 617 999.2 + 3 368 212.6 + 1 011 326.3 + 89 301.8

2024年：14 747 518.1 = 10 258 460.7 + 3 364 171.1 + 1 005 264.5 + 119 621.8

本例中，导致该公司净资产收益率低的主要原因是全部成本过高。也正是因为全部成本的大幅提高导致净利润提高幅度不大，而营业收入大幅度增加，就引起了营业净利率的降低，表现出该公司销售盈利能力的降低。

（5）对权益乘数的分析。

$$权益乘数 = \frac{资产总额}{权益总额}$$

2023 年：2.95 = 17 707 689.0 ÷（17 707 689.0 - 11 701 682.0）

2024 年：2.94 = 19 545 686.6 ÷（19 545 686.6 - 12 890 643.2）

该公司权益乘数降低，说明其资本结构在 2023 年至 2024 年发生了变动。权益乘数越大，公司负债程度越高，偿还债务能力越弱，财务风险有所升高。这个指标同时也反映了财务杠杆对利润水平的影响。该公司的权益乘数一直处于 2~5，也即负债率在 50%-80%，属于激进战略型公司。管理者应该准确把握公司所处的环境，准确预测利润，合理控制负债带来的风险。

（6）对于该公司，最为重要的就是要努力降低各项成本，在控制成本上下功夫，同时要保持较高的总资产周转率。这样可以使营业净利率得到提高，进而使总资产净利率大幅提高。

（二）沃尔评分法

企业财务综合分析的先驱者之一是亚历山大·沃尔。他在 20 世纪初出版的《信用晴雨表研究》和《财务报表比率分析》中提出了信用能力指数的概念，他把若干个财务比率用线性关系结合起来，以此来评价企业的信用水平，被称为沃尔评分法。他首先选择了七种财务比率，分别给定了其在总评价中所占的比重，总和为 100 分；然后，确定标准比率，并与实际比率相比较，评出每项指标的得分，求出总评分。

例 9-17 ❖❖❖❖❖

某企业是一家中型电力企业，2024 年的财务状况评分的结果如表 9-9 所示。

表 9-9　　　　　　　　　　　　　　沃尔分析表

财务比率	比重 ①	标准比率 ②	实际比率 ③	相对比率 ④=③/②	综合指数 ⑤=①×④
流动比率	25	2	1.66	0.83	20.75
净资产/负债	25	1.5	2.39	1.59	39.75
资产/固定资产	15	2.5	1.84	0.736	11.04
营业成本/存货	10	8	9.94	1.243	12.43
营业收入/应收账款	10	6	8.61	1.435	14.35
营业收入/固定资产	10	4	0.55	0.1375	1.38
营业收入/净资产	5	3	0.4	0.133	0.67
合计	100				100.37

从表9-9可知，该企业的综合指数为100.37，总体财务状况是不错的，综合评分达到标准的要求。尽管沃尔评分法在理论上还有待证明，在技术上也不完善，但它还是在实践中被广泛地加以应用。

沃尔评分法从理论上讲有一个弱点，就是未能证明为什么要选择这七个指标，而不是更多些或更少些，或者选择别的财务比率，以及未能证明每个指标所占比重的合理性。沃尔评分法从技术上讲有一个问题，就是当某一个指标严重异常时，会对综合指数产生不合逻辑的重大影响。这个缺陷是由相对比率与比重相"乘"而引起的。财务比率提高1倍，其综合指数增加100%；而财务比率缩小1倍，其综合指数只减少50%。

现代社会与沃尔所处的时代相比，已有很大的变化。一般认为企业财务评价的内容首先是盈利能力，其次是偿债能力，最后是成长能力，它们之间大致可按5∶3∶2的比重来分配。盈利能力的主要指标是总资产收益率、营业净利率和净资产收益率，这三个指标可按2∶2∶1的比重来安排。偿债能力有四个常用指标。成长能力有三个常用指标（都是本年增量与上年实际量的比值）。假定仍以100分为总评分。

例9-18 ∵∵∵∵

仍以【例9-17】中公司2024年的财务状况为例，以中型电力生产企业的标准值为评价基础，则其综合评分标准如表9-10所示。

表9-10 综合评分表

指标	评分值	标准比率（%）	行业最高比率（%）	最高评分	最低评分	每分比率的差（%）
盈利能力：						
总资产收益率	20	5.5	15.8	30	10	1.03
营业净利率	20	26.0	56.2	30	10	3.02
净资产收益率	10	4.4	22.7	15	5	3.66
偿债能力：						
自有资本比率	8	25.9	55.8	12	4	7.475
流动比率	8	95.7	253.6	12	4	39.475
应收账款周转率	8	290	960	12	4	167.5
存货周转率	8	800	3 030	12	4	557.5
成长能力：						
销售增长率	6	2.5	38.9	9	3	12.13
净利增长率	6	10.1	51.2	9	3	13.7
总资产增长率	6	7.3	42.8	9	3	11.83
合计	100			150	50	

标准比率以本行业平均数为基础，在给每个指标评分时，应规定其上限和下限，以减少个别指标异常对总评分造成不合理的影响。上限可定为正常评分值的1.5倍，下限可定为正常评分值的0.5倍。此外，给分不是采用"乘"的关系，而是采用"加"或"减"的关系来处理，以克服沃尔评分法的缺点。例如，总资产收益率每分比率的差为1.03% = （15.8%-5.5%）÷（30-20）。总资产收益率每提高1.03%，多给1分，但该项得分不得超过30分。

根据这种方法，对该公司的财务状况重新进行综合评价，得分为124.94分（见表9-11），表明其是一个中等略偏上水平的公司。

表9-11　　　　　　　　　　　　　　　　财务状况评分

指标	实际比率（1）	标准比率（2）	差异（3）=（1）-（2）	每分比率（4）	调整分（5）=（3）/（4）	标准评分值（6）	得分（7）=（5）+（6）
盈利能力：							
总资产收益率	10	5.5	4.5	1.03	4.37	20	24.37
营业净利率	33.54	26.0	7.54	3.02	2.50	20	22.50
净资产收益率	13.83	4.4	9.43	3.66	2.58	10	12.58
偿债能力：							
自有资本比率	72.71	25.9	46.81	7.475	6.26	8	14.26
流动比率	166	95.7	70.3	39.475	1.78	8	9.78
应收账款周转率	861	290	571	167.5	3.41	8	11.41
存货周转率	994	800	194	557.5	0.35	8	8.35
成长能力：							
销售增长率	17.7	2.5	15.2	12.13	1.25	6	7.25
净利增长率	-1.74	10.1	-11.84	13.7	-0.86	6	5.14
总资产增长率	46.36	7.3	39.06	11.83	3.30	6	9.30
合计						100	124.94

（三）经济增加值法

经济增加值（EVA）是指税后净营业利润扣除全部投入资本的成本后的剩余收益。由于传统绩效评价方法大多只是从某方面的会计指标来度量公司绩效，无法体现股东资本的机会成本及股东财富的变化。而经济增加值是从股东角度去评价企业经营者有效使用资本和为企业创造价值的业绩评价指标。因此，它克服了传统绩效评价指标的缺陷，能够真实地反映公司的经营业绩，是体现企业最终经营目标的绩效评价办法。

经济增加值的计算公式为：

经济增加值 = 税后净营业利润 - 平均资本占用 × 加权平均资本成本

其中，税后净营业利润衡量的是企业的经营盈利情况；平均资本占用反映的是企业持续投入的各种债务资本和股权资本；加权平均资本成本反映的是企业各种资本的平均成本率。注意在计算经济增加值时，须进行相应的会计科目调整，如营业外收支、递延税金等都要从税后净营业利润中扣除，以剔除财务报表中不能准确反映企业价值创造的部分。经济增加值为正，表明经营者在为企业创造价值；经济增加值为负，表明经营者在损毁企业价值。

例9-19 :::::

某企业现有A、B两个部门，其2024年度相关财务数据如表9-12所示。假设没有需要调整的项目，计算A、B两部门的经济增加值。

表9-12   基本财务数据

部门	税后净营业利润 （万元）	平均资本占用 （万元）	加权平均资本成本
A	700	4 000	12
B	740	4 200	13

A部门的经济增加值 = 700 - 4 000 × 12% = 220（万元）

B部门的经济增加值 = 740 - 4 200 × 13% = 194（万元）

结果表明，虽然A部门税后净经营利润不如B部门高，但其经济增加值更大。因此，从经济增加值的角度来看，A部门的绩效更好。

尽管经济增加值考虑了所有资本的成本，能够更加真实地反映企业的价值创造，且实现了企业利益、经营者利益和员工利益的统一，但该指标仍存在不足：首先，经济增加值仅能衡量企业当期或预判未来1~3年的价值创造情况，无法衡量企业长远发展战略的价值创造；其次，该指标计算主要基于财务指标，无法对企业进行综合评价；再次，由于不同行业、不同规模、不同成长阶段的公司的会计调整项和加权平均资本成本各不相同，故该指标的可比性较差；最后，如何计算经济增加值尚存许多争议，这些争议不利于建立一个统一的规范，使得该指标往往主要用于一个公司的历史分析以及内部评价。

▶▶▶▶▶▶ 第四节　国有企业财务评价与考核

国有资产来之不易，是全国人民的共同财富，建立健全国有企业财务评价体系，严格落实国有企业业绩考核工作，对于深化国企改革、明确国有资产运营目标和责任、提高国有企业经营效率和管理水平，实现国有资产保值增值、促进国有企业高质量发展，具有重要意义。国有企业具有盈利性和公益性的特点，这就决定了其在进行财务分析与评价时，不仅与其他企业存在较大的区别，还要不断适应改革发展的新形势新任务，不断建设和完善业绩考核评价指标体系。

一、国有企业财务评价与考核要坚持的原则

（一）坚持做强做优国有资本、搞活搞好国有企业的原则

国有企业是中国特色社会主义的重要物质基础和政治基础，是党执政兴国的重要支柱和依靠力量。进一步健全和完善国有企业考核评价体系要全面贯彻党的十九大以来各次全会精神，以做强做优做大国有资本、搞活搞好国有企业为基本原则，不断增强国有经济的竞争力、创新力、控制力、影响力以及抗风险能力，不断降本增效，提高国有资本的运营质量和效率，促进国有企业遵循市场规律和企业发展规律，聚焦主责主业搞好经营，加快培育主业突出、技术领先、管理先进、绩效优秀、资源配置及整合能力强的世界一流企业。

（二）坚持"少、精、准"的原则

合理设定国有资产业绩考核评价指标体系，科学评定企业的经营业绩，需要不断提高考核精准度。对出资人而言，考核指标的选取应力求少而精，简单、明确，不在于多，而在于准，要抓住主要矛盾，突出出资人最关心的、对企业当前和长远发展最要害的指标，如能突出反映国有资产运营的绩效和质量、有利于提高企业的核心竞争力的相关指标，不宜面面俱到，以降低考核成本、提高监管效率。考核指标一方面要充分体现出资人对所出资企业的共性要求，如利润总额、净资产收益率、国有资产保值增值率和三年主营业务收入平均增长率等，探索引入已占用资本回报率等一些国际通用的有关投资收益的指标，使经营业绩考核尽可能与国际接轨；另一方面，要兼顾企业的规模、行业差异等个性特点，引导和促进企业加强战略管理，改善薄弱环节，实现创新驱动，提高综合竞争能力，走可持续发展之路。

（三）坚持分层分类的原则

要坚持以出资人权益为核心，做到既不缺位也不越位。出资人应按照《公司法》要求，依据公司章程依法行使各项权利，对出资企业进行业绩考核。同时要建立健全有效制衡、规范高效运作的董事会，加快国有资本授权体制改革，实现出资人对所出资企业及负责人考核，授权企业董事会决定高级管理人员的选聘、考核、奖惩。此外，要区分不同功能和类别的企业，根据国有资本的战略定位和发展目标，结合企业实际，突出考核重点，合理设置经营业绩考核权重，确定差异化考核标准。对于混合所有制企业以及处于特殊发展阶段的企业，可以根据企业功能定位、改革目标和发展战略，考核指标、考核方式"一企一策"，实现分类考核、差异化考核及精准考核。

（四）坚持问题导向与目标导向相结合的原则

建立健全国有企业业绩考核评价体系要坚持问题导向，不仅要通过业绩考核指标体系及时发现影响做强做优国有企业的内部外部体制机制问题，同时要重视整体布局和顶层设计，加强国有企业改革发展的全盘规划，确定方向、明确目标，聚焦重点领域和关键环节，把结果考核与过程评价结合起来，将过程评价纳入有效监督，促进国有企业高质量发展。

（五）坚持利于企业长期发展与现期回报相结合的原则

国有企业业绩考核指标体系设计要着眼于不断提高国有资本经营的效率与效益，构建年度与任期相结合的多角度考核指标体系，既考核国有资产的保值增值，也考核资产运营的质量，涵盖效益效率、科技创新、结构调整、国际化经营、保障任务、风险管控、节能环保等方面。同时，考核指标也要充分考虑企业的属性、承担的主要任务、发展阶段、市场竞争态势及市场地位等因素，既要处理好由考核结果决定的企业分配中国家、企业、个人的关系，充分调动企业自主发展的积极性，科学确定符合企业长期发展的各项指标，也要防止目标设置过高，鞭打快牛，更不能杀鸡取卵，影响企业积累和发展后劲。

（六）坚持客观评价的原则

建立标准客观、全面准确、以业绩考核为重点的企业业绩评价指标体系，要兼顾企业当期效益与长远发展需要，把企业负责人的评价与企业绩效评价有效结合。除了对企业进行经营业绩考核以外，还应对企业负责人的履职能力、业绩和贡献等方面进行客观公正的评价，重点考核企业负责人经营决策能力、市场应变能力、诚信守法表现以及执行董事会决议的情况和经营效果，重在市场认可和出资人认可。

二、国有企业财务评价与考核的特点

（一）分类考核与特殊事项相结合

一方面，以分类考核为主要方向。对商业一类国有企业，以增强国有经济活力、放大国有资本功能、实现国有资本保值增值为导向，重点考核企业经济效益、资本回报水平和市场竞争能力。对商业二类国有企业，以支持企业可持续发展和服务国家战略为导向，在保证合理回报和国有资本保值增值的基础上，加强对服务国家战略、保障国家安全和国民经济运行、发展前瞻性战略性产业情况的考核。对公益类国有企业，以支持企业更好地保障民生、服务社会、提供公共产品和服务为导向，重点考核产品服务质量、成本控制、营运效率和保障能力。另一方面，以特殊事项清单管理制度作为补充。考虑到国有企业需承担一部分政策性任务，将国有企业承担的对经营业绩有重大影响的特殊事项列入管理清单，作为考核指标确定和结果核定的重要参考依据。特殊事项主要包括保障国家安全、提供公共服务、发展重要前瞻性战略性产业、实施"走出去"重大战略项目等。

（二）目标考核与行业对标相结合

一方面，以目标考核为主。国有资产监督管理机构应当根据企业发展与国民经济发展速度相适应、与国民经济重要支柱地位相适应、与高质量发展要求相适应的原则，率先确定企业经营绩效的总体目标。另一方面，将行业对标作为评级的重要参考。根据企业功能定位，综合考虑企业经营性质和业务特点，根据近三年评价指标的完成值、客观调整因素和行业标杆情况综合确定评价基准值，并在此基础上确定三个等级的目标值，分别分配不同的考核分数。目标值处于国际优秀水平或国内领先水平的国有企业将不被纳入最低档，以鼓励其瞄准国际先进水平和行业先进水平。

（三）短期考核与中长期考核相结合

国有企业考核评价分为年度和任期经营业绩考核两类，其中，年度考核以公历年为考核期，对其一年内的经营成果进行综合评价；任期考核以三年为考核期，按照统一的固定时限而非负责人实际任期开展。年度经营业绩考核和任期经营业绩考核等级分为 A、B、C、D 四个级别，从而实现短期目标与长远发展的有机统一。

（四）激励约束与容错机制相结合

一方面，以考核业绩结果为主对国有企业负责人进行激励约束。国有资产监督管理机构根据年度和任期经营业绩考核结果实施奖惩，并作为企业负责人薪酬分配、职务任免的重要依据，国有企业工资总额预算与考核目标挂钩，根据指标的先进程度确定不同层次的预算。另一方面，视情况设计容错机制。为鼓励探索创新，对国有企业实施重大科技创新、发展前瞻性战略性产业、承担重大专项任务和社会参与做出突出贡献等，对经营业绩产生重大影响的，按照"三个区分开来"原则和有关规定，可在考核上不做负向评价。

三、国有企业财务评价与考核的程序

国有企业效绩评价工作依据《国有资本金效绩评价规则》规定的统一指标体系、工作方法、工作标准和工作程序，认真做好各项准备，在已经确定评价对象和下达"评价通知书"后，按以下工作步骤和要求进行组织实施：

（一）确定评价工作实施机构

根据评价对象的行业特点，由评价组织机构按照《国有资本金效绩评价规则》的有关规定，成立评价实施机构。

评价组织机构直接组织实施评价的，由评价组织机构负责成立评价工作组，并根据需要组织成立专家咨询组，相应确定有关工作人员和选聘有关咨询专家；如果委托社会中介机构实施评价，首先要选定中介机构，并签订评价委托书，然后由中介机构组织成立评价工作组以及专家咨询组。专家咨询组的工作任务和工作要求由评价组织机构明确。

其中，评价工作组的工作人员应具备以下基本条件：（1）具有较丰富的经济管理、企业财务会计、资产管理及法律等方面的专业知识；（2）熟悉企业效绩评价业务，有较强的综合分析判断能力；（3）坚持原则、清正廉洁、秉公办事；（4）评价项目主持人应有 10 年以上经济专业工作经验。

专家咨询组的专家应具备以下基本条件：（1）谙熟企业管理、财务会计、法律、技术等方面的专业知识；（2）具有较丰富的工作经验和相应领域 10 年以上的工作经历；（3）有相应领域的中高级技术职称和相关专业的执业（技术）资格。

（二）制订评价工作方案

由评价工作组或中介机构根据《国有资本金效绩评价规则》有关规定，制订详细的评价工作方案，报经评价组织机构批准后实施。已组织专家咨询组的，评价工作组应将评价工作方案送每位咨询专家，并向专家咨询组介绍评价工作程序。

（三）准备评价基础资料和基础数据

根据评价工作方案的要求和评价计分的需要，做好基础资料和基础数据的收集、核实与整理工作。

一是根据评价目的和企业所处行业、规模，选择评价方法和相应的评价标准值。

二是依据评价年度，收集企业连续三年的会计决算报表、有关财务统计数据和用于非计量评价的基础资料，并认真进行核实、整理，发现疑问，及时核对，以保证基础数据资料的真实性、准确性与全面性。

（四）进行评价计分

1.评价指标的内容及其权重

企业效绩评价指标体系由基本指标、修正指标和评议指标三层次共32项指标构成，各项指标具体内容如下：

（1）基本指标

基本指标是评价企业效绩的核心指标，由反映企业财务效益状况、资产营运状况、偿债能力状况、发展能力状况的四类8项计量指标构成，用于产生企业绩效评价的初步结果。基本指标的内容及权重见表9-13。

表9-13 　　　　　　　　　　　　基本指标的内容及权重

类型	指标	权重（%）
财务效益状况	净资产收益率	30
	总资产报酬率	12
资产运营状况	总资产周转率	9
	流动资产周转率	9
偿债能力状况	资产负债率	12
	已获利息倍数	10
发展能力状况	销售增长率	9
	资本累积率	9
合计		100

（2）修正指标

修正指标用于对基本指标评价形成的财务效益状况、资产营运状况、偿债能力状况和发展能力状况的初步评价结果进行修正，从而产生较为全面的企业绩效评价基本结果，具体由16项计量指标构成。修正指标的内容及权重见表9-14。

表9-14 　　　　　　　　　　　　修正指标的内容及权重

类型	指标	权重（%）
财务收益状况	资本保值增值率	16
	销售利润率	14
	成本费用利润率	12

类型	指标	权重（%）
资产运营状况	存货周转率	4
	应收账款周转率	4
	不良资产比率	6
	资产损失比率	4
偿债能力状况	流动比率	6
	速动比率	4
	现金流动负债率	4
	长期资产适合率	5
	经营亏损挂账比率	3
发展能力状况	总资产增长率	7
	固定资产成新率	5
	三年利润平均增长率	3
	三年资本平均增长率	3
合计		100

（3）评议指标

评议指标用于对基本指标和修正指标评价形成的基本结果进行定性分析验证，以进一步补充和完善基本评价结果。评议指标由8项非计量指标构成。评议指标的内容及权重见表9-15。

表9-15　　　　　　　　　　　　评议指标的内容及权重

指标	权重（%）
领导班子基本素质	20
产品市场占有能力（服务满意度）	18
基础管理比较水平	20
在岗员工素质状况	12
技术装备更新水平（服务硬环境）	10
行业或区域影响力	5
企业经营发展策略	5
长期发展能力预测	10
合计	100

2.评价标准

企业效绩评价标准分为计量指标评价标准和评议指标参考标准两类。

（1）计量指标评价标准

计量指标评价标准按企业的行业、规模分类，由五档标准值和与之相适应的标准系数组成，实行统一测算。

评价标准值以评价年度全国国有企业会计报表数据为基础，将各行业及不同规模企业经济运行状况划分为五个水平值。优秀值表示行业的最高水平，良好值表示行业的较高水平，平均值表示行业的总体平均水平，较低值表示行业的较低水平，较差值表示行业的最差水平。

标准系数是指标实际值对应五档标准值所达到的档次系数，具体规定如下：

优秀值及以上的标准系数为1；

良好值及以上的标准系数为0.8；

平均值及以上的标准系数为0.6；

较低值及以上的标准系数为0.4；

较差值及以上的标准系数为0.2；

较差值以下的标准系数为0。

（2）评议指标参考标准

评议指标参考标准按单项指标分别设定，每项指标都分为优（A）、良（B）、中（C）、低（D）、差（E）五个等级，每个等级对应的等级参数分别为1、0.8、0.6、0.4、0.2。

3.评价指标的计分方法

企业效绩评价的主要计分方法是功效系数法。

（1）初步评价的具体计分方法。初步评价是指运用企业效绩评价基本指标，将指标实际值对照相应评价标准值，计算各项指标实际得分。

计算公式：

单项指标得分=本档基础分+调整分

本档基础分=指标权数×本档标准系数

调整分=实际值−本档标准值/上档标准值−本档标准值×（上档基础分−本档基础分）

基础指标总分 = $\sum$单项指标得分

在实际计算基本指标得分时，针对有关指标的特殊性，具体做如下规定：

第一，关于资产负债率：

当资产负债率小于平均值时，其标准系数为1，得满分。

当平均值<资产负债率<较低值时，如果企业的总资产报酬率>当年银行平均贷款利率，则其标准系数为1，得满分。

当资产负债率的实际值不符合上述两个标准时，须比照五档标准值计算得分。

当资产负债率≥100%时，标准系数为0，得0分。

第二，当利润为负值时，对以利润为分母的指标，得0分。

（2）基本评价的具体计分方法

基本评价是在初步评价结果的基础上，运用修正指标对企业效绩初步评价结果进一步调整。基本评价的计分方法仍依据功效系数法原理，具体是以各部分评价内容的基本指标得分为基础，再按相应的修正系数计算。

计算公式：

某部分评价内容修正后得分=相关部分基本指标得分×该部分综合修正系数

修正后评价总分 $= \sum$ 各部分评价内容修正后得分

（3）定性评价的具体计分方法

定性评价是运用评议指标综合考察影响企业经营效绩的相关非定量因素，对企业经营状况进行定性分析判断。具体根据评议指标所考核的内容，由评价工作组的各位工作人员，依据评价参考标准判定实际指标达到的等级，计算评议指标得分。

计算公式：

评议指标总分 $= \sum$ 单项指标分数

如果被评价企业会计信息发生严重失真、丢失或因客观原因无法提供真实、合法会计数据资料等异常情况，以及受国家政策变化、市场环境改变等重大因素影响，利用企业提供的会计数据已无法形成客观、公正的评价结论时，经相关的评价组织机构批准，可单独运用评议指标进行定性评价，得出评价结论。

（4）综合评价的具体计分方法

综合评价是运用整个评价体系产生的结果，对评价对象做出的综合评价结论。具体根据评议指标得分，对基本评价结论进行校正，计算出综合评价得分，其计算公式为：

综合评价得分=修正后评价总分×80%+评议指标总分×20%

4.评价结果的形成

企业效绩评价结果分为初步评价结果、基本评价结果、定性评价结果和综合评价结果四个层次。

（1）初步评价结果、基本评价结果、定性评价结果依据基本指标、修正指标和评议指标计算得分产生，以实际得分表示。

（2）综合评价结果依据评价指标体系得分产生，以最终评价得分和评价类型加评价级别表示，并据此编制评价报告。评价类型用字母表示，包括优（A）、良（B）、中（C）、低（D）、差（E）五种。评价级别是指对每种类型再划分级次，采用在字母后标注"+""–"号的方式表示。

第一，类型判定。评价类型以指标体系的综合评价得分为依据，按85、70、50、40四个分数线作为类型判定的资格界线。

优（A）：综合评价得分达到85分以上（含85分）；

良（B）：综合评价得分达到70~85分（含70分）；

中（C）：综合评价得分达到50~70分（含50分）；

低（D）：综合评价得分在40~50分（合40分）；

差（E）：综合评价得分在40分以下。

第二，级别标注。每种评价类型再划分级别，分别是：

优：A++、A+、A

良：B+、B、B–

中：C、C–

低：D

差：E

当综合评价得分属于"优""良"类型时，以本类分数段最低限为基准，每高出5分（含5分，小数点四舍五入），提高一个级别；当综合评价得分属"中"类型，60分以下用"C-"表示，60分以上（含60分）用"C"表示，当综合评价得分属于"低""差"类型，不分级别，一律用"D""E"表示。

企业效绩综合评价结果以"PR"（performance rating，效绩评价）加评定等级作为基本标志符号，如"PRA——优""PRD——低"。

（3）分析系数

分析系数是指企业财务效益、资产营运、偿债能力、发展能力四部分评价内容各自的基本评价分数与该部分权数的比率。将企业的分析系数与行业比较系数进行对比，能够更加深入地分析本企业的发展水平和存在的差距，进一步反映企业的经营效绩。行业比较系数的计算方法是：运用多户评价方法，对某行业全部企业进行多户评价，然后分别选出单部分内容基本评价得分最高的企业，将该企业该部分基本评价分数与该部分权数相除，所得比率即是某行业的比较系数。

（五）形成评价结论

评价工作组应对企业效绩基本评价得分与同行业同规模的最高分数进行比较，将四部分内容的分析系数与行业比较系数进行对比，对企业效绩进行深入分析判断，形成综合评价结论，并将评价结论反馈被评价企业，听取企业意见。如企业提出异议且意见合理，或者发现新的重大情况，要对评价结果和评价结论进行调整。

（六）撰写评价报告

评价工作组应按照规定的格式，撰写"企业效绩评价报告"，报告评价结果、评价分析、评价结论等，并送专家咨询组征求意见。评价工作组完成评价报告后，经评价项目主持人签字，报送评价组织机构审核认定。如果是委托评价项目，评价报告须加盖中介机构单位印章。

（七）做好评价工作总结

评价项目完成后，评价工作组应进行工作总结，将工作背景、时间地点、工作基本情况、报告认定结果、评价工作过程中遇到的问题等整理形成书面材料，建立评价工作档案，同时报送评价组织机构备案。进行行业或多户企业分析和排序，可直接利用初步评价结果或基本评价结果，根据每户企业评价得分，降序排列，形成"多户企业效绩评价分析计分排序表"。其评价步骤是：确定评价企业（行业）、选定评价标准值、收集与核实基础数据、用计算机计算分数和排序、进行评价分析、撰写和报送评价分析报告。

思考与案例

1. 为什么说公司的营运能力可以反映其经营管理水平？公司应该如何提高营运能力？
2. 你认为在评价公司的发展趋势时，应当注意哪些问题？
3. 在应用杜邦分析法对公司财务状况进行综合分析时，应当如何分析各项因素对股东权益报酬率的影响程度？

第十章

新技术与企业财务管理

学习目标

1. 了解新技术发展概况。
2. 理解新技术对财务管理的影响。
3. 了解新技术环境下财务管理转型的方向。
4. 了解财务共享服务中心对企业财务管理的具体影响。
5. 了解区块链技术对企业财务管理的具体影响。

思维导图

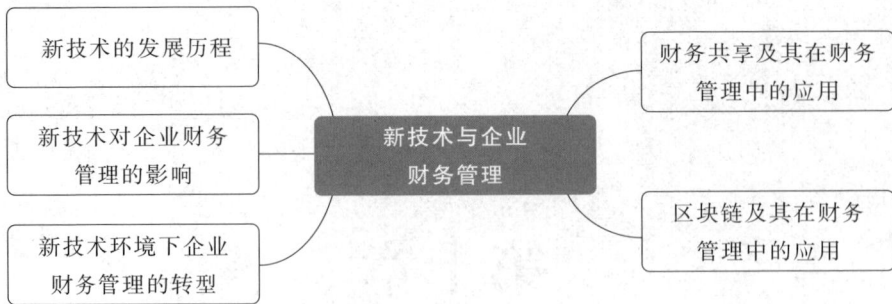

学思践悟

　　随着大数据、云计算等现代信息技术的发展，全球已经进入"互联网+"时代。立足世界潮头，把握时代大势，我国要建设网络强国，做大做强数字经济，将互联网与中国经济的发展紧密联系起来，融入实现中国梦的伟大征程中。而今，数字经济已成为中国经济转型增长的重要一极。麦肯锡、波士顿等国际知名咨询机构发布报告称，中国数字经济的崛起，将对全球经济产生越来越大的影响。美国华盛顿特区经济趋势基金会总裁杰里米·里夫金认为，中国之所以能够在该领域领先，是因为中国很早就意识到新一轮全球变革的兴起。互联网技术的特征决定了数字经济是互相融合的经济、互惠互利的经济、共同分享的经济，数字技术让世界紧密地联合起来，也让整个人类的命运紧密地联合起来。本章不仅可以使你了解新技术对企业财务活动的影响，而且也会使你更加深刻体会"人类命运共同体"的经济内涵和深厚根基。

▶▶▶▶▶▶ 第一节　新技术的发展历程

一、从工业革命说起

技术进步是推动经济发展的内生动力。每一次技术进步本质上都是一次生产力的伟大变革。以蒸汽机的发明应用为代表的第一次工业革命是技术发展史上的一次巨大革命，它开创了以机器代替手工劳动的新时代。第二次工业革命出现了一系列的重大发明，如发电机、电灯、电车，人类由此进入"电气时代"。第三次科技革命是人类文明史上继蒸汽技术革命和电力技术革命之后科技领域里的又一次重大飞跃。第三次科技革命以原子能、电子计算机、空间技术和生物工程的发明和应用为主要标志，涉及信息技术、新能源技术、新材料技术、生物技术、空间技术和海洋技术等诸多领域。特别值得一提的是，从1980年开始，微型计算机迅速发展。电子计算机的广泛应用，促进了生产自动化、管理现代化、科技手段现代化和国防技术现代化，也推动了情报信息的自动化。以全球互联网络为标志的信息高速公路正在缩短人类交往的距离。

二、数据、新技术与新经济

随着信息技术的发展，人类对数据的存储、传输、交流、分析的能力得到了极大的提升。每一个人，既是数据的消费者，同时也是数据的生产者。对于企业而言，数据资源日益成为重要的资源，如同农耕时代的土地和劳动力、工业机器时代的技术和资本一样，数据已成为数字经济时代重要而关键的生产要素，数据驱动型创新正在向科技研发、经济管理、社会发展等各个领域扩展，成为国家创新发展的关键形式和重要方向。

历史上，每一次技术创新的集中爆发和推广都会推动人类文明演进的历程，技术创新蕴含的潜在价值将使企业价值创造背景发生根本性变化，作为价值创造基本逻辑的商业模式必然随之变革，而"有明文规定的正式制度"和"以文化为代表的隐性制度"也会在与"新技术"和"新模式"的冲突、适应、协调与融合中不断变迁并引发新一轮的技术创新及商业模式变革。今天的新技术就是基于网络物理系统将通信的数字技术与软件、人工智能、传感器和纳米技术相结合高度智能的信息技术，不仅极大地推动了人类社会经济、政治、文化领域的变革，而且也影响了人类生活方式和思维方式，随着科技的不断进步，人类的衣、食、住、行、用等日常生活的各个方面也在发生了重大的变革。

新经济时代以"新技术"为"基"，大数据、云计算、区块链、人工智能等颠覆性技术已成为新的社会基础设施，信息获取和传输的便捷性打破了时间与空间的桎梏，以数据资源为代表的新经济要素激发了企业商业模式创新的热情。新经济时代以"新模式"为"核"，技术创新使企业价值创造的边界日益消弭，资源整合的经济性使企业整体呈现"轻资产"特征，演化出多种"互联网+"业态，知识资本和人力资本由此成为企业核心竞争力的来源。大数据、人工智能、云计算、区块链、物联网技术的发展，成为智能时代鲜明的亮点。

▶▶▶▶▶▶ 第二节　新技术对企业财务管理的影响

财务管理作为企业管理的重要板块，对组织的有效运转及社会的稳定发展具有重要促进作用。新技术在企业财务管理中的实践主要体现在财务数据与业务信息的整合。财务活动与决策主要依据经营业务信息，新技术的应用改变了业务数据与财务信息割裂的局面。财务管理是对资金运动过程的管理，强调资金的来龙去脉，追求资金运用的收益与分配，最终实现企业的价值。然而对资金的管理离不开对经营业务的控制。企业的经营活动，其核心是资金，因此财务管理优化和价值再造都要依赖企业的业务信息。过去，由于技术等原因的限制，我们很难将企业的业务的全部流程反映出来，产生了所谓的黑箱子的问题，然而新经济时代的技术进步为会计信息系统重塑提供了契机，我们可以利用技术的手段实现对企业业务全流程的跟踪、刻画、反映，凭借海量、多样和相互勾连的数据使财务管理的数据来源从单一结构化数据扩展到多维非结构化数据，加强了会计信息相关性，促进了业务信息与财务数据的融合，业务即数据的时代已经来临。业务信息与财务数据的"融合"促进了财务与业务的协同价值创造，也为企业内外部利益相关者提供了翔实动态的决策信息，改变了企业进行财务管理活动的决策标准，便利了企业在财务预测、分析决策、控制反馈、评价考核、风险防控等财务管理流程中运用多维数据进行全方位考量，促进了企业价值链上的资源协同与价值共赢，同时也将引领企业实现"战略导向"的财务流程再造、组织结构调整和文化观念变革。

一、新技术对企业财务预算活动的影响

筹资活动始于对资金需求量的测算。在传统技术环境下，企业需要根据销售情况预测生产和运营的资金需求量。然而实践中，由于企业对于销售市场并不能有效预测，很大程度上取决于销售人员的主观估计，导致基于销售活动的资金需求量的测算并不准确。随着互联网数字化以及大数据的应用，企业不再以产品为中心，而是以客户为中心，企业通过构建大数据平台能够很便捷地与客户就产品质量、价格、功能等进行信息交流，形成客户群的准确识别。因此，企业很容易能够获得可实现销售收入的估计，为企业精准预测生产、经营等活动的资金需求量提供了信息支持。例如，以某互联网平台公司为例，平台可以通过用户的消费记录信息刻画客户的特征，如年龄、性别、消费品类、购买次数、消费时间、消费金额，可以比较准确地预测和掌握客户的消费偏好特征，然后从海量用户的消费信息，提取某一商品的需求订单，甚至可以利用平台与客户便捷地交互量身定做，形成订单。可见，在信息技术时代，预算管理呈现出精准化、可定制化，这在很大程度上解决了传统预算管理中目标确定"拍脑袋"以及层层加码的预算松弛行为。

二、新技术对企业筹资活动的影响

以互联网金融为代表的金融科技的发展带来的金融工具创新，不仅对金融市场的发展和完善起到了促进作用，更对企业筹资活动产生了深远影响。由于互联网技术的广泛运用进一步缓解了企业、债权人和投资人之间的信息不对称，具体表现为财务数据的采集、加工与转化减少，标准化与格式化加强，这可以有效降低数据造假风险，缓解信息不对称。资金需求方可以以更快的速度和更多样的渠道搜寻适合的资金供应信息，极大地提高了筹资的可能性，同时，因为交互成本降低，筹资活动本身的成本下降进而降低了筹资成本，提高了融资效率。此外，新技术可以让中小企业通过利用业务信息向债权人提供信用的方式获得融资，例如区块链技术可以利用其"不可更改""可追溯"的特征赋予企业的供应链融资更客观的信用信息。以应收账款、仓单、应付账款为质押的供应链融资能有效降低金融机构信贷风险，缓解节点企业融资约束的同时保证了供应链流畅运转。

三、新技术对企业财务管理重心的影响

以大数据、云计算、区块链、人工智能为代表的"新技术"在持续向传统经济赋能的同时，也驱动了"以反映经济活动为基本内涵"的会计不断转型。会计的不断转型倒逼"以资金运动过程管理为基本认知"的"传统财务管理"向"战略财务管理"转变。以"海量信息资产"为特征的大数据扩充了财务数据维度，非财务信息的融入提高了会计信息"相关性"，业务信息与财务信息的整合与联动构成了"战略财务"管理重心，使得企业财务管理重心包含了基本财务管理以及利用多维信息的面向战略的财务管理。例如以财务机器人为代表的人工智能提升了财务管理的智能化水平，能够快速响应，智能分析，在提高会计信息"及时性"的同时实现了数据处理、预测推理、即时管控、决策分析、风险管控、考核评价等财务管理流程的"高效性"，这种在财务管理中显现出的"智能""融合""快速"等特征，共同推动了企业财务管理由"以计算为主要内容的传统财务"向"以资源整合、决策支持和价值管理为主要内容的战略财务"转型。

四、新技术对企业财务风险控制的影响

云计算、大数据与区块链等技术的运用，一方面使得财务数据的来源更加广泛和全面，数据的可追溯性和透明度提升，更加敏捷的基础架构和流程能及时反馈风险；另一方面提高了企业财务的集约化，优化了财务流程，使得财务人员收集、加工、管理、分析财务数据的能力增强，提高了财务专家利用内外部信息对投资活动、融资活动、经营活动的风险控制水平。信息技术的发展和运用不仅提升了财务部门的数据处理能力，而且也会相应提升财务部门的内控机制水平，使得其对财务风险甚至是非财务风险具有一定的预判能力，这无疑可以加强财务部门的数据治理与风险应对能力。

五、新技术对企业财务主体和财务关系的影响

大数据、云计算和互联网技术在财务管理中的应用，在纵向上使集团各级财务部门高度集成、在横向上使业务与财务部门深度融合，更多企业开始尝试在内部组织形式上采用分散管理的扁平化财务组织，企业间的财务管理边界和财务管理主体的概念趋向模糊，"理性经济人"假设在一定程度上受到了挑战，导致财务管理关系也发生变化，企业仅依靠自身资源难以满足用户异质性和价值创造需求。可以说新技术的出现以及在财务管理的深度应用为财务管理主体在企业内各层级组织间、财务与业务部门间、价值系统内各市场主体间、虚拟企业动态联盟各成员间的集成与延伸提供了技术可行性。

▶▶▶▶▶▶ 第三节　新技术环境下企业财务管理的转型

新技术环境下企业财务管理转型是一个系统工程，不仅需要从信息技术层面进行财务工具等硬件系统开发应用和更新升级，也需要财务理念、组织结构、财务人员方面相应调整；既要有战略层面的商业模式创新和价值共享，也要有业务层面的流程再造和财务数据充分融合，最终实现企业的高质量发展。

一、财务理念转型

在信息技术时代，数据日益成为重要的战略资产，是企业的一项关键的核心生产要素。数据资源已成为企业的核心竞争力，谁掌握了数据，谁就具备了竞争优势，当数据达到一定数量级的规模，人们可以通过对庞大的数据进行挖掘和分析，发现自然世界和人类社会中的客观规律，并加以利用，这就是大数据的管理价值。我们过去由于技术的原因或者数据不可获得，只能采取抽样或者以部分推断全局的思路进行的财务活动，就可以通过大数据分析来完成，从而能更精确地描述财务活动的全貌，更加全面地预测和评估未来，为决策提供实时、全过程、全动态的参考依据。例如，过去，财务报告很难全面、多样、实时地表现企业的财务状况、经营业绩与发展前景。而现在，我们可以通过计算机信息技术实现。全面性体现为财务信息数据既包括财务信息也包括非财务信息，既照顾到股东、投资者、上级主管（监管）部门，也服务于企业内部各级管理者、员工，乃至服务于企业价值链上的供应商、销售商、服务商、平台型组织及其成员等。实时性体现在相关财务数据的及时性程度高，可以实现实时核算、传输与报告。因此，企业必须树立数据是关键生产要素的理念，才能在未来的竞争中立于不败之地，实现公司治理的目标，跟上数字经济时代的步伐。

二、财务组织机构转型

随着大数据、云计算、人工智能等技术的发展，数字经济时代已经到来，传统财务管

理模式及其组织已不适应时代发展，亟须变革。

1.财务组织目标：由价值创造向价值发现转型

传统财务组织强调以价值评估为基础，通过财务分析、财务预测与决策，协助业务部门进行价值创造，实现企业价值最大化。随着数字经济的发展，财务部门仅仅依靠价值评估推动价值创造，已经不能满足企业竞争的需要。价值创造的前提是要发现价值，在市场中寻找到可以实现价值增值的机会。随着信息技术的发展，财务部门应能通过掌握的供应商、客户、政府部门、社交网络以及企业自身的相关数据，对市场变化、商业机遇、发展方向、增值机会等有更准确的分析与预测，同时对未来的市场变化、潜在的市场风险有较准确的预判。这就要求财务组织利用新的技术手段提升市场洞察力，强化市场预测能力，实现价值发现目标。

2.财务组织流程：财务流程先于业务流程，实现业财深度融合

传统财务管理组织强调财务部门要为业务部门服务，通过及时提供财务信息，为业务决策提供支持，提高业务部门的生产力，保证现金流以及清算能力等。但是，在数字经济时代，仅有这些已经不够。为了实现具有"洞察力"的财务组织目标，企业需要对财务组织流程进行变革，核心财务流程需要从对财务的关注转移到对企业整体发展的关注，从对业务的事后分析转变为对业务的事前预测与引导。CFO要能熟练利用大数据和分析预测技术准确预计客户需求，进行实时评估，洞察本单位主要经济业务的健康状况，发现潜在的利润机会、兼并机会及其相关的风险状况，进而通过科学及时的财务决策（如收购与投资等）使企业得以快速成长。业务流程需要嵌入财务分析程序，充分利用财务的事前分析与预测信息，改进业务重点与方向，适时增减投入，有效控制成本，实现业务的可持续增长。

3.财务组织结构：由扁平化向网络化转型

在传统财务管理阶段，财务组织以"价值评估"为重要职责，大多采用事业部制的组织结构。按区域设置的事业部以及事业部下的各产品部门都有自己的财务组织，管理层级多，各自为政，管理效率低下。各产品部门只关注自己的财务情况，不考虑业务部门的需求以及对企业整体发展的影响。为加强财务部门与业务部门的沟通，加快业财融合，实现组织目标，多数企业的财务组织选择了矩阵式组织结构。在大数据技术出现并融入财务管理阶段，财务组织以"价值发现"为主要目标，如何提高预测分析能力，从繁杂的各类信息中洞察未来、发现价值、引导业务发展，成为财务组织的目标追求。此时，多数企业的财务组织会选择网络化组织结构，财务流程由后台移向前台，大幅提高了财务预测能力，强化了财务对业务的引导。同时，企业加强了财务共享服务中心建设，对传统财务核算进行集中处理，提高了财务活动效率，创建整合的、网络型财务组织，强化了信息收集、分析与预测能力，促进了价值发现目标的实现。

三、财务人员转型

在数字经济时代，财务变革的核心驱动力是技术和人才。其中，人才是驱动企业财务转型的关键因素，财务变革对财务人员的素质和技能提出了更高的要求。随着"大智移云物"等技术的发展，财务人员需具备哪些素质与技能？如何转型才能适应数字经济的发展？

1.树立管理是本质的大财务理念

传统财务教育重核算、轻管理，重财务会计、轻管理会计。在数字经济时代，企业的内外环境不断发生变化，基础的财务核算工作正在被财务机器人取代，而熟悉业务流程、具有战略视野、善于管理与控制的管理型财务人才普遍缺乏。因此，财务人员需要转变观念、拓宽视野，树立重视管理的大财务理念，既要掌握财务核算的基本技能，更要培养管理意识，重视市场预测分析与业务过程管控，重视战略管理、预算管理、成本管理与绩效管理，不断提升管理能力，使财务的管理职能落地生根。

2.熟悉信息技术，提升数字素养

在数字经济时代，信息技术发展迅猛，已成为财务创新与转型的重要工具。财务人员需要了解信息技术领域的最新发展动态，了解相关技术对企业战略、商业模式、成本管控、收付款结算、供应链与客户等的潜在影响，并及时采取应对措施。更重要的是财务人员还要提升数字素养，即利用数字技术、通信工具或网络查找、评估、使用与创造信息的能力。财务人员只有不断提升数字素养，才能在海量的商业数据中洞察关键业务信息，有效引导业务发展，实现价值发现的目标。

3.培养战略思维与全局意识

一方面，财务人员需要具备战略远见，重视信息技术的发展对财务的影响，认真学习、积极面对，而不囿于已有的知识与经验、故步自封；既要有丰富的财会实践经验，又要精于战略规划、预算管理、资金运筹和风险防控，还要熟悉信息技术发展的最新动态，具有相当高的数字素养。另一方面，财务人员需要培养全局观念，站在企业发展的全局考虑问题，以价值发现与创造为目标，不断提升数据挖掘能力与市场敏锐度，及时捕捉市场趋势与企业内外各种因素的变动，及时进行战略财务规划，用战略思维服务于企业发展。

4.养成终身学习习惯，成为复合型财务人才

数字经济时代是一个知识更新时间短、知识容量持续增长的时代，已有的会计继续教育模式从形式到内容都已跟不上时代发展的要求，必须进行变革。财务人员需要养成终身学习的习惯，持续吸收新知识、学习新方法、培养新能力，才能形成持续的竞争力。在"大智移云物"不断发展的今天，财务人员需要持续关注并不断推进业财深度融合、财务共享服务、企业信息化建设，不断提高全局意识、数字素养与管理能力，才能逐步实现向复合型、创新型财务人才转型。

▶▶▶▶▶▶ 第四节　财务共享及其在财务管理中的应用

一、财务共享服务中心的概念

财务共享服务中心（finance shared service center）是近年来出现并流行起来的会计和报告业务管理方式。它是将不同国家、地点的实体的会计业务拿到一个SSC（共享服务中

心）来记账和报告。财务共享服务源于共享服务的理念，其核心是在提供服务时能共享组织的其他资源，共享服务作为一种创新理念和一个协助企业成长的平台，所涵盖的内容往往从最常见的财务服务领域延伸至信息技术、人力资源和采购等领域。越来越多的跨国公司和国内大型集团开始建设和运营财务共享服务中心，通过这种运作模式来解决大型集团公司财务职能建设中的重复投入和效率低下的问题。

二、财务共享服务中心的发展历史

从国外共享服务的研究发展看，美国 IBM 及 EDS 公司自 20 世纪 60 年代开始便提供信息技术外包服务，1981 年福特公司在底特律创建了第一家财务共享服务中心。20 世纪 80 年代中期至末期，共享服务及外包行业逐步发展，初见规模；众多企业跨国业务的增加以及科技的迅猛进步，促进了业务流程的融合，加速了共享服务及外包行业的发展。20 世纪 90 年代初，企业集团内部专属的共享服务在东欧起步，自此财务共享服务中心已经是一个独立的组织实体，通过整合或合并公司各项业务并进行重新集中配置，从而为公司各业务单元提供服务，依据正式或非正式的契约即服务水平协议收取费用。20 世纪 90 年代末至 21 世纪早期，印度出现了第一批业务流程外包公司；自此，该行业以每年超过 10% 的增速迅猛发展壮大。据统计，年收入 30 亿美元以上的企业中，超过 70% 都建立了共享服务中心。世界 500 强中 80% 的企业已经部署了财务共享服务中心，全球财务共享领域的从业者多达 750 000 人。

在中国，摩托罗拉 1999 年在天津成立了亚洲结算中心，是其会计服务中心的前身；2000 年，GE 在大连成立了亚太区服务共享中心；2003 年，埃森哲成立亚太共享服务中心，服务于 10 个亚太国家的 1.4 万名员工；2004 年，惠普在大连建立财务共享服务中心，服务于东亚区韩国、日本、中国机构；2005 年，中兴通讯成为第一家建立财务共享服务中心的中国企业；2006 年，中英人寿在北京建立了财务共享服务中心；2007 年，辉瑞在大连建立财务共享服务中心亚太分部；海尔在青岛成立了财务共享服务中心；2009 年，DHL、安永、美国百得集团纷纷在中国设立共享服务中心；2011 年，澳新银行、ANZ 继班加罗尔和马尼拉之后在成都成立了第三个共享服务中心。随后，引入财务共享服务模式，日渐成为企业集团管控创新的重要手段，海尔、宝钢、美的、中兴通讯、国家开发银行、中国移动、国泰君安证券等一批管理领先的企业进行了有价值的实践并取得了积极的应用效果。

三、财务共享服务中心建设的时代必然性

（一）国家政策的要求

2013 年 12 月 9 日，财政部关于印发《企业会计信息化工作规范》的通知中，第三十四条明确指出，"分公司、子公司数量多、分布广的大型企业、企业集团应当探索利用信息技术促进会计工作的集中，逐步建立财务共享服务中心"。国资委在《关于加强中央企业财务信息化工作的通知》中强调，"中央企业应结合集团信息化纲要，有计划分步骤组

织实施，做到与集团整体信息化规划同步、系统集成、标准统一、信息共享，对于财务信息化水平较高的企业，应当与国际先进企业对标，结合企业实施'走出去'战略，持续优化财务信息系统功能，推进全球业务信息化、财务服务集中化"。国家各部委出台的一系列制度和政策为财务共享服务中心在我国大型企业集团的建立和实践提供了政策依据，也为我国企业如何建设财务共享服务中心，如何选取应用业务范围，如何运营和管理提供了参考标准。

（二）财务转型的必然要求

以移动互联网、大数据、云计算等为代表的新技术正彻底改变会计行业，也对财务管理模式提出新的要求，要求能够实现财务网上办公、移动办公、实时通信；要求能够与外部相关服务、监管系统实现互联互通；要求能够实现电子票据、电子发票、电子会计档案等应用。财务数据传输平台也不再仅仅包括简单的财务数据，还包括丰富的业务数据和分析数据，为企业提供大数据分析服务。

共享服务中心的建立，将财务核算工作集中进行处理，企业在业务发展过程中不必再考虑建立核算组织和核算体系等基础支撑问题，能够专注于核心业务，促进核心业务的发展。此外，实现财务共享服务相当于建立了一个"会计工厂"，会计人员按照岗位进行专业化分工，一个人员可以处理几个单位的相同岗位的业务，提高工作效率；同时，通过标准化作业、按照作业量进行绩效考评等管理方式，在降低财务成本的同时财务工作效率也大大提高。对国内外实施共享服务的企业进行的统计分析显示，建立共享服务中心，财务工作的运营效率可以提高25%，甚至更高。

（三）加强企业集团管控的必然要求

企业集团一旦进入成熟期，或者经济处于下行趋势，或者开展全球运作，必将面临收入增长缓慢、成本持续增加、对分子公司管控不力等突出问题。财务共享服务中心通过将大量分子公司的会计运营工作集中到一个或多个机构中，实行会计处理的规模化"生产"，以大幅度降低运作成本。财务共享服务中心的出现，还为集团管控水平的改进提供了一个很好的平台和工具。集团公司能够随时获取各分子公司的财务经营结果，并基于财务共享服务中心产生的数据进行财务分析。财务共享服务能够实现企业内部信息的快速传输和有效交流，使企业财务流程和业务流程紧密联系起来，运转更为顺畅。

四、企业财务共享服务中心实施的前提条件

（一）人才储备

财务共享服务中心有比以往的财务组织更明细的分工，并不意味着财务共享服务中心只需要初级财务人员，很多跨国公司的财务共享服务中心在削减了初级财务人员编制后，反而增加了大量高级财务人员需求，比如华为，甚至将财务共享服务中心建到了欧洲名校，就是为了优质的人才。

（二）业务梳理

核算集中的背后是整个企业流程的重构，没有对企业业务的充分了解，流程标准化和优化都是纸上谈兵，最后很难落到实处。

（三）信息系统支持

标准化的背后是将流程固化到系统，是让每一个业务有固定的模板，是让大量的凭证能自动生成，是减少人为因素带来的不确定因素，这些没有高度智能的信息系统支持是无法实现的。所以企业要建设财务共享服务中心，通常需要具备一定的信息化基础。

（四）组织架构变革

财务共享服务中心带来的最大改变是组织架构和岗位职责的变革，背后是企业各方利益的权衡，如果企业文化不支持管理的变革，企业管理层、业务部对即将来临的改变没有准备，那么财务共享服务中心最后可能就是徒有虚名。相应地，如果准备不够充分，或者实施和运维工作不到位，也会让应用效果大打折扣。

五、财务共享服务中心的运作

企业财务共享服务中心主要包括管理支持、业务支持、财务服务和系统支持四个内容模块，如图10-1所示。各模块的作用如下：管理支持模块起着财务战略支持、外部监督支持和财务政策落地的作用；业务支持模块起着计划和预算、业绩考核、业务财务分析与支持、业财对接和单证管理的作用；财务服务模块起着核算与结算、账户资金管理、监控与报告、财务流程优化、编制财务报告与管理报告的作用；系统支持模块起着财务系统应用、财务系统维护、财务系统优化的作用。

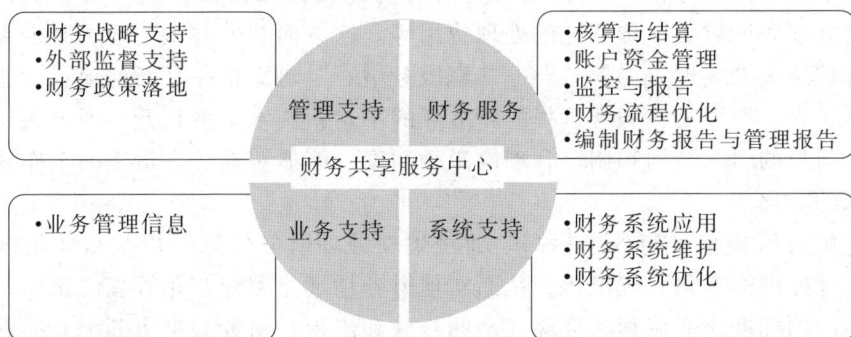

图10-1　企业财务共享服务中心各模块的作用

通过财务共享服务中心，企业可以进行同质化集中处理以提升效率，降低成本，并且实时监控财务状况和经营成果，统一标准与风险管理，强化财务管控；将集团财务从烦琐的事务中释放出来，使得其精力得以集中在核心管理业务，从而在集团层面实现总部功能财务、业务支持财务、财务共享服务中心三层运营模式，见图10-2。

"总部功能财务、业务支持财务、财务共享服务中心"三层运营模式

创造组织发展的有利环境

提升财务部门在公司的影响力，提倡关注财务管理的公司文化，构建核心财务管理能力

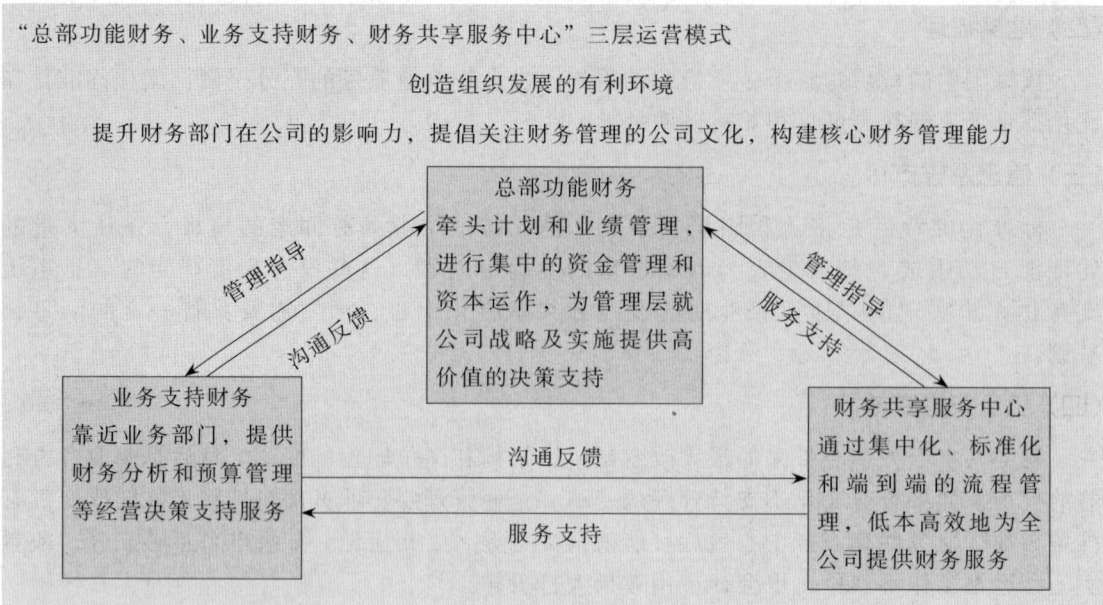

图10-2　企业集团财务共享服务中心的运营模式

六、财务共享服务中心的价值

财务共享服务中心能实现共性业务整合、核算标准统一、操作流程统一和财务人员一体化管理，可快速复制财务核算流程，在新建或重组单元企业时搭建精干高效的财务机构，有效降低新建和重组过程中的建设成本，更好地满足集团公司战略调整的需要，具体表现为：

第一，运作成本降低。这可进行量化计算与比较，如分析一个"共享服务中心"人员每月平均处理凭证数、单位凭证的处理费用等。这方面的效益主要通过减少人员数目和减少中间管理层级来实现。如果"财务共享服务中心"建立在一个新的地点，通常成本的降低效果更显著，原因是：通常选择的新地点的平均薪资水平会较低；通过在"共享服务中心"建立新型的组织结构和制定合理的激励制度，能显著地提高员工的工作效率，并形成不断进取的文化。

第二，财务管理水平与效率提高。通过集中处理财务信息、规范和优化财务业务流程，提高会计处理标准化、规范化，从而实现财务精细化和专业化管理。比如，对所有子公司采用相同的标准作业流程，废除冗余的步骤和流程，财务共享服务中心拥有相关子公司的所有财务数据，数据汇总、分析不再费时费力，更容易做到跨地域、跨部门整合数据；某一方面的专业人员相对集中，公司较易提供相关培训，培训费用也大为节省，招聘资深专业人员也变得可以承受，财务共享服务中心人员的总体专业技能水平较高，提供的服务更专业。此外，共享服务中心的模式也使得IT系统（硬件和软件）的标准化和更新变得更迅速。

第三，企业整合能力与核心竞争力提高。通过整合和优化财务资源，财务工作由过去的"分级管理、分开核算"转型为"分级管理、集中核算"，实现业务操作环节公开透

明，及时揭示运营风险，便于集团公司及时管控。同时，构建财务共享服务中心可以将财务人员从重复性的会计核算工作中解放出来，推动财务管理部门从基础财务向战略财务转型，形成战略财务、共享财务、业务财务有机结合的管理模式。

第四，向外界提供商业化服务。企业集团构建财务共享服务中心不仅可以为自身提供财务服务和管理价值，也可以向其他公司提供有偿服务。例如，壳牌石油（Shell）建立的"壳牌石油国际服务公司"每年8%~9%的收入来自向外界提供服务。

▶▶▶▶▶▶ 第五节　区块链及其在财务管理中的应用

区块链技术是金融科技领域的一项重要技术创新。区块链是分布式数据存储、点对点传输、共识机制、加密算法等计算机技术在互联网时代的创新应用模式。区块链技术被认为是继大型机、个人电脑、互联网之后计算模式的颠覆式创新，很可能在全球范围引起一场新的技术革新和产业变革。联合国、国际货币基金组织，以及美国、英国、日本等国家对区块链的发展给予高度关注，我国也积极探索推动区块链的应用。目前，区块链的应用已延伸到物联网、智能制造、供应链管理、数字资产交易等多个领域。

一、区块链的定义

人类文明的发展过程中，信息的传递方式经历了语言、文字、印刷术、电子技术等一系列飞跃。香农以比特（bit）为单位将信息量化，奠定了现代信息传输的理论基础，并最终将人类带进互联网时代，随着信息的传递方式的不断升级，价值的传递方式也随之得到了同步发展。区块链正是在这样的背景下诞生的，区块链通过构造一个可以量化信用的经济系统，创造了一个数字化的、可以点对点传输价值的信用系统。最早关于区块链的描述出现在2008年由中本聪（Satoshi Nakamoto）所撰写的论文《比特币：一种点对点的电子现金系统》（Bitcoin: A Peer-to-peer Electronic Cash System）中，然而该文重点讨论比特币系统，区块链被描述为用于记录比特币交易的账目历史，并没有提出区块链的定义和概念。在比特币系统成功运行多年后，实务界和学术界开始认识到区块链技术的重要价值，并通过智能合约技术将其用于数字货币外的分布式应用领域。2015年，《经济学人》（Economist）杂志将区块链定义创造信任的机器，一种新型互联网技术，这种技术与传统的互联网技术的不同在于：传统互联网技术是一种信息交流传递的网络，但不能做到有效地保护产权，不能避免虚假信息，不可以建立信任，而区块链技术凭借着去中心化、不可篡改和安全加密性等特点不仅能传递信息、交换信息，还可以通过机器或者说技术手段建立信任和传递信任。根据2016年工业和信息化部发布的白皮书，区块链技术是利用块链式数据结构来验证与存储数据、利用分布式节点共识算法来生成和更新数据、利用密码学的方式保证数据传输和访问的安全、利用由自动化脚本代码组成的智能合约来编程和操作数据的一种全新的分布式基础架构与计算范式。

总体而言，区块链是分布式存储、点对点网络通信、共识算法、密码学、智能合约等技术在互联网时代的创新应用，其本质上，是希望通过机器（技术手段）或者数学方法建立信用、定义信用和传递信用的一种信息技术。现代经济学认为，现代市场经济从根本上是一种信用经济，信用是维系商品交换的基本前提，是市场经济高效运行的基础。因此，从这个角度来看，区块链技术尝试定义信用、建立信用和传递信用的探索，可以称得上人类社会发展进程中一个伟大的尝试。

二、区块链的工作原理

区块链顾名思义是几个不同区块相互连接在一起的链式结构，最早由中本聪于2008年提出，他详细阐述了比特币的底层技术区块链是基于密码学原理、去中心化与不可篡改性，实现用户之间的直接交易的一种新型互联网技术。区块链的工作原理是基于密码学的安全哈希算法、数字签名技术以及工作量证明机制。

区块链运用密码学的原理将承载不同数据与信息的区块通过链接形成一张巨大账本数据库网络，区块链技术是比特币的底层技术支撑。由于在区块链互联网技术中，进行的交易呈现不断增长的态势，并且随着时间推移，交易随时增加，矿工会对产生的每笔交易进行验证，如果验证通过，他们会将新的记录记在新创造的区块中，并将该区块打包到最长链上，区块链账本会随着记录发生时间顺序而不断扩充。每一笔交易节点均有完整的记录交易，为了防止数据篡改与造假，整个交易流程均存有备份，每个节点在矿工解密公钥并与发出交易方的摘要进行解密核对后完成。区块链为方便公众随时查阅相关信息，会自动保存每个节点比特币的详细信息，包括交易量、余额等。以比特币为例的区块链技术的工作原理如图10-3所示。

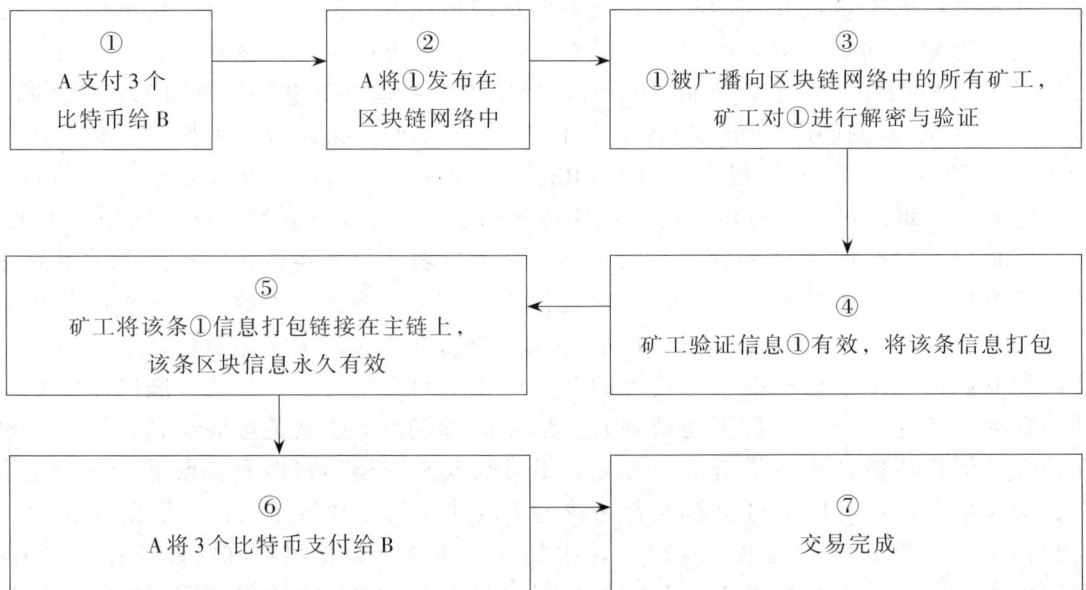

图10-3　区块链技术的工作原理

三、区块链技术的特征

1.分布式结构

区块链构建在分布式网络基础之上，账本并不是集中存放在某个服务器或数据中心，也不是由第三方权威机构来负责记录和管理，而是分散在网络中的每一个节点，每一节点都有一个该账本的副本，所有副本同步更新，体现了去中心化的特点。

2.共识机制

区块链技术通过数学原理和程序算法，使系统运作规则公开透明，实现交易双方在不需要借助第三方权威机构（如央行等）信用背书下通过达成共识建立信任关系。以比特币区块链为例，其共识机制是通过工作量证明（POW）来实现的，每个节点可以平等地参与竞争，并通过激励构建了一个正循环的经济系统，从而逐渐积累了保护系统安全的算力。

3.公开透明

区块链对任何可以上网的人是开放的、透明的。任何人都可以加入区块链，也能查询区块链上的区块记录；同时所有用户看到的是同一个账本，能看到这一账本所发生和记录的每一笔交易。

4.具有时序性且不可篡改

区块链采用带有时间戳的链式区块结构存储数据，具有极强的可追溯性和可验证性；同时，密码学算法和共识机制保证了区块链的不可篡改性。

四、区块链对财务活动的影响路径

区块链技术从诞生以来，对全球经济做出了很大贡献，对推动各行各业在互联网时代中的发展起到不可忽视的作用，以往财务活动的处理存在很多弊端，运用区块链技术能在一定程度上解决这些问题：

（一）区块链技术对财务管理的总体影响

1.降低各方信息使用者的信息不对称与会计信息失真问题

依据安全哈希算法，企业的第一笔原始凭证被用来进行记录或者是存储在整个区块链的一个主体组成部分。企业进行的第一笔财务活动资料信息被用来记录在创世区块上，之后企业发生的每笔交易都会由安全哈希值将其连接并且被记录在与之相连的下一个区块内，每笔交易信息在该区块内均会自动生成安全时间戳。例如：企业日常业务活动进行时，与之相对应的财务活动在通过智能合约与智能支付完成交易后，区块链内部系统会自动生成与交易支付相关的凭证存储在区块内，若有人试图篡改某个区块内的凭证数据，那么该区块与区块链上其他区块会发生冲突，若想要篡改数据则要伪造该区块相连的后续所有区块数据，这在实际操作中几乎是不可能的。因此在区块链上记录的所有企业财务活动的原始凭证均是真实有效的，这为企业以及银行等第三方机构在审查企业是否满足贷款要求时提供了极大的便利，也为投资者提供了对称信息，降低了外部信息使用者的信息不对称性，有利于企业进行投融资活动。

2.完善财务内控体系，简化财务流程

由于区块链去中心化的特性，区块链网络上没有一个控制所有业务与数据处理的中心管理机构，任意节点均有同等权利与义务，每一节点可以是财务信息的分布式核算处也可以是存储处，整个区块链的整体是每一个区块的节点共同维护的。例如，企业基于区块链平台的智能账本、智能交易和智能审计在区块链内无须专门设置资金管理岗位或部门来集中管理和调配资金，这在一定程度上可以精简财务人员，优化财务流程，节约财务活动所需的人力和物力，使财务人员可以从繁杂的基础记账工作中解放出来；财务数据在区块链上实时传递与储存，能使企业管理人员及时查阅财务数据。在企业交易的环节，通过智能合约和智能支付，可以实时完成交易并自动生成凭证保存在企业财务区块内，银行等第三方机构无须介入，但第三方机构可以通过解密公钥查阅交易信息。总体而言，区块链应用于企业财务活动是未来的趋势所在。

综上所述，区块链对财务活动的贡献在于：

第一，安全时间戳保证了财务活动所需的数据、信息以及会计原始凭证的真实可靠，这使得银行等第三方机构无须花费人力物力开展尽职调查，就可以自动、零成本地从区块链上轻松便捷地获取企业相关的运营数据。

第二，区块链去中心化和去信任的特征有助于健全企业财务内控体系、精简财务活动以及优化财务流程，使财务人员从基础的财务数据搬运记录工作中解放出来。而且，区块链技术有助于企业实现财务数据与运营数据的实时同步，有利于真实反映企业运营状况，对管理层做出正确决策具有实质上的意义。

（二）区块链技术对财务活动的具体影响路径

区块链的工作原理以及其工作的特性为目前许多企业财务活动中出现的各种问题提供了可行的解决方案。而以往的ERP以及云计算等信息技术强调信息的集中式处理，区块链的去中心化分布式数据处理增加了企业财务活动的便捷性，基于区块链的平台使得财务活动更加智能化。企业财务活动简图如图10-4所示。

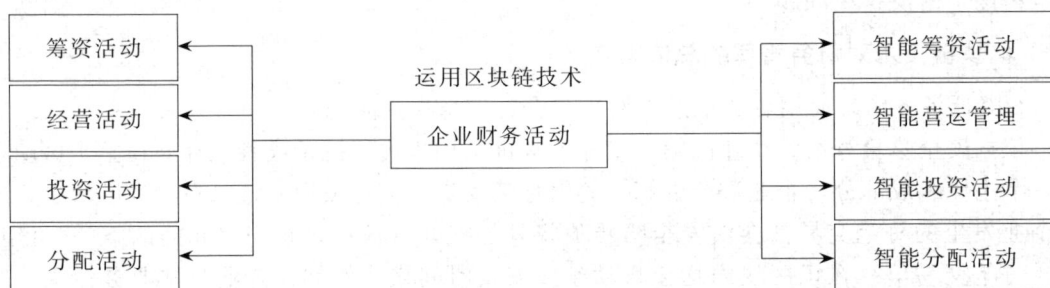

图10-4　企业财务活动简图

基于区块链技术，企业财务活动更加智能，具体在投资、筹资、经营与分配方面有不同的表现：

（1）在筹资方面，企业可以运用众筹、智能合约与智能支付等，筹资变得更加便捷、实惠。区块链技术可以从计算机的脚本、各种计算方法等底层技术以及智能合约功能实现合约层的封装和可编辑性，每当智能合约启动条件被触发，在区块链网络系统中就会产生一笔筹资业务数据记录和读取，全网节点可以同时存储编译。在交易过程中，智能合约能够自行对权益资金与长期负债业务一方的账户余额进行检测，当确定余额足够支付时，则可继续进行交易；若余额不足以支付，则终止智能合约交易。当一方收到货物或服务后，另一方能及时反馈收到信息并给予相应的评价；逾期未进行收货确认的，智能合约可以自动从付款方资金账户将资金转移至另一方。如果权益资金与长期负债业务一方未收到货物或服务，或者对交易结果有异议，可以和另一方进行协商，协商成功，智能合约资金转移，资金融通业务得以实现。

（2）在智能营运管理方面，基于区块链的智能账本与智能交易可以完美地代替企业财务管理部门，使财务人员可以处理更有技术含量的财务信息，使工作更高效；营运资金业务发生后财务管理数据将发送到所有其他财务管理主体的计算机节点，如对应收账款的管理，利用区块链技术建立的信任机制可以确保交易对发送方和接收方都是合法的，并且对执行方是合法的验证。同时，基于区块链技术的智能供应链管理与智能审计可以从生产、销售等对客户企业的生产经营业务起到优化管理作用和智能监督作用，这都对企业加强应收账款管理提供了强大的信息支持。

（3）在智能投资方面，智能合约与智能支付让企业在金融市场的交易变得更加简便。在区块链网络中，并购双方、中介、监管方等都可以看到分类账和所有交易，不仅能确保并购信息在区块链网络中的创立，而且大大缓解了并购双方信息不对称，可以很好解决高估值、高溢价以及后续可能发生的高商誉的并购，有效约束了投资无效的行为。

（4）在智能分配方面，企业在税款缴纳、公积金与公益金提取、对员工与股东进行分红时，运用智能合约与智能支付，可以省去银行和其他基金公司等中间环节，直接分配与上缴，利润分配高效便捷。

（5）在智能资产管理方面，区块链能够实现有形资产和无形资产的确权、授权和实时监控。对于无形资产来说，企业可将区块链技术应用于知识产权保护、域名管理、积分管理等业务；而对有形资产来说，企业通过结合物联网技术为资产设计唯一标识并部署到区块链上，能够形成"数字智能资产"，实现基于区块链的分布式资产授权和控制。

思考与案例

1.高效的信息传递和价值传输是指引人类文明前进的两座灯塔。纵观人类社会的发展进程，人类社会的发展过程就是一个信息传递方式不断更新的过程，而信息与价值密不可分，你无法想象在原始部落使用微信支付，也同样无法想象在现代社会使用贝壳消费。请你谈谈对这段话的理解？

2.以下四家公司的财务共享服务中心都存在一定的问题，这四家公司的经历给我们带来了怎样的启示？

A公司在实施前去参观了一家印度公司的财务共享服务中心，发现都是年纪轻轻的实习生。财务共享服务中心上线后，A公司效仿印度公司，财务人员大换血，从高校招了大量实习生，虽然用工成本降低，但财务账彻底没法看了。

B公司的财务共享服务中心建成以后，原来分子公司的财务总监、财务经理却都还在，财务共享服务中心能承担的实际职能和发挥的作用也都很少。

C公司的财务共享服务中心已经设立了一段时间，开始一切正常，可后来不断有新业务出现，财务共享服务中心对新业务的响应速度太慢，后来干脆就不反馈了，能线下想办法处理的就线下处理了。

D公司的项目负责人在领导面前立下了军令状，必须按期完成，于是没有时间精细地梳理各业务板块的差异，只打算用标准流程先上线再说，然后问题就出来了，实际上线后问题不断，不得不一次次推翻原来的方案。

3.新技术的发展和应用会深刻改变人类活动，当然包括企业财务活动。例如财务机器人极大地提升了企业财务核算效率和信息传递的速度，使得大量的财务人员从烦琐的核算、记账等活动中解放出来，从而一部分财务人员能更好地参与到服务企业战略活动中来。与此同时，新技术的应用也会带来一系列的其他问题，例如信息安全、运行不稳定、存储等，甚至区块链技术也可能被违法分子应用。请你谈谈对这些问题的看法。

［1］财政部会计资格评价中心．财务管理［M］．北京：经济科学出版社，2024.

［2］翟其红．财务管理［M］．2版．北京：北京大学出版社，2015.

［3］杭州市国资委．国有企业要不断健全完善业绩考评指标体系［EB/OL］．［2021-05-31］．http：//gzw.hangzhou.gov.cn/art/2021/5/31/art_1689496_58899398.html.

［4］黄小玉．上市公司财务分析［M］．大连：东北财经大学出版社，2007.

［5］刘李胜，刘东辉．上市公司财务分析［M］．2版．北京：经济科学出版社，2011.

［6］乔鹏程，马锦．区块链下的企业财务管理变革研究［J］．西藏民族学院学报（哲学社会科学版），2020，41（5）：109-115；128.

［7］石颖．优化考核评价体系更好引导国有企业聚焦主业［J］．产权导刊，2021（12）：29-32.

［8］王化成，刘俊彦，荆新．财务管理学［M］．9版．北京：中国人民大学出版社，2021.

［9］王化成．高级财务管理学［M］．4版．北京：中国人民大学出版社，2017.

［10］王绛．深化国资国企改革不断健全完善业绩考评指标体系［N］．经济参考报，2021-05-31（7）．

［11］张健．区块链：定义未来金融与经济新格局［M］．北京：机械工业出版社，2016.

［12］张庆龙，聂兴凯，潘丽靖．中国财务共享服务中心典型案例［M］．北京：电子工业出版社，2016.

［13］张先治，陈友邦．财务分析［M］．10版．大连：东北财经大学出版社，2022.

［14］中国注册会计师协会．财务成本管理［M］．北京：中国财政经济出版社，2024.

附录

i n	1%	2%	3%	4%	5%	6%	7%	8%	9%	10%	11%	12%	13%	14%	15%
1	1.0100	1.0200	1.0300	1.0400	1.0500	1.0600	1.0700	1.0800	1.0900	1.1000	1.1100	1.1200	1.1300	1.1400	1.1500
2	1.0201	1.0404	1.0609	1.0816	1.1025	1.1236	1.1449	1.1664	1.1881	1.2100	1.2321	1.2544	1.2769	1.2996	1.3225
3	1.0303	1.0612	1.0927	1.1249	1.1576	1.1910	1.2250	1.2597	1.2950	1.3310	1.3676	1.4049	1.4429	1.4815	1.5209
4	1.0406	1.0824	1.1255	1.1699	1.2155	1.2625	1.3108	1.3605	1.4116	1.4641	1.5181	1.5735	1.6305	1.6890	1.7490
5	1.0510	1.1041	1.1593	1.2167	1.2763	1.3382	1.4026	1.4693	1.5386	1.6105	1.6851	1.7623	1.8424	1.9254	2.0114
6	1.0615	1.1262	1.1941	1.2653	1.3401	1.4185	1.5007	1.5869	1.6771	1.7716	1.8704	1.9738	2.0820	2.1950	2.3131
7	1.0721	1.1487	1.2299	1.3159	1.4071	1.5036	1.6058	1.7138	1.8280	1.9487	2.0762	2.2107	2.3526	2.5023	2.6600
8	1.0829	1.1717	1.2668	1.3686	1.4775	1.5938	1.7182	1.8509	1.9926	2.1436	2.3045	2.4760	2.6584	2.8526	3.0590
9	1.0937	1.1951	1.3048	1.4233	1.5513	1.6895	1.8385	1.9990	2.1719	2.3579	2.5580	2.7731	3.0040	3.2519	3.5179
10	1.1046	1.2190	1.3439	1.4802	1.6289	1.7908	1.9672	2.1589	2.3674	2.5937	2.8394	3.1058	3.3946	3.7072	4.0456
11	1.1157	1.2434	1.3842	1.5395	1.7103	1.8983	2.1049	2.3316	2.5804	2.8531	3.1518	3.4785	3.8359	4.2262	4.6524
12	1.1268	1.2682	1.4258	1.6010	1.7959	2.0122	2.2522	2.5182	2.8127	3.1384	3.4985	3.8960	4.3345	4.8179	5.3503
13	1.1381	1.2936	1.4685	1.6651	1.8856	2.1329	2.4098	2.7196	3.0658	3.4523	3.8833	4.3635	4.8980	5.4924	6.1528
14	1.1495	1.3195	1.5126	1.7317	1.9799	2.2609	2.5785	2.9372	3.3417	3.7975	4.3104	4.8871	5.5348	6.2613	7.0757
15	1.1610	1.3459	1.5580	1.8009	2.0789	2.3966	2.7590	3.1722	3.6425	4.1772	4.7846	5.4736	6.2543	7.1379	8.1371
16	1.1726	1.3728	1.6047	1.8730	2.1829	2.5404	2.9522	3.4259	3.9703	4.5950	5.3109	6.1304	7.0673	8.1372	9.3576
17	1.1843	1.4002	1.6528	1.9479	2.2920	2.6928	3.1588	3.7000	4.3276	5.0545	5.8951	6.8660	7.9861	9.2765	10.7613
18	1.1961	1.4282	1.7024	2.0258	2.4066	2.8543	3.3799	3.9960	4.7171	5.5599	6.5436	7.6900	9.0243	10.5752	12.3755
19	1.2081	1.4568	1.7535	2.1068	2.5270	3.0256	3.6165	4.3157	5.1417	6.1159	7.2633	8.6128	10.1974	12.0557	14.2318
20	1.2202	1.4859	1.8061	2.1911	2.6533	3.2071	3.8697	4.6610	5.6044	6.7275	8.0623	9.6463	11.5231	13.7435	16.3665
21	1.2324	1.5157	1.8603	2.2788	2.7860	3.3996	4.1406	5.0338	6.1088	7.4002	8.9492	10.8038	13.0211	15.6676	18.8215
22	1.2447	1.5460	1.9161	2.3699	2.9253	3.6035	4.4304	5.4365	6.6586	8.1403	9.9336	12.1003	14.7138	17.8610	21.6447
23	1.2572	1.5769	1.9736	2.4647	3.0715	3.8197	4.7405	5.8715	7.2579	8.9543	11.0263	13.5523	16.6266	20.3616	24.8915
24	1.2697	1.6084	2.0328	2.5633	3.2251	4.0489	5.0724	6.3412	7.9111	9.8497	12.2392	15.1786	18.7881	23.2122	28.6252
25	1.2824	1.6406	2.0938	2.6658	3.3864	4.2919	5.4274	6.8485	8.6231	10.8347	13.5855	17.0001	21.2305	26.4619	32.9190
26	1.2953	1.6734	2.1566	2.7725	3.5557	4.5494	5.8074	7.3964	9.3992	11.9182	15.0799	19.0401	23.9905	30.1666	37.8568
27	1.3082	1.7069	2.2213	2.8834	3.7335	4.8223	6.2139	7.9881	10.2451	13.1100	16.7386	21.3249	27.1093	34.3899	43.5353
28	1.3213	1.7410	2.2879	2.9987	3.9201	5.1117	6.6488	8.6271	11.1671	14.4210	18.5799	23.8839	30.6335	39.2045	50.0656
29	1.3345	1.7758	2.3566	3.1187	4.1161	5.4184	7.1143	9.3173	12.1722	15.8631	20.6237	26.7499	34.6158	44.6931	57.5755
30	1.3478	1.8114	2.4273	3.2434	4.3219	5.7435	7.6123	10.0627	13.2677	17.4494	22.8923	29.9599	39.1159	50.9502	66.2118

n \ i	16%	17%	18%	19%	20%	21%	22%	23%	24%	25%	26%	27%	28%	29%	30%
1	1.1600	1.1700	1.1800	1.1900	1.2000	1.2100	1.2200	1.2300	1.2400	1.2500	1.2600	1.2700	1.2800	1.2900	1.3000
2	1.3456	1.3689	1.3924	1.4161	1.4400	1.4641	1.4884	1.5129	1.5376	1.5625	1.5876	1.6129	1.6384	1.6641	1.6900
3	1.5609	1.6016	1.6430	1.6852	1.7280	1.7716	1.8158	1.8609	1.9066	1.9531	2.0004	2.0484	2.0972	2.1467	2.1970
4	1.8106	1.8739	1.9388	2.0053	2.0736	2.1436	2.2153	2.2889	2.3642	2.4414	2.5205	2.6014	2.6844	2.7692	2.8561
5	2.1003	2.1924	2.2878	2.3864	2.4883	2.5937	2.7027	2.8153	2.9316	3.0518	3.1758	3.3038	3.4360	3.5723	3.7129
6	2.4364	2.5652	2.6996	2.8398	2.9860	3.1384	3.2973	3.4628	3.6352	3.8147	4.0015	4.1959	4.3980	4.6083	4.8268
7	2.8262	3.0012	3.1855	3.3793	3.5832	3.7975	4.0227	4.2593	4.5077	4.7684	5.0419	5.3288	5.6295	5.9447	6.2749
8	3.2784	3.5115	3.7589	4.0214	4.2998	4.5950	4.9077	5.2389	5.5895	5.9605	6.3528	6.7675	7.2058	7.6686	8.1573
9	3.8030	4.1084	4.4355	4.7854	5.1598	5.5599	5.9874	6.4439	6.9310	7.4506	8.0045	8.5948	9.2234	9.8925	10.6045
10	4.4114	4.8068	5.2338	5.6947	6.1917	6.7275	7.3046	7.9259	8.5944	9.3132	10.0857	10.9153	11.8059	12.7614	13.7858
11	5.1173	5.6240	6.1759	6.7767	7.4301	8.1403	8.9117	9.7489	10.6571	11.6415	12.7080	13.8625	15.1116	16.4622	17.9216
12	5.9360	6.5801	7.2876	8.0642	8.9161	9.8497	10.8722	11.9912	13.2148	14.5519	16.0120	17.6053	19.3428	21.2362	23.2981
13	6.8858	7.6987	8.5994	9.5964	10.6993	11.9182	13.2641	14.7491	16.3863	18.1899	20.1752	22.3588	24.7588	27.3947	30.2875
14	7.9875	9.0075	10.1472	11.4198	12.8392	14.4210	16.1822	18.1414	20.3191	22.7374	25.4207	28.3957	31.6913	35.3391	39.3738
15	9.2655	10.5387	11.9737	13.5895	15.4070	17.4494	19.7423	22.3140	25.1956	28.4217	32.0301	36.0625	40.5648	45.5875	51.1859
16	10.7480	12.3303	14.1290	16.1715	18.4884	21.1138	24.0856	27.4462	31.2426	35.5271	40.3579	45.7994	51.9230	58.8079	66.5417
17	12.4677	14.4265	16.6722	19.2441	22.1861	25.5477	29.3844	33.7588	38.7408	44.4089	50.8510	58.1652	66.4614	75.8621	86.5042
18	14.4625	16.8790	19.6733	22.9005	26.6233	30.9127	35.8490	41.5233	48.0386	55.5112	64.0722	73.8698	85.0706	97.8622	112.4554
19	16.7765	19.7484	23.2144	27.2516	31.9480	37.4043	43.7358	51.0737	59.5679	69.3889	80.7310	93.8147	108.8904	126.2422	146.1920
20	19.4608	23.1056	27.3930	32.4294	38.3376	45.2593	53.3576	62.8206	73.8641	86.7362	101.7211	119.1446	139.3797	162.8524	190.0496
21	22.5745	27.0336	32.3238	38.5910	46.0051	54.7637	65.0963	77.2694	91.5915	108.4202	128.1685	151.3137	178.4060	210.0796	247.0645
22	26.1864	31.6293	38.1421	45.9233	55.2061	66.2641	79.4175	95.0413	113.5735	135.5253	161.4924	192.1683	228.3596	271.0027	321.1839
23	30.3762	37.0062	45.0076	54.6487	66.2474	80.1795	96.8894	116.9008	140.8312	169.4066	203.4804	244.0538	292.3003	349.5935	417.5391
24	35.2364	43.2973	53.1090	65.0320	79.4968	97.0172	118.2050	143.7880	174.6306	211.7582	256.3853	309.9483	374.1444	450.9756	542.8008
25	40.8742	50.6578	62.6686	77.3881	95.3962	117.3909	144.2101	176.8593	216.5420	264.6978	323.0454	393.6344	478.9049	581.7585	705.6410
26	47.4141	59.2697	73.9490	92.0918	114.4755	142.0429	175.9364	217.5369	268.5121	330.8722	407.0373	499.9157	612.9982	750.4685	917.3333
27	55.0004	69.3455	87.2598	109.5893	137.3706	171.8719	214.6424	267.5704	332.9550	413.5903	512.8670	634.8929	784.6377	968.1044	1192.5333
28	63.8004	81.1342	102.9666	130.4112	164.8447	207.9651	261.8637	329.1115	412.8642	516.9879	646.2124	806.3140	1004.3363	1248.8546	1550.2933
29	74.0085	94.9271	121.5005	155.1893	197.8136	251.6377	319.4737	404.8072	511.9516	646.2349	814.2276	1024.0187	1285.5504	1611.0225	2015.3813
30	85.8499	111.0647	143.3706	184.6753	237.3763	304.4816	389.7579	497.9129	634.8199	807.7936	1025.9267	1300.5038	1645.5046	2078.2190	2619.9956

n \ i	1%	2%	3%	4%	5%	6%	7%	8%	9%	10%	11%	12%	13%	14%	15%
1	1.0000	1.0000	1.0000	1.0000	1.0000	1.0000	1.0000	1.0000	1.0000	1.0000	1.0000	1.0000	1.0000	1.0000	1.0000
2	2.0100	2.0200	2.0300	2.0400	2.0500	2.0600	2.0700	2.0800	2.0900	2.1000	2.1100	2.1200	2.1300	2.1400	2.1500
3	3.0301	3.0604	3.0909	3.1216	3.1525	3.1836	3.2149	3.2464	3.2781	3.3100	3.3421	3.3744	3.4069	3.4396	3.4725
4	4.0604	4.1216	4.1836	4.2465	4.3101	4.3746	4.4399	4.5061	4.5731	4.6410	4.7097	4.7793	4.8498	4.9211	4.9934
5	5.1010	5.2040	5.3091	5.4163	5.5256	5.6371	5.7507	5.8666	5.9847	6.1051	6.2278	6.3528	6.4803	6.6101	6.7424
6	6.1520	6.3081	6.4684	6.6330	6.8019	6.9753	7.1533	7.3359	7.5233	7.7156	7.9129	8.1152	8.3227	8.5355	8.7537
7	7.2135	7.4343	7.6625	7.8983	8.1420	8.3938	8.6540	8.9228	9.2004	9.4872	9.7833	10.0890	10.4047	10.7305	11.0668
8	8.2857	8.5830	8.8923	9.2142	9.5491	9.8975	10.2598	10.6366	11.0285	11.4359	11.8594	12.2997	12.7573	13.2328	13.7268
9	9.3685	9.7546	10.1591	10.5828	11.0266	11.4913	11.9780	12.4876	13.0210	13.5795	14.1640	14.7757	15.4157	16.0853	16.7858
10	10.4622	10.9497	11.4639	12.0061	12.5779	13.1808	13.8164	14.4866	15.1929	15.9374	16.7220	17.5487	18.4197	19.3373	20.3037
11	11.5668	12.1687	12.8078	13.4864	14.2068	14.9716	15.7836	16.6455	17.5603	18.5312	19.5614	20.6546	21.8143	23.0445	24.3493
12	12.6825	13.4121	14.1920	15.0258	15.9171	16.8699	17.8885	18.9771	20.1407	21.3843	22.7132	24.1331	25.6502	27.2707	29.0017
13	13.8093	14.6803	15.6178	16.6268	17.7130	18.8821	20.1406	21.4953	22.9534	24.5227	26.2116	28.0291	29.9847	32.0887	34.3519
14	14.9474	15.9739	17.0863	18.2919	19.5986	21.0151	22.5505	24.2149	26.0192	27.9750	30.0949	32.3926	34.8827	37.5811	40.5047
15	16.0969	17.2934	18.5989	20.0236	21.5786	23.2760	25.1290	27.1521	29.3609	31.7725	34.4054	37.2797	40.4175	43.8424	47.5804
16	17.2579	18.6393	20.1569	21.8245	23.6575	25.6725	27.8881	30.3243	33.0034	35.9497	39.1899	42.7533	46.6717	50.9804	55.7175
17	18.4304	20.0121	21.7616	23.6975	25.8404	28.2129	30.8402	33.7502	36.9737	40.5447	44.5008	48.8837	53.7391	59.1176	65.0751
18	19.6147	21.4123	23.4144	25.6454	28.1324	30.9057	33.9990	37.4502	41.3013	45.5992	50.3959	55.7497	61.7251	68.3941	75.8364
19	20.8109	22.8406	25.1169	27.6712	30.5390	33.7600	37.3790	41.4463	46.0185	51.1591	56.9395	63.4397	70.7494	78.9692	88.2118
20	22.0190	24.2974	26.8704	29.7781	33.0660	36.7856	40.9955	45.7620	51.1601	57.2750	64.2028	72.0524	80.9468	91.0249	102.4436
21	23.2392	25.7833	28.6765	31.9692	35.7193	39.9927	44.8652	50.4229	56.7645	64.0025	72.2651	81.6987	92.4699	104.7684	118.8101
22	24.4716	27.2990	30.5368	34.2480	38.5052	43.3923	49.0057	55.4568	62.8733	71.4027	81.2143	92.5026	105.4910	120.4360	137.6316
23	25.7163	28.8450	32.4529	36.6179	41.4305	46.9958	53.4361	60.8933	69.5319	79.5430	91.1479	104.6029	120.2048	138.2970	159.2764
24	26.9735	30.4219	34.4265	39.0826	44.5020	50.8156	58.1767	66.7648	76.7898	88.4973	102.1742	118.1552	136.8315	158.6586	184.1678
25	28.2432	32.0303	36.4593	41.6459	47.7271	54.8645	63.2490	73.1059	84.7009	98.3471	114.4133	133.3339	155.6196	181.8708	212.7930
26	29.5256	33.6709	38.5530	44.3117	51.1135	59.1564	68.6765	79.9544	93.3240	109.1818	127.9988	150.3339	176.8501	208.3327	245.7120
27	30.8209	35.3443	40.7096	47.0842	54.6691	63.7058	74.4838	87.3508	102.7231	121.0999	143.0786	169.3740	200.8406	238.4993	283.5688
28	32.1291	37.0512	42.9309	49.9676	58.4026	68.5281	80.6977	95.3388	112.9682	134.2099	159.8173	190.6989	227.9499	272.8892	327.1041
29	33.4504	38.7922	45.2189	52.9663	62.3227	73.6398	87.3465	103.9659	124.1354	148.6309	178.3972	214.5828	258.5834	312.0937	377.1697
30	34.7849	40.5681	47.5754	56.0849	66.4388	79.0582	94.4608	113.2832	136.3075	164.4940	199.0209	241.3327	293.1992	356.7868	434.7451

$n \backslash i$	16%	17%	18%	19%	20%	21%	22%	23%	24%	25%	26%	27%	28%	29%	30%
1	1.0000	1.0000	1.0000	1.0000	1.0000	1.0000	1.0000	1.0000	1.0000	1.0000	1.0000	1.0000	1.0000	1.0000	1.0000
2	2.1600	2.1700	2.1800	2.1900	2.2000	2.2100	2.2200	2.2300	2.2400	2.2500	2.2600	2.2700	2.2800	2.2900	2.3000
3	3.5056	3.5389	3.5724	3.6061	3.6400	3.6741	3.7084	3.7429	3.7776	3.8125	3.8476	3.8829	3.9184	3.9541	3.9900
4	5.0665	5.1405	5.2154	5.2913	5.3680	5.4457	5.5242	5.6038	5.6842	5.7656	5.8480	5.9313	6.0156	6.1008	6.1870
5	6.8771	7.0144	7.1542	7.2966	7.4416	7.5892	7.7396	7.8926	8.0484	8.2070	8.3684	8.5327	8.6999	8.8700	9.0431
6	8.9775	9.2068	9.4420	9.6830	9.9299	10.1830	10.4423	10.7079	10.9801	11.2588	11.5442	11.8366	12.1359	12.4423	12.7560
7	11.4139	11.7720	12.1415	12.5227	12.9159	13.3214	13.7396	14.1708	14.6153	15.0735	15.5458	16.0324	16.5339	17.0506	17.5828
8	14.2401	14.7733	15.3270	15.9020	16.4991	17.1189	17.7623	18.4300	19.1229	19.8419	20.5876	21.3612	22.1634	22.9953	23.8577
9	17.5185	18.2847	19.0859	19.9234	20.7989	21.7139	22.6700	23.6690	24.7125	25.8023	26.9404	28.1287	29.3692	30.6639	32.0150
10	21.3215	22.3931	23.5213	24.7089	25.9587	27.2738	28.6574	30.1128	31.6434	33.2529	34.9449	36.7235	38.5926	40.5564	42.6195
11	25.7329	27.1999	28.7551	30.4035	32.1504	34.0013	35.9620	38.0388	40.2379	42.5661	45.0306	47.6388	50.3985	53.3178	56.4053
12	30.8502	32.8239	34.9311	37.1802	39.5805	42.1416	44.8737	47.7877	50.8950	54.2077	57.7386	61.5013	65.5100	69.7800	74.3270
13	36.7862	39.4040	42.2187	45.2445	48.4966	51.9913	55.7459	59.7788	64.1097	68.7596	73.7506	79.1066	84.8529	91.0161	97.6250
14	43.6720	47.1027	50.8180	54.8409	59.1959	63.9095	69.0100	74.5280	80.4961	86.9495	93.9258	101.4654	109.6117	118.4108	127.9125
15	51.6595	56.1101	60.9653	66.2607	72.0351	78.3305	85.1922	92.6694	100.8151	109.6868	119.3465	129.8611	141.3029	153.7500	167.2863
16	60.9250	66.6488	72.9390	79.8502	87.4421	95.7799	104.9345	114.9834	126.0108	138.1085	151.3766	165.9236	181.8677	199.3374	218.4722
17	71.6730	78.9792	87.0680	96.0218	105.9306	116.8937	129.0201	142.4295	157.2534	173.6357	191.7345	211.7230	233.7907	258.1453	285.0139
18	84.1407	93.4056	103.7403	115.2659	128.1167	142.4413	158.4045	176.1883	195.9942	218.0446	242.5855	269.8882	300.2521	334.0074	371.5180
19	98.6032	110.2846	123.4135	138.1664	154.7400	173.3540	194.2535	217.7116	244.0328	273.5558	306.6577	343.7580	385.3227	431.8696	483.9734
20	115.3797	130.0329	146.6280	165.4180	186.6880	210.7584	237.9893	268.7853	303.6006	342.9447	387.3887	437.5726	494.2131	558.1118	630.1655
21	134.8405	153.1385	174.0210	197.8474	225.0256	256.0176	291.3469	331.6059	377.4648	429.6809	489.1098	556.7173	633.5927	720.9642	820.2151
22	157.4150	180.1721	206.3448	236.4385	271.0307	310.7813	356.4432	408.8753	469.0563	538.1011	617.2783	708.0309	811.9987	931.0438	1 067.2796
23	183.6014	211.8013	244.4868	282.3618	326.2369	377.0454	435.8607	503.9166	582.6298	673.6264	778.7707	900.1993	1 040.3583	1 202.0465	1388.4635
24	213.9776	248.8076	289.4945	337.0105	392.4842	457.2249	532.7501	620.8174	723.4610	843.0329	982.2511	1 144.2531	1 332.6586	1 551.6400	1 806.0026
25	249.2140	292.1049	342.6035	402.0425	471.9811	554.2422	650.9551	764.6054	898.0916	1 054.7912	1 238.6363	1 454.2014	1 706.8031	2 002.6156	2 348.8033
26	290.0883	342.7627	405.2721	479.4306	567.3773	671.6330	795.1653	941.4647	1 114.6336	1 319.4890	1 561.6818	1 847.8358	2 185.7079	2 584.3741	3 054.4443
27	337.5024	402.0323	479.2211	571.5224	681.8528	813.6759	971.1016	1 159.0016	1 383.1457	1 650.3612	1 968.7191	2 347.7515	2 798.7061	3 334.8426	3 971.7776
28	392.5028	471.3778	566.4809	681.1116	819.2233	985.5479	1 185.7440	1 426.5719	1 716.1007	2 063.9515	2 481.5860	2 982.6443	3 583.3438	4 302.9470	5 164.3109
29	456.3032	552.5121	669.4475	811.5228	984.0680	1 193.5129	1 447.6077	1 755.6835	2 128.9648	2 580.9394	3 127.7984	3 788.9583	4 587.6801	5 551.8016	6 714.6042
30	530.3117	647.4391	790.9480	966.7122	1 181.8816	1 445.1507	1 767.0813	2 160.4907	2 640.9164	3 227.1743	3 942.0260	4 812.9771	5 873.2306	7 162.8241	8 729.9855

i / n	1%	2%	3%	4%	5%	6%	7%	8%	9%	10%	11%	12%	13%	14%	15%
1	0.9901	0.9804	0.9709	0.9615	0.9524	0.9434	0.9346	0.9259	0.9174	0.9091	0.9009	0.8929	0.8850	0.8772	0.8696
2	0.9803	0.9612	0.9426	0.9246	0.9070	0.8900	0.8734	0.8573	0.8417	0.8264	0.8116	0.7972	0.7831	0.7695	0.7561
3	0.9706	0.9423	0.9151	0.8890	0.8638	0.8396	0.8163	0.7938	0.7722	0.7513	0.7312	0.7118	0.6931	0.6750	0.6575
4	0.9610	0.9238	0.8885	0.8548	0.8227	0.7921	0.7629	0.7350	0.7084	0.6830	0.6587	0.6355	0.6133	0.5921	0.5718
5	0.9515	0.9057	0.8626	0.8219	0.7835	0.7473	0.7130	0.6806	0.6499	0.6209	0.5935	0.5674	0.5428	0.5194	0.4972
6	0.9420	0.8880	0.8375	0.7903	0.7462	0.7050	0.6663	0.6302	0.5963	0.5645	0.5346	0.5066	0.4803	0.4556	0.4323
7	0.9327	0.8706	0.8131	0.7599	0.7107	0.6651	0.6227	0.5835	0.5470	0.5132	0.4817	0.4523	0.4251	0.3996	0.3759
8	0.9235	0.8535	0.7894	0.7307	0.6768	0.6274	0.5820	0.5403	0.5019	0.4665	0.4339	0.4039	0.3762	0.3506	0.3269
9	0.9143	0.8368	0.7664	0.7026	0.6446	0.5919	0.5439	0.5002	0.4604	0.4241	0.3909	0.3606	0.3329	0.3075	0.2843
10	0.9053	0.8203	0.7441	0.6756	0.6139	0.5584	0.5083	0.4632	0.4224	0.3855	0.3522	0.3220	0.2946	0.2697	0.2472
11	0.8963	0.8043	0.7224	0.6496	0.5847	0.5268	0.4751	0.4289	0.3875	0.3505	0.3173	0.2875	0.2607	0.2366	0.2149
12	0.8874	0.7885	0.7014	0.6246	0.5568	0.4970	0.4440	0.3971	0.3555	0.3186	0.2858	0.2567	0.2307	0.2076	0.1869
13	0.8787	0.7730	0.6810	0.6006	0.5303	0.4688	0.4150	0.3677	0.3262	0.2897	0.2575	0.2292	0.2042	0.1821	0.1625
14	0.8700	0.7579	0.6611	0.5775	0.5051	0.4423	0.3878	0.3405	0.2992	0.2633	0.2320	0.2046	0.1807	0.1597	0.1413
15	0.8613	0.7430	0.6419	0.5553	0.4810	0.4173	0.3624	0.3152	0.2745	0.2394	0.2090	0.1827	0.1599	0.1401	0.1229
16	0.8528	0.7284	0.6232	0.5339	0.4581	0.3936	0.3387	0.2919	0.2519	0.2176	0.1883	0.1631	0.1415	0.1229	0.1069
17	0.8444	0.7142	0.6050	0.5134	0.4363	0.3714	0.3166	0.2703	0.2311	0.1978	0.1696	0.1456	0.1252	0.1078	0.0929
18	0.8360	0.7002	0.5874	0.4936	0.4155	0.3503	0.2959	0.2502	0.2120	0.1799	0.1528	0.1300	0.1108	0.0946	0.0808
19	0.8277	0.6864	0.5703	0.4746	0.3957	0.3305	0.2765	0.2317	0.1945	0.1635	0.1377	0.1161	0.0981	0.0829	0.0703
20	0.8195	0.6730	0.5537	0.4564	0.3769	0.3118	0.2584	0.2145	0.1784	0.1486	0.1240	0.1037	0.0868	0.0728	0.0611
21	0.8114	0.6598	0.5375	0.4388	0.3589	0.2942	0.2415	0.1987	0.1637	0.1351	0.1117	0.0926	0.0768	0.0638	0.0531
22	0.8034	0.6468	0.5219	0.4220	0.3418	0.2775	0.2257	0.1839	0.1502	0.1228	0.1007	0.0826	0.0680	0.0560	0.0462
23	0.7954	0.6342	0.5067	0.4057	0.3256	0.2618	0.2109	0.1703	0.1378	0.1117	0.0907	0.0738	0.0601	0.0491	0.0402
24	0.7876	0.6217	0.4919	0.3901	0.3101	0.2470	0.1971	0.1577	0.1264	0.1015	0.0817	0.0659	0.0532	0.0431	0.0349
25	0.7798	0.6095	0.4776	0.3751	0.2953	0.2330	0.1842	0.1460	0.1160	0.0923	0.0736	0.0588	0.0471	0.0378	0.0304
26	0.7720	0.5976	0.4637	0.3607	0.2812	0.2198	0.1722	0.1352	0.1064	0.0839	0.0663	0.0525	0.0417	0.0331	0.0264
27	0.7644	0.5859	0.4502	0.3468	0.2678	0.2074	0.1609	0.1252	0.0976	0.0763	0.0597	0.0469	0.0369	0.0291	0.0230
28	0.7568	0.5744	0.4371	0.3335	0.2551	0.1956	0.1504	0.1159	0.0895	0.0693	0.0538	0.0419	0.0326	0.0255	0.0200
29	0.7493	0.5631	0.4243	0.3207	0.2429	0.1846	0.1406	0.1073	0.0822	0.0630	0.0485	0.0374	0.0289	0.0224	0.0174
30	0.7419	0.5521	0.4120	0.3083	0.2314	0.1741	0.1314	0.0994	0.0754	0.0573	0.0437	0.0334	0.0256	0.0196	0.0151

n＼i	16%	17%	18%	19%	20%	21%	22%	23%	24%	25%	26%	27%	28%	29%	30%
1	0.8621	0.8547	0.8475	0.8403	0.8333	0.8264	0.8197	0.8130	0.8065	0.8000	0.7937	0.7874	0.7813	0.7752	0.7692
2	0.7432	0.7305	0.7182	0.7062	0.6944	0.6830	0.6719	0.6610	0.6504	0.6400	0.6299	0.6200	0.6104	0.6009	0.5917
3	0.6407	0.6244	0.6086	0.5934	0.5787	0.5645	0.5507	0.5374	0.5245	0.5120	0.4999	0.4882	0.4768	0.4658	0.4552
4	0.5523	0.5337	0.5158	0.4987	0.4823	0.4665	0.4514	0.4369	0.4230	0.4096	0.3968	0.3844	0.3725	0.3611	0.3501
5	0.4761	0.4561	0.4371	0.4190	0.4019	0.3855	0.3700	0.3552	0.3411	0.3277	0.3149	0.3027	0.2910	0.2799	0.2693
6	0.4104	0.3898	0.3704	0.3521	0.3349	0.3186	0.3033	0.2888	0.2751	0.2621	0.2499	0.2383	0.2274	0.2170	0.2072
7	0.3538	0.3332	0.3139	0.2959	0.2791	0.2633	0.2486	0.2348	0.2218	0.2097	0.1983	0.1877	0.1776	0.1682	0.1594
8	0.3050	0.2848	0.2660	0.2487	0.2326	0.2176	0.2038	0.1909	0.1789	0.1678	0.1574	0.1478	0.1388	0.1304	0.1226
9	0.2630	0.2434	0.2255	0.2090	0.1938	0.1799	0.1670	0.1552	0.1443	0.1342	0.1249	0.1164	0.1084	0.1011	0.0943
10	0.2267	0.2080	0.1911	0.1756	0.1615	0.1486	0.1369	0.1262	0.1164	0.1074	0.0992	0.0916	0.0847	0.0784	0.0725
11	0.1954	0.1778	0.1619	0.1476	0.1346	0.1228	0.1122	0.1026	0.0938	0.0859	0.0787	0.0721	0.0662	0.0607	0.0558
12	0.1685	0.1520	0.1372	0.1240	0.1122	0.1015	0.0920	0.0834	0.0757	0.0687	0.0625	0.0568	0.0517	0.0471	0.0429
13	0.1452	0.1299	0.1163	0.1042	0.0935	0.0839	0.0754	0.0678	0.0610	0.0550	0.0496	0.0447	0.0404	0.0365	0.0330
14	0.1252	0.1110	0.0985	0.0876	0.0779	0.0693	0.0618	0.0551	0.0492	0.0440	0.0393	0.0352	0.0316	0.0283	0.0254
15	0.1079	0.0949	0.0835	0.0736	0.0649	0.0573	0.0507	0.0448	0.0397	0.0352	0.0312	0.0277	0.0247	0.0219	0.0195
16	0.0930	0.0811	0.0708	0.0618	0.0541	0.0474	0.0415	0.0364	0.0320	0.0281	0.0248	0.0218	0.0193	0.0170	0.0150
17	0.0802	0.0693	0.0600	0.0520	0.0451	0.0391	0.0340	0.0296	0.0258	0.0225	0.0197	0.0172	0.0150	0.0132	0.0116
18	0.0691	0.0592	0.0508	0.0437	0.0376	0.0323	0.0279	0.0241	0.0208	0.0180	0.0156	0.0135	0.0118	0.0102	0.0089
19	0.0596	0.0506	0.0431	0.0367	0.0313	0.0267	0.0229	0.0196	0.0168	0.0144	0.0124	0.0107	0.0092	0.0079	0.0068
20	0.0514	0.0433	0.0365	0.0308	0.0261	0.0221	0.0187	0.0159	0.0135	0.0115	0.0098	0.0084	0.0072	0.0061	0.0053
21	0.0443	0.0370	0.0309	0.0259	0.0217	0.0183	0.0154	0.0129	0.0109	0.0092	0.0078	0.0066	0.0056	0.0048	0.0040
22	0.0382	0.0316	0.0262	0.0218	0.0181	0.0151	0.0126	0.0105	0.0088	0.0074	0.0062	0.0052	0.0044	0.0037	0.0031
23	0.0329	0.0270	0.0222	0.0183	0.0151	0.0125	0.0103	0.0086	0.0071	0.0059	0.0049	0.0041	0.0034	0.0029	0.0024
24	0.0284	0.0231	0.0188	0.0154	0.0126	0.0103	0.0085	0.0070	0.0057	0.0047	0.0039	0.0032	0.0027	0.0022	0.0018
25	0.0245	0.0197	0.0160	0.0129	0.0105	0.0085	0.0069	0.0057	0.0046	0.0038	0.0031	0.0025	0.0021	0.0017	0.0014
26	0.0211	0.0169	0.0135	0.0109	0.0087	0.0070	0.0057	0.0046	0.0037	0.0030	0.0025	0.0020	0.0016	0.0013	0.0011
27	0.0182	0.0144	0.0115	0.0091	0.0073	0.0058	0.0047	0.0037	0.0030	0.0024	0.0019	0.0016	0.0013	0.0010	0.0008
28	0.0157	0.0123	0.0097	0.0077	0.0061	0.0048	0.0038	0.0030	0.0024	0.0019	0.0015	0.0012	0.0010	0.0008	0.0006
29	0.0135	0.0105	0.0082	0.0064	0.0051	0.0040	0.0031	0.0025	0.0020	0.0015	0.0012	0.0010	0.0008	0.0006	0.0005
30	0.0116	0.0090	0.0070	0.0054	0.0042	0.0033	0.0026	0.0020	0.0016	0.0012	0.0010	0.0008	0.0006	0.0005	0.0004

n \ i	1%	2%	3%	4%	5%	6%	7%	8%	9%	10%	11%	12%	13%	14%	15%
1	0.9901	0.9804	0.9709	0.9615	0.9524	0.9434	0.9346	0.9259	0.9174	0.9091	0.9009	0.8929	0.8850	0.8772	0.8696
2	1.9704	1.9416	1.9135	1.8861	1.8594	1.8334	1.8080	1.7833	1.7591	1.7355	1.7125	1.6901	1.6681	1.6467	1.6257
3	2.9410	2.8839	2.8286	2.7751	2.7232	2.6730	2.6243	2.5771	2.5313	2.4869	2.4437	2.4018	2.3612	2.3216	2.2832
4	3.9020	3.8077	3.7171	3.6299	3.5460	3.4651	3.3872	3.3121	3.2397	3.1699	3.1024	3.0373	2.9745	2.9137	2.8550
5	4.8534	4.7135	4.5797	4.4518	4.3295	4.2124	4.1002	3.9927	3.8897	3.7908	3.6959	3.6048	3.5172	3.4331	3.3522
6	5.7955	5.6014	5.4172	5.2421	5.0757	4.9173	4.7665	4.6229	4.4859	4.3553	4.2305	4.1114	3.9975	3.8887	3.7845
7	6.7282	6.4720	6.2303	6.0021	5.7864	5.5824	5.3893	5.2064	5.0330	4.8684	4.7122	4.5638	4.4226	4.2883	4.1604
8	7.6517	7.3255	7.0197	6.7327	6.4632	6.2098	5.9713	5.7466	5.5348	5.3349	5.1461	4.9676	4.7988	4.6389	4.4873
9	8.5660	8.1622	7.7861	7.4353	7.1078	6.8017	6.5152	6.2469	5.9952	5.7590	5.5370	5.3282	5.1317	4.9464	4.7716
10	9.4713	8.9826	8.5302	8.1109	7.7217	7.3601	7.0236	6.7101	6.4177	6.1446	5.8892	5.6502	5.4262	5.2161	5.0188
11	10.3676	9.7868	9.2526	8.7605	8.3064	7.8869	7.4987	7.1390	6.8052	6.4951	6.2065	5.9377	5.6869	5.4527	5.2337
12	11.2551	10.5753	9.9540	9.3851	8.8633	8.3838	7.9427	7.5361	7.1607	6.8137	6.4924	6.1944	5.9176	5.6603	5.4206
13	12.1337	11.3484	10.6350	9.9856	9.3936	8.8527	8.3577	7.9038	7.4869	7.1034	6.7499	6.4235	6.1218	5.8424	5.5831
14	13.0037	12.1062	11.2961	10.5631	9.8986	9.2950	8.7455	8.2442	7.7862	7.3667	6.9819	6.6282	6.3025	6.0021	5.7245
15	13.8651	12.8493	11.9379	11.1184	10.3797	9.7122	9.1079	8.5595	8.0607	7.6061	7.1909	6.8109	6.4624	6.1422	5.8474
16	14.7179	13.5777	12.5611	11.6523	10.8378	10.1059	9.4466	8.8514	8.3126	7.8237	7.3792	6.9740	6.6039	6.2651	5.9542
17	15.5623	14.2919	13.1661	12.1657	11.2741	10.4773	9.7632	9.1216	8.5436	8.0216	7.5488	7.1196	6.7291	6.3729	6.0472
18	16.3983	14.9920	13.7535	12.6593	11.6896	10.8276	10.0591	9.3719	8.7556	8.2014	7.7016	7.2497	6.8399	6.4674	6.1280
19	17.2260	15.6785	14.3238	13.1339	12.0853	11.1581	10.3356	9.6036	8.9501	8.3649	7.8393	7.3658	6.9380	6.5504	6.1982
20	18.0456	16.3514	14.8775	13.5903	12.4622	11.4699	10.5940	9.8181	9.1285	8.5136	7.9633	7.4694	7.0248	6.6231	6.2593
21	18.8570	17.0112	15.4150	14.0292	12.8212	11.7641	10.8355	10.0168	9.2922	8.6487	8.0751	7.5620	7.1016	6.6870	6.3125
22	19.6604	17.6580	15.9369	14.4511	13.1630	12.0416	11.0612	10.2007	9.4424	8.7715	8.1757	7.6446	7.1695	6.7429	6.3587
23	20.4558	18.2922	16.4436	14.8568	13.4886	12.3034	11.2722	10.3711	9.5802	8.8832	8.2664	7.7184	7.2297	6.7921	6.3988
24	21.2434	18.9139	16.9355	15.2470	13.7986	12.5504	11.4693	10.5288	9.7066	8.9847	8.3481	7.7843	7.2829	6.8351	6.4338
25	22.0232	19.5235	17.4131	15.6221	14.0939	12.7834	11.6536	10.6748	9.8226	9.0770	8.4217	7.8431	7.3300	6.8729	6.4641
26	22.7952	20.1210	17.8768	15.9828	14.3752	13.0032	11.8258	10.8100	9.9290	9.1609	8.4881	7.8957	7.3717	6.9061	6.4906
27	23.5596	20.7069	18.3270	16.3296	14.6430	13.2105	11.9867	10.9352	10.0266	9.2372	8.5478	7.9426	7.4086	6.9352	6.5135
28	24.3164	21.2813	18.7641	16.6631	14.8981	13.4062	12.1371	11.0511	10.1161	9.3066	8.6016	7.9844	7.4412	6.9607	6.5335
29	25.0658	21.8444	19.1885	16.9837	15.1411	13.5907	12.2777	11.1584	10.1983	9.3696	8.6501	8.0218	7.4701	6.9830	6.5509
30	25.8077	22.3965	19.6004	17.2920	15.3725	13.7648	12.4090	11.2578	10.2737	9.4269	8.6938	8.0552	7.4957	7.0027	6.5660

i / n	16%	17%	18%	19%	20%	21%	22%	23%	24%	25%	26%	27%	28%	29%	30%
1	0.8621	0.8547	0.8475	0.8403	0.8333	0.8264	0.8197	0.8130	0.8065	0.8000	0.7937	0.7874	0.7813	0.7752	0.7692
2	1.6052	1.5852	1.5656	1.5465	1.5278	1.5095	1.4915	1.4740	1.4568	1.4400	1.4235	1.4074	1.3916	1.3761	1.3609
3	2.2459	2.2096	2.1743	2.1399	2.1065	2.0739	2.0422	2.0114	1.9813	1.9520	1.9234	1.8956	1.8684	1.8420	1.8161
4	2.7982	2.7432	2.6901	2.6386	2.5887	2.5404	2.4936	2.4483	2.4043	2.3616	2.3202	2.2800	2.2410	2.2031	2.1662
5	3.2743	3.1993	3.1272	3.0576	2.9906	2.9260	2.8636	2.8035	2.7454	2.6893	2.6351	2.5827	2.5320	2.4830	2.4356
6	3.6847	3.5892	3.4976	3.4098	3.3255	3.2446	3.1669	3.0923	3.0205	2.9514	2.8850	2.8210	2.7594	2.7000	2.6427
7	4.0386	3.9224	3.8115	3.7057	3.6046	3.5079	3.4155	3.3270	3.2423	3.1611	3.0833	3.0087	2.9370	2.8682	2.8021
8	4.3436	4.2072	4.0776	3.9544	3.8372	3.7256	3.6193	3.5179	3.4212	3.3289	3.2407	3.1564	3.0758	2.9986	2.9247
9	4.6065	4.4506	4.3030	4.1633	4.0310	3.9054	3.7863	3.6731	3.5655	3.4631	3.3657	3.2728	3.1842	3.0997	3.0190
10	4.8332	4.6586	4.4941	4.3389	4.1925	4.0541	3.9232	3.7993	3.6819	3.5705	3.4648	3.3644	3.2689	3.1781	3.0915
11	5.0286	4.8364	4.6560	4.4865	4.3271	4.1769	4.0354	3.9018	3.7757	3.6564	3.5435	3.4365	3.3351	3.2388	3.1473
12	5.1971	4.9884	4.7932	4.6105	4.4392	4.2784	4.1274	3.9852	3.8514	3.7251	3.6059	3.4933	3.3868	3.2859	3.1903
13	5.3423	5.1183	4.9095	4.7147	4.5327	4.3624	4.2028	4.0530	3.9124	3.7801	3.6555	3.5381	3.4272	3.3224	3.2233
14	5.4675	5.2293	5.0081	4.8023	4.6106	4.4317	4.2646	4.1082	3.9616	3.8241	3.6949	3.5733	3.4587	3.3507	3.2487
15	5.5755	5.3242	5.0916	4.8759	4.6755	4.4890	4.3152	4.1530	4.0013	3.8593	3.7261	3.6010	3.4834	3.3726	3.2682
16	5.6685	5.4053	5.1624	4.9377	4.7296	4.5364	4.3567	4.1894	4.0333	3.8874	3.7509	3.6228	3.5026	3.3896	3.2832
17	5.7487	5.4746	5.2223	4.9897	4.7746	4.5755	4.3908	4.2190	4.0591	3.9099	3.7705	3.6400	3.5177	3.4028	3.2948
18	5.8178	5.5339	5.2732	5.0333	4.8122	4.6079	4.4187	4.2431	4.0799	3.9279	3.7861	3.6536	3.5294	3.4130	3.3037
19	5.8775	5.5845	5.3162	5.0700	4.8435	4.6346	4.4415	4.2627	4.0967	3.9424	3.7985	3.6642	3.5386	3.4210	3.3105
20	5.9288	5.6278	5.3527	5.1009	4.8696	4.6567	4.4603	4.2786	4.1103	3.9539	3.8083	3.6726	3.5458	3.4271	3.3158
21	5.9731	5.6648	5.3837	5.1268	4.8913	4.6750	4.4756	4.2916	4.1212	3.9631	3.8161	3.6792	3.5514	3.4319	3.3198
22	6.0113	5.6964	5.4099	5.1486	4.9094	4.6900	4.4882	4.3021	4.1300	3.9705	3.8223	3.6844	3.5558	3.4356	3.3230
23	6.0442	5.7234	5.4321	5.1668	4.9245	4.7025	4.4985	4.3106	4.1371	3.9764	3.8273	3.6885	3.5592	3.4384	3.3254
24	6.0726	5.7465	5.4509	5.1822	4.9371	4.7128	4.5070	4.3176	4.1428	3.9811	3.8312	3.6918	3.5619	3.4406	3.3272
25	6.0971	5.7662	5.4669	5.1951	4.9476	4.7213	4.5139	4.3232	4.1474	3.9849	3.8342	3.6943	3.5640	3.4423	3.3286
26	6.1182	5.7831	5.4804	5.2060	4.9563	4.7284	4.5196	4.3278	4.1511	3.9879	3.8367	3.6963	3.5656	3.4437	3.3297
27	6.1364	5.7975	5.4919	5.2151	4.9636	4.7342	4.5243	4.3316	4.1542	3.9903	3.8387	3.6979	3.5669	3.4447	3.3305
28	6.1520	5.8099	5.5016	5.2228	4.9697	4.7390	4.5281	4.3346	4.1566	3.9923	3.8402	3.6991	3.5679	3.4455	3.3312
29	6.1656	5.8204	5.5098	5.2292	4.9747	4.7430	4.5312	4.3371	4.1585	3.9938	3.8414	3.7001	3.5687	3.4461	3.3317
30	6.1772	5.8294	5.5168	5.2347	4.9789	4.7463	4.5338	4.3391	4.1601	3.9950	3.8424	3.7009	3.5693	3.4466	3.3321